デザイン史フォーラム編

日本の意匠と東西交流

国際デザイン史

A History of Japanese and Western Design

exchange and influence

思文閣出版

序文

デザイン史研究の潮流　近代デザイン史を扱ったわが国の出版物は、一九七〇年代半ばまで欧米一辺倒で、ほとんどが西洋の近代デザインの流れやその一部を扱う内容だった。しかし、同年代後半になると変化が現れ、ようやく日本のデザインの歴史が調査研究や執筆の本格的な対象となってきた。近年では、明治、大正、昭和のデザインを対象とした研究が増加し、かなり通史的な性格を備えた日本の近代デザイン史に関する書物も現れている。

それら近年の、明治、大正、昭和のデザインを対象とした研究の多くに共通する特徴の一つに、日本と諸外国との関係への史的関心がある。デザイン諸領域における「影響関係史」あるいは「国際交流史」の研究である。「影響関係」はその他の造形美術でも重要だが、アーティストの個性や独自性をより重視する傾向にある美術史学や芸術学の一部には、過度に影響関係に注目することは控えるべきだとする意見もある。それに対して、時にはより無名性が強く、複数の人間の共同作品である場合も多いデザインでは、「影響関係」や「交流」は、本来の姿に添えられた副次的な側面というよりも、かなり本質的な重要性を持つ要素である場合が多い。日本への家具や洋服の導入と生活様式の変化、欧米のデザインに現れた日本的な構成や空間などがそうである。

それらを、西洋化の一途をたどる日本と、自らの伝統に全幅の信頼を置かなくなった西洋諸国の、ともに悲しい現実、などと消極的にとらえるのではなく、「交流」し「影響」しあうのはデザインの根本的性格であると、積極的に理解すべきではないだろうか。例えば、かつては評判だけが、その後も印刷によってその似姿のみがようやく遠隔地に伝えられた一品制作の絵画と比べるならば、かなりの枚数が量刷される版画は本物のままで世界の隅々にまで行き渡ることができる（タイモン・スクリーチ「江戸時代の絵画と版画の国際的伝播」参照）。それは革命的な変化だったのだが、画布や紙といった支持体にも、絵具や版木など広義のメディアにも制限されない、つまり物理的に束縛されないイデアであるデザインは、地球の裏側はおろか、理論上は、受け手さえいれば他の天体にまでもそのまま伝えることができる。実のところ、無数の受け手に、地球規模ならほぼ瞬時に伝えることができるインターネット社会が現実のものとなったいま、理論上という断り書きは不要なのである。

しかしながら、相互影響はデザインの本質に近いとはいっても、それらの「影響関係」のなかには、そうらしいとされているだけで、どこまで事実なのか案外知られていない関係も多いのが現状である。本書は、そのような「影響関係」や「交流」を国別または文化別に整理し、一般に知られていないそれらを紹介し、そうらしいとされている関係については、それがどの程度確かなものか、また、重要なものなのかどうか、などを比較検討する（逆にそれが根拠のない俗説なら、専門家として否定する）場となればと願って企画された。

「西洋中心のデザイン史」を第一の、「日本中心のデザイン史」を第二のデザイン史とするならば、「国際交流史としてのデザイン史」であり、intercultural design history でもある本書は、第三のデザイン史のかたちであるともいえよう。各国、各文化の専門家が知見を寄せ合うことによって、実体がないと思われがちな「関係」のなかに実体に劣らず重要な何かを垣間見ることができれば興味深い。

「世界デザイン史」という、類似していそうで、また別なデザイン史のかたちと比較してみることも、本書の内容と性格の説明のために有意義だろう。同じような広がりのある対象を扱っても、「世界デザイン史」という枠組みでは、いきおい各国のデザインの特徴や違いを強調する傾向になり、「国際（交流史としての）デザイン史」では、むしろ影響関係や類似性あるいは共通性に筆者ならびに読者の興味は集中することになるだろう。とはいえ、この観点からの「世界デザイン史」と略称「国際デザイン史」との違いは、本書のために論文を寄稿された執筆者各位が、例えば、扱われる対象の独自性を強調するのを妨げるものではない。

日本の造形文化と西洋　本書でともに扱われている、西洋から日本への影響と、日本から西洋への影響とのあいだには、実際には質的にも量的にも歴然とした差がある。総合的に見れば、前者は後者よりもはるかに大きい。にもかかわらず、両者を比較対照可能でもあるかのようにひとつの出版物にまとめる試みができるのは、世界文化における日本文化の特殊性あるいは特殊な位置付けのためであろう。浮世絵に代表される日本の造形芸術が西洋の近代美術に与えた影響についての研究はかなり以前から行われており、本書中の論文のいくつかでも扱われている。「デザイン史」をタイトルに掲げる以上、本書では、平面にとどまらない立体または空間における、あるいは、額縁を超えた現実空間ないしは生活空間における影響関係を扱った論文も多い。日本の造形文化や生活文化の影響が西洋の生活空間に広く現れているといった主張は、日本に生まれ育った研究者の一部が唱える野心的で自己中心的な説と思われるかもしれないが、その種の説はむしろ欧米で先行し、現在でも、その説を支持し、さらに補強しようとする試みは海外でも続けられている。

その説を初期に唱えた一人が、大森貝塚の発掘者として知られる、日本の考古学および人類学の基礎の形成に貢献したアメリカの生物学者で日本研究家、エドワード・モース（1838-1925）であった。モースは、一八八六年出版の『日本人の住まい』の序論で、日本の工芸品が二〇年ほどのあいだに次第にアメリカの家庭の装飾品を押しのけるようになり、その結果、アメリカの室内はきれいになった、と述べている。また、日本の諸芸術がアメリカの装飾の方法を変え、家具やポスターに至るまで、日本の様式でデザインされ装飾されるようになったと続けている。さらには、「商業的なわが国（アメリカ）だけではなく、芸術愛好国フランス、音楽国ドイツ、そして、保守的なイギリスでさえ、この（日本の装飾芸術の）侵略に屈した」とまで記している（Edward Sylvester Morse, *Japanese Homes and Their Surroundings*, 1886, New edition, Dover Publications, New York, 1961, pp. xxvii-xxviii. 補足を加え引用）。モースの親日的かつ、やや反西洋的な表現という側面はあるが、同書が著されたのが一八八六年（まえがきの日付は一八八五年十一月）という非常に早い時期だったことは注目に値する。ジークフリート（サミュエル）・ビング（1838-1905）編集の『芸術的な日本』が英独仏の各国語版で出版されるのは一八八八～九一年のことである。ジャポニスムの絵画やグラフィック作品が広く西洋諸国で描かれるようになる前に、欧米では日本的な室内が部分的に実現されていた、とさえ言えるだろう。

日本の芸術（その中心は工芸や装飾芸術）が西洋の生活空間にかなり早くから浸透しているというモースの見解を、モダン・デザイン以後の視点からさらに補強している研究者に本書の著者の一人、カリン・キルシュ（1940-）がいる（「エーゴン・アイアマン――ドイツに建てられた日本の家」参照）。キルシュは一九九六年の著書『新しき住まいと古き日本』の序文で「深層のジャポニスムbasic japonism」という言葉を用いて、日本の伝統的造形文化の西洋世界への潜在的だが極めて広範な影響を説いている（Karin Kirsch, *Die Neue Wohnung und das Alte Japan*, Stuttgart, 1996）。ドイツ語の著作だが、キルシュは"grundlegend"ではなく"basic"という英語を選んだ。著者の意図を汲んで、「深層のジャポニスム」「基層のジャポニスム」またはそのまま「ベーシック・ジャポニスム」と紹介しておきたい。フランク・ロイド・ライト、チャールズ・レニー・マッキントッシュ、ヴァルター・グロピウスといった近代の代表的な建築家の自邸に日本の伝統的な建築と住まいのあり方の影響を探る考察を骨子とする同書が示唆するのは、いわゆる近代建築あるいはモダン・デザインは、日本の伝統的な住まいの芸術を基盤としているという、かなり刺激的な主張である。

百十年を隔てるモースの著作とキルシュのそれとを比較して興味深いのは、ともに日本の芸術を西洋の伝統的あるいは慣習的な装飾芸術に対する批判の武器としているところである。「近代建築のアクロポリス」ヴァイセンホーフ・ジードルングの研究者として知られるキルシュは近代デザイン史観を継承し、モースは結果的にそれに先駆けていたことになる。また、戦後に活躍した（その気になれば容易に来日できた）アイアマンを含め、程度の差こそあれ日本的な住まいを西洋各地に実現した建築家たちの多くは、日本の家を見たことも、日本庭園を歩いたこともない人々だった、というキルシュの指摘も興味深い。これらふたつの事実は、影響関係史研究の活発化の陰に見失われてはいけない、研究のもうひとつの側面を照らし出す。つまり、影響を受ける側はただ受動的に影響を受けていたのではなく、積極的に何かを求めていたのであり、何かをそのまま引き写したのではないということである。逆説的だが、影響を受けるということは積極的行為なのである。触発という言葉がよりふさわしいのかもしれない。影響あるいは触発する側とされる側双方の徹底的な研究が交流史研究の両輪であることは言うまでもない。そして、この種の研究の向こうに見えてくるものが重要なのである。

本書とデザイン史フォーラム　本書の基礎となった共同研究は、サントリー文化財団より人文科学、社会科学に関する研究助成を受け、「現代日本の住まいの文化をめぐる国際共同研究」として一九九八年に始められた。このテーマのもとに国内、国外の研究者が一九九九年と二〇〇〇年のともに三月末、大阪大学豊中キャンパスのシグマ・ホールに集い、研究発表と意見交換を行った。本書は大阪大学大学院文学研究科美学研究室の主催で行われたこの催し、国際デザイン史フォーラムで発表された研究に、本書の趣旨に賛同して寄稿していただいた論文を加えてできあがったものである。本書はそれ自体、デザイン史研究における国内交流および国際交流の場として企画されたプロジェクトの所産であり、「国際デザイン史」というやや意外な書名は、この会の名称にも由来している。

本書は国際的であると同時に学際的でもある。執筆者の専門は、デザイン史だけではなく、美学、美術史、建築史、環境工学、環境心理学、英文学、文化行政、そして建築設計と多岐にわたる。少なくともヨーロッパでは国境が消滅しつつある現在、いまさら「国際」を強調する意図はなく、強調点は「国」よりも「際」にある。ただし、"Intercultural" という国際デザイン史フォーラムで案内等に用いた言葉をカタカナで「国際」の代わりに書名に用いるほど「国」を否定する必要は本書にはない。事実、本書が扱うおもな時代は、「国」が極めて重要な時代であった。

編集の方針　日本と西洋各国との交流を扱った各章は各執筆者の個別の論文をほぼ時代順に配し、その前に交流の全体像を概観する交流概説を付したものである。執筆者の組み合わせや、交流の程度の差、紙面の制限などのために、概説のあり方は章によって異なり、完全を期したものではない。さらにその前に付された事務局作成の交流年表は、おもに各章で扱われる事項をあらかじめ概観するためのもので、扱われていない重要事項をいくつか加えているものの、バランスの取れた客観的な略年表を目指したものではない。

編集事務局としては各論の内容に重複がないように全体を構成したが、寄稿記事（おもに海外メンバーの記事）の一部には結果的に多少の重複がある。しかし、個別の知識としては重複しても、文脈が異なり、それは各執筆者によって異なる論理の展開、思考の流れを伝えるものであるという意味で、そのまま残した。重複は各執筆者の責任ではない。国別の各章は全体を通読する場合により自然な流れとして読める順序に配しており、章の配列の順序や頁数の多寡は交流の重要性の序列を示すために意図されたものではない。

本書の編集の過程で、国際デザイン史フォーラムそのもの以上に、国際的な交流が広がった。その一方で、このような共同研究の成果を日本語で出版しようとすると、人名のカタカナ表記の統一など、国際的にはほとんど意味のない作業に、まだ多くの時間を費やさねばならない現状もあらためて実感した。私たちは国や学の「際」にいるだけではなく、時代の「際」にもいる。執筆者各位、サントリー文化財団、思文閣出版、英語の書名についての助言者である大阪大学文学研究科の同僚ポール・ハーヴィ氏、そしてフォーラムの開催に協力してくれた同研究科の院生および文学部の学生諸君など、さまざまな「際」に立って、国や学や時を超えて協力してくださった皆様に感謝したい。

デザイン史フォーラム事務局
大阪大学大学院文学研究科美学研究室
神林恒道　上倉庸敬　藤田治彦（文責）

国際デザイン史—日本の意匠と東西交流　*A History of Japanese and Western Design: exchange and influence*　目次

I　イギリス

《交流年表》

1613・イギリス船「クローヴ号」平戸へ来航
1639・徳川幕府による鎖国（-1853）
1852・製品（装飾）美術館（後のサウス・ケンジントン博物館）日本の工芸品数点を購入
1859・駐日総領事（翌年特命全権公使）オルコック来日
　　・トマス・グラバー長崎着
1861・チャールズ・ワーグマン来日
1862・チャールズ・ワーグマン『ジャパン・パンチ』創刊（-1887）
　　・第２回ロンドン万国博覧会、オルコックの蒐集品展示
1863・伊藤博文、井上馨らイギリス留学のため密出国
　　・クリストファー・ドレッサー講演「中国と日本における一般的な装飾」（バージェス司会）
1865・森有礼、町田久成ら薩摩藩からイギリスに留学
1866・中村正直、外山正一ら幕府よりの派遣でイギリス留学
1870・大阪造幣寮泉布観（ウォートルス）
1871・大阪造幣寮金銀貨幣鋳造所・竹橋陣営（ウォートルス）
1872・アルレン（村田文夫・山田貢一郎訳）『西洋家作雛形』
　　・ウォートルス、英国公使館、銀座煉瓦街の建設に従事
1873・ウィリアム・アンダーソン来日、海軍病院に勤務し、日本美術コレクション
1875・リバティ商会設立
1876・クリストファー・ドレッサー来日（-1877）
　　・ホイッスラーとジェキル《ピーコック・ルーム》（-1877）
1877・ジョサイア・コンドル、工部大学校教師として来日
1878・オルコック『日本の美術と美術産業』
1880・辰野金吾、ロンドン大学とウィリアム・バージェス事務所で建築を学ぶ（-1881）
1881・開拓使物産売捌所・上野博物館（コンドル）
1882・ドレッサー『日本：その建築、美術、美術産業』
1883・鹿鳴館（コンドル）
1884・有栖川宮邸・東京大学法文科教室（コンドル）
1885・ギルバートとサリヴァンのオペラ《ミカド》ロンドンで上演（のちにニューヨークでも公演）
1886・コンドル口述（松田周次・曾禰達造筆記）『造家必携』
1887・ホイッスラーの助手を務めた画家、モーティマー・メンペス、初の日本旅行（-1888）
1888・桜井小太郎、ロンドン大学留学（-1890）
1889・リバティ商会のレイゼンビー・リバティ、日本美術協会（旧龍池会）で「日本美術論」講演
　　・画家アルフレッド・イースト、明治美術会で「日本美術論」講演
1891・ニコライ堂（コンドル）
　　・渋谷保『英国文学史』でモリスの詩に言及
1893・画家ジョージ・ヘンリーとエドワード・ホーネル来日、油彩画、水彩画等多数制作
1894・三菱一号館・海軍省庁舎（コンドル）
1896・ラフカディオ・ハーン、帝国大学文科大学講師となり、英詩論でモリスについて詳述
　　・ミュージカル・コメディ《ゲイシャ》ロンドン初演
　　・グラスゴーのブキャナン・ストリート・ティールーム壁画（マッキントッシュ）
1897・グラスゴー美術学校ハニマン＆ケピー事務所（マッキントッシュ）案（第一期工事：1898-99）
1900・C・R・マッキントッシュ、メインズ通りの自邸

1901・武田五一イギリス留学（-1903）
・グラスゴー万国博覧会
1902・日英同盟締結
・ヒル・ハウス（マッキントッシュ）着工（-1904）
1903・中條精一郎、ケンブリッジ大学に学ぶ
・岡倉天心、ロンドンで『東洋の理想』出版
1904・麻布三河台の自邸（コンドル）
1906・日本美術院第一部（絵画）五浦へ移転
1907・福島行信邸（武田五一）
・内務省地方局有志『田園都市』
1908・富本憲吉ロンドン留学
1909・富本憲吉、一時セントラル・スクール・オヴ・アーツ・アンド・クラフツに学ぶ
・バーナード・リーチ初来日
1910・日英博覧会
1913・三井倶楽部（三井家別邸・コンドル）
1920・バーナード・リーチ、浜田庄司を伴って帰国
・御木本隆三最初の訪英
・ジョサイア・コンドル没
1921・山田醇、イギリス他を遊学、ハーフティンバーのチューダー様式に魅せられる
1923・浜田庄司、ロンドンのパターソン・ギャラリーで春と年末に個展（1929にも開催）
1924・加田哲二『ウィリアム・モリス』
1926・濱岡周忠『近代英国田園住宅抄』
1930・アメリカで開かれた「日英現代工芸品展」にリーチとともに、浜田、富本、河井寛次郎出品
1931・東京ラスキン協会設立
1935・山田醇『家の建て方』
1952・浜田庄司、柳宗悦、志賀直哉とともに渡欧、リーチと作品展開催、ダーティントン国際工芸家会議に出席
・J・M・リチャーズ（桐敷真次郎訳）『近代建築とは何か』（原書1940年）
1953・浜田庄司、柳、リーチとともに帰国
・エリック・ギル（増野正衛訳）『芸術論』
1957・外務大臣藤山愛一郎訪英の際、イギリスのデザインの盗用問題を指摘される
・リード（勝見勝・前田泰次訳）『インダストリアル・デザイン』（原書1934年）
・ペヴスナー（白石博三訳）『モダン・デザインの展開』（原書1949年）
1973・クリストファー・ジョーンズ（池邊陽訳）『デザインの手法』（原書1970年）
1976・レイナー・バナム（石原達二・増成隆士訳）『第一機械時代の理論とデザイン』（原書1960年）
1981・レイナー・バナム（堀江悟郎訳）『環境としての建築』（原書1969年）
・コーリン・ロウ（伊藤豊雄・松永安光訳）『マニエリスムと近代建築』（原書1976年）
1986・「C・R・マッキントッシュ展」伊勢丹美術館、国際芸術文化振興会
1991・全英各地でジャパン・フェスティヴァルの催し
・「ヴィジョンズ・オヴ・ジャパン展」ヴィクトリア・アンド・アルバート美術館
1992・「JAPANと英吉利西：日英美術の交流1850-1930展」世田谷美術館
1997・「ウィリアム・モリス展」京都国立近代美術館、東京国立近代美術館、愛知県美術館
2000・「マッキントッシュとグラスゴー・スタイル展」サントリーミュージアム他

1 イギリスとのデザイン交流

藤田治彦

ワーグマンとイギリスのコミュニケーション・アート

伝統的な公認のハイ・アートを尻目に、今、マンガが日本文化の代表になったと言われる。しかし、マンガあるいは漫画は、日本が西洋諸国の注目を集めるようになった百数十年前から、すでに日本を代表する造形文化であった。ジャポニスムの時代の幕を切って落としたのは漫画だった。それだけではない。ジャポニスムの時代、逆に、西洋の文化やものの見方、そして世界の見方を日本に伝えたのも、漫画だったのである。否、東西交流の歴史をより正確に語ろうとするならば、漫画以前に春画があった（タイモン・スクリーチ「江戸時代の絵画と版画の国際的伝播」参照）と言うべきなのかもしれない。ただし、その多くは、春画にふさわしく、まだ東西交流史の秘められた部分であり続けている。

フランスの版画家、フェリックス・ブラックモン（1833-1914）が『北斎漫画』を「発見」したとされる一八五六年、彼と同世代で、アロー号事件取材の特派員として東洋に向かったロンドン生まれの若いイギリス人がいた。中国での活動を経て、一八六一年に来日し、翌年『ジャパン・パンチ』を創刊して、西洋の近代漫画を日本に伝えたチャールズ・ワーグマン（1832-1891）である。『ジャパン・パンチ』の誌名は、一八四一年に創刊されたイギリスの人気漫画週刊誌『パンチ』に由来する。ただし、ワーグマンは『パンチ』ではなく、同誌に続いて一八四二年に創刊された『イラストレイテッド・ロンドン・ニューズ』の特派員であった（図1）。ワーグマンは一八八七年まで、日本から同誌に画信を送りながら、『ジャパン・パンチ』の刊行を続けた。また、ワーグマンはイタリア系イギリス人の写真家、フェリックス・ベアト（1825-1904?）と親しく、ふたりで商会を設立し、日本の風物をおもに外国人に紹介する写真を撮影、販売した。さらには、高橋由一（1828-1894）ら明治洋画の先駆者たちが初めてその実技を学んだのもワーグマンからであった（神林恒道「芸術論における日英交流」参照）。まさに画像と各種メディアで東西をつないだイギリス人だったのである。

そのワーグマンが一八八七年の『ジャパン・パンチ』最終号に興味深い漫画を描いている。《通商でドイツに圧倒されるイギリスのようにビゴーの『トバエ』に圧倒される『ジャパン・パンチ』》（図2）である。(1) 大英帝国もワーグマンも勢いを失いつつあった。一八八〇年代は、日本人の眼が新生ドイツ帝国に向けられた時期である。内政の指導者、伊藤博文はプロイセンの憲法学説を学ぶと同時に宰相ビスマルクの心酔者となって一八八三年に帰国、内閣制度を創設し、最初の総理大臣となった。ベルリンのエンデ&ベックマ

図１　第２回ロンドン万国博覧会を訪れた幕府遣欧使節（『イラストレイティッド・ロンドン・ニューズ』1862より）

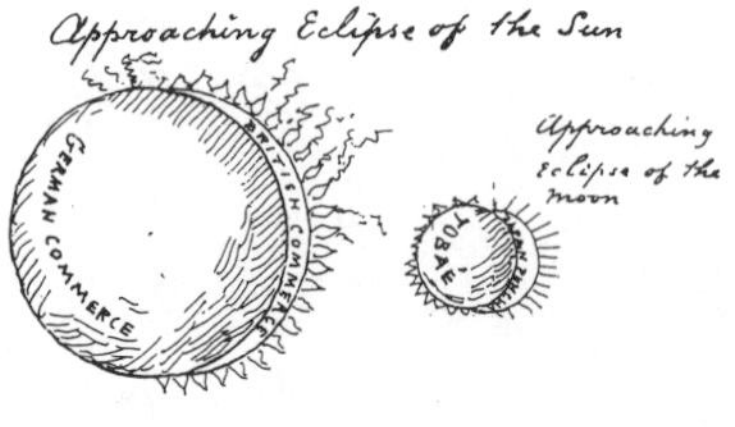

図２　ワーグマン《通商でドイツに圧倒されるイギリスのように『トバエ』に圧倒される『ジャパン・パンチ』》1887（『ジャパン・パンチ』最終号）

図３　ウォートルス《大阪造幣寮金銀貨幣鋳造所》1870-71　現ユースギャラリー玄関（撮影：藤田治彦）

ン建築事務所のエンデが、国会議事堂、司法省、東京裁判所などを含む、一大都市計画を携えて来日したのは『ジャパン・パンチ』終刊の二カ月後であった（堀内正昭「エンデ&ベックマンを巡る洋風と和風」参照）。ジョルジュ・ビゴー（1860-1927）は一八八二年に来日し、一八八四年に風刺雑誌『トバエ』の刊行を始めたフランス人画家である。(2)

仏文に邦文も添えられたビゴーの『トバエ』には日本人協力者が数人おり、その中心人物は、フランス民権思想の普及と専制政府攻撃に筆を振るった中江兆民（1847-1901）であったと推定されている。(3) ワーグマンが描いた『ジャパン・パンチ』最終号の漫画には、自分の漫画雑誌の運命を戯画化しながらも、英仏独など西欧列強間の相互関係と、それに大きく影響される日本の国内情勢がともに描かれている。

イギリス建築と明治の日本

日英デザイン交流の要にいたイギリス人はイングランド出身者だけではない。ワーグマンに数年遅れて来日し、建築の分野で大きな足跡を残したのはアイルランド生まれのトマス・ウォートルス（1842-?）であり、その背後には香港を基盤とするイギリスの大商社ジャーディン・マセソンの駐在員として来日し、長崎にグラバー商会を設立したスコットランド出身の政商トマス・グラバー（1838-1911）がいた。ウォートルスは、鹿児島で石造工場建設の仕事に従事したあと、やはりグラバーの紹介で大阪造幣寮の泉布観（1870）と金銀貨幣鋳造所（1871）の設計と施工に携わった（図

3)。東京に移ってからも、竹橋陣営(1871)、竜之口勧工場(1871)、英国公使館(1872)など重要な建物を次々と手がけ、一八七二年以降は銀座煉瓦街の建設に従事した。東京にロンドン市街のように正面に白い列柱が立ち並ぶ目抜き通りが出現しつつあったが、一八七五年に解雇され、ほどなく日本を離れた。

ウォートルスのデザインは同時代というよりは一時代前のイギリス建築に近い。良く言えば古拙な趣がある。彼は建築家というよりは技術者だったが、明治初年の日本では十分通用したのであった。しかし、日本人が欧米を訪れ、最新の西洋建築を実見するようになると、次第にウォートルスの建築は時代遅れで素人風のものに見えてきたことであろう。ウォートルスはジョサイア・コンドル(1852-1920)のような専門的な設計教育を受けた建築家たちに取って代わられ、彼らもまた西洋建築を学んだ日本人建築家によって、次第に代わられて行く(4)。

イギリス建築の日本への影響は建築物以外でも大きかった。明治の日本に西洋建築を建て始めた最初の一群の人々がイギリス人であっただけでなく、明治初期に邦訳された建築書のほとんどがイギリスの出版物だったのである。最初の本格的邦訳書は一八七二年のアルレン著(村田文夫・山田貢一郎共訳)『西洋家作雛形』である(5)。これにチャンブルス編の一八八二年の『百科全書・建築学』、一八八四年の『百科全書・造家法』、一八八六年のコンドル著『造家必携』などが続いた。『百科全書・建築学』と『百科全書・造家法』は同原書別版の邦訳である。『造家必携』は厳密な意味での翻訳書ではなく、コンドルの口述を松田周次と曾禰達蔵(1853-1937)が筆記したもので、そのほとんどは構造、それも基礎部分の構造と施工に関するものである。実のところ『西洋家作雛形』も施工を重視した実用書で、明治初期に必要とされた西洋建築の知識は何よりも、先ず、どのようにして堅固な建物を建てるかということだった。

イギリスへの建築留学もコンドルの路線で始まった。コンドルが教えた工部大学校造家学科の第一回卒業生で曾禰と同期の、辰野金吾(1854-1919)はロンドン大学とコンドルの師でジャポニスムとも無縁ではないウィリアム・バージェス(1827-1881)の事務所で建築を学んだ(一八八〇~八一年)。桜井小太郎(1870-1953)もロンドン大学に学び(一八八八~九〇年)、帰国後コンドルを補佐した。その後も、武田五一(足立裕司「武田五一とアール・ヌーヴォー」参照)、中條精一郎(一九〇七年帰国)などが続いた。現在でも留学先として人気のあるロンドンのAA(アーキテクチュラル・アソシエイション)スクールでもかなり早くから日本人留学生が学んでいる。

さまざまなモデル

「博物館」という言葉が記された最初の例は、第二回ロンドン万博の際に『イラストレイテッド・ロンドン・ニューズ』にその姿を絵入で紹介された幕府遣欧使節、竹内下野守一行の大英博物館見学の条(一八六三年四月二四日)とされる(6)。以来、日本の博物館のモデルとしては大英博物館を筆頭に挙げる場合が多い。しかし、幕末から明治初期にかけては、現在のヴィクトリア・アンド・アルバート美術館の前身、サウス・ケンジントン博物館も同様に注目されていた。例えば、「ソーツケンシントン・ミュージーム」がパリの博物館（多分ルーヴル美術館）より大規模だと特記した一八六六年の記録がある。[7] 明治に入っても両館への注目は続き、一八七三年に博覧会事務局の町田久成は、大英博物館のような図書館を備えた博物館を構想すると同時に、教育事業によって一時代を画した「実用ノ事ヲ旨トスル」サウス・ケンジントン博物館にも範を取って大博物館の建設を建議した。[8]

龍池会の初代会頭となる佐野常民（1822-1902）もサウス・ケンジントン博物館に大いに注目し、一八七五年の『澳国博覧会報告書』には次のように記している。

> 智學藝術ヲ進メ人間経済上ニ裨益スルハ近ク二十三年前ニ在リテ創起シタル英国「サウツケンシントン」ノ博物館ヲ以テ其権輿トス是ヨリ前キ英国工藝上芸術學校ノ設ケアリ然レドモ其教ル所国内ノ技能ニ止リテ普ク宇内各国ノ工藝ヲ察知スル能ハス是ニ於テカ千八百五十一年始メテ万国大博覧会ノ挙アリ（中略）大博覧会ノ余資ト政府ノ出金トニ因テ博物館ヲ「サウツケンシントン」ノ地ニ創設シ之ニ智學藝術ノ學校ヲ付属セシメタリ。[9]

ここで触れられている「サウツケンシントン」とは、サウス・ケンジントン博物館のことであり、一八五二年創設の製品美術館の前史をも含めて「二十三年前ニ在リテ創起」としている。また、「英国工藝上藝術學校」「智學藝術ノ學校」は、一八三七年にサマセット・ハウスに開設され、一八五二年に製品美術館と同じ所轄になり、サウス・ケンジントン博物館付属となるスクール・オヴ・デザインのことである。この官立デザイン学校（正確には「スクールズ」）はロンドン校を本校としてスコットランドも含むイギリス各地の主要産業都市に分校ないし姉妹校を有する大組織であった。チャールズ・レニー・マッキントッシュ（木村博昭「マッキントッシュにとっての日本」参照）のグラスゴー美術学校も、マッキントッシュ在学時までは、一八五二年に中央省庁（サウス・ケンジントン）の管理下にあったスクールズ・オヴ・デザインのひとつだったのである。ロンドンの本校はその後、王立美術大学、ロイヤル・カレッジ・オヴ・アートとなり、現在に至っている。

サウス・ケンジントン博物館は一八九九年にヴィクトリア・アンド・アルバート美術館と再命名された。イギリス風「音楽家住宅図案」を東京美術学校図案科に卒業前年一九〇八年の秋に提出してロンドンに私費留学した富本憲吉（1886-1963）が工芸品のスケッチに毎日のように通った美術館である。同館の収蔵品は多くの展覧会を通じて現在の日本でも親しまれている。一九九七年に京都と東京の国立近代美術館と愛知県美術館で開催されたウィリアム・モリス展（多田稔「ウィリアム・モリスの日本における受容」参照）、二〇〇一年に東京都美術館で開催のアール・ヌーヴォー展などは記憶に新しい。また、富本が一九〇九年に一時その夜学に通ったセントラル・スクール・オヴ・アーツ・アンド・クラフツは、モリスの思想と実践の後継者、ウィリアム・ロバート・レサビー（1857-1931）を校長に一八九六年に設立された学校で、現在もロンドン都心に本拠を構えるセント・マーティンズ・スクールの前身である。

一九一〇年には大規模な日英博覧会がロンドンで開催された。一九〇二年の日英同盟締結以来の蜜月であったが、ロシアの極東進出阻止を主眼とするこの同盟関係は微妙な局面にさしかかりつつあった。そのような政治情勢とは別に、日本とイギリスのデザインの交流はさらに幅を広げていた。例えば、一九〇七年に内務省地方局有志が『田園都市』を出版して以来、イギリスの「田園都市」は日本の都市計画、地域計画の理想のモデルとなった。バーナード・リーチ（1887-1979）が来日したのは一九〇九年である（ライオネル・ランボーン「日本美術―ヴィクトリアン・デザインの触媒」参照）。

イギリスのデザイン史研究と日本

以上は戦前の日英デザイン交流史のほんの一部に過ぎず、さらに拡大した戦後の交流は枚挙にいとまない。しかし、一九八〇年代から九〇年代初頭にかけてのイギリスにおける日本のデザインへの熱い注目は特記に値するだろう。そのピークは、ヴィクトリア&アルバート美術館で開催された、新旧のイメージを重層的に提示した「ヴィジョンズ・オヴ・ジャパン」展によってもっともよく記憶されている、一九九一年に全英各地でさまざまな催し物が行われたジャパン・フェスティヴァルであった。それとは対照的に、二〇世紀末の日本人が求めたのは、イギリスの伝統や変わらぬ生活であった。

イギリスは近代デザインに先駆けた国であるだけでなく、デザイン史研究を先導した国でもある。一九七七年創設のデザイン史学会、一九八八年創刊の『デザイン史ジャーナル』はともに世界で最初のこの分野の学会であり、学会誌である。戦後、日本の関係者が一様に注目したのが、ニューヨーク近代美術館から再刊されたニコラウス・ペヴスナー（1902-1983）の『モダン・デザインの展開』であった。それに対して、イギリスでも日本でも戦後の第二世代が座右の書としたのは、ペヴスナーの弟子、レイナー・バナム（バンハム）の『第一機械時代の理論とデザイン』であった。従来の様式変遷史的デザイン史の超克を目指したバナムの諸著作は、芸術学や美術史学に限らず、さまざまな分野の人々を、デザイン史研究へと誘っている（松原斎樹「レイナー・バナムと堀江悟郎」参照）。

(1) 清水勲編『ワーグマン日本素描集』岩波書店、一九八七年、二一五頁。
(2) 『トバエ』の誌名は鳥羽僧正に由来する「鳥羽絵」つまり略画風の漫画を意味する。
(3) 清水勲『漫画の歴史』岩波書店、一九九一年、八一～一〇一頁。中江兆民は『維氏美学』（ウージェーヌ・ヴェロン原著）の翻訳者としても知られる。
(4) コンドルは日本の造園や生け花の西洋への紹介者としても重要である。
(5) 藤田治彦、「明治五年刊『西洋家作雛形』の建築用語」『待兼山論叢』第三十三号美学篇、大阪大学大学院文学研究科、一九九九年。
(6) 東京国立博物館『東京国立博物館百年史』一九七三年、一〇頁。
(7) 前掲書、一一～一二頁。岡田摂蔵は一八六五年に幕府の命により軍事調査のためフランスへ赴いた柴田日向守剛中の従者で、『航西日記』の一八六六年八月五日の条に西洋の博物館について記している。
(8) 前掲書、一〇八～一〇九頁。
(9) 田中芳男、平山成信の編輯『澳國博覧會賛同紀要』中篇「報告書進達」一八九七、五頁。

2 江戸時代の絵画と版画の国際的伝播―エロティカを中心に―

タイモン・スクリーチ

はじめに

江戸時代は貿易が盛んな時代であり、絵画類も数多く輸出された。また、それは画像製作の技術に大きな変革が起こった時代でもある。ヨーロッパでも日本でも、印刷産業の飛躍がさらに大量の画像の生産を可能にし、その流通量も急激に拡大した。一八世紀の初めまでに、ヨーロッパでは銅版が用いられるようになった。日本では一七六五年までに色刷り版画「錦絵」の印刷が可能になり、一七八七年には日本初のエッチングが司馬江漢によって制作されている。一点ものの絵画はもちろん重要だが、画像の移動の問題において版画の重要性はいくら強調してもしすぎることはない。レンブラントの旧友（後に仇敵となる）ヘラルデ・デ・ライレッセ（1641–1711）の言葉を借りると、版画は「評判が耳で聞くものであるのに対して、実際に眼で見るものである。絵画のオリジナルは一枚だけだが、版画には何百枚もある。絵画の素晴らしさは評判によって伝えられるが、版画はそれ自体がいたる所に出現し、世界中を飛び回るのだ。[1]」ライレッセが「世界」という言葉を持ち出していることは興味深い。彼は国際的知識の持ち主で、インド、中国、そして日本についての知識もあり、印刷物は地球の果てまで達することを知っていた。彼がこのように記した『大絵画書』は、まさに「世界中を飛び回り」、ヨーロッパやアメリカで知られていただけでなく、蘭学者など江戸時代の多くの知識人に読まれていた。同書は人から人へと渡り、その図版は次々に写し取られたことが分かっている。

絵と国際的接触

絵の運搬の直接的な仕組みについて、明らかになっていることから始めよう。第一に、貿易史上のほとんどの時代において、絵は輸出入品としてしかるべき価値を持っておらず、副次的な貿易品であった。絵は旅行者達が持ち合わせていたものであり、意図的に持ってくる場合は売り物というよりはむしろ贈答品や賄賂であった。同様に、絵を持ち帰った旅行者達も、購入するより友人から贈られた方が多かったのである。正式な船荷として数えられることは稀であったが、絵がしばしば船載されていたのは周知の事実である。

幾つか例を挙げてみよう。一七七一年に初めてドイツ船が日本近海にやってきた。フリードリヒ大王の艦隊を率いるモリッツ・アラダーは歓待を期待して将軍徳川家治（1736–1786）に一枚のドイツの風景画を贈った。[2] また、オランダ通詞として有名な吉雄耕牛（1724–1800）は自邸に西洋画を掛けていたとされるが、贈り主のオランダ人がそれ相応の好意を期待していたことは確かである。[3]

別のオランダ人は一七二五年に将軍吉宗（1684–1751）の意向により、高名な画家ヴィレム・ファン・ロイエン（1645–1723）の五点の油彩画を献上している[4]（図4）。

第二に、当時の旅は時間を要し、航海は退屈であった。集団の中でも上層の者はなおさらで、船長、上級船員、船医、添乗牧師らは、航海中はおしなべて手持ちぶさたであった。船上ではトランプやその他のゲームが盛んに行われたが、本の挿絵や絵の鑑賞も重要な役割を果たしていた。サミュエル・ピープス（1633–1703）の『日記』の一六六〇年三月二三日の記述にその例を見ることができる[5]。ピープスはケンブリッジを卒業したばかりの大志を抱いた若い文官で、雇い主モンタギュー卿の好感を得ようとしていた。彼らは亡命中の国王チャールズ二世を連れ戻すためオランダに向かっていた。それは待ち時間の長い旅で、特にモンタギュー卿のような高位の人物はなすべきことがなかったのであろう。その航海に適した贈り物としてピープスは卿のために「小さなパースペクティヴ・グラス」を購入した。厳密には確定できないが、透視図法で描かれた絵が印象的に見える装置であったことは明らかである。後にヨーロッパでは「オプティーク」として知られ、まさしく同じように時間を持て余した旅行者によって日本にもたらされた「阿蘭陀眼鏡」であろう[6]。

ピープスは見たものや買ったものを几帳面に記録していたので、当時、ロンドンでどんなものが手に入ったかがわかる。（彼は後に海軍大臣にまでなった人物なので）特に航海に関するものが詳しい。一六六六年四月に彼は「版画店」で、海軍の勝利を記念したローマの古い柱の版画を買った[7]。八月には小さな望遠鏡と「小さなパースペクティヴとトリックを見せる幻灯機」を買った[8]。これらは全て視覚的娯楽のためのもので、まさしく船乗り達が世界中に持っていった典型的なものであり、そして全部この時期に日本にもたらされたものである。

ピープスは日本のものもいくつかロンドンに持ち帰っている。絵については触れていないが、エイブラホール氏なる人物から彼の妻に「日本のガウン」（おそらく着物）が贈られている[9]。また彼自身にも「インドのガウン」をまとった肖像画があり、実はそれも日本のものであった[10]。

第三に、妻と一緒であったり、女性と接触する機会が多い陸上とは異なり、船上は概して男性だけの世界であった。よって航海中の娯楽活動は、港に着いて性的接触が可能になるまでの時間をどう過ごすかということと無関係ではなかった（港入りした船乗り達の性的快楽の追求は悪名高い）。そのため船乗り達が船に持ち込む画像の多くはエロティックなものであり、歴史上のどの時代のエロティカ（性愛を主題とした絵など）とも同じ用途、すなわち自分自身で性的緊張をほぐすためのものであった。

以上の三点が絶対的なものだとは思わないが、画像がどのように世界を旅したかという疑問に答えるものであり、それは多くの場合、男性が女性不在の余暇を満たすためであったらしいという結論にいたる。絵は公然とした貿易品ではなく、通常の販売目的のルートとは違ったルートで世界に渡っていったのである。

パースペクティヴ「グラス」

パースペクティヴ・グラスは上記の全てに関与する。[11]「パースペクティヴ・ボックス」(オランダ語では「ペルスペクティフ・カス Perspectieff cas」)は一六四六年に日本に輸入されたという記録がある。[12] 日本では「極楽箱」と呼ばれたそれは、江戸時代の屋外市の呼び物になる「覗機関《のぞきからくり》」の祖先である。覗機関は一九世紀になっても舶来品の風情を留めていて、見世物師は西洋人風に装い、その箱を「阿蘭陀細工」などと呼んでいた。どんな絵が箱の中で見られたかを完全に知ることはできないが、エロティカも含まれていただろう。というのも、一九世紀を待たずにヨーロッパでの同様の箱はほとんど例外なくポルノグラフィー的なものとなっていたからである。女主人の寝室を覗き見る召使いの興奮を想起させる、鍵穴の形をしたものさえ作られ、「召使いが見たもの」などの名で知られるようになっていた。大坂のある絵師による一七三〇年の挿絵には、「のぞきをば見るは若輩らしけれと女中の笠の内ぞ目がゆく」とある。[13] つまり箱の中の絵はエロティックなものだったのである。覗きの持つ個人的な性質は、秘めやかで滅多に見られない光景にとりわけ適していたのである。

　このような箱が最も効果を発揮したのは透視図法で描かれた光景である。覗き穴を使うと視点が固定され、視線が動かないので徹底的な透視図法の利用を可能にする。ヨーロッパで人気があったのは地誌的景観と都市風景の絵で、そのジャンルは広く「パースペクティヴ・ヴュー」と呼ばれた。一七九八年刊行の初の日蘭辞書『蛮語箋』では、「西洋景」という言葉に「パースペクティヴ」(カタカ

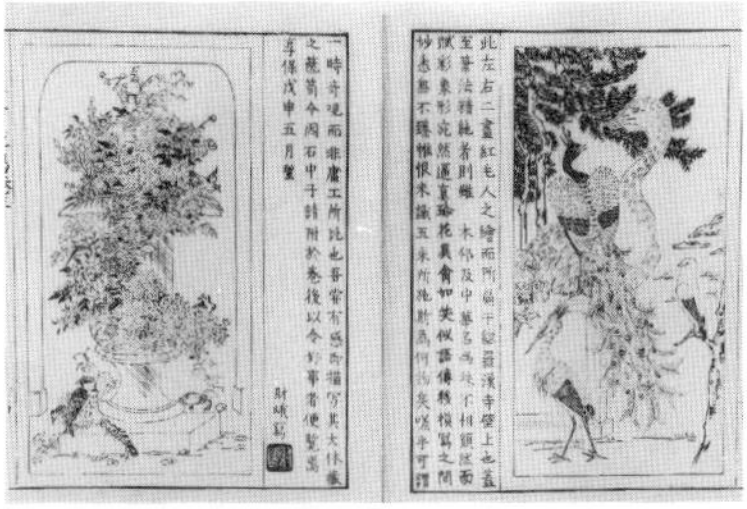
図 4　藤原守範『画図百華鳥』1729

図 5　司馬江漢《TWEELANDBRUK》銅版画　1787

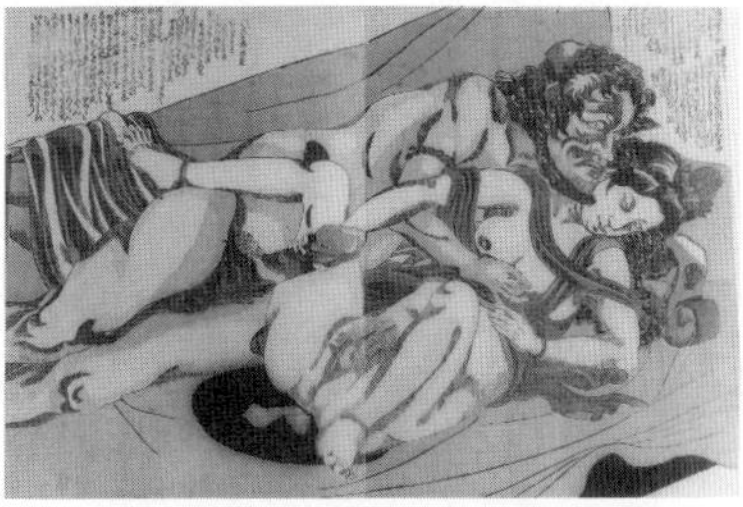
図 6　柳川重信『柳の嵐』1820-30

ナで「ペルスペクチフ」と表記）を当てている。[14] 日本語ではこれらの絵は「浮絵」として知られるようになった。あからさまにエロティックな光景を描いた浮絵は知られていないが、吉原に代表される好色な関心の集まる場所が描かれていたことは間違いない。

オプティークを描いた日本人は少ないが、鈴木春信（1725–1770）が一七六五年から没年の一七七〇年までに描いた揃物の版画「六玉川」の中の《高野の玉川》では、二人の若衆が高野山の風景を舶来のオプティークで見ている（図7）。この絵は性的ではないが、エロティックである。というのも描かれているのは「陰間茶屋」の室内であり、また高野も男色を中国からもたらした（と江戸時代には思われていた）弘法大師にかけられているからである。ただし、若衆が見ている絵は古い「紅刷絵」であって、透視図法によって描かれたものではない。

円山応挙（1733–1795）はヨーロッパで人気のあった版画に似せた絵をたびたび描いた。司馬江漢も各地の風景を描いたが、異国風の雰囲気を漂わせようとしてか両国橋を「Tweelandbruk」（二つの国の橋）とオランダ語にしている。

ある意味で、これらの絵は戯れ事以上のものではなかった。しかし、一七八八年に江漢が自らの筆による江戸の名所の「眼鏡絵」数枚を光格天皇の父、閑院宮典仁親王に送っている事実は、日本でも高位の人々が「パースペクティヴ・レンズ」を楽しんでいたことを示すだろう。[15] 一七六七年に長崎奉行、石ヶ谷勝衛門はオランダ商館長ヘルマン・カステンスに彼が持っていた「視覚装置と付属の版画」を所望している。出島の生活は退屈だったので、カステンスは自分で使うためにそれを持っていたかったのだが、「ちょっとした贈り物」として差し出さなければならなかったようである。[16] とはいえ、彼がその見返りを期待できたのはいうまでもない。

図7　鈴木春信《六玉川・高野の玉川》1765-70

図8　ドレイク《オルレアンの乙女》より1764

エロティカ

種々の覗き箱がエロティックな意味合いを含んでいることは明らかであるが、覗き箱に関する記録は乏しい。だが、他のジャンルならもっと具体的な証拠があって、特に注目すべきは次の事例である。一六一三年六月十二日にジョン・サーリス（?-1646）を船長とするイギリス船「クローブ号」が平戸から大名、松浦隆信（1590-?）の側近達によってある所に曳航されてきた。[17] サーリスは二人の侍、「Nobusane」と「Simadono」が乗船してきたと記している。おそらく松浦藩の重鎮、松浦信實《まつらのぶざね》（1550半ば-1621）と佐川主馬《さがわしゅめ》（1580-1621）であろう。彼らだけでなく「男性も女性も、あまりにも多くの人が乗船してきたので、我々がデッキに上がることができないほどであった。人々で満杯のボートが船の周りを取り囲み、我々の船の船首像と船尾に感嘆していた」。彼は「幾人かの身分の高い女性達」に特別に彼の船室へ入ることを許可したのだが、興味深い出来事がそこで起こった。彼は「立派な額縁」に入れたヴィーナスの絵を掛けていた。ヴィーナスは西洋美術においてはありふれた主題であって、家庭に飾られていても差し障りはないだろう。しかしヴィーナスは愛の女神であるにもかかわらず、その絵はエロティックな意味合いを含みがちである。古色を帯びた絵の価値に注意を向けることで抑えられていたとしてもそうである。サーリスの船室の絵がポルノグラフィーに近かったことに疑いはない。それは「とても淫らに描かれていた」と彼が率直に認めているからである。なぜこの絵を隠さずに貴婦人達を彼の船室に通したのかは不明であるが、彼女達はそれ以上に予想外の反応を示した。「それを聖母マリアだと思って、信仰心を露わにひざまずいて拝みだし」、サーリスに自分達はクリスチャンであるとささやいたのである。この後、大名もじきじきに乗船して船内を見学したが、残念なことにヴィーナスを見た彼の反応は記録されていない。

この出来事は間もなく忘れ去られたが、ずっと後の一八世紀になって再び脚光を浴びることになった。それに至るまでのルートは複雑である。まず、サーリスが残していた旅日記が、一六二五年に出版されたサミュエル・パーチャス（1575?-1626）による旅行記選集『パーチャス、彼の旅人達』の中に収められた。この本は国王ジェイムズ一世のお気に入りの一冊でもあった。[18] それから一世紀以上経て、サーリスの日記は一七四五から四七年にかけて出版されたジョン・グリーンの四巻本『旅行記集成』に転載された。この本はただちに『マノン・レスコー』の著者でもあるアベ・プレヴォ（1697-1763）によってフランス語への翻訳が始められ、一七六一年に完成した。[19] 続いてこれがオランダ語に翻訳され、その後すぐに日本に持ちこまれたようである。船旅の格好の時間つぶしとなったに違いない。プレヴォの『旅行記集成』のオランダ語版は、福知山藩の蘭癖大名、朽木昌綱（1750-1802）の蔵書に収められ、後に彼の蔵書の多くとともに松浦静山（1760-1841）の所有となった。平戸藩の若き大名、松浦静山はくだんのヴィーナスの絵を見た隆信直系の子孫である。彼は長崎の通詞、本木良永（1735-1794）にヴィーナスの絵についての記述を含む幾つかの段落を和訳させたが、サーリスの日記とは違って「ヴィーナスとキューピッド」になっている。和訳ではこれを「ヘエニュスキビドウ」と音声表記しており、それは「子供を抱いた母親」であったと書いている。その絵が「とても淫ら」であったという部分は省略されているが、貴婦人達が皆「その前でひざまずいて合掌し」、自分達はクリスチャンであるとささやいたことが記されている。

良永による和訳は刊行されなかったため、おそらくそれを読んだ者はごくわずかだったであろう。[20]だが、司馬江漢もこの出来事について書いている。江漢は一八一一年の随筆『春波楼筆記』(これも未刊であるが、写本が出回った)で、静山の蔵書に元は昌綱ののであった一冊の蘭書を見たと述べている。[21]江漢の解説によると、大名は貴婦人達を連れて乗船し、額に入った絵をたくさん見た。その中の一つは「春画」であったが、「貴婦人達はその絵をよく見ないで」拝んだ、ということである。

サーリスは日本の春画も手に入れており、ロンドンで「かなり淫らな本と絵」を人に見せている。しかし、このことが東インド会社の重役の耳に入ると、サーリスはそれらの作品を提出するよう命令され、「会社にとって大きなスキャンダル」となることを防ぐためにそれらは焼き払われてしまった。[22]

ところがサーリスは怯まなかった。交易におけるポルノグラフィーの価値を知り、エロティカの輸出先として日本にその市場があると踏んだのである。会社から日本で利益を上げげそうな物品を推薦するように求められた時、彼はその一つとして絵画を提案した。その主題としては、「海や陸での合戦記」に加えて、「幾分好色なもの」そして「好色であればあるほどよい」としていた。会社は日本に絵画を輸出することに決めた。そこには「合戦の絵」が含まれていたが、ポルノグラフィーについては触れられていないから、そちらは却下されたようである。

現存する初期の春画は非常に数少なく、西洋のエロティカも同様なのだが、一七世紀のコレクションを徹底的に調査すれば、早い時期に日本に来た西洋の絵について明らかになるかもしれない。ヨーロッパの船乗りがエロティックな本や絵を日本に持ち込んだ、という指摘がある。例えば、葛飾北斎(1760-1849)の義理の息子である柳川重信(1787-1832)は一八二二年の版画集の一枚(図6)で西洋のエロティカをモデルにしている。[23]このグロテスクな作品が興味深いのは、外国人を描いた他の春画とは違って、日本人絵師の想像による創作ではない点である。絵師が創作した例として、喜多川歌麿(1753-1806)の一七八八年の『歌枕』に含まれる一枚は、男女の奇妙な顔つきや髪型や帽子などの異国情緒が強調されていて、身体はほとんど省略されている。歌磨が木版を使っていることにも注意しよう。それに対して重信は身体全体を完全に描いている。そのポーズはヨーロッパの絵では難なく見つけられるが、春画では一般的ではない。乳首をつまんでいる図像も日本ではほとんど見られない。また、枕は椅子のアームを取り違えているようである。重信は木版を使っているが、エッチングに見せかけている。ヨーロッパの大衆的な作品は銅版画であり、重信はその外見をそっくり真似しようとしているのである。

春画はたいてい一二枚一組で刷られるのだが、そのうちの一枚を西洋人を描いたものにするのは珍しいことではない。ヨーロッパの男女であったりもするが、より頻繁に描かれたのは西洋の男性と日本人女性という組み合わせである。長崎の出島か丸山の色街での情景が想定され、男性は船乗り、女性は遊女であろう。このような春画のサブ・ジャンルは江戸で出回り、やがて日本中に広まった。それらが輸出されたかどうかは不明だが、船乗り達が日本滞在中に一緒に過ごした遊女を描かせたという記録がある。例えば、一八〇〇年頃の佐藤中陵（1762–1841）の随筆集『中陵漫録』の中で、次のように記されている。

予が在留の中、蘭人、其畫工を呼て、各求めたる妓女の面相を生面の通りに寫さしむ。をの〱持歸て、生涯、其妓女を想状すと云。(24)

これらの絵は肖像画であり、あからさまに性的なものではなかっただろう。ただし、女性達が誘惑的な艶めかしいポーズで描かれていたことに疑いはない。

春画の輸出に関連した興味深い証拠の一つが『唐人番日記』である。(25) 一七九九年のある夜、目付役の鴨池は出島で夕食をとった際に五枚のガラス絵を見つけた。うち三枚には問題なかったが、一枚はポルノグラフィーであった。中国と日本からガラス絵が大量に輸出されたことはわかっているが、その大部分のテーマは中国的か日本的なもの、ないしは西洋の銅版画のコピーであった。鴨池はただちにエロティックな絵が輸出されようとしていることを長崎奉行に報告した。しかし長崎奉行はそれは違法ではないとの判断を下している。

近年、松浦静山の西洋の書物への興味がポルノグラフィーにも及んでいたことが明らかになった。彼は一七五五年初版のヴォルテール（1694–1778）のエロティックな長詩『オルレアンの乙女』を目にしていたようである。『本木蘭文』として本木家に受け継がれた本木良永の資料の中に、その写本が静山の蔵書にあり、フランス語のそれを持ち込んだ人物はオランダ人であったと記されている。東インド会社は様々な国籍の社員を抱えていたが、日本の資料ではその全てをオランダ人と呼んでいるので、国籍はともかくとしても、フランス語を読み、文学的素養のある人物によって持ち込まれたのだろう。例えば、一七七五年に日本に到着したスウェーデン人のカルル・ペーテル・トゥーンベリはパリで学んでいるのでフランス語に堪能であったし、彼はパリで購入した品物を親しい日本人に贈っている。(26) ちなみに彼によると、大坂はパリを思わせたという。というのも「様々な娯楽がとぎれることなく繰り広げられていた」からだそうである。しかしトゥーンベリが江戸に到着した時、静山はまだ一一歳であった。(27)

彼よりも可能性が高いのはバロン・ファン・レーデという人物である。彼は一七八五～八六年と一七八七～八八年に二度、長崎商館の館長を勤めた裕福で教養のあるオランダ人で、さらに静山を個人的に知っていたことが証明されている。(28) ファン・レーデが一七七六年と一七七八年に職務で江戸に行った際に知り合ったのであろう。当時、静山は良永を雇っていた。

『本木蘭文』に出てくるのは『オルレアンの乙女』の七枚のエロティックな挿絵の説明である。その長詩には挿絵のない版も多いが、異なった三組の挿絵があることがわかっている。一つは一七六四年にロンドンで出版されたもので、ドレイクなる画家の挿絵がついている（図8）。二つ目は一七六五年に出たポケットサイズの版で、どちらにも詩の節ごとに二〇枚の挿絵がある。三つ目として、ピエール＝クレマン・マリリエという画家による挿絵が存在すると言われているが確認できていない。[29] 良永が訳したのは（ファン・レーデか）誰かによるオランダ語訳であるが、良永のテキストとフランス語のオリジナルをつき合わせるのはほとんど不可能である。そのオランダ人はフランス語を充分に操れなかったようだ。良永が訳したのは七枚だけで、それ以外の残りの一三枚がなぜ省略されたのかも不明である。

ヴォルテールの長詩は「オルレアンの乙女」として知られているジャンヌ・ダルクの生涯を下敷きにしているが、物語は完全にポルノグラフィーになっており、「乙女」は陵辱されて、もはや乙女ではありえない。良永もその陵辱を記している。ある箇所では彼女は山羊と交わる。この部分は良永のテキストにもあるが、山羊ではなく騾馬となり、彼女が交わる相手も騾馬飼いとなっていて、挿絵とは明らかに矛盾している。

浮世絵版画

エロティックではない浮世絵に対するエロティックな浮世絵の割合については盛んに議論されてきた。一体浮世絵の何割が春画なのだろうか？　私は常々論じてきたのだが、春画と「普通」の浮世絵との区別は学者達が主張してきたほどには明確なものではない。[30] ヨーロッパの船乗り達が愛人であった女性の肖像画を自己性欲を満たすために故郷に持ち帰ったのと同じように、「普通」の美人画や役者絵も自慰に使われていたのである。ヨーロッパから輸入されたものも同じように使われていたかもしれない。

一七八二年頃、オランダ人イサク・ティツィングが日本で大量の浮世絵を収集した。ティツィングはインドで生まれ、中国で教育を受けた後、ヨーロッパに戻ってからはパリに落ち着いた。漢字を書き、片言の日本語を話した彼は、長崎や江戸で出会った人々に強い印象を与えた。儒学者で医師でもある橘南谿（1754-1806）はティツィングが出島のカピタンの部屋を「和室」にするほど日本を愛していることに驚いたという。[31] ティツィングは一七八二年に最後に日本を去る時に多くの友人から贈り物を受け取った。彼は自分のコレクションについてこう記している、「色刷りの九枚の版画が含まれていて…様々な衣装をまとった日本女性が描かれていた」。[32] 一八一二年の彼の死後、それらの絵はパリで競売にかけられたが適当な買い手が見つからなかったので、フランス国立図書館が安く買い取り、今日もそこにある。

一七九九年にジェイムズ・デヴァローを船長とするアメリカ船フランクリン号が長崎に到着した。この船は翌年マサチューセッツ州セイラムの母港に戻り、船長は翌年地元の骨董博物館（現Peabody-Essex Museum）に五枚の日本の版画を寄贈した。現存しているそれらの絵には、博物館の取得番号のスタンプがしっかりと押されている。[33] 歌麿と鳥文斎栄之（1756-1829）の作品が二枚ずつと歌川豊国（1769-1825）が一枚である。

浮世絵、そしてそれを含む多くの日本美術が西洋でその純粋な美的価値を評価され始めるまでには何年もかからなかった。だが、それまでは純粋に異国趣味あるいは好色な魅力が喜ばれていた。日本における西洋の絵もまた同じであったのである。

(1) Gérard de Lairesse (John Fitch, trans.), *The Art of Painting in All Its Branches*, London, 1783, pp.630-631.
(2) Paul van der Velde & Cynthia Vialle(eds.), *The Deshima dagregisters*, Leiden, 1995, vol.8, p.222.
(3) 司馬江漢『江漢西遊日記』平凡社、一九八六年、一〇五頁。
(4) これらの絵画は極めて高価であった。詳しくは、タイモン・スクリーチ（村山和裕訳）『江戸の思考空間』青土社、一九九九年、六四〜七〇頁を参照。絵画はどれも現存せず。
(5) Samuel Pepys, *The Shorter Pepys*, Harmondsworth, 1985, p.30.
(6) Ibid., p.339.
(7) Ibid., p.608.
(8) Ibid., p.656.
(9) Ibid., p.332.
(10) Ibid., p.602. 現在、ロンドンのナショナル・ギャラリーにあるジョン・ヘイリス (John Haylis の姓をピープスは Halys と綴っている) の絵である。
(11) この問題についての詳細な研究は以下を参照。Timon Screech, *The Western Scientific Gaze and Popular Imagery in Later Edo Japan* (Cambridge, 1996)・日本語訳は、タイモン・スクリーチ（高山宏・田中優子訳）『大江戸視覚革命』作品社、一九九八年。
(12) 日蘭学会編『長崎オランダ商館日記（2）』雄松堂出版、一九九〇年、一三三頁。
(13) 長谷川光信『絵本御伽品鏡』（岡泰正『めがね絵新考』筑摩書房、九六頁）
(14) 森島中良『蛮語箋』、その語を見よ。
(15) 司馬江漢『江漢西遊日記』、二〇二頁。
(16) Van der Velde & Viall. (eds.), *The Deshima dagregisters*, vol.8, p.48.
(17) Ernest Satow (ed.), *The Voyage of Captain John Saris to Japan*, 1613 (London, 1968), p.83; (spelling modernised).
(18) Derek Massarella, *A World Elsewhere* (New Haven and London, 1990), p.329.
(19) 松田清『洋学の書誌的研究』臨川書店、一九九八年、三一〜三八頁。自著の公刊に先立って、情報を与えてくださった松田教授に感謝したい。
(20) 良永による絵の解説は、松田『洋学の書誌的研究』三六頁の写本に拠った。
(21) 司馬江漢『春波楼筆記』（日本随筆大成刊行會『日本随筆大成』第一期 巻二、一九二八年、五八頁。
(22) Satow (ed.), *The Voyage of Captain John Saris*, p. lxvii; (spelling modernised).
(23) 林美一編・著『柳の嵐：大判錦絵秘画帖』河出書房新社、一九九六年を参照。
(24) 佐藤成裕（中陵）『中陵漫録』（日本随筆大成刊行會『日本随筆大成』第三期 巻二、一九二九年、六九頁。
(25) 『唐人番日記』長崎県立図書館、郷土課所蔵。
(26) Charles Thunberg (F&C Rivington trans.), *Thunberg's Travel* vol.4 (Lond on 1795), .201.
(27) Ibid., p.221.
(28) 松田『洋学の書誌的研究』、七頁と五〇七頁。
(29) 同書、五〇七頁。
(30) タイモン・スクリーチ（高山宏訳）『春画―片手で読む江戸の絵』講談社、一九九八年、参照。
(31) 橘南谿『北窓瑣談』（『東西遊記』、同刻）有朋堂、一九一三年、一五五頁。
(32) Isaac Titsingh (Frederic Shoberl trans.), *Illustrations of Japan* (London, 1822), p.318.
(33) 江戸東京博物館編「錦絵の誕生―江戸庶民文化の開花―」展カタログ、一九九六年、一六六〜六七頁、参照。

（金悠美訳）

3 芸術論における日英交流

神林恒道

外からのまなざし

「岡倉覚三氏をある意味で日本のウィリアム・モリスであるというならば、日本美術院を、日本のマートン・アベイのようなものだと説明することも許されるでしょう。ここでは、日本の絵画や彫刻のほかに、漆工、金工、銅鋳、陶磁のような、さまざまな装飾芸術が行われています。そのメンバーは、民族的霊感の保持拡大を目指すと同時に、西欧の現代芸術運動の長所に対しては、すべて深い共感と理解を持つことに務めています(1)」。これは岡倉天心（1862-1913）が一九〇三年にロンドンで出版した『東洋の理想（*The Ideal of the East*）』に英国のマーガレット・ノーブル女史が寄せた献辞の一部である。天心が明治近代という危機的な状況のなかで、ほとんどうち捨てられたままの日本の伝統美術を再評価し、その復興に力を尽くしたことは良く知られている。ここで興味を引かれるのは、ノーブル女史が、天心の日本美術院の運動をモリスのアーツ・アンド・クラフツ運動と比較していることである。アーツ・アンド・クラフツ運動はさらに先行するラファエル前派の絵画運動と重ね合わせてみることもできる。この日本と英国の芸術運動に共通するのは、本来の芸術精神を失いつつある近代を批判し、かつての良き芸術の伝統に立ち帰ろうとしたことである。その良き伝統、あるいは民族的芸術の霊感の源とされたのは、いずれも「古代」ではなく「中世」であったことは注目される。

これまで西欧の知識人たちが日本人の美意識あるいは美学に寄せる関心の多くは、日本的中世、つまり「室町時代」という時期に収斂していく傾向が認められる。また、同じことが、鈴木大拙（1870-1966）、和辻哲郎（1889-1960）といった日本の知識人たちの研究についても指摘することができる。この時代の芸術や文化の根底に想定されてきたのは、禅というストイックな宗教観を背景に成立してきた、「侘び寂び」という言葉にシンボライズされる精神主義的な武家文化の伝統である。このいわゆる「日本の美学」のパラダイムが形成されるにあたって、大きな要因となったと思われるのが岡倉天心の芸術観であり、この理念化された芸術思想をグローバルに知らしめる上で大きな影響力を持ったのが、天心が自ら英文で著した上記の『東洋の理想』、あるいはまた『茶の本（*The Book of Tea*）』といった一連の著作ではなかったであろうか(2)。だがこの美学は、西欧の列強に対抗しようとした明治政府の国威発揚のための「建前の美学」だったとも言える。ちなみに人も知るように、天心は一時期、まぎれもなく美術行政のトップに君臨した文部官僚だったのである。

ところで西欧では何をもって日本の美術に関心をいだくようになったのであろうか。それはだれもが認めざるをえないように、浮世絵版画である。この浮世絵は遊里と芝居町の享楽的な町人文化から生み出されたものであり、建前としての美学の立場からすれば、隠しておきたい部分だったと言えよう。天心が発刊した日本最初の本格的美術雑誌が『國華』であるが、その初期において浮世絵についての論文が占めるパーセンテージはきわめて少ない。しかも執筆者はしばしば、仮名あるいはペンネームで自らを表記している。またその論じるところも、色彩とか構図といったフォーマリスティックな美学の視点からのものに限られているのである。

もちろんそれ以前にも、西欧で日本の美術品が知られていなかったわけではない。ただしこれらは工芸品に限られていた。たとえばジャパンと呼ばれた華麗な羅鈿細工の漆芸品は、フランスの宮廷で大いにもてはやされたものである。また明末清初の混乱期に輸入が途絶えた中国陶磁器に代わって有田や伊万里の陶磁器が珍重され、今でも欧州の各地の美術館でこれらの陶芸品のコレクションを見ることができる。浮世絵版画の芸術性にはじめて気づいたのは、フランスの版画家F・ブラックモンだったと言われている。それも日本から届いた陶磁器の包装紙に北斎の版画が使われており、たまたまこれにブラックモンが興味をいだいたのだというエピソードが伝えられている。しかし浮世絵に欧州の社会一般が注意するようになったのは、一八六二年にロンドンで開催された第二回万国博覧会以来のことである。ここで展示された浮世絵が、その年にイギリスからフランスに移送されるや、俄然パリの画家たちの注目するところとなったのである。とりわけ印象派の画家マネ、モネ、ドガ、ティソらは浮世絵の蒐集に熱中し、なかでもアメリカのカサットやホイッスラーは、浮世絵の自由な構図や明解な純粋色を用いた、細部にこだわらない大胆な表現に、創造的な刺激を受けたといわれている。この浮世絵への関心は絵画の世界に留まらず、デザインの世界にも及び、ジャポニスムというブームを引き起こすことになった。

諸外国だけでなくわが国でも日本趣味というと、もっぱらフランスの印象派との関係だけが強調されてきたように思える。E・アスリン女史やL・ランボーン氏は、当時の唯美主義運動(The Aesthetic Movement)とからめて日本趣味を絵画とのコンテクストからではなく、デザイン史の観点から捉え直そうと試みている(3)。事実、イギリスでの日本美術の影響は、絵画よりもむしろ建築、工芸、デザインのジャンルに見ることができるのである。ある意味では、イギリスの日本趣味のほうがフランスよりも先んじて始まったと指摘する者もいる。イギリスの日本趣味で特異な点は、工芸やデザイン、時としては絵画の分野にも認められるギリシャ趣味との折衷という現象である。これは単なるエキゾチシズムとか、視覚造形的類似性の指摘を越えたところから出てきているように思われる。当時のイギリス人たちは美術品を通じて、古代ギリシャの面影を未知なる極東の島国である日本と重ね合わせていたのである。この時期、日本についてイギリスで発表された紹介記事を見ると、日本が古代ギリシャのアナロジーで語られたものが意外に多いのに気づく。その指摘も地理、風俗、習慣、宗教、芸術と多岐にわたっている。イギリス人たちが求めた日本のイメージとは、文明の進歩とは関わりのない、人間本来の自然で素朴な生活が今なお現実に営まれている理想郷であった。ギリシャ人を母としたラフカディオ・ハーン（1850-1904）も、その夢を追って来日したイギリス人の一人である。しかしこうした憧憬は、所詮西欧が日本に押しつけた恣意的で気侭な幻想に過ぎない。

それでは今度は、イギリス美術が日本に及ぼした影響について見てみることにしよう。わが国で最初に西洋画の手ほどきをした外国人として知られているのが、『イラストレイテッド・ロンドン・ニューズ』の特派員として来日したイギリス人C・ワーグマンである。専門の画家ではないが、水彩や油絵に巧みで多くの日本の風俗を写した作品を残している。そのワーグマンについてはじめて洋画の実技を学んだのが、高橋由一と五姓田義松であった。黎明期の日本の洋画檀で注目すべき画家の一人として國澤新九郎（1847-1877）がいる。國澤は土佐の藩士で藩命によってロンドンに渡り、そこでジョン・ウィルカムについて画技を学んだ。日本人として最初に本場で修業した人物であり、帰国後、画塾彰技堂を開いて本格的な洋画の教授を行った。ちなみにわが国で最初の絵画展覧会を催したのも國澤新九郎である。しかしその後の洋画の方向を決定づけたのは、段階を追って次第に知られるようになったフランス絵画である。

伝統と近代のはざま

わが国での西洋美術の教授のための最初の公的機関は、工学寮附属の施設として開設された工部美術学校である。イタリアのトリノから招かれた御雇い外国人A・フォンタネージがそこで教授したのは、フランスのバルビゾン派の流れを汲む絵画だった。「文明開化」をスローガンに、近代化に急であった明治政府の政策もあって、当時隆盛を極めたのが「逼真」の技を誇る洋風美術であり、伝統美術は絶えて顧みる人のなきがごとき状態だった。ところが明治十五年に、この事態を一変させるような事件が勃発する。龍池会の依頼で東京大学講師E・F・フェノロサ（1853-1908）が行った、「美術真説」の名前で知られる一場の講演である。この講演でフェノロサは、絵画の死命を決するのは「妙想（Idea）」にあるのであり、実物の模写に傾く洋風画は美術ではなく、「理学の一派」に過ぎないと断じたのである。さらに日本の絵画は妙想の表現において、洋風画にはるかにまさるものであると主張した。この演説が契機となって、明治政府も伝統的美術の保護育成に方針を転換し、美術行政においてもあからさまに国粋主義的政策が打ち出されてくるようになった。

フェノロサは講演の中で「妙想」の必要を力説しているが、これを単純に絵画の着想とか内容とかいったものと混同してはならない。なぜならばフェノロサは、「旨趣（内容）」においてまさる文学の妙想と「形状（形式）」においてまさる音楽の妙想を対置させ、その中間に絵画の妙想を位置づけているからである。フェノロサは絵画が絵画であることの意味を、この時点で正しく把握していたと言ってもよい。そこでフェノロサは次のように述べている。「近来油絵ノ類ニ理学ニ渉リ徒ニ表面ヲ仮装シ翻テ美術真誠ノ風致ヲ失スルヲ観破シ、之ガ幣ヲ救治スルノ急要ナルヲ知リ、切ニ日本ニ向テ其扶助ヲ求メントス、……英国ニ於テハ有名ノ画家中既ニ日本ノ方法ニ倣フテ以テ画ヲ作ルモノアリ」[4]と。この英国の画家とは、フェノロサと同じマサチューセッツ州の出身でイギリスで活躍していたJ・A・M・ホイッスラー（1834-1903）を指していることはまず間違いない。

ところで「美術真説」以来の頽勢を立て直すべく洋画家たちは団結して「明治美術会」を結成し、その第二回大会で東京大学教授で文学博士の外山正一（1848-1900）に洋画振興のための演説を依頼する。そこで延々三時間にわたって行われた講演が「日本絵画ノ未来」である。外山がこの講演で述べたのは、現今の洋画の沈滞は画題の貧困にあるというものである。そこで外山は、空想的、創造的なものではない時勢の現実に根を下ろした「思想画（Conceptive Art）」の必要性を訴えた。その所論には、かつて小山が留学したイギリスのJ・ラスキンの画論を想わせるものがある。あえて言えば、「美術真説」と「日本絵画ノ未来」という伝統的絵画と洋風絵画の擁護論をめぐって、思いもかけずかつてのホイッスラーとラスキンの対立の構図が遠く離れた日本で再燃した形である。しかし外山の主張を論破したのは、E・v・ハルトマンの美学をひっさげて現われた若き森鷗外（1862-1922）だった。この外山と鷗外の論争以後、ドイツ観念論の美学が芸術論の主流をなすこととなるが[5]、これは本題とは別の話である。

そもそも洋画家たちを窮地に追い込んだのは、フェノロサの演説がきっかけであったかも知れないが、その決定的な要因を作ったのは、文部省の図画取調掛として辣腕を振るった岡倉覚三であった。「美術真説」はこれまで日本画奨励説であると言われてきたが、果たしてそうだったのだろうか。確かに日本の画壇の現状についての批判に力点を置いて読むならば、そのようにも解釈できようが、フェノロサがこの演説を通じて語ろうとしたのは、洋の東西の別を越えた「真誠ノ画術」とは何かということだった。その根本にあるのは、グローバル・スタンダードとしてのフォーマリズムの美学である。このことは、後の「東洋美術史綱」の記述に照らして明らかである。

天心はフェノロサの「美術真説」の反響を利用しつつ、世論を伝統美術の再評価の方向へと誘導していったのである。天心は東京美術学校が新たに開設されるにあたり、フェノロサと共に欧州へ美術視察に赴いている。ところが天心の書簡のどこを見ても、欧州の新しい芸術の動きに触れた箇所を見い出すことはできない。フランスの印象派を中心に展開した新動向が日本にもたらされるのは、黒田清輝や久米桂一郎の帰朝を待たねばならなかった。その間、天心は東京美術学校の創設に際して国粋主義を標榜し、カリキュラムから西洋美術を徹底して排除し、ひたすら伝統美術の育成に務めたのである。天心はこの「伝統」美術の範疇に浮世絵が入るとは、毫も思ってはいなかった。天心が日本美術の伝統として最も重んじていたのは、フェノロサが驚嘆した「ギリシャ的仏教美術」でもなく、日本的中世、つまり「足利時代」の狩野派の水墨画の伝統である。民族的アイデンティティの自覚、そして中世的伝統への回帰という天心の思想の枠組みを思うとき、思い当たることがある。それは天心の日本的ロマン主義が拠って立つところに、英国のラファエル前派の絵画運動、さらにはアーツ・アンド・クラフツのデザイン運動への共感があったのではないかということである。天心が欧州視察旅行から持ち帰った最大の土産は、危機に瀕した伝統美術の再生の特効薬としてこれらの芸術運動をモデルとして用いたことではなかったか。(6)

日本美術のアイデンティティ

外発的な日本文化についての理解と内発的な日本文化についての認識が交叉するところに、どうしようもないギャップが生じてくる。それが浮世絵という「芸術」の取扱である。少なくとも天心と同じ時代を生きた知識人で、浮世絵を真実、芸術だと認めた人はどこにもいなかったといってもいい。相手が勝手に感嘆してくれるならば、それはそれでよかろうというのが本音ではなかったか。浮世絵はもともと享楽的な、時としては淫猥な遊里から生まれたものである。当時の人々にとって、この出自は対外的にも隠しておきたい事柄ではなかったか。

その中で、あえて遊里の美意識を美学の問題として語ろうとした哲学者がいた。『「いき」の構造』で知られる九鬼周造（1888-1941）である。しかし世評の高いこの論考においても、この美意識も結局は仏教的諦観あるいは武士道的ストイシズムの理念に還元されてしまっている。確かに武士道や禅の精神主義も、われわれの美意識の根源に関わるもののひとつではある。しかし江戸時代の享楽的な感覚主義もまた、われわれの民族の美意識の発露であることは間違いない。この相対する美意識を一元的に処理しようとすることは、必ずしも正しいやり方ではないと思う。

ここで改めて注目したいのが、九鬼の論文に先行する、永井荷風（1879-1959）の『江戸芸術論』である。これは十編の論考からなっているが、そのうちの八編が浮世絵研究であり、『江戸芸術論』はそのまま「浮世絵芸術論」の主張であったと見てもよいであろう。荷風は次のように述べている。「されば余の浮世絵に関する鑑賞と云ひ研究と云ふが如き、元より厳密なる審美の学理に因るものならず。若し問ふものあらば余は唯特別なる事情の下に、特別なる一種の芸術を喜ぶと答へんのみ。況や泰西人の浮世絵に関する審美的工芸的研究は、既に遠く十年以前全く細微に渡りて完了せられたるに於てをや」と。あるいはまた「浮世絵は余をして実に渾然たる夢想の世界に遊ばしむ。浮世絵は外人の賞するが如く単に美術としての価値にみに留まらず、余に対しては実に宗教の如き精神的慰藉を感ぜしむるなり。特殊なるこの美術は圧迫せられたる江戸平民の手によりて発生し絶えず政府の迫害を蒙りつつ而も能く其発達を遂げたりき。当時政府の保護を得たる狩野派即ち日本十八世紀のアカデミイ画派の作品は決してこの時代の美術的光栄を後世に伝ふるものとはならざりき。而してそは全く遠島に流され手鎖の刑を受けたる卑しむべき町絵師の功績たらずや。浮世絵は隠然として政府の迫害に屈服せざりし平民の意気を示し其の凱歌を奏するものならずや。官営芸術の虚妄なるに抗し、真性自由なる芸術の勝利を立証したるものならずや」(7)とある。

荷風が自らの体験を通じて確信した浮世絵の芸術性は、従来の「美学」の物差しをもっては測りえないものである。そのひとつは、われわれの文化的アイデンティティと関わりなく外から当てられる物差しである。荷風はまず「西洋美術家の見地よりして日本の絵画を批評了解せんとしたる」立場に対して一線を画そうとしている。今ひとつは伝統的な制度という内から当てられる物差しである。荷風は狩野派のアカデミズムを「虚妄の官営芸術」に過ぎずとして、これをしりぞける。天心の理想主義もまた、この延長線上になかったとは必ずしも言えない。この二つの物差しのいずれをも拒絶するところに、荷風の「江戸芸術論独自性」がある。だが荷風はこれ以上、論を重ねて江戸芸術の何たるかを語ることはなかった。荷風の美意識がどのようなものであったかは、その創作を通じて知る以外にない。近年ようやく偏らないトータルな視点から、江戸の美術あるいは文化を捉えようとする傾向が現われつつある。その状況の中で、われわれの研究をさらに外から関心づけてくれているすぐれた研究がある。すでに翻訳もされている、タイモン・スクリーチ氏の江戸文化についての論考の数々である。(8) 江戸の文化をめぐって、新たにイギリスという外からの眼差しとわれわれの内からの眼差しの交叉するところに、日本的美意識を形成するもうひとつの極が見えてくることを期待している。

(1) Kakuzo Okakura, *The Ideal of the East*, London, 1903。マートン・アベイ (Marton Abbey) は、ウィリアム・モリス（モリス商会）が一八八〇年に各種工房を構えたロンドン南郊の土地名。

(2) Kakuzo Okakura, *The Book of Tea*, Fox Duffiled & Cie, New York, 1906.

(3) Lionel Lambourne, *The Aesthetic Movement*, 1996. Elizabeth Aslin, *E. W. Godwin : Furniture and interior decoration*.

(4) フェノロサ「美術真説」（山口静一編『フェノロサ美術論集』中央公論美術出版、一九八八）

(5) 拙論「鷗外とシェリングと美学」（日本シェリング協会編『シェリング年報』第七号、晃洋書房、一九九九年）

(6) 拙論「岡倉天心の芸術思想」（拙編著『日本の美のかたち』世界思想社、一九九一）、拙論「『日本の美学』の形成―フェノロサから天心へ―」（『美術フォーラム21』〈特集日本美術史再考〉創刊号、醍醐書房、一九九九年）

(7) 永井荷風「江戸芸術論」（『荷風全集』第十巻、岩波書店、一九九二年）

(8) タイモン・スクリーチ『大江戸異人往来』（田中優子・髙山宏訳、丸善、一九九五年）『大江戸視覚革命』（田中優子・髙山宏訳、作品社、一九九八年）『春画―片手で読む江戸の絵』（髙山宏訳、講談社、一九九八年）

4

日本美術―ヴィクトリアン・デザインの触媒

ライオネル・ランボーン

イギリスのジャポニスム

一八八二年、オスカー・ワイルド（1854-1900）（図9）は、アメリカ、カナダの地方都市への演説旅行の際、新大陸のさらに果てにある島―日本へ行き、あてどもなくさまよいたいという手紙を家に宛てて書いていた。肩にかかる長い髪、ベルベットの上着、膝丈のパンツ、という講演の際のいでたちは、ワイルドが唯美主義運動にかぶれていたことを物語っている。唯美主義運動にかかわった、ヴィクトリア女王時代の美術家たち、建築家たち、デザイナーたちはそれまで支配的だったゴシック復興様式にうんざりしていたために、日本の目新しく刺激的な美術を歓迎した。

図9　"Ape"(本名カルロ・ペッレグリーニ)《オスカー・ワイルド》1884（『ヴァニティ・フェア』誌掲載）

ペリー総督が幕府に開国を迫った一八五三年以前から徐々に、日本の美術工芸品がヨーロッパ諸国でもてはやされるようになっていたが、本格的な影響が見られるようになるのは一八六〇年代に入ってからである。それでもすでに一八五六年より、パリの芸術家たちの間では『北斎漫画』が話題になっていた。イギリスでは、『北斎漫画』は、一八六〇年代初頭のブリストルで、唯美主義運動の先導者になった、建築家で作家のエドワード・ウィリアム・ゴドウィン（1833-1886）の家で記録されている。ゴドウィンは、『北斎漫画』のなかの、構造や継ぎ目、木工仕事といった日本の諸技術が描かれているページをとりわけ賞賛した。日本の木材の構造についての研究からインスピレーションを受けたゴドウィンは、黒檀調に仕上げられた黒いサイドボードや食器棚に代表される、「アングロ＝ジャパニーズ」[1]様式の家具をデザインした（図10）。それらは日本的な、空間や量、非対称、寡黙、抑制をゴドウィンが深く理解していたことを示している。アングロ＝ジャパニーズ様式の家具の事業は、一八六七年の有名なサイドボードの、六つのモデルの生産とともに始まった。それは格子のような、直線で囲まれた形で、疎と密が複雑な効果を作り出し、彼自身の言葉で言えば、「多少とも日本の原理に基づいた」ものだった。

ゴドウィンは、カーディフ城を建てたゴシックの建築家、ウィリアム・バージェス（1827–1881）と共に、日本に熱狂していた。バージェス自身は、献身的なゴシック様式の復興論者であったが、一八六二年の万国博覧会で日本の目新しい美術についての熱烈な批評を書き、それを暖かく迎えた。「中世の芸術はもはやヨーロッパでは見られず、東方においてのみ見いだされうる……この、これまで知られていなかった異邦人たちは、中世が知っていたことをすべて知っているようであり、しかしいくつかの点では中世を、そして我々をも同様に越えている」。バージェスの浮世絵版画のコレクションのいくつかが、スクラップ・ブックに貼り付けられて、ヴィクトリア・アンド・アルバート美術館に伝えられている。そのページをめくると、異国風な日本の模様や大胆なデザインをはじめて見たときの、バージェスやゴドウィンの興奮を、彼らの身になって感じることができる。壁紙に使用した孔雀のデザイン（図11）のヒントを、ゴドウィンは浮世絵版画から得たのだろう。

　一八六三年五月、バージェスは、クリストファー・ドレッサー博士（1834–1904）の講演「中国と日本における一般的な装飾」の司会を務めた。ドレッサーは日本の知識を広めた。多くの異なる文化へのドレッサーの折衷的な愛は、古代エジプトからアステカ、マヤ、古代ギリシャそして日本にまでおよぶ、さまざまな陶磁器の様式に鼓舞された彼の製品に反映されている。陶磁器と金工において多作であったドレッサーは、一八七六年サウス・ケンジントン博物館の代表として、同時にロンドンのリバティ商会とニューヨークのティファニー商会の代理人として日本に行き、六十四の窯元と多くの製

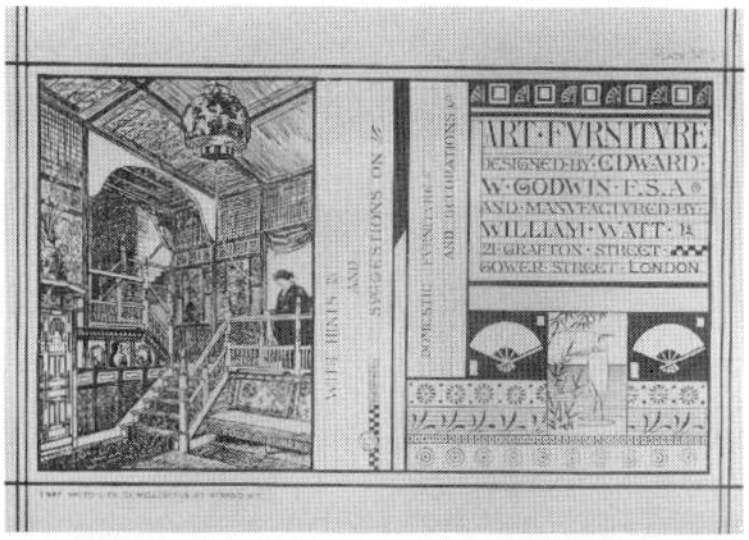

図10　ウィリアム・ゴドウィン《美術家具》カタログ　1877

図11　ウィリアム・ゴドウィン壁紙《ピーコック》1873

図12　クリストファー・ドレッサー、タイル《月に鶴図》1870頃

造業者を訪ねた。また、何百枚もの写真を撮り、日本人に輸出貿易についての助言をした。帰国後、彼の陶器とクラザ・ガラスのデザインは根本から変化し、日本の素材や美意識へのより優れた理解によってはるかに抽象的になった。ドレッサーの日本訪問によって、イギリスの陶器職人たちや銀細工師たちの多くが、花、扇、竹、魚、鳥、そしてそれらの非対称的な配置も含めて、日本の装飾的なモチーフを試し始めた（図12）。こうした一八六〇年代初頭からのゴドウィン、バージェス、ドレッサーの関心から、日本美術の影響に対するイギリス人の反応が、大陸人の反応とは反対に、造形芸術というよりも装飾芸術において現れたことが明らかになる。

図13　ウォルター・クレイン《ひとつ、ふたつ、靴のバックル止めて》1869

絵画のなかの日本

ゴドウィンのもう一人の親しい友人であった、ホイッスラー（1834-1903）は、造形芸術と装飾芸術、二つの芸術分野に根本的な影響を与え、ジャポニスムと唯美主義運動の主要な触媒となった。日本のものだけでなく、中国の「青白磁器」のコレクターであった彼は、《白のシンフォニー No.2》（1863-1864）や《紫とばら色―6つのマークのあるランゲ・ライゼン》（1864）といった一八六〇年代の初期の作品でそれらを描いている。《紫と金の奇想曲 No.2―黄金屏風》（1864）では、着物を着たモデルが、広重の版画を眺めている。その頭部は華麗な屏風を背景にして効果的に浮き出ている。《バルコニー―肌色と緑色のバリエーション》（1864-1870）では、彼が所有していた清長の版画、とくに《柳橋料亭》から借りてきた構成上の要素を使用した。一八七六年には唯美主義の趣向で満たされた室内装飾を、《ピーコック・ルーム》（1876-1877）において手がけた。

もちろんホイッスラーが日本の美術作品を用いて主題を描いた唯一の画家ではなかった。ラファエル前派のシメオン・ソロモン（1840-1905）は日本の扇を持ったモデルたちを描いた最初の西洋の画家であることを主張してホイッスラーと張り合った。アルバート・ムーア（1841-1893）は、東洋の花を描き、スウィンバーン（1837-1909）に賞賛された。ウォルター・クレイン（1845-1915）は、一八六九年に出版された絵本（図13）に窺えるように、日本の美術工芸品の賞賛者であった。D・G・ロセッティ（1828-1882）は最初ホイッスラーに日本美術を紹介され、審美眼と嗅覚で収集した。日本の「紋」を深く研究し、本の装丁でそれを再解釈した。また一八六五年の《最愛の人（花嫁）》ですばらしい効果を引き出すため、画家、G・P・ボイス（1826-1897）から借りた「日本女性の緑色のドレス」を使用した。こうすることで、ロセッティはヨーロッパ中の芸術家たちがその後採用することになった一つの過程をたどり始めたのだった。どんな画家のアトリエも、着物や壁にはためく扇、背景として役立つ屛風なしでは充分とはいえなくなった。フランス人画家、ジェイムズ・ティソ（1836-1902）はロンドンとパリの両都市で誘導的な役割をした。パリで彼は日本の小道具といっしょに、アトリエでポーズをとるファッショナブルな若い女性たちを描いた。その作品は彼の生徒であった徳川昭武公からの贈り物を含めた日本の美術工芸品で豪華に飾られていた。昭武公は一八六七年のパリ万国博覧会に徳川幕府の代表として出席していた。一八七一年ロンドンに落ち着いた後もティソは、ニュートン夫人の肖像画で、日本の傘などの付属品を使い続けた。それは、まさに日本の美人画の伝統と精神で構成され、柱絵の幅の狭い垂直形式の知識を示してもいる。

日本趣味の大衆化

建築家、画家、デザイナーたちのみならず、ヴィクトリア女王時代の人々の生活のなかにも、日本美術は唯美主義とあいまって浸透していった。ある唯美派にかぶれた女性の部屋はこんな風であったと想像される。壁にはウィリアム・モリスの壁紙《菊》、日本の扇が飾られ、E・G・ゴドウィン風にデザインされたテーブルの上には、日本風なモチーフで装飾されたマーティン兄弟の花瓶が置かれている……。巷には日本風に描かれたツバメが印刷されたクリスマス・カードまで現れた。[2]

こうした唯美派の人々の生活は、オペレッタの格好の題材となった。一八八一年ギルバートとサリヴァンのオペレッタ「ペイシェンス」では、ワイルドが唯美派の英雄バーンソーンとして揶揄されている。その四年後の「ミカド」[3]の成功により、イギリスとアメリカでの日本美術の流行は確固なものとなった。「ミカド」のニューヨーク公演によって、ニューヨークの芸術を気取るあらゆる家には「ミカド・ルーム」が出現した。最も有名なものの一つに、ウィリアム・H・ヴァンダービルトの所有する、5番街51番地の「日本風パーラー」がある。日本美術はすぐさま最先端の流行の美的な常套句となった。日本風のパーラーは洗練されたニューヨークの鉄道成金たちの家々と同様に、子どもたちのあらゆるおもちゃの家にも見られるようになった。

いつもファッションの最先端にいることを好んだオスカー・ワイルドは、やがて流行の最先端が日本美術であることに疑問を持ち始めた。日本美術は唯美派を気取る人々の常套手段であったため、諷刺の対象になっていた。日本の美術工芸品は、大衆小説にさえ現れ、新しさを失い、当時のスラングで言えば、はっきりと「オールド・ハット（時代遅れのもの）」となってしまっていた。だがヨーロッパの芸術家たちは、氾濫する日本のイメージに好奇心を刺激され続け、日本を訪れる者が多くなった。

自ら日本を訪れた最初の画家の一人は、モーティマー・メンペス（1860-1938）であった。彼はオーストラリア人で、ホイッスラーの助手を務め、ワイルドの長男の名付け親である。一八八七年に八ヶ月間、「日本の芸術のあらゆる方法」を学ぶために日本を訪れた。

帰国すると、日本で制作された一三七枚の油彩画、四〇枚の版画をニュー・ボンド・ストリートのドウズウェル・ギャラリーで展示した。オスカー・ワイルドはこの展覧会を訪れ、一八八九年一月に出版された「嘘の衰退」で、日本美術の過剰な影響について次のように問題提起した。北斎や北溪の作品に見られる日本人を見ようと日本へ行っても、実際の日本人は十人並みのイギリス人とたいして変わらない。日本的効果が見たければ、わざわざ東京まで出かけなくとも、ロンドンにいたままで、誰か日本の画家の作品に沈潜し、ピカデリーをぶらつくのが一番である。なぜなら「日本とはある個性的な芸術家の慎重な自意識の産物」であり、「スタイルの一様式、芸術の精妙な空想にすぎない」からである。

世紀の変わり目には、あらゆる芸術のなかでももっとも大衆的なもの―すなわちポスターにも、日本の美意識は広く影響を及ぼしていた。オーブリー・ビアズリー（1872-1898）は、ロンドンで華麗な成功をおさめた一八九二年、かつての校長へ、興奮気味に「日本の美術の上にうち立てられた新しい様式と制作方法」について語っていた。この方法は、彼の非常に独特な、輪郭と流れる線の融合に現れている。その効果がよくわかるものは、《黒いケープ》（1894）である。その作品はワイルドが正しかったことを示しており、ピカデリーをぶらぶら歩くことで、洞察力のある人の眼に、流行の女性たちのドレス、姿勢、ふるまいが日本に影響されていたことを明らかにした。

時代が下っては、一八八七年に生まれ、幼年時代を極東で暮らしたバーナード・リーチ（1887-1979）が、日本で陶器の制作を学んだあと、一九二〇年にイギリスに戻り、コーンウォールのセント・アイヴズに浜田庄司（1894-1978）と有名な窯を築いた。彼らの協力と生涯に渡る友情は、イギリスと日本の美的な関係の物語を現代に伝えている。

訳注

（1）アングロ＝ジャパニーズ：一八七七年に出版されたカタログのなかでゴドウィンは、黒塗りされ、幾何学的な形態の家具をこのように形容している。ゴドウィンは、ウィリアム・モリスとほぼ同時代を生きたが、彼のデザインした家具は、ゴシック様式の復興論者たちの家具とも、そしてモリスの《サセックス・チェア》のような、多少田舎風の趣のある家具とも異なっている。

（2）マーティン・ブラザーズ：(The Martin Brothers)（1873-1915）ロバート・ウォーレス（1843-1923）、ウォルター（1859-1912）、エドウィン（1860-1915）のマーティン家の三人は、ランベス・アート・スクールやドルトン社のランベス工場で陶芸の技術を学んだのち、一八七三年に陶器工房を設立する。花のモチーフを日本風に装飾した花瓶や、陶器によるグロテスクな彫刻など、美術陶器を生産した。

（3）「ミカド」：脚本ウィリアム・S・ギルバート（1836-1911）、音楽アーサー・サリヴァン（1842-1900）によるオペレッタ。一八八五年ロンドン、サヴォイ劇場にて初演。架空の島「ティティプ」を舞台にしてイギリスの道徳や政治を風刺した。舞台背景や登場人物の衣裳は日本風に仕立てられた。

（北村仁美訳）

5 ウィリアム・モリスの日本における受容

多田　稔

ウィリアム・モリス（1834-1896）の名前は今日では殆どの日本人が知っている。これは偏《ひとえ》に、一九九七年日本における「モリス没後百年展」開催に当って主催者NHKが行ったメディアによる宣伝効果によるものであったと言えよう。この展覧会開催に当って、国立京都近代美術館でオープンニングが行われた。その挨拶の中で、日本側代表は先ず、前年ロンドンのヴィクトリア・アンド・アルバート美術館で大成功を収めた「没後百年展」に言及し、その後を引き受けるために応募した数ある誘致団体の中から、わがNHKが選ばれたことに深甚の謝意を表わすと共に、モリスの知名度の低い日本での展覧会の成否に関して一抹の危惧の念を示し、主催者として最大の努力をする旨の決意表明を行ったのである。これに対して、ヴィクトリア・アンド・アルバート美術館長の挨拶は対照的とも言えるものであった。美術を愛好する日本の伝統に触れ、英語圏以外の世界でモリスの受容が最も早かった日本人の先見性を讃え、今回の展覧会の大成功は疑いなし、といった主旨の祝辞であった。事実、この予想は的中し、京都・東京・名古屋と開かれていった「ウィリアム・モリス展」は、大盛況の裡に閉展したのであったが、実は、前述の両代表の挨拶の内容は、はからずも日本におけるモリス受容の実態を示していたのである。以下その実情を、モリス研究の歴史とからめて簡単に述べてみたい。

図14　ウィリアム・モリス

戦前における受容

日本におけるモリスの受容は戦前、戦後の二期に大別される。前期はまだモリスの生前、早くも明治二四年（1891）刊行の渋江保『英国文学史』におけるモリスの詩への言及に始まり、明治二九年から始まった東京大学におけるラフカディオ・ハーン（小泉八雲1850-1904）による英詩論において展開され、モリスの文学活動が詳細に述べられている。『グィネヴィアの抗辯』『愛だにあれば』『路すがらの詩』『イアソンの生と死』『地上楽園』はもとより、「洪水中の草塚」などの初期の詩から、成熟期のスカンジナヴィア伝説に基づいた作品や晩年の「ローマンス」に至るまで、ほとんど

図15　『世界のかなたの森（*The Wood beyond the World*）』
モリスの晩年のロマンス作品の一つ。８本折（20.7㎝）272頁。チョサー活字。黒赤二色刷り。木版口絵はバーン＝ジョーンズによるもの。手漉紙刷りで350部。他にヴェラム刷り、ヴェラム装幀も少数部出版された

図16　社会主義者同盟機関紙『コモンウィール』の宣伝用ラベル　1888頃

全作品に触れ、それらに独特のコメントを付している。改めて明治』期の外国人教師の貢献ぶりが偲ばれるのである。

モリス没年の明治二九年『帝国文学』十二月号には追悼文が掲載されている。この文学研究の流れは『早稲田文学』による更なる紹介や、坪内逍遙（1859–1935）、上田敏（1874–1916）、厨川白村（1880–1923）らによる研究によって継承されていった。大正五年、東京帝大英文科を卒業した芥川龍之介（1892–1927）の卒業論文の題目は「ヤング・モリス」であった。この流れは『新思潮』『白樺』に継承され、柳宗悦（1889–1961）、富本憲吉（1886–1963）らによる民芸運動に影響を与えながら増幅され、御木本隆三（1894–1971）の生涯をかけたラスキン・モリス研究によって更に厚みを増し、昭和初期の英文学界にその開花をみたのである。昭和九年、モリス生誕百年記念として日本橋丸善で「モリス文献絵画展」が開かれた。大槻憲二による『モリス書誌』の序文には、「その総括的な点に於ては英本国にさえ類のない」と記されているこの『モリス書誌』に成果が盛られている。関西においても、新村出、竹友藻風、寿岳文章（1900–1992）らによるモリス生誕百年記念協会によって『モリス記念論集』が刊行された。その中に富田文雄編の「日本モリス文献目録」が収められている。

このように開花結実したモリスの文学や文芸研究と平行して、否、実は明治、大正期においてはこちらが主流であったのだが、その後の検閲、発禁のために、徐々にその影が薄くなっていったのが社会主義思想家としてのモリス像であった。明治二五年、民友社による『國民之友』誌による英国社会党詩人としてのモリスの紹介に始まるのだが、早くも明治三二年には、モリスの社会主義思想を紹介した労働新聞社刊行の『社会主義』が発禁となっている。三七年『平民新聞』に連載された堺利彦訳の「理想郷」が単行本として出版され、モリス翻訳書の一番手となった。明治四三年の大逆事件後ますます国家権力が増大していった大正時代の、いわゆる大正デモクラシイを通じて、社会主義運動の高まりの中で、モリスは北野大吉や

本間久雄らによって芸術的社会主義者として紹介されていったが、大正一一年には、西光万吉（1895–1970）らによる全國水平社創立趣意書『よき日の為めに』の冒頭に次の一文が引用されている。

吾人の記憶す可き事は文明（封建的階級制）は労働者（吾々）を駆って、吾等かくの如く貧弱にして且つ悲惨なる存在に到らしめたが為めに彼等は殆んど今日持続するものより更によき生活を考慮する事が出来ないと云う事である。

（ウィリアム、モリス）

この一文は一八九六年のモリス主幹の社会主義機関誌『ジャスティス』に掲載された「如何にして私は社会主義者になったか」より引用されている。こうした事実はまだ日本における書誌などに記載されていない。モリスの急進的社会主義の色彩を多分に押さえながら、詩人・芸術的社会主義思想家として紹介された戦前の日本におけるモリス像は、前期の二冊の書物『モリス書誌』と『モリス記念論集』においてほぼ集約されているとみてよいだろう。そして、そのモリスの極めつけとして、ケルムスコット・プレス版の活字と挿絵の印象が、文学と視覚芸術の統合として、戦前の知識人の脳裏に焼き付いたのであった。

戦中のモリス研究

国際交流が断絶していた戦中と戦後の十数年間（ロンドンのモリス商会も一九四〇年には閉店に追いこまれていたが）、日本におけるモリス研究の灯をともし続けたのは、主として、それぞれの「書誌」の流れを汲む中橋一夫、寿岳文章らであり、また「民芸」に連なる芸術家たちであった。モリス没後間もなくイギリスで出版されたJ・W・マッケイルによる『伝記』[1]及びエイマー・ヴァランスによるモリス研究書[2]が、メイ・モリス編『モリス全集』[3]、『芸術家・作家・社会主義者ウィリアム・モリス』[4]と共に、戦中、戦後の相当期間に亘って、少数の日本の研究者たちによって文字通りこつこつと解読されていったのであった。そして、モリス研究の中断は戦争によるものばかりではなかったのである。戦後十年を経てようやく西洋との交流が回復されたものの、日本はもとよりイギリスにおいても、一九世紀人モリスの名は、ラスキンと共に忘れ去られた観があり、西洋文学や絵画の研究者たちの関心は、モダニズム一辺倒となっていったのである。戦中戦後に教育を受けた日本人には、冒頭で言及したNHKの代表者が危惧したように、モリスは身近な存在ではなくなっていたのである。

戦後から現在まで

戦後のモリス研究は思わぬところから始まった。戦後イギリスのニューレフト運動（1957–1962）において、マルクスの経済理論やスターリン主義に対抗するものとして、モリスの道徳的立場が再評価されるに至ったのである。E・P・トムスンの『ウィリアム・モリス　ロマン主義者から革命家へ』[5]がその先駆となり、モリスは、イギリス労働者運動における文化革命の元祖とみなされたのである。さらに、モリス研究を一層進める要因となったのは、没後五十年を経たため、著作権問題がなくなり、また、モリス生前の関係者たちがすべて没してしまったために禁忌事項が消滅し、赤裸々な資料が公開されるに至ったことにもよる。ジェーンとロセッティとの関係資料やブラント資料がそれぞれ一九六四年と七二年に公開された。そうして一九六五年にはケルムスコット・ハウスに同好の士が集まり「ウィリアム・モリス協会」を設立し活発な活動を開始し、日本からも会員が参加するようになったのである。戦後の日本におけるモリス研究は中橋一夫訳『民衆の芸術』（岩波文庫、1953）、白石博三『ウィリアム・モリス』（彰国社、1954）、松村達雄訳『ユートピアだより』（岩波文庫、1968）を先駆として、『ウィリアム・モリス―ラディカルデザインの思想』（中公新書、1973）をはじめ、ちょうど日本におけるモリス研究の前期に大槻憲二が果たした役割を、後期において小野二郎（1930-82）が行っていったのである。それらは『小野二郎著作集』（晶文社、1986）に結実している。さらに彼の流れを汲む川端康雄らによるヘンダースンの『ウィリアム・モリス伝』（晶文社、1990）の翻訳や、石田憲次、寿岳文章、増野正衞、前記白石博三らの影響を受けた羽生正気・清、藪亨、藤田治彦ら関西のモリス研究会の活動及び成果も挙げねばなるまい。モダニズム各派の運動も一巡した近年、ポスト・モダンの情況を目前にして、モリスについて、そのすべての領域に亘って研究が活発に進められている。一九九三年までの日本におけるモリス文献は、寿岳文章『モリス論集』（沖積社、1993）の巻末にほぼ収められている。その後ノーマン・ケルヴィンによる五巻に上る『モリス書簡集』(6)やフィオナ・マッカーシー『モリス伝』(7)が出版され、一九九六年の「モリス没後百年展」の『カタログ』でもあり、包括的な論文集でもあるリンダ・パリー編『ウィリアム・モリス』（邦訳、河出書房新社、一九九八）、また、ニコラス・サーモンとデレク・ベイカー編『モリス年譜・書誌』(8)、さらに一九九九年には『没後百年記念論文集』(9)が刊行され、海外における研究も明確になった。

一九九七年の日本における「モリス展」を設営し、ヴィクトリア・アンド・アルバート美術館長に随行してきたリンダ・パリーによって、日本におけるモリス研究の伝統と実情を聞き及んでいた館長が、冒頭に引用した祝辞を述べたのも不思議ではあるまい。ポスト・モダンの現在の状況において、モリス研究は英語圏の国々と日本において、益々幅広く、深く進められている。(10)

（1） J. W. Mackail, *The Life of William Morris*. London: Longmans, 1899. 2vols.
（2） Aymer Vallance, *William Morris: His Art, His Writing, and His Public Life*. London: George Bell, 1897.
（3） Ed. May Morris. *The Collected Works of William Morris*. London: Longmans, Green, 1910-15. 24 vols.
（4） Ed. May Morris. *William Morris: Artist, Writer, Socialist*. Oxford: Blackwell, 1936. 2 vols.
（5） E. P. Thompson, *William Morris — Romantic to Revolutionary*, The Mertin Press, 1955.
（6） Ed. Norman Kelvin, *The Collected Letters of William Morris*, vol. I-IV, Prinston University Press, 1984-1996.
（7） Fiona MaCarthy, *William Morris — A Life for Our Time*, faber and faber, 1994.
（8） Nicholas Salmon with Derek Baker, *The William Morris Chronology*, Thoemmes Press, 1996.
（9） Ed. Peter Faulkner and Peter Preston, *William Morris—Centenary Essays*, University of Exeter Press, 1999.
（10） ニコラス・サーモンやピーター・フォークナーらによるモリスの著わした論文等の集大成 *The William Morris Library*, Thoemmes Press, 1994. 7 vols もその一端をあらわすものであろう。

（文中敬称略）

6 マッキントッシュにとっての日本

木村博昭

浮世絵などの日本の影響は、印象派の画家たちについては良く知られているが、日本美術は西欧の建築家たちにも影響を及ぼした。チャールズ・レニー・マッキントッシュ（1868–1928）は、アール・ヌーヴォーからアール・デコに至るモダニズム形成期の時代に先駆けたこの時代の代表的な建築家であるが、そのインテリアとそれに伴う装飾の中にも日本の影響は見てとれる。はじめ日本の影響は、一八六〇、七〇年代から始まる唯美主義運動の中に取り込まれ、一九〇〇年代のマッキントッシュを含む新しい世代に徐々に引き継がれたのだろう。マッキントッシュは、E・W・ゴドウィンやJ・M・ホイッスラーによる日本趣味の利用を良く理解し、彼が賞賛した建築家や画家達を通し直接的間接的に影響されたと考えられる。

イングランドと唯美主義運動

一八六二年のロンドン万国博以後、急速に日本の存在が注目され、西欧芸術に影響し始めたと見なされている。そして、一般市場にも日本品が出回るようになる。ロンドンのリージェント通りのリバティ・デパートの創設者であり、デザイナーを育てたアーサー・レイゼンビィ・リバティは、始めオリエンタル・ウェアハウスの支配人を勤め、この一八六二年の万国博が終わると日本品を買い取り、高収益を上げ成功し、たちまちロセッティ、ムーア、ホイッスラーなどを顧客にした。その後、独立して日本人の青年を雇い日本製品を輸入する。一方日本では、一八七六年の廃刀令で打撃を受けた刀鍛冶や彫金職人達が西欧市場向けにティーポットなど工芸品を創り、輸出が盛んになる。[1] それらの要因が、唯美主義運動の土壌となり、原動力になったと思える。一八八七年には、リバティ夫妻も日本を訪問し三ヵ月ほど滞在し、画家のアルフレッド・イースト、後に『ステュディオ』誌を創刊するチャールズ・ホルムを伴ったと言われている。リバティ夫人は、一九一〇年に日本の風景写真集を出版している。

建築家ゴドウィンは、一八六二年に自邸を建て、そのインテリアの壁面に浮世絵を飾った。一八七七年には、日本物を絵画のオブジェに使ったホイッスラーの自邸ホワイト・ハウスを手掛けた。それは外観にこそ日本的装飾は伺えないが白色を基調にした控え目で簡素な建築であった。ゴドウィンは、同じ一八七七年に、ウィリアム・ワット社から日本の伝統家具のような黒塗りのアングロ・ジャパニーズ（英国風日本様式）の家具シリーズを発表している。翌年には、バタフライ・キャビネットのデザインを行い、ホイッスラーがその日本的装飾を行っていた。また同年、トマス・ジェキルが設計したF・R・レイランド邸のピーコック・ルームは、ホイッスラーがその日本風装飾画を描き、ゴシック・リバイバルと日本趣味を掛け合わせた唯美主義運動の代表的作品となる。作風は日本物が直喩的に表現され、その影響は明らかである。一八八四年には、ゴドウィンもリバティの婦人服部の顧問兼デザイナーになっている。

グラスゴーと日本

グラスゴーと日本の関係では、一八七二年の岩倉使節団の一行がグラスゴーを訪れ、造船所、機械工場等を視察している。早くから軍艦、商業船、そして、蒸気機関車などがグラスゴーから輸入されていた。この都市の姿を日本の産業国家へのモデルとして見たのだろうか。当時グラスゴーは、大英帝国第二の都市であり、技術革新の中心地で、特に工業加工貿易で経済力を得て、電気、建築材料などの開発と科学技術が日夜発展を続けていた。人口や市街地が膨張をたどる活力のある近代的な都市であった。我国からも幕末から明治の初頭に、高度な技術力の習得を求め、留学生が派遣された。例えば、一八六六年から造船学をグラスゴーで学んだひとりである山尾庸三は、六八年に帰国後技術者養成のため工部寮を組織し、グラスゴー大学教授のW・J・M・ランキンの弟子で、土木・機械工学を修めたヘンリー・ダイヤーを教頭に迎え、一八七三年に工部大学校（後の東京大学工学部）を設立した(2)。

一九〇一年の新世紀に開催されたグラスゴー万国博は、我国も公式に参加しており、会場のメインホールの建物の隣には、ホワイトハウスのモダンな日本館が建っていた(3)。また『ステュディオ』誌には、出品された工芸品の特集記事が掲載された。その展示品の一部は、現在もグラスゴー市のケルヴィングローヴ美術館に残されている。マッキントッシュも展示ブースなどを設計したが、この博覧会のメイン・パビリオンの設計競技に参加し、大胆な計画を提案していた。

図17　サウスパーク・アベニューのマッキントッシュの自邸、白い居間　1906
現在は、グラスゴー大学附属のハンタリアン・ギャラリーに再現保存されている。

図18　メインズ通りの自邸　1900
居間の暖炉の上段に白いフレームに入れ飾られた、二枚の日本の版画

図19　《ウインディーヒル》　1900
子供の玩具入れの為の家具、キモノを拡げたような形をしている。

また当時、日本を訪れたアーティストも多い。グラスゴー生まれで唯美主義運動のデザイナーであったクリストファー・ドレッサーも、一八七六年一二月から翌年四月まで日本を訪問し、各地の工芸品を蒐集している。ケルヴィングローヴ美術館にある日本コレクションは、その一部だと言われている。ドレッサーの息子ルイスは輸出入業を行い、日本に住まい、後に帰化する。その後ドレッサーは、一八八二年にグラスゴーのアートギャラリーで「日本の芸術」という講演をしている。またリバティは、ドレッサーが設立したアート・ファニチャー・アライアンス社の投資者でもあった。

アレクサンダー・リード（1853–1928）は、画廊ラ・ソシエテ・デ・ボザールを一八八九年に設立し、優れた印象派をグラスゴーに紹介した画商である。ファン・ゴッホの友人で一時期寝食を共にし、その時に描かれたゴッホによる小さなリードの肖像画が[4]残っている。そのリードの援助によって、グラスゴー美術学校で学んだグラスゴー・ボーイズと呼ばれたスコットランドの若い芸術家グループに属したジョージ・ヘンリー（1858–1943）とE・A・ホーネル（1864–1933）は、一八九三年から九四年にかけて日本を訪れた。帰国後、ヘンリーとホーネルは、マッキントッシュが一八九三年に改装を手掛け、グラスゴーの芸術家達の社交の場であったアート・クラブで日本を描いた作品の展示と講演を行っている。事務所のパートナーであったジョン・ケペとホーネルは親友であり、グラスゴー美術学校の同世代の先輩であり、マッキントッシュも恐らく聴いていただろう。ホーネルのポートレイト写真を見ると、ゴッホの自画像と同じように背面に浮世絵が飾られている。身の回りに浮世絵を飾るのは、当時のアーティストや建築家の流行のようである。このような交流や出版物は英国だけでもいくらでも見つかる。マッキントッシュ以外にもイングランドやグラスゴーの建築家たちの内装や装飾に日本の影響は見られる。[5]

マッキントッシュと日本

マッキントッシュと日本の関わりを知る手がかりは、一九〇〇年にデザインされたメインズ通りのフラットのマッキントッシュ自邸のインテリアである。それは、彼が最も影響を受けたアーティストでザ・フォーのメンバーであったマーガレット・マクドナルド（1864–1933）との結婚に伴う二人の新居であった。この建物はヴィクトリア様式であったが、室内を改装し、独創的な空間を演出している。ちょうどアール・ヌーヴォー様式からの離別を意識した転換期となった作品でもある。アヴァンギャルドの作家として、ヨーロッパで注目をあびていた時期で、その年にウィーンのゼゼッションに招待されていた。その自邸のインテリアは『ステュディオ』誌[6]にも発表されている。掲載された写真を注意深く見ると、日本的趣味の伺えるインテリアで、この新居のデザインで最も神経を注いだと思える居間の中心にある暖炉の上には、白い正方形の額に入った小さな日本の版画と茶碗のような陶器が対に飾られ、壁には浮世絵を掛け、室内を植物で飾っている。それは花を飾る西欧従来の作法と異なり草木を楽しむ日本の生け花のようである。また室内のインテリアは、壁面に真壁構造の木造建築の和室のように付け柱と付け長押を巧妙にあしらい、それを白く塗り、壁面を装飾的に表現したのである。椅子や家具も、重量感のあるヴィクトリア朝の骨太の猫足の彫りのあるがっちりとした家具とは異なり、ゴドヴィン風の細身で華奢な板材と棒材を組み合わせ、家紋のような透かしや貫きがあり、日本の伝統的な家具・道具類に通じるものがある。一九〇六年、彼らはメインズ通りのフラットからサウスパーク・アヴェニューのテラス・ハウスに移り住むのだが、白い暖炉や造り付け家具などの内装も共に移すのである。そして、居間の長押を回しオープンに二室をつなぐ開口の取り方も、和室のつづき間のようで日本的である。その後このテラス・ハウスも取り壊されるが、オリジナルな暖炉や家具のインテリア装飾は遺され、現在、グラスゴー大学付属ハンタリアン・ギャラリーに、彼がデザインし愛用した家具とともに再現保存されている。マッキントッシュとマーガレットの日本趣味は、このふたりの新居をかまえる以前から伺えた。マッキントッシュの寝室には、暖炉上の壁に浮世絵を掛け、壁に着物を着た女性のステンシル画が描かれていたし、マーガレットの住まいであったダングラス・キャッスルの居間の暖炉にも扇が飾られていた。そして、マッキントッシュの絵の中には、しばしば「キモノ」を着た女性が描かれたし、また、ウインディーヒルの子供の為にデザインされたキャビネット家具は、袖を拡げたキモノ型である。その後も、扉が両サイドに開くキモノ型キャビネット家具は、幾つかデザインされている。グラスゴー美術学校の正面に施された鋼製フェンスの装飾的でシンボリックな円盤は、刀の鍔のようであり、紋のようにも見える。マッキントッシュのインテリアや家具のデザインにしばしば見られる抽象的な円や角の装飾は、日本の紋章を思わせるものである。それは、紋と同様に、幾何学形態や花、葉、蝶、鳥などの自然の形を抽象化したシンボルで、それが装飾的に建物や道具、衣類などに用いられ、日本的なデザイン方法と同じである。この紋のような装飾は、T・ジェキルの暖炉装飾にも見られ、また、ゴドウィンの壁紙やホイッスラーのサインマークにも伺える。マッキントッシュの場合は、日本のモチーフが唯美主義運動のデザイナーたちのように模倣され直喩的に作品上に現われるよりも、彼特有に抽象化し、それを独特に変換し消化したものとしてデザイン展開がなされたと言えるだろう。マッキントシュにとっての日本は、彼のデザインの発想の源であったことは確かだろう。晩年は、徐々にその影響は失われるが、もっとも脚光をあびた一九〇〇年前後に恐らく日本美術が重要な役割を果たし、感性の起爆剤として、モダニズムへの突破口となる具体的な形となるきっかけを与えたと思える。

(1) Victor Arwas「リバティースタイルの勝利」『The Liberty Style 展』国際芸術振興会、一九九九年、一七～二三頁。
(2) 鈴木博之「グラスゴーから日本へ」『C.R.Machintosh 展』国際芸術振興会、一九八六年、一一～一五頁。
(3) 『一九〇一年グラスゴー万国博公式案内書』によれば、会場の地図に日本館を見ることが出来る。陶器、金属細工、象嵌、木工品、家具、織物、装身具等工芸品や大阪寿司、醬油など約百点が出品された。
(4) グラスゴー美術館所蔵。ゴッホによる点描の技巧によるもの。リードがゴッホの弟テオが勤めた画商に見習いとしてパリにやってきた一八八六～八七年の時期に描かれたもの。
(5) 木村博昭「日本の影響」『プロセス・アーキテクチュアー、CHARLES RENNIE MACKINTOSH』五〇号、一九八四年、一一三～一二七頁。
(6) C.R.Mackintosh.120 Main St. Flat, *The Studio*, Special Number 1901, pp.112～115 に掲載。

7　武田五一とアール・ヌーヴォー

足立裕司

はじめに

日本と英国との関係というと、建築の分野だけを取り上げても長い交流の歴史がある。日本の建築界の礎を築いた英国人建築家ジョサイア・コンドル（1852-1920）、其の直弟子の辰野金吾（1854-1919）はコンドルの師であるウィリアム・バージェス（1827-1881）の下に留学し研鑽を積んだし、日本人で初めてRIBA（Royal Institute of British Architects）の会員となった桜井小太郎（1870-1953）など枚挙にいとまがない。また、日本人が教わるばかりではなく、逆に一九世紀末のイギリスには、エドワード・ゴドウィン（1833-1886）のように日本から大きな示唆を受けた芸術家も少なくない。そうした日英の交流の一端は、以前日英交流百周年を期して行われた展覧会がすでに取り上げているところであり[1]、この限られた紙面の目的でもないであろう。

ここでは、これまで多少研究として蓄積をしてきた武田五一（1872-1938）という建築家を中心にアール・ヌーヴォーの日本での伝播の様相を取り上げ、その歴史的な意義とイギリスとの関係について考察する。

世紀転換期の日本

日本の建築界が西欧の新しい建築活動に興味を持ち始めたのは、明治も中葉に入った三〇年前後とされている。それ以前にも西欧の新しい建築活動に関心を抱いた建築家はいるのだろうが、西欧自体の大きな転機となった世紀転換期の活動の日本への伝播がよりはっきりと変化として捉えることができるために、そうした画期が認められているのだろう。

建築に限ったことではないが、西欧の新しい動向も過去の蓄積を学習してこそ初めて理解されうる。明治三〇年前後は日本の建築界の学習期からの飛躍の時代と位置づけられる。この時代の建築造形の新たな動向に眼を奪われた建築家として常に取り上げられるのが武田五一である。一九〇一（明治三四）年、彼は新世紀を迎えたヨーロッパへと旅立ち、そこで得た知識を日本に紹介した。彼はこの時代の建築家中では、西欧の新しい傾向を多く紹介し、また福島行信邸（図20）という傑作を残したことで、彼はアール・ヌーヴォーの日本への移入者として位置づけられることになる[2]。

しかし、そうした評価とは裏腹に彼の作品中にそれと分かる傾向はむしろ上記一作のみと少ない。表面的に形態上の類似を探すなら、セセッションの旗手と呼ばれるとおり、盛期のアール・ヌーヴォー

図20　《福島行信邸》外観

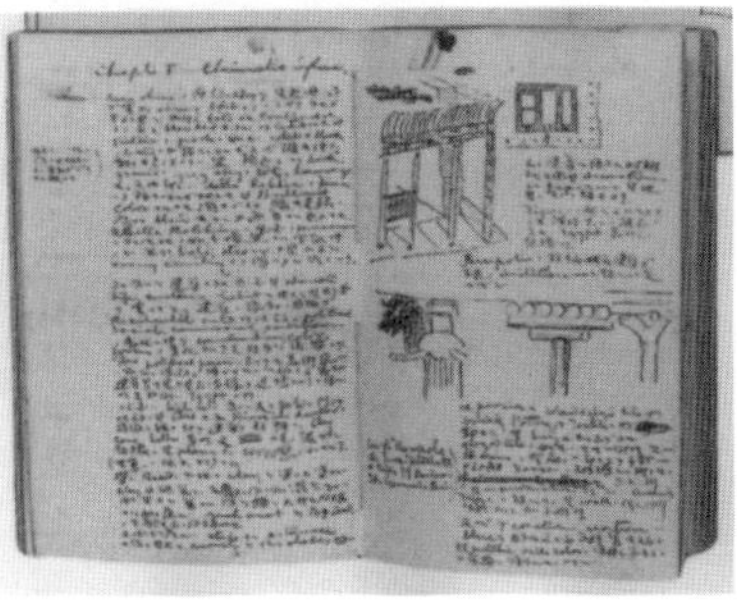

図21　*The Bases of Design* 1898の読書ノート

とされているヴィクトール・オルタ(1861–1947)やエクトール・ギマール(1867–1942)のような曲線を駆使した傾向はあまりみられず、後期アール・ヌーヴォーと表されるウィーン・セセッション、もしくはウィーンで評価の高かったグラスゴー派の控えめな影響のみである。彼がイギリス滞在中に残した習作の習熟度を考慮すると、なぜこれほど控えめな表現に止まったのか不思議である。その理由を明らかにするには、単なる形式上の類似性を比較するだけでなく、武田五一の新建築に対する理解と自身の建築理念に立ち戻らなければならない。彼のイギリス滞在時の足跡と意味をもう一度ふり返っておくことにする。

図22　グラスゴー博でのスケッチ

武田五一とイギリス

武田五一の最初の洋行の目的は、京都高等工芸学校図案科の初代教授としての研鑽を積むことにあった[3]。そのことは、当時の日本の建築という領域からみればやや周辺の活動として位置づけられたであろうアーツ・アンド・クラフツ運動をより身近なものとして理解することができたはずである。実際、アーツ・アンド・クラフツ展示協会の会長を務めていた建築家でありデザイナーのウォルター・クレイン(1845–1915)の蔵書や滞在中に残された *The Bases of Design* (1898)の読書ノートからも、イギリスのこうした潮流に大きな関心を有していたことがうかがえる(図21)。

こうしたアーツ・アンド・クラフツ運動やその周辺の活動から得た彼の知見は次のような事項ではなかったかと思われる。まず第一に、既に建築家としての素養を身につけていた武田が図案という分野に取り組んだことにより、当時のイギリスで興っていたアーツ・アンド・クラフツ運動の目指した生活環境全体の改革という目的をより深く理解できたということである。壁紙のデザインから建築に至る彼の幅広い活動領域はこのイギリスでの経験を抜きにしては考えにくく、それは帰国後の活動において住宅を彼の主たる活躍の場として位置づけていることからも裏付けられる。

第二には、クレインを通じて一九世紀後半以後のイギリスの思潮である穏当な効用論的思潮を理解したと思われることである。彼の作品の傾向がセセッションであることからその建築観をウィーンに結びつけて考えがちであるが、むしろ下記の一文からも見て取れるようにモリスとの関連は無視できない。(4)

セセッション式となりて現はれ来りたるも、其基く所は英のウイリヤムモリスの主唱に由ると見るを穏当とす、十九世紀の初葉に於てモリスの大聲唱道せる所の者は、宜しく歴史的伝説を超越し現代の要求に応じて美的問題を決すべく、且つ何れの関係に於ても虚偽の構造、或は空虚なる構造をなすべからずと云ふにありしなり。(傍線は筆者による)

この一節の後、ウィーンの動向を「構造及び材料の科学的研究」としてとらえているが、その文言から判断してもイギリス流の効用論的な考え方に近いといえよう。このことは、彼の「セセッション」観を考察するうえで見逃すことはできない。

第三に、クレインはイギリスの当時のデザイナー、建築家のなかでも日本の版画などの伝統文化に対する理解が深く、その作品への影響を最も強く受けた人物の一人であるということである。武田の留学まえからの伝統的な日本文化への関心を考え合わせるとき、彼がクレインの著書にある日本についての言及をどのように受け止めたかは、かなり重要なことといえるだろう。*The Bases of Design* で紹介されている茅造りから石造へと進化したエジプト建築や、木造から石造へと発展したメソポタミア建築の例なども、日本建築の伝統を継承しようとしていた武田にとっては大きな示唆を与える内容であったと思われる。

新しい造形との邂逅

理論上の理解と並行して、作品上ではもっと直接的に新しい傾向への関心が見て取れる。武田がヨーロッパに興っていた造形上の「新機運」に興味を持つようになるのは、おそらくグラスゴー博覧会(1901)を契機としている。この博覧会にはチャールズ・レニー・マッキントッシュ(1868-1928)を始めとするグラスゴー派(Glasgow School)が設計者として加わっており、武田はグラスゴー派の設計した仮設的なスタンドなどを熱心にスケッチとして残している。図22はそのなかでもマッキントッシュのデザインであることが判明した作品の一つである。また、このときグラスゴー美術学校も訪れているし、彼のノートなどに書き留められた、クランストンの喫茶店のことなどからみて、博覧会以外のマッキントッシュの作品を見て回った公算が大きい。

武田がマッキントッシュを中心とするグラスゴー派にいかに傾倒したかは、博覧会の中心となる様式主義の建物にほとんど関心を払わず、新しいグラスゴー派のデザインにのみに多大な関心を寄せていることからも明らかである。その他、ノートの端々に描かれた小さなスケッチ、さらに滞在中の成果となったいくつかの主要作品にもグラスゴー派の影響を容易に見いだすことができる。

イギリス滞在中の作品

イギリスでの成果はいくつかの作品に表れている。特に英国国民懸賞図案競技皇后賞（図23）は武田のイギリス滞在中の最も大きな成果として一般に知られている。内容は室内装飾案だが、簡略化された装飾といい壁や木部の色彩構成は日本人がこれまで手がけたことのない世界に踏み込んでいる。色彩にはマッキントッシュがよく用いる渋いグリーンを基本色に用い、鉄板細工の照明器具のデザインや家具、暖炉カバーの細工などにもマッキントッシュの影響を色濃く反映している。

この懸賞競技に出品するため武田はもう一作《家具デザイン》（図24）を完成させている。モールディングを廃した明快な隅部の処理、嵌め込まれた陶板のアール・ヌーヴォーの意匠など斬新である。しかし、上記のいずれも当時の先端をいくマッキントッシュほどには過去は払拭されておらず、ある意味では伝統との穏健な共存を図るアーツ・アンド・クラフツ運動の範囲に止まっているということもできる。

もう一つの例は、一九〇二年七月の日付のある数点の店舗デザイン（図25）である。そのステンドグラスにはマッキントッシュの多用するバラのモチーフが用いられている。おそらく、デザイン上の

図23　英国国民懸賞図案競技皇后賞受賞作品

図24　家具デザイン

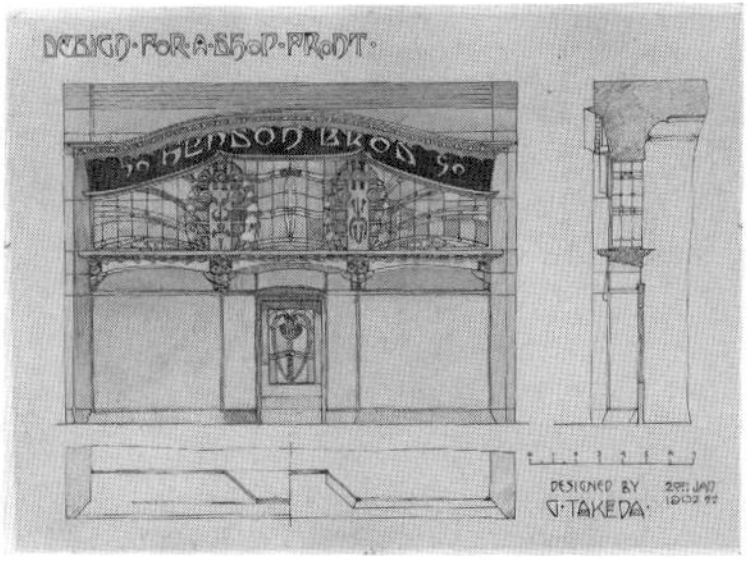

図25　店舗デザイン

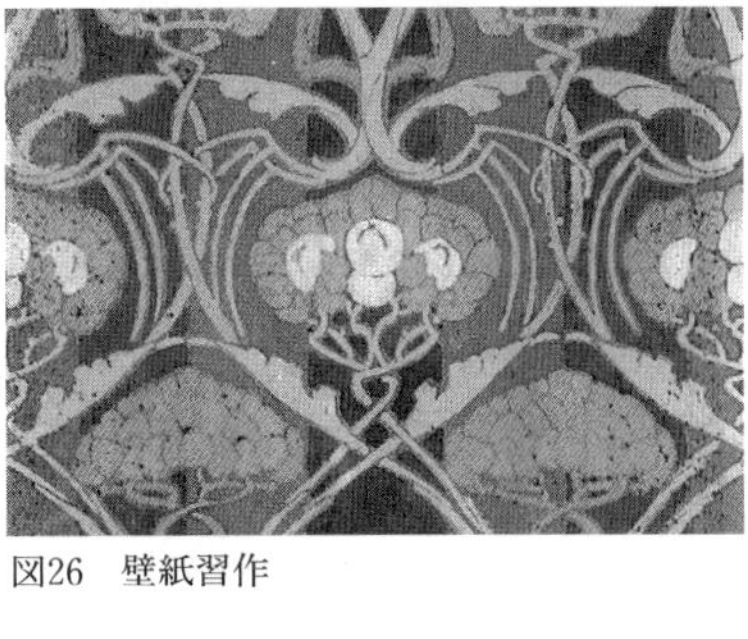
図26　壁紙習作

質においてグラスゴー派のジョージ・ウォルトン（1867–1933）の手掛けた《コダック店》にも比肩できるものであり、彼の作品中でもっとも先端的な試みである。

　この他、壁紙や織物の意匠とみられるものも何点か残っているが、それらも当時にあっては先端をいくものである。ほぼアール・ヌーヴォーの範疇に属するものであるが、ブルーやグリーンを主とする色彩にはフランスよりもイギリスとの親近性を感じさせる。図26はその中でも最も入念に仕上げられた大作である。

ウィーン・セセッションとの関係

　ヴァグナー派（Wagner Schule）との出会いはやはり彼の最初の洋行時に確認される。ただし一九〇一～一九〇三年の欧州滞在中に、武田が長期にわたってウィーンに滞在した形跡はなく、おおよそ一週間くらいの滞在であったと思われる。しかし、この短い間にかなりのスケッチを残しており、彼のウィーン・セセッション（Wien Secession）への傾倒をよく示している。

図27　《福島行信邸》内観　撞球室

図28　《芝川邸》

　当時のウィーンは曲線を主体とする盛期のアール・ヌーヴォーを脱して、より近代的な直線化・単純化の方向へと向かっていた。彼が訪れたころには、ちょうど「第一七回 Secession 展」が開かれており、ポスターや壁紙などの平面デザインが多く写し取られている。一地点で装飾デザイン関係の作品をこれほど写し取っている例はグラスゴー博覧会の他には見当たらず、ベルギーやフランス以上にウィーンでの傾向に興味を抱いたものと思われる。また、建築に関しては当然目に入ったであろうヴァグナーの一連の地下鉄駅舎に出向いていったことが判っている以外、どの程度まで見聞を広めていたかは詳らかではない。ただ、その時購入したと思われる *Fasaden und Detail Wien* といった書籍や *Das Interieur, Der Architekt* といった雑誌を購入していること、建築に関する彼の後の記述からみても、かなり詳しい知識を有していたことは間違いない。彼はウィーンの[5]活動を視野に入れながら、次のようにセセッションをとらえている。

　欧米諸国よりは後れて出発して而も今日においては彼と競争して進まんとする我国に於ては、此セセッションの形式は慥に一の確固たる基礎を作り得べき形式であると自分は信じて居る。しかし自分は決して今日流行しつつあるセセッションを直ちに採つて我国に移植するのは不賛成である。我国の意義ある形式となさんとするには、セセッシヨンの根本主義は主義として、其の表現の方法には我国独特の形を考案する必要があると思う。

日本のセセッションの騎手といわれる武田五一に、直接的なウィーンの影響をもった作品が少ない理由がここにある。しかも、こうした言説をみる限り、その数少ない作品中でも特筆される《福島行信邸》を単純に彼の代表作としてよいのか躊躇される。外観から内部意匠に至るまで総てをヨーロッパの新しい造形手法でまとめ上げたその質の高さは、確かに日本の近代建築史のエポックを画するものであり、新しい造形手法といってもやはり模倣の域をでないものが多かった当時の日本の建築界にあっては、この作品に見られるようにヨーロッパの新しい建築の傾向を咀嚼し尽くした作品はほとんど無いといってよいからである。

しかし、もしこの作品を武田の建築観から見直すなら、それが果して今日建築史上で言われる程の価値を持っていたものか疑問である。なぜなら、彼は「セセッション」にしろ「アール・ヌーヴォー」にせよ、それらを単なる形態的な模倣として捉えることを否定し、あくまで日本独自の等価な造形を趣旨としているからである。武田の「セセッション」に対する究極の狙いは、「日本的セセッション」にあることは明らかである。とすれば、先に挙げた福島邸がまだ「欧米的セセッション」であり、武田にとってはまだ研究途上のものと考えられよう。

福島行信邸の造形

「壁体は小豆色、軒飾りはコバルト色、屋根は赤瓦、その他室内随所にも豊富なる色彩装飾を施し……」など、一様にその色彩の印象を述べているところは興味深い。おそらくこの建物が最も衆人を驚かせたのは、その形態以上に外壁を始めとする色彩の鮮やかさであったようである。外観としては、陸屋根頂部の曲線的な堀り込みとその部分に嵌められた棟飾りなどの金物類にマッキントッシュの作風を思わすものがあり、全体として後期アール・ヌーヴォーと呼びうるものである。

室内に眼を向けると、応接室などに曲線豊かな盛期アール・ヌーヴォーと呼びうる家具も部分的に見られるが、室内意匠、家具ともに直線を基調とした「セセッション」といえるものである。なかでも撞球室の意匠は正方形の組み合わせによる典型的なウィーンの傾向を有し、ステンドグラスや照明類も水準の高い意匠をもつ。室内意匠だけみるなら、本場ウィーンの設計と見間違うほどであるが、唯一ステンドグラスには日本の自然の草花、風景を活かした意匠がみられ、武田の言う「日本のセセッション」へと一歩を踏みだしているともいえそうである。

以上からも窺えるように、建物の内外を通じて、まだウィーンの影響から脱しておらず、日本独自の形式にまで高まっているとはいえないだろう。

日本的伝統

それでは武田五一が考えていた日本のセセッションとはどのようなものであったのだろう。それは福島邸のようなウィーンの直写ではなく、その理念を武田流で日本に置き換えたものである。近代的な用に見合う合理性、材料の正用、簡潔性といったものを具現していなければならない。そのひとつの実例として《芝川邸》（図28）があげられるのではないだろうか。外形はコテージ風であるが、外壁には杉皮を張り、内部もベランダは化粧屋根裏、応接室は網代張りとしながら細部処理にはマッキントッシュを髣髴とさせるものがある。それは和洋を自由自在に折衷してみせる武田五一の考えを披瀝しているだけでなく、現実のデザインの問題としてアール・ヌーヴォーなりウィーン・セセッションなりが日本の伝統的な住宅、特に数奇屋と接合しうることを示したものとして注目される。その後、武田五一の作品としては京都の稲畑邸においてさらにこうした折衷をおしすすめ、中国的な細部意匠やイス座に障子といったその後の日本の生活習慣を方向付けた意匠を試みている。(6)

武田五一の住宅はこのあたりまでは骨格とも言うべき外形、平面などは洋式を取り、細部や素材において日本的な伝統を踏まえるという方法をとっているといえる。さらに吹田の西尾邸ではそれを逆転し和風の外観に洋風の内部を試みている。(7)それは重苦しい洋風住宅を日本の感覚へと近づけつつも、しかし、そのデザインの発想を思いつきや感覚にたよるという点では危うい過渡的様相を示しているといえそうである。素材の使い方にしてもヴァグナーのような徹底した即物性は有しておらず、伝統の枠内にあるともいえる。

しかし、いずれの方向にせよ、基本として自国の伝統を踏まえつつ新しい技術を盛り込み、時代に合った住宅を求めるというこうした武田の主張は、翻って考えてみるならイギリスのモリス、あるいはその後裔達が求めた方向と一致しているのではないだろうか。セセッションという言葉から、ついウィーンとの連関を見てしまうが、実際には一部の意匠的、ドローイングの手法を除けば、合理性、簡素さなどもアーツ・アンド・クラフツ運動の枠内でも理解が可能なように思われる。武田五一は、その意味ではイギリスが保持してきた穏健な革新性と根強い伝統性を同じように併せ持っている。それは最晩年にエーリッヒ・メンデルゾーン（1887-1953）の住宅を訪れ、その近代化された設備に驚きながらも、その斬新な意匠に何かが足りないと看破し、日本の茶の精神から得るものがあるのではという示唆をもったことにも現れているように思われる。

（1）『JAPANと英吉利西―日英美術の交流1850-1930』展図録、一九九二年、世田谷美術館

（2）武田五一の作品については、公刊されているものでは『武田五一・人と作品』（一八九七年、博物館明治村）が最も網羅している。

（3）武田五一の第一回の洋行の足跡については、足立裕司「武田五一とアール・ヌーヴォー／武田五一研究II」一九八五年、『日本建築学会計画系論文報告集』第三五七号

（4）武田五一「美術界の三大流派に就て」『建築工芸叢誌』第一七冊、八頁

（5）武田五一「アール・ヌーボーとセセッション」『建築と装飾』第2巻第6号、明治四五年七月、二二頁

（6）足立裕司「和洋折衷の系譜　武田五一の住宅観を通じて」一九九九年、『和風の装飾』建築資料研究社

（7）足立裕司「吹田市西尾家の建物と武田五一」平成七年、『建築と社会』第76輯1号六五～六七頁

8 レイナー・バナムと堀江悟郎

松原斎樹

建築史家と建築環境学者

レイナー・バナム（Reyner Banham 1922-88）[1]は主に現代を対象とする英国出身の建築史家・デザイン史家であり、ロンドン大学、ニューヨーク州立大学、カリフォルニア州立大学などで教授を務めた。わが国でも『第一機械時代の理論とデザイン』『環境としての建築』『巨匠たちの時代』などの訳本でよく知られている。

堀江悟郎（1917-99）は、熱・湿気、都市気候、環境の総合評価などを手がけたわが国の建築環境工学分野の代表的な研究者の一人であり、北海道大学、京都大学、関西大学などで教授を歴任した。

この二人には建築史家と建築環境工学者という違いがあり、特に親交があったわけでもない。二人には、『環境としての建築』の著者と日本語訳者としての接点しかない。なぜ、堀江が異分野ともいえるこの書の翻訳を手がけたか、について考えることは、日本の建築デザインを考える上でも興味深いことである。

「環境としての建築」とバナム

建築評論においてテクノロジーとして取り上げられるものは構造技術にとどまることが多いが、バナムが「第一機械時代」と呼ぶ二〇世紀初頭を機に、状況は急速に変化する。電灯照明と空調を中心とする環境調整のテクノロジーが伝統的建築デザインに急速な変化をもたらし始め、このテクノロジーを無視できなくなったのである。電灯の発明により、裸火による照明の煤がなくなったことや空調技術の発達が建築デザインの自由度を大幅に増したこと等など。しかし、彼以前の建築批評はこの事実にほとんど注目せずに、相変わらず視覚的印象のみに基づいて建築デザインを論じていた。バナムの功績がなければ、おそらく形態偏重の建築評論が今以上に幅を利かせていたことだろう。

この形態偏重の建築評論の対極として、環境調整技術を偏重した機能主義的評論もあり得るが、狭義の機能的評論では建築界に決してインパクトを与えることにはならない。バナムの優れている点は基本的なテクノロジーの理解に基づいて形態的・様式的評論を著すことができたことである。本人自身は「……技術と芸術の間で揺れ動く境界線上に起こる、私を夢中にさせる出来事に対しての興味……」[2]と表現している。

また、彼は表現主義に一定の評価を初めて与えたと言われる。一方で環境調整技術に通じ、他方で芸術的にはより前衛的な興味を持っていたわけである。その共存が彼の独創性そのものである。

便利な技術や材料が開発され、選択の幅が広がることはデザイン

図29　レイナー・バナム　1986
イースト・アングリア大学で名誉博士号を授与されたときのもの。

図30　堀江悟郎《自画像》 1980
京都大学建築学科では定年退官時に記念に肖像画を残す慣習があったが、堀江は自ら絵筆をとった。

の自由度を高めると同時にデザインの「様式」にこだわる建築家の戸惑いをさらに増すという指摘はバナムの見解の底流をなしている。特に環境調整設備をデザイン上隠すべきか、露出すべきかという選択は最大の戸惑いの一つであった。バナムは設備を露出するデザインの最先端として『環境としての建築』の初版（1969）では、クイーン・エリザベス・ホール（1967）をとりあげ、第二版（1984）ではポンピドーセンター（1977）をこの延長線上に位置づけている。前者の竣工から後者の竣工までの十年間にも、設備の露出と建築デザインの問題は劇的に変化しつつあったのである。筆者は、関西国際空港旅客ターミナルビル（1994）は、単なる設備の露出と言うことではなく、空調のシミュレーション結果を建築造形にフィードバックさせたものであり[3]、意匠設計者が形を決定し、設備技術者がそれに従属するというこれまでの関係を逆転させたかのような作品として、バナムの指摘をさらに進化させた例であると思うが、もはやバナムの論評を得られないのが残念である。

堀江の仕事

堀江は、戦後の北海道の住まいを寒地に適応させるべく断熱・気密性能の向上を推進する動きのブレーンの役割を果たしてきた。広さや間取りだけでは住まいは良くならないことを実践的に研究してきたと言う意味では、実践的環境工学者であったとも言えよう。一九七〇年に京都に移って以後は、都市のヒートアイランド現象に、人工廃熱がそれまで考えられていたよりもはるかに大きい影響を持つことを示し、気象学・気候学に少なからぬインパクトを与えた。建築学者としては、ヒートアイランドの研究に対して先進的な役割を果たしたと言える。今日、建築学分野でも都市気候の研究が非常に盛んであるが、そのルーツは堀江にあると言っても過言ではなかろう。堀江らのエネルギー消費密度の概念は各界に波紋を投げかけた。京都大学では、建築材料中の湿気の挙動に関する研究も大きく進んだ。また、京都大学を定年退官した後関西大学に移り、環境心理学的な研究として、音・熱・光などの環境要因が居住者に与える心理的影響に関する総合評価研究に着手する。この研究も、それまでの個別要因の評価をよりミクロに行うことが研究の発展であるというパラダイムを覆すものでもあり、各種の学会でもかなりの反響を呼んだ。これらは堀江の長い研究生活からするとごく一部の仕事に過ぎないが、それでも多種多彩な能力の持ち主であったことがうかがえる。ただし、共同研究が常識の分野であるので、堀江の研究成果は弟子やその他の共同研究者に多くを負っていることは事実である。しかし、このように多彩なテーマを研究する弟子が育っていったという事実に堀江の指導者としての特徴が見られる。すなわち、弟子を鋳型にはめるような指導はせず、その個性と興味を最大限に生かす指導をしていたのである。研究手法については、あくまでも弟子本人が自力で探して身につけねばならず、堀江は大所高所から研究の哲学を説き、方向性を示唆するという指導者であった[4]。多くの環境工学者は技術志向が強くミクロな細分化されたテーマに走る傾向が強かったが、堀江はこの分野の研究者として珍しいタイプであったといえる。

堀江とバナム

以上の堀江の仕事の中には、『環境としての建築』の翻訳を決意するきっかけは見えないかも知れないが、わが国の建築環境工学者の共通認識として、環境調整技術に関する建築デザイナーの認識の低さを非常に嘆かわしいことと考えていたという事実がある。しかし、そういった考えをまとめ、多くの読者を対象とした著書を著すことはわが国の建築環境工学者には思いもよらなかったのである。そのような中で、英国の建築史家であるバナムがこの書を出版したことは画期的なことであった。堀江はこの書が建築デザイナーに環境調整設備の重要性について眼を見開かせたものであることに注目し、「これこそ待望の書であると膝を打ってよろこび[5]」、この本を入手した当初から、大学院の講義で何度もこの書の輪読を行っている[6]。多くの環境工学者が建築全般から個別の細分化されたテーマに興味を移していく中で、堀江はそれでも建築全般に広くアンテナを張り、この書を見逃さなかった[7]。一九六四年に建築計画原論から建築環境工学と建築計画が分岐していくという歴史の中で、建築環境工学者の多くは工学的な個別技術のメスの鋭さに喜びを見いだしていったが、わずかではあるが建築計画原論の末裔として建築デザインにも意識をおいていた堀江のような存在もあったのである。

『環境としての建築』は単著を著さなかった堀江が残した唯一の訳書であり、彼が社会に発したメッセージとして最大級の重みを持つ仕事の一つである。自らが著書を書き下ろすことは適わなかったが、翻訳書を出版することによって、その思いを遂げたのだと言える。

バナムはあくまでも建築史家であり、我が国の建築環境工学・設備学分野の研究者が特に興味を持つ対象ではなかったはずだが、この書の訳者が堀江であったために、彼らにもよく知られるようになったのは事実である。堀江の功績によって、英国にルーツを持つバナムの思想が、日本では建築史、建築論の分野だけではなく建築環境工学分野にも着実にその影響を広めつつある。工学技術にも精通していた建築史家であるバナムでなければ、この書を著すことはできなかっただろうし、歴史的およびデザイン的教養を持つ建築環境工学者たる堀江でなければこの書を訳すことができなかったと言えよう。個人的なつきあいはなかったとはいえ、これは結果として二人の興味深いコラボレーションになっている。

現代に示唆するもの

ところで、現代はバナムが描いた時代よりも、さらに問題が複雑になっている。例えば、「環境に負荷を与える存在としての建築」のデザインのあり方を真剣に考える必要が出てきている。このような時代に求められるのは、バナムと堀江に見られる、建築環境工学者と建築批評家のコラボレーション、あるいはバナム的素質と堀江的素質を併せ持つ、天才的な批評家、研究者の登場ではないだろうか。

(1) 多くの文献で『バンハム』と表記されているが、バナム夫妻の友人でもある Ms. Gill Meller（金蘭短期大学）に尋ねたところ、原語に忠実に表記すれば『バナム』の方が適切であるとの示唆を得た。藤田治彦「歴史の中の現在」にも同様の指摘が見られる。

(2) バナムが工学技術の知識を豊富にもっていたのは第二次大戦中の機械工としての経歴によると言われている。

(3) 岡部憲明、ソフトエンバイロメントのデザイン、『建築雑誌』一三九八号、一九九六年、三〇〜三一頁。

(4) 藤田治彦は、「ペヴスナー、バナム、ジェンクスという三代の歴史家・評論家の系譜は、…常に師を乗り越えていく弟子を育ててきた…」（『現代デザインを学ぶ人のために』、一七九ページ）と述べているが、全くシチュエーションが異なるとは言え、堀江の大局的な方向性の示唆にとどめていた指導方法とは、なにがしかの類似性があったのではないだろうか。

(5) 『環境としての建築　建築デザインと環境技術』、訳者あとがき。

(6) 当時の大学院生には、鉾井修一氏、平岡久司氏（現京都大学）、相良和伸氏（現三重大学）などが含まれていた。

(7) 晩年の堀江は、現象学的地理学にも興味を示し、筆者にも勧めていた。不肖の弟子は、研究のアイデアを示唆されていたことは了解していたが、今日までその期待に応えられていない。

〔参考文献〕Reyner Banham: *The architecture of the well-tempered environment*, The Architectural Press, 1969.／Reyner Banham: *The architecture of the well-tempered environment, second edition*, The University of Chicago Press, 1984.／レイナー・バンハム著・堀江悟郎訳『環境としての建築　建築デザインと環境技術』鹿島出版会、一九八一年／松原斎樹「レイナー・バンハム」『建築雑誌』一四一四号、一九九七年、一〇頁／藤田治彦「歴史の中の現在」（嶋田厚編『現代デザインを学ぶ人のために』世界思想社、一九九六年、一七四〜一九一頁）／レイナー・バンハム著・岸和郎訳『建築とポップカルチャー』鹿島出版会、一九八三年／Gillian Naylor, Theory and design: the Banham factor, The ninth Reyner Banham memorial lecture, *Journal of Design History*, 10(3), pp.241-252, 1997.／レイナー・バンハム著・原広司訳『第一機械時代の理論とデザイン』鹿島出版会、一九七六年。

II　アメリカ

《交流年表》

1853・ペリー、アメリカ東インド艦隊を率いて浦賀に来航
1854・日米和親条約（1858・日米修好通商条約）
1860・幕府軍艦咸臨丸アメリカへ航行
1876・フィラデルフィア万国博覧会
1877・エドワード・モース来日、東京大学理学部に着任
1878・アーネスト・フェノロサ来日、東京大学文学部に着任
1882・フェノロサ、教育博物館で「美術真説」講演（10月に大森惟中筆記として龍池会より刊行）
・エドワード・モース、ウィリアム・ビゲローを伴い再来日
1886・フェノロサ、帝国大学文科大学辞任、欧米美術調査へ出発（岡倉天心同行）
1890・ボストン美術館に日本美術部新設、学芸員としてフェノロサが9月に着任
1892・東京美術学校校長岡倉天心、シカゴ・コロンブス万国博覧会事務局鑑査官に任命される
1893・コロンブス米大陸発見400年記念シカゴ万国博覧会
1894・山中商会ニューヨーク店開店
1895・チャールズ・フリア美術品蒐集のため来日
1898・岡倉天心、東京美術学校校長の辞表提出
・橋本雅邦ら日本美術院設立、岡倉天心が評議員長、ビゲロウらが名誉賛助会員となる
1904・岡倉天心渡米して出版、展覧会活動等に従事
1905・フランク・ロイド・ライト初来日
・ウィリアム・メレル・ヴォーリズ来日
1906・フランク・ロイド・ライトの広重コレクション展（シカゴ美術館）
・シンガーミシン、日本におけるミシン普及を目的に有楽町に裁縫女学院開設
1907・八幡 YMCA 会館竣工（ヴォーリズ）
1909・橋口信助帰国、住宅設計施工とアメリカ製組立住宅等販売の会社「あめりか屋」開設
1910・「あめりか屋」最初のアメリカ製組立住宅東京に建設
1913・フランク・ロイド・ライト二度目の来日、武田五一と再会
・近江ミッション住宅（ヴォーリズ）
1916・橋口信助、住宅改良会会誌『住宅』を刊行、洋風住宅普及に努める
1917・遠藤新他の日本人スタッフ、帝国ホテル図面作成のためライトのタリアセンへ
1919・アントニン・レイモンド、フランク・ロイド・ライトとともに来日
1920・強羅の福原有信邸完成（フランク・ロイド・ライト）
・森本厚吉、文化生活研究会（1922・文化普及会）を組織
・長谷川真治『和洋折衷の住宅』
1921・アントニン・レイモンド、ヴォーリズ事務所のアメリカ人建築家スラックと設計事務所開設
・並木伊三郎、シンガーミシン販売店と協同で、牛込に文化裁縫女学院開設（1923・文化裁縫女学校）
1922・帝国ホテル失火で林愛作支配人辞任、ライトはホテルの完成を待たずに帰国
・山本忠興邸「電化の山本博士邸」竣工（山本拙郎設計）
・メンソレータム、近江兄弟社の看板商品の一つとなる
1923・帝国ホテル完成
1923・ヴォーリズ『吾家の設計』

1924・芦屋の山邑太左衛門邸完成（フランク・ロイド・ライト）
・ヴォ-リズ『吾家の設備』
1925・森本厚吉（文化普及会）の文化アパートメント（ヴォーリズ）御茶ノ水に竣工
1926・ウェイドフェルト（蔵田周忠訳）『フランク・ロイド・ライト作品集』(-1928)
1929・遠藤於菟『バンガロウとコッテエジ』
1930・ハーヴァード現代芸術協会主催「日英現代工芸品展」
1937・『ヴォーリズ建築設計事務所作品集』
・アントニン・レイモンド離日
1941・長谷川七郎『現代産業美術』にアメリカの工業デザイン詳報
1943・長谷川七郎『機械芸術』
1945・駐留米軍家族用住宅「ディペンデント・ハウス（DH)」の建設指令
1946・「DH 家具」の生産指令
・『工藝ニュース』『新建築』などの雑誌が復刊
・日本国憲法の公布、「家」制度廃止
1948・アントニン・レイモンド再来日
1949・商工省工芸指導所『現代アメリカ工芸』
・アメリカのファッション・デザイナー、ティナ・リーサ来日
1950・東京芝浦電気、意匠技術研究会を設け、アメリカ人デザイナーを顧問にデザインの研究開発
・住宅金融公庫法施行
・特需景気
・立体最小限住宅（池辺陽）
1951・一般向け住宅専門誌『モダンリヴィング』創刊（婦人画報社）
・「公営住宅法」公布（公営住宅標準設計「51C 型」発表）
・リーダーズ・ダイジェスト東京支社（アントニン・レイモンド）
・松下電器産業宣伝部内に製品意匠課設置
・日本専売公社「ピース」(パッケージデザイン：レイモンド・ローウィー）発売（1952？)
1952・ニューヨークのアートディレクターズクラブを範に東京アドアートディレクターズクラブ結成
・日本インダストリアルデザイナー協会設立
1953・レイモンド・ローウィー（藤山愛一郎訳）『口紅から機関車まで』上・下
・『アイデア』創刊
1954・婦人画報社「モダンリビング展」
1955・日本住宅公団設立
1956・日本生産性本部の第一次工業デザイン・アメリカ視察団
・産業工芸試験所の外国人デザイン専門家招聘計画でアートセンタースクールから講師来日
1957・通産省 G マーク選定開始
1961・ヴァンス・パッカード（南博、石川弘義訳）『浪費をつくり出す人々』(原著 *The Waste Makers*, 1960)
1964・レイチェル・カーソン『生と死の妙薬』(原書 *Silent Spring*, 1962)
1976・ヴィクター・パパネック（阿部公正訳）『生きのびるためのデザイン』(原著 *Design for the Real World*, 1971)
1984・マルチメディア型パソコン、マッキントッシュ日本上陸
1993・日本におけるインターネットサービス開始
1995・Windows95 で個人のインターネット利用急増

9 アメリカとのデザイン交流

藤田治彦

アメリカの万国博覧会に見る日米交流

日米の文化交流を調べる上で万国博覧会関係の史料は不可欠だと考える研究者は多い。日本とフランスとの交流に関しても同じである。日本が正式に参加するようになったウィーン世界博以後の主要な国際博覧会を、第二次世界大戦まで数え上げてみれば、そのおもな理由がわかる。一八七三年のウィーン、一八七六年のフィラデルフィア、一八七八年と一八八九年のパリ、一八九三年のシカゴ、一九〇〇年のパリ、一九〇四年のセントルイス、一九一五年のサンフランシスコ、一九三七年のパリ、そして一九三九～四〇年のニューヨークとなる。この間、国際博、世界博あるいは万国博と銘打った博覧会は毎年のように世界各地で開催されてきたが、この時期の大規模な博覧会はほとんどすべてアメリカ合衆国とフランスでほぼ交互に開かれてきたことがわかる。

日本関係の展示が含まれていたアメリカ初の博覧会は、一八五三～五四年にニューヨーク市内で開催された万国産業製品世界博覧会であった。ただし、それらの展示品はオランダからの品々に日本の難破船の積載物を加えた程度のものであった。また、このニューヨーク博は、入場者総数およそ百二十五万人と、ロンドンとパリで開催された初期万博の入場者数の五分の一ほどしかなく、大規模な世界博だったとは言えない。日本が参加した新大陸での最初の大博覧会は、アメリカ合衆国独立百周年を記念してフィラデルフィアのフェアモント・パークで開催された一八七六年の博覧会であった。

そこで日本はふたつの建物を建てた。本館とされた木造二階建てのパヴィリオンと庭付きの茶室である。アメリカ人の眼は、建物以前に、日本人とその活動に注がれた。博覧会に際して刊行された出版物の一つは、大きな図版を日本の職人たちの仕事の紹介に費やし、次のように述べている。「日本人は生活のあらゆる面でそうであるように、大工道具ひとつをとってみても奇妙である。彼らはチョークで線を引かずに、インク（墨）で引く。この場合に使うのは、真中にどのような色でも染み込ませておける海綿を入れた道具である。線はここを通した糸の先を特定の位置に固定して引かれる。日本人はほとんど釘を使わない。彼らは、そのような奇妙な道具を使っているからには、ひどい職人に違いないと、私たちには思われるのだが、彼らは独自の構築法を用いている。(1)」

エドワード・モース（1838-1925）は一八八六年の著書『日本人の住まい』の序論で、フィラデルフィア博でアメリカにおける「日本熱」が一気に高まり、それがアメリカの室内を変えるほどにまでなったと、日米交流史上の同博の意義を認めている。しかしながら、その一方で、アメリカに到来する日本の工芸品には批判的でもあった。モースはそれらがふたつに分類されることに気づいていた。ひとつは数こそ少ないが、洗練された作品。もうひとつは、外国市場向けにつくられた、日本人の生活にはまったく関係のないものである。問題なのは、後者が大部分だということであった。[2] 日本はウィーン世界博で美術工芸品が輸出品となりうることを確認し、起立工商会社を設立させ、おもにヨーロッパでの見聞を基礎に各種図案を制作、さまざまな工芸品を欧米に輸出した。フィラデルフィア博終了後の一八七七年二月にはニューヨークに支店を開設し、各種工芸品販売の拠点とした。[3] モースによる記述は、このような日本の輸出工芸政策の展開との関係において興味深い。この一連の動きには佐野常民（1822-1902）、納富介次郎（1844-1918）など、日本の近代デザイン史の巻頭に登場すべき人々の多くが関与していたのである。[4]

シカゴのジャクソン・パークにオーサカ・ガーデンという日本庭園がある（図31）。一八九三年のコロンブス世界博覧会に際し日本政府が「出品」した庭であり、フランク・ロイド・ライトが最初に接した日本建築（谷川正己「フランク・ロイド・ライトと日本建築」参照）、鳳凰殿の跡地である。博覧会翌年にアメリカで出版された写真集の鳳凰殿についての評言は手厳しい。「原型となった寺院は日本でもっとも魅力的な建物だと言われているが、もしそうだとするなら、同国は壮麗な建築を誇るという大方の評判を正当化することはできない」。[5] 実のところ、鳳凰殿は宇治の平等院鳳凰堂を忠実に再現した建物ではなかった。また、西洋建築とは極めて異質な鳳凰殿は、ライトのように特別な興味を抱く人間には魅力的でも、大方の眼には「公園に付加された美というよりは珍奇」であったのだろう。ライトは同博覧会以前に日本の美術や工芸に接していた可能性が高い。例えば、シカゴでの最初の雇用主である建築家、ジョゼフ・ライマン・シルスビー（1848-1913）の自邸にはある程度の東洋美術のコレクションがあった。[6] シルスビーは、岡倉天心（1863-1913）とともに東京美術学校創設に尽力するなど、明治の日本で重要な役割を果たしたアメリカ人のひとり、アーネスト・フェノロサ（1853-1908）の従兄である。[7] のちにライト自身も日本美術の蒐集家となる（並木誠士「フランク・ロイド・ライトと日本美術」参照）。

ライトは一九〇五年ないし一九〇六年に次のように書いている。「日本の美術と工芸にこの四年のあいだに起こった変化、とりわけコロンブス博とセントルイス博での日本の展示の違いに気づく人は、終わりの始まりを目撃したのである」。[8] コロンブス博とは一八九三年のシカゴ博、セントルイス博は一九〇四年の博覧会のことである。ライトが記した「この四年」とは、世紀末からセントルイス博までの四年ということになるだろうか。

日本に目を転じるならば、岡倉天心が東京美術学校を退いたのが一八九八年（黒田清輝の教授就任も同年）、東京工業学校本科に工業図按科が設置されたのが一八九九年、浅井忠の渡仏が一九〇〇年、京都高等工芸学校教授就任が一九〇二年であった。納富介次郎らが指導した金沢、高岡、高松などの工業学校と工芸学校における日本風の図案の時代から、東京高等工業学校、京都高等工芸学校などの官立高等専門学校における西洋志向の図案の時代に移り変わる時期であった。万国博覧会への日本からの出品美術品にも、西洋画など洋風の作品が増えつつあった。[9] ライトと同年に来日したもうひとりのアメリカ人、ウィリアム・メレル・ヴォーリズ（1880-1964）は一九〇八年に京都で建築設計監督業を始め、翌一九〇九年には、アメリカ帰りの橋口信助（1870-1928）が米国製組立住宅販売等を行う「あめりか屋」を創設するなど、洋風化は生活空間にも確実に広がりつつあった（山形政昭「ウィリアム・メレル・ヴォーリズの住宅観」参照）。

一九一五年にサンフランシスコで開催されたパナマ太平洋博覧会では、京都高等工芸学校教授の武田五一（1872-1938）が日本政府館、事務室、正門の設計にあたった。政府館は「様式を鹿苑寺金閣に採り装飾彫刻は鎌倉末期より豊臣初期の実例を参酌」した建物だとされる。建物こそ日本風だが、出品美術品を見ると、例えば、日本画九十九点、西洋画七十一点（セントルイスでは日本画六十四点、西洋画二十八点）と、油彩画が日本画に肩を並べつつあり、伝統的な作品だけで日本文化を代表させる時代は過ぎ去っていた。[10]

一九三九年から四〇年にかけて開催されたニューヨーク世界博覧会は、ヨーロッパではすでに新たな大戦の火蓋が切られ、日米関係も悪化する時期であり、日本国内ではあまり詳しく報道されなかったが、その内容を知るデザイン関係者には衝撃的な博覧会であった。[11] 商工省工芸指導所編集の『工藝ニュース』は、一九三九年九月号の「海外トピックス」で、ニューヨーク博の建築物のスケールの大きさと科学の力の活用に触れたあと、次のように続けている。「之に反して所謂出品物の方は実に寂寥たるものであったらしい。つまり建築自体の展示化が徹底的に行われた反面、其内部装備乃至工芸内容に乏しい力の弱い姿となって供覧された訳である。」評者は、批判するだけではなく、その変化の実態と背景も理解していた。「昔の博覧会は端的に云えば、会場建築中に珍しそうな出品物を陳列すれば目的が達せられた。しかし今日は、あらゆる宣伝機関が先行している為、一般観衆の追新欲求の程度に格段の相違を来たした。つまり博覧会で見せる迄もなく、商店、ラジオ、映画、新聞、雑誌等が、刻明に之を宣伝報道している。その時代的変化と明日への方向追求と更に米国の巨大な資本力が本博を特長づけている様だ。[12]」。

この記事の筆者は、急速に高まりつつあるメディアと大企業、巨大資本の重要性を見逃さなかった。筆者自身、もっぱら『ヴォーグ』『アーキテクチュラル・フォーラム』『メタルズ・アンド・アロイズ』『アーキテクチュラル・レコード』『モダン・プラスチックス』などの海外誌からの情報で執筆していたのである。ニューヨーク博会場のスカイラインを支配したのは、従来のような各国政府館ではなく、巨大な企業館だったのである。おもな入口となったコロナ・ゲート付近はクライスラー館、フォード館、GM館が占め、その両側にグッドリッチとファイアストーンのタイヤ・メーカーの二館があった。博覧会のシンボルとなった「トライロンとペリスフェール」の周囲には、AT&T、RCA、GE、ウェスティングハウス、USスチール、コン・エディソン、そしてコカ・コーラなど、アメリカの大企業のパヴィリオンが占め、各国政府館はそのエリアの北側にやや寒々と並んでいた。ニューヨーク博の展示品のなかで日本のデザイン関係者がもっとも注目したのは当時実用化が進みつつあったプラスチックである。『工藝ニュース』の同じ筆者は十月号の「海外トピックス」で「ニューヨーク万博を飾る明日の材料」としてプラスティックの応用例を詳報している。[13]

神社をモデルにしたとされたニューヨーク万博の日本館は、ほとんど評判にはならなかった。一九三七年のパリ博では、坂倉準三(1901-1969) が設計した日本館がグランプリを獲得し、日本の近代建築は国際的レベルに達したと思われたが、ほんの数年で逆行を始めたのである。

デザインの制度とシステム

日本で「工業デザイン」という分野が確立されたのは第二次大戦後のことである。しかし、専門家のあいだには、すでに戦前から、アメリカのインダストリアル・デザインについての知識どころか、批判さえ存在していた。日米開戦直前の一九四一年十一月二〇日出版の『現代産業美術』で著者、長谷川七郎は「工業的デザイン」という章を設け、日本は商業美術から産業美術への変換期にあるとしてアメリカのデザインを紹介しながらも、それを次のように批判した。「機械の機構上の事を一面二義的に考へ、新しいスタイルを追う米国の工業デザインは方向としては高度に発達した米国商業主義の一つの弊害の現はれであり、吾々が追究する生産と芸術の正しい結合とは必ずしも一致するものではない」[14]。当時の反米的思潮に合わせただけでもなさそうだ。戦時中の一九四三年に出版された長谷川の新著『機械藝術』は、一部にアメリカのインダストリアル・デ

図31　ジャクソン・パークの日本庭園
1893年シカゴ・コロンブス博の日本庭園と鳳凰殿の跡地に1981年に造園。背景の科学産業博物館は博覧会の際に建設された美術館で、D・H・バーナム事務所のチャールズ・アトウッドが設計（撮影：藤田治彦）

図32　長谷川七郎『機械藝術』1943(表紙)と商工省工芸指導所編『現代アメリカ工芸』1949(見開き)
『現代アメリカ工芸』はニューヨーク近代美術館提供資料による出版物で、構成は亀倉雄策、近代美術館解説の執筆は小池新二が担当。

ザインの商業主義的傾向に対する批判が見られるものの、全体としてはアメリカの「工業ルネサンス」と産業文明への賛美といって過言ではない。同書が出版されたのはアッツ島玉砕の二日後であった。

戦前にはブルーノ・タウト、シャルロット・ペリアンなどヨーロッパの専門家を輸出工芸の指導に招聘したのに対し、戦後、アメリカの専門家を産業デザイン指導のために多数招聘するようになったことなどもあって、日本のデザイン関係者は戦後アメリカに向きを変えたと思われがちだが、そうではない。専門家たちは、すでに戦前、太平洋のほうを向いていたのである(図32)。だが、迫りくる戦雲が直接の交流を妨げ、戦後ようやく、初対面であったかのように、アメリカのインダストリアル・デザインが日本に紹介されたのであった。インテリア・デザインの確立の歴史においても、大正期からの住宅改良運動の系譜とともに、戦後復興期のアメリカの影響を見逃すことはできない(佐野浩三「戦後復興期における新しい生活モデルの成立と普及」参照)。

伝説めくが、戦後の一九五一年になって、アメリカ視察から帰った松下幸之助の「これからはデザインの時代だ」という鶴の一声で、松下電器産業は製品意匠課を宣伝部内に設けたとされる。東芝なども相前後してデザイン部門を開設した。日本インダストリアルデザイナー協会の設立は一九五二年で、その翌年、藤山愛一郎訳でアメリカのデザイナー、レイモンド・ローウィーの『口紅から機関車まで』が邦訳刊行され、一ヶ月で再版された。たばこ屋の店先には、ローウィーのデザインによるパッケージに身を包んだ「ピース」が並んでいた。工業デザイン事務所はいくつか開設されていたが、『口紅から機関車まで』が刊行された一九五三年から翌年にかけては日本のデザイン事務所創設ラッシュの年であった。

一九五六年に日本生産性本部による第一次工業デザイン・アメリカ視察団が出発した。産業工芸試験所の外国人デザイン専門家招聘計画が始まり、アートセンタースクールから講師が来日したのもこの年であった。翌一九五七年、通産省のGマーク(グッド・デザイン)選定が始まった。もっとも参考になったのはニューヨーク近代美術館とシカゴのマーチャンダイズ・マートが共催したグッド・デザイン展である。デザインから制度まで、何もかもがアメリカ追随の日本のインダストリアル・デザインの草創期であった[15]。

日本インダストリアルデザイナー協会創設と同じ一九五二年、ニューヨーク・アートディレクターズクラブを範に、東京アドアートディレクターズクラブが結成された。前年に結成された日宣美(日本宣伝美術会)と比べれば、小規模で目立たぬ存在であったが、一九七〇年の日宣美解散後も、その主要メンバーを吸収し、現在に至っている(一九六一年にアートディレクターズクラブ、東京ADCと改称している)。

アメリカと日本との関係については、一九七〇年代以前のモダニズムからそれ以後のポストモダニズムのさまざまな傾向まで、枚挙にいとまない。しかしながら、アメリカが日本に及ぼした最大の影響は、個々のデザインではなく、デザインのシステムであった。それは、インダストリアル・デザインという概念やアートディレクターの制度であり、CI(コーポレート・アイデンティティー)という考え方であり、コンピュータ・テクノロジーを活用したDTP

（デスクトップパブリッシング）やCAD／CAM（コンピュータ支援設計／自動設計生産システム）、そしてインターネットなどの情報のデザインと伝達のシステムである。

（1） Frank Leslie's *Illustrated Historical Register of the Centennial Exposition 1876*, New York, 1877, p.65.

（2） Edward S. Morse, *Japanese Homes and Their Surroundings*, 1886 (Dover Publications, New York, 1961, pp. xxix-xxxi).

（3） 樋田豊次郎『明治の輸出工芸図案』京都書院、一九九八年、一八四～一八六頁。

（4） 博覧会倶楽部『海外博覧会本邦参同史料』第一輯、一九二八年、八一～一一二頁。

（5） James William Buel, *The Magic City*, Chicago, 1894, "The Ho-o-den, or Phoenix Bird Building erected by Japan."

（6） 藤田治彦「THE ARCHITECTURE OF JOSEPH LYMAN SILSBEE - Transitional Years, From Syracuse to Chicago」『日本建築学会近畿支部計画系研究報告集』第二三号、一九八三年、六二一～六二四頁。Ernest F. Fenollosa, *Epochs of Chinese and Japanese Art*, New York and London, 1912, Vol.1, pp. x-xiii.

（7） 藤田治彦「THE ARCHITECTURE OF JOSEPH LYMAN SILSBEE - Personal Background and Historical Context」『日本建築学会近畿支部計画系研究報告集』第二一号、一九八一年、五八一～五八四頁。

（8） フランク・ロイド・ライト・アーカイヴズ所蔵のタイプ稿（日付なし）。谷川正己氏提供史料。

（9） 東京国立文化財研究所編『明治期万国博覧会美術品出品目録』中央公論美術出版、一九九七年。

（10） 博覧会倶楽部『海外博覧会本邦参同史料』第七輯、一九三四年、一五～八五頁。

（11） ニューヨーク世界博覧会は、厳密には、一九三九年（四月三〇日～一〇月三一日）と一九四〇年（五月一一日～一〇月二七日）の二期に分けて開催された。会期末近い一九四〇年九月にはベルリンで日独伊三国同盟が調印され、英米との関係は悪化の一途をたどった。

（12） 商工省工芸指導所編集『工藝ニュース』第八巻第九号、一九三九年九月号、二八～二九頁（旧漢字、旧仮名使いを一部書き換え）

（13）『工藝ニュース』第八巻第十号、一九三九年十月号、四一六～四一九頁。

（14） 長谷川七郎『現代産業美術』東和出版社、一九四一年、七五頁。

（15） 藤田治彦『現代デザイン論』昭和堂、一九九九年、一六〇～一七三頁。

10 フランク・ロイド・ライトと日本建築

谷川正己

草原住宅、タリアセン

一八九三年、シカゴ派（Chicago School）の巨匠ルイス・ヘンリー・サリヴァン（1856–1924）の許を辞して、同じシカゴの街に設計事務所を開設したフランク・ロイド・ライト（1867–1959）は、郊外地中流住宅の傑作ウインズロー（Winslow）邸を世に問うて、華々しいデビューを果した。

二年後の一八九五年、ライトはシカゴの隣町オーク・パーク（Oak Park）に、彼自身の設計で既に建設していた自邸の敷地内にスタジオを増築、ここを設計の拠点として、精力的な設計活動を展開した。彼に齎された設計依頼の多くは住宅建築であった。大都会シカゴの中心市街地を摩天楼で埋め尽くそうと活躍した師サリヴァンとは対照的で、ライトは、シカゴ近郊をはじめとするイリノイ州や、その周辺のウィスコンシン、ミネソタ、ミシガンなどの各州、いわゆる合衆国中西部の大草原地帯に、それぞれの大地、自然と融和する住宅を建設したのだった。天寿を全うしたライトの建築家としての活動は七〇年を超える長期に及んだが、一九一〇年までの最初の活躍期を、彼の第一黄金時代と呼ぶ。(1) 彼の創出した住宅群は「草原住宅《プレイリー・ハウス》（prairie house）」と呼ばれ、そのユニークな造形は人々の注目を集めた。ウイリッツ（Wilits）邸、ロビー（Robie）邸、クーンレイ（Coonley）邸などが代表傑作。ライトは、独立後わずか一〇数年という短期間で、青年住宅作家としての地位を不動のものとしたのだった。

草原住宅は、大地に根差し、その自然と融合、一体化することが目標のものであったから、建物の高さは極力押さえられ、代わって水平方向に展開する指向のものに纏められた。緩やかな勾配屋根を持つ寄棟造り、深い軒先、大きい開口部、時として、柱や梁などの構造材が露出した、日本建築の真壁《しんかべ》造りの手法が用いられることもある。室内にあっては、個々の部屋を取り囲む壁や頑丈な扉の排除によって、部屋と部屋との連続性、流動性が強調される。それは、日本の住宅建築の障子や襖などを、すべて取り外したような構成。これらの草原住宅の特質の多くが、われわれの伝承してきた和風の住宅建築の特質と符合するのは何故だろうか。

一九一一年以降、ライトは一転、オーク・パークの自邸もスタジオも棄てて、彼の生まれ故郷、ウィスコンシン州リッチランド・センター（Richland Center）から程遠くないスプリング・グリーン（Spring Green）に、新たな根拠地を建設した。川を堰止めて造られた人造池と、なだらかな丘を持つ広大な敷地に、自邸や弟子たちの住宅、設計事務所としての諸施設、更には農場の建物などが

図33《タリアセンのライトの自邸》
F. L. Wright House, Taliesin 1925–
スプリング・グリーン、ウィスコンシン州
かつて日本のどこかで見たことがある……。そんな景観に驚かされる。建築はこの丘と融和して光彩を放っている。1911年竣工後、2度の火災を経て、1925年に再建された。
（画・谷川正己、以下同じ）

建っている。ライトは、ここをタリアセン（Taliesin）[2]と命名した。

「タリアセン」というのはウェールズ語。英語ではシャイニング・ブラウ（Shining Brow）、「輝ける額《ひたい》」の意。ライトは「丘の頂上に建物を建てて、稜線を損ねてはならない。丘の斜面の、丁度額《ひたい》に当たる部分に建物を配して、自然の景観と融和しなければならない。建物が自然と一体化して、その景観は一層光彩を放つのだ」として、彼の標榜した「有機的建築（Organic Architecture）の典範ともいうべき建築群を実現した。傲慢とも思えるほどの、彼の自信に満ちた呼称というべきだろうか。

つづら折りの坂道を昇って、ライトの自邸や弟子たちの住宅に到達すると、われわれ日本人は、そこに展開する景観に、かつて日本のどこかで見た記憶とイメージが重なって、しばし佇んでしまう。正に日本の建物のある風景—親近感を覚えるのである。

日本建築への関心

ライトが日本に関心を持つことになる発端は、未だ独立の設計事務所を開設する以前の一八八七年とされている。この年、生まれ育ったウィスコンシン州を後にして、シカゴに出たライトは、シルスビー（1848–1913）の事務所でドラフトマンとして働いた。当時、一九世紀中葉にヨーロッパで起こった日本ブーム、いわゆるジャポニスムは、大西洋を渡って合衆国にも浸透しはじめていた。シルスビーはその影響を受けた一人、彼の自邸には日本の美術や工芸品の数々が蒐集されていた。ライトの勤務したのはわずか六カ月という短い期間ではあったが、シルスビーのコレクションを通して、日本の美術品に接する機会があったというのである。

同じ年に、ライトは、当時シカゴで最も活躍していたアドラー・サリヴァン（Adler & Sullivan）事務所に移った。ここでライトの日本への関心は決定的なものとなった。当時の建築界の主導権はヨーロッパ。アメリカはわが国同様、建築近代化については後進国であった。建築家を志すものは、大西洋を渡ってパリのエコール・デ・ボザール（Ecole de Beaux-Arts）で研鑽を積む、というのが常道であった。アメリカン・ボザール（American Beaux-Arts）という組織があって、これはエコール・デ・ボザール出身者のアメリカでの同窓会であった。ボストンやニューヨーク、フィラデルフィアなど、合衆国東海岸の建築家たちや、シカゴのサリヴアンも、もちろんこの組織の会員であった。そうした留学の機会に恵まれなかったライトは、ひとり太平洋の彼方に眼を向けていたのである。

師であるサリヴァンを敬愛しながらも、ライトは、独立し事務所を持つに当たっては、サリヴァンとは異なる建築観や建築論と設計手法を用意する必要性を痛感していた。ライトの日本や東洋の美術、建築への関心は高まる一方であった。

ライトが初来日を果たすのは、独立後一二年を経た一九〇五（明治三八年）年のことである。施主の一人ウイリッツ夫妻が、住宅の竣工に満足して、常々日本旅行を希求していたライト夫妻を招待する形で実現した、とされてきた。ライトは大冊の『自叙伝』（*An Autobiography*）を著わしているが、何故か、この初来日のことにはほとんど触れていない。わずかに「一九〇六年、ラーキン・ビルディング（Larkin Building）やマーチン（Martin）邸の建設が終ったとき、私は初めて日本への旅行をした。しかし、それは疲れるだけの旅行であった(3)」と述べている。ライトの初来日は、また、彼にとっての初めての海外旅行でもあったのだが、その年を一年記憶違いしているし、招待者であるウィリッツの名前も書いていない。初来日時にライトが、何を見、どこを巡ったかは、きわめて興味あることなのだが、長い間、謎のままであった。もっとも、ライトが自叙伝の中で、日本のことを語っていないわけではない。日本の美術、殊に日本版画（浮世絵や摺物）について、多くの紙数を割き、風俗、習慣などにも記述が及びながら、日本の建築に接しての印象が全く語られていない点が、いささか奇異に感じられるということなのである。

ごく最近になって、ライトの初来日時の行動の概要が明らかになった。ライト夫妻とウィリッツ夫妻の乗った船が、一九〇五年三月七日に横浜に入港したこと。そして、彼らが四月二八日出港の船で横浜を離れたことが解り、五三日間滞日していたことが確定した(4)。更に、ライトがカメラを携行、日本各地で撮影したとされる写真が発見されるに及んで、彼の日本旅行の概要が把握できたのである(5)。被写体は大別して三種類。建築物、特に屋根の形に関心が高かったか。建築と庭園、つまり、建築と造られた自然との関わり方。そして、自然の景観など、計五〇枚である。これらの写真を手懸かりに、彼らの旅程を推測すると、大略次のようなことになる。横浜に上陸したライト夫妻は、ウィリッツ夫妻とは別行動をとって、日本横断

図34　《ロビー邸》Robie House 1909
シカゴ、イリノイ州
草原住宅の総仕上げといわれる傑作。水平に延びるこの住宅は、中西部の大地と一体となっている。緩やかな勾配屋根、深い軒の出、連続する開口部など、草原住宅の特徴が遺憾なく発揮されている。

を実践した。名古屋、京都、神戸、岡山から四国の高松にまで足を延ばしたことや、引き返して、日光、箱根に遊んだことが判明した。五三日間の滞在で五〇枚の写真というのは、必ずしも多い枚数ではない。従って、写真の無いことを以て、その他をライトが訪ねていないという証明にならないことはもちろんである。彼の日本旅行の行程は、恣意的なものというよりも、むしろ綿密に計画された効率的なスケジュールの実践によって、成果を挙げるものになったと見た方がよいように思う。

複核プランの原点は石の間造り

三カ月以上もの間、留守にしたオーク・パークのスタジオに戻ったライトに、最初に齎された設計依頼は、彼の傑作の一つとされるユニティ教会（Unity Church あるいは Unity Temple）であった。正方形平面の教会堂、そこは聖なる儀式のための空間である。その後方には長方形平面の牧師館、日曜学校などにも使われる非宗教的空間。これら異なる使用目的の建築を、一つ屋根の許に纏めるために、二つの空間を繋ぎの廊下を用意して、ここを共通の玄関とした。常識的には、この教会が面するメイン・ストリート、レイク・ストリート（Lake Street）に玄関を設けるべきだろうが、その喧騒から逃れて神聖さを保持するために、道路に面する三方を壁で囲んだのだ、とライトは解説する。そして、いわば「複核プラン（double core plan）」[6] とでもいうべき、全く新しい設計方式を開発したのだと宣言する。

しかし待て。この複核プランなる方式は、日本建築で既に実践されてきたではないか。権現造り、あるいは八ツ棟造りと呼ばれる建築は、日光の東照宮をはじめ数多く建てられている。これはまた、相《あい》の間造り、石の間造りとも呼ばれて、社寺建築の中でもひときわユニークなスタイルというべきであろう。並列して建つ拝殿と本殿、これに直交する形で相の間が両者を繋ぐ構成は、八ツ棟造りの名の通り、屋根が輻輳した外観となるのだが、それ以上に、石の間造りと呼ばれる断面形の特異性が、ひときわユニークなのである。特別の参拝を許可された参詣者は、階段を昇って拝殿の床に達し、再び階段を降りて地盤面と同じ高さの石の間へ、更に階段を昇ってようやく本殿の床に到達する。しかし、これはいささか煩わしいアプローチといわねばなるまい。原則として、参詣者は拝殿止まり。本殿へは立入禁止ということなのだ。石の間の両端に設けられた階段は、この社殿の管理者である神官専用のもの。石の間に設けられている出入口ももちろん神官専用。彼らは拝殿に向かうときも、本殿に向かうときも、共通の出入口を使用した。別の言い方をすれば、聖なる空間としての本殿、そして、俗なる空間である拝殿の、互に異なる空間を一つ屋根に纏め、この社殿の主要な使用者のための出入口は一カ所あれば機能は充足される、というのが権現造りの特質なのである。

ユニティ教会は、この権現造りの社殿と比較して、その類似性を指摘する対象というより、もう発想も、設計手法も同根の建築というべきである。

ライトがオーク・パークに帰って一カ月も経たない六月初め、ユニティ教会が火災で焼失。同教会再建の話が具体化して、彼が設計を担当する。日本旅行も終りに近い四月末にライトは日光に遊んだ。例の五〇枚の彼が撮影したとされる写真には、内一五枚もの日光地方の種々の滝が含まれているのだが、東照宮の写真はない。しかし、日光の金谷ホテルのレジスター・ブックに彼の自署が遺されていて、(7)東照宮を見ていることは間違いあるまい。

権現造りから得た複核プランの発想は、二カ月前の強烈な印象が覚めやらぬまま、早速ユニティ教会の設計で実践。こうした物語は、因果関係が明瞭で人々に納得され易い条件が整い過ぎている。それを嫌ったライトにとって、彼の初来日は、むしろ一九〇六年であって欲しかった、ということだろうか。

実は、ライトが複核プランを知ったのは、未だ独立する以前の一八九三年頃にまで遡る必要がある。この年、シカゴではコロンブス万国博覧会(World's Columbian Exposition)が開催された。宇治、平等院の鳳凰堂を模したとされる鳳凰殿が、日本館として会場内に出現した。(8)鳳凰殿の設計者久留正道(1858-1914)はじめ職人たちがシカゴに赴き、現地で建設したものであった。工事は万国博の前年一〇月に開始された。未だアドラー・サリヴァン事務所に在籍していたライトは、同事務所の設計した交通館の現場監理のために、同じ博覧会場に通っていた。ライトは期せずして鳳凰殿の建設工事を具に観察する機会を得た。そして、これがライトの最初に接した日本建築でもあった。

ところで、鳳凰殿が鳳凰堂を規範としているとはいうものの、かなり異質の建築といえる。中央棟を中心に左右対称形に両側棟が配置され、それらが渡廊下で結ばれている点、確かに鳳凰堂形式を踏襲してはいる。しかし、藤原、足利、徳川という日本古来の三様式の盛り込まれた鳳凰殿は、やはり、博覧会用の仮設建築でしかない。長い工期を必要としない日本の建築で、本来様式の異なる建築を一つの殿堂に纏められるといったことはなかった。異なる様式の、あるいは異なる使用目的の複数の建築空間を、渡廊下で結び、そこを共通の出入口とする発想を、ライトは鳳凰殿の建築に見出したのだった。彼はオーク・パークの自邸にスタジオを増築するとき、既にこの手法を実践した。

ライトが受けた日本建築の影響について、「複核プラン」の発想、唯一点の実証で、与えられた紙数が尽きそうである。彼の創案になるとされてきた「コーナー・ウインド(corner window)」をはじめ、建具を取り外した「開放的、流動的内部空間」、「ビルト・イ

図35 《ユニティ教会》Unity Church or Temple 1906 オーク・パーク、イリノイ州

1905年初来日後、最初に手懸けた教会建築。それはもう日光東照宮と同根の複核プラン。正方形平面の教会堂と、長方形平面の牧師館が連結された部分に、共通の出入口が設けられている。

ン(built-in)された家具、調度」、舟底天井、折上天井、格天井などの「天井のバラエティー」など、数多くの事例についても、検証できる用意はある。

また、ライトの標榜した「有機的建築」の目的が、自然との共存にあったわけだが、壁や扉で外界と遮断し、外部空間と対峙する姿勢を貫いてきた欧米で支配的な発想とは異なるもの。ライトの発想は、日本古来の自然観や建築観に根差すユニークなものであったが故に、遂ぞ建築近代化の主流の座を与えられることはなかった。

ライトの建築が、日本建築の影響を受けているという指摘は、早い時期から、多くの建築家や建築史家、建築評論家によってされてきたことである。そして、そのたび毎に、彼はこれを否定してきた。ライトの最晩年の著書、『テスタメント(*A Testament*)』の中でも彼は「私の作品に、外国のものと、土着のものを問わず、外部からの影響は決してなかった。……インカ、マヤそして日本のものについていえば—すべてはこれ、私にとって素晴らしい確認であった」[9]と述べている。彼はまた、新しいアイディアは積極的にこれを摂取するのだともいう。

影響か、確認か、摂取か。「ライトと日本建築」の関わりについての研究に悩まされながら、未だ当分この命題から解放されそうにない。

(1) Grant Carpenter Manson は *Frank Lloyd Wright to 1910* を著わし、副題を The First Golden Age とした。そして、続刊 The Lean, Lost Years: 1910-1935 及び、The Second Golden Age: 1936 to the present の刊行を予告したが、いずれも未刊。

(2) 一九三八年、冬期のための Taliesin West が、アリゾナ州 Phoenix 近郊に開設されると、従来の Taliesin は Taliesin East あるいは Taliesin North と呼ばれるようになった。

(3) Wright の *An Autobiography* は、一九三二、一九四三、一九七七年刊の三種がある。ここでは一九四三年刊を用いた。同書、一九四頁。

(4) 拙論「Wright の初来日時の出・入国記録と旅行目的」『日本建築学会東海支部研究報告集』一九九五年、七二一～七二四頁。

(5) 拙論「一九〇五年、初来日時に、Wrihgt が撮影したとされる写真について」『日本大学工学部紀要』一九九六年、一一七～一三二頁。*Frank Lloyd Wright's Fifty Views of Japan, The 1905 Photo Album*, The Frank Lloyd Wright Home and Studio Foundation, 1996, Autumn

(6) 命名は筆者。Wright はこの方式に特別な呼称を付けてはいない。

(7) 拙論「金谷ホテル Register Book にみられる Wright の投宿記録」『日本建築学会北海道支部研究報告集』一九七五年、二五一～二五四頁。

(8) 拙論「鳳凰殿についての Memo」『日本建築学会東北支部研究報告集』一九七四年、五七～六〇頁。

(9) Frank Lloyd Wright, *A Testament*, Horizon Press, N. Y., 1957. 邦訳は、谷川正己、睦子訳、ライトの遺言、彰国社、一九六一年。同書二〇四頁。

11

フランク・ロイド・ライトと日本美術

並木誠士

はじめに―問題の所在

近代における代表的な建築家のひとりであるフランク・ロイド・ライト（1867-1959）と日本美術の関係については、さまざまな場で、早くから指摘されている。そして、その指摘は、大別すればふたつの方向に分けることができるように思われる。[1]

ひとつは、平面プランで指摘されるような日本建築とライト建築の類似性の問題である。この点に関しては、一八九三年にシカゴで開催された「一八九三年シカゴ・コロンブス世界博覧会」の際に日本館のひとつとして建立された「鳳凰殿」と出会ったライトが、それをきっかけとして日本建築から影響を受けていった、というエピソードから語りはじめるのが通例である。第二点は、ライト自身も語っているように、浮世絵の構図がライトのドローイングに対して影響を与えたというものである。これは、浮世絵のコレクターとしてのライトという側面が前提になっている。実際、ライトは浮世絵をかなり積極的に蒐集していたが、それに加えて、ディーラーとして、購入した浮世絵を他のコレクターに斡旋するということもおこなっていた。ライトの日本美術蒐集は、浮世絵・摺物だけではなく、仏像、工芸品、屏風類にまでおよび、それらがタリアセンをはじめとするライト建築のなかに飾られていることは広く知られている。

ライトの日本美術蒐集家あるいはディーラーとしての側面は、以下の二点により、今後より一層考究されてゆくべき問題である。まず第一に、ライトの活動時期が、一九世紀末から二〇世紀の中頃ということを考えれば、ライトが、日本美術の海外への紹介者として知られるフェノロサ（1853-1908）・岡倉天心（1862-1913）あるいはモース（1838-1925）といった人びとと、同時期かあるいはわずかに遅れる時期の日本美術の紹介者であるという点である。第二点は、ライトが他の人びととは異なり、蒐集あるいは接触した日本の美術品の特質を、みずからの仕事―建築という芸術―に活かすことができる立場にあったという点である。従来のライト研究のなかでは、これらふたつの視点が十分に認識されていなかったように思われる。本稿で注目する点もそこにある。

壁面装飾としての屏風

本稿は、ライトが、みずからが設計した建築の中に室内装飾の一環として設置した屏風を対象とする。室内装飾として用いられた屏風は、同じ蒐集品ではあっても、ライトが日常使用していた日本の工芸品（鉛筆入れとして使用していた蒔絵の箱など）や室内に置かれた仏像のような美術品の使用法とは、明らかに相違があると考え

られるのである。(2)

ライト建築の内部写真を見ていると、しばしばそこに設置されている屏風の存在に気がつく。そして、さらに注意深く見てゆくと、屏風には二通りの使用法があることがわかる。ひとつは、部屋の片隅に折り曲げて置かれる場合である。これは、室内に置かれている他の日本の美術品と同様に、置物ともいえる装飾的効果をもつものと考えてよい。もうひとつの使用法は、フラットに広げた屏風を壁面に嵌め込むように設置する例である。(3) このような使用法の場合、建築を設計する段階で、屏風を壁面に組み込むことが予定されていた可能性が高い。本稿では、この後者の使用例を、建築と密接に結びついた室内装飾の重要な構成要素と考える視点から検討してゆく。

屏風は、襖のように固定的に空間を区切るものではなく、適宜室内を分節化し、新たな空間を創造するという性格をもった調度品である。その意味では仮構的な調度品ということができるだろう。つまり、屏風の調度品としての特性は、鑑賞性と仮構性を合わせもっている点にあるといってよいだろう。また、わが国の生活様式のなかで、ライトとの関係で重要な屏風の使用法は、襖の前に屏風を置くことである。鴨居に屏風押さえをはさみ、それによって屏風を襖面に固定するのである（図36）。このときに襖は、完全にわれわれの視野から消える。つまり、その襖による空間の規制が消え、屏風絵による新しい室空間が現出するのである。この場合、屏風はもちろんフラットにひろげられて、壁面の一部となる。このような使用法は、屏風は折って並べるものという認識からすると奇異に感じられるかもしれないが、けっして特殊な用法ではなかった。画中画資

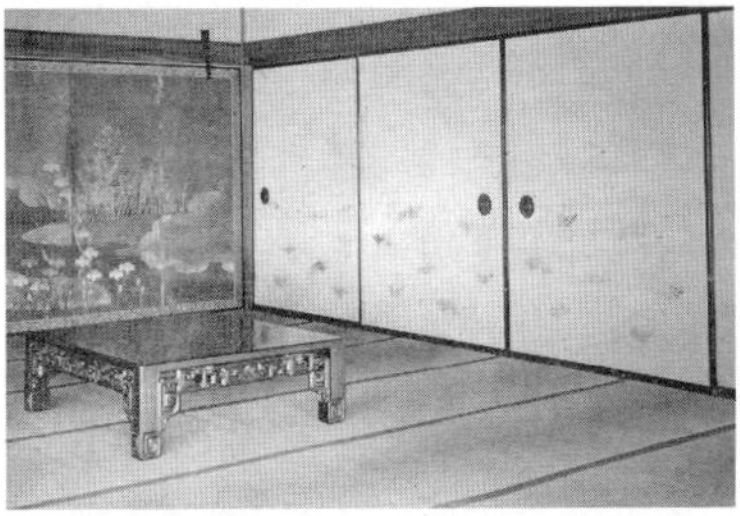

図36 《麻生太郎邸》（「建築工芸叢誌」第二期第17冊〔1916〕所載）

襖の前に屏風をフラットに置いて部屋の雰囲気を変えている様子。このような屏風の使用方法を、来日したライトが目にした可能性は高い。

図37 《アリーン・バーンズドール邸》（1917-21）のリビングルーム

リビングルームの庭に面した左右の壁面に、六曲一双の花鳥図屏風の左右隻を嵌め込んだ例。窓外の自然と画中の自然の対応もまた、ライトの意図したことであったと考えられる。

図38 《タリアセンIII》（1925以前）のブルーロッジア

壁面に嵌め込まれた源氏物語図屏風。この場所に、松と桜の大木を描いた花木図屏風が嵌め込まれた写真も現存している。

料や写真資料から判断する限りでは、博物館の展示ケースのなかのように規則正しくジグザグに折って立てることも屏風の使い方のひとつに過ぎず、襖の前に屏風をたてることもしばしばあったことがわかる。

ライト建築において、屏風とその屏風を設置している壁面との関係を見ると、つぎのようなことが明らかになる。多くの場合、壁面は屏風の大きさに合うように梁や柱、あるいは棚板が設けられている（図37、38）。これは、屏風を「塡め込む」ことを前提に壁面が設計されていることをものがたる。そして、このような屏風の扱い方は、壁面に額入りの絵画を掛ける場合、あるいは、床の間に掛軸を掛ける場合のように、壁面の広がりのなかで額（または表装裂）が作品の枠取りをしているようなあり方とは明らかに異なっている。つまり、ライト建築における屏風の場合、壁面に「塡め込む」ことにより、建築部材としての柱や梁が絵画の「枠」になるように設置されている点が特徴的なのである。そして、このことは、屏風に描かれた絵が、鑑賞用の絵画として自律しているというよりも、むしろ壁面装飾の一要素として存在しているということを感じさせるのである。これは、置物的な屏風の扱い方とは明らかに一線を画している。

さらに、いくつかの現存する写真資料により、同じ場所に異なった屏風を飾る場合があったこともわかる（図39、40、41）。一般的に屏風の形状は、六曲屏風、二曲屏風など、いくつかのパターンはあるが、各パターンにおいては、基本的な大きさは同じである。つまり、たとえば六曲の本間屏風といった場合、ほとんどがほぼ同サイズである。これにより、そのサイズに合わせて設定をした柱と柱、床と梁などによって生み出される壁面に、同サイズで異なる作品を、文字通り「塡め込む」ことができるのである。[4] つまり、ライトは少なくとも、屏風を交換可能な壁面装飾として認識していたと考える

図39 《タリアセンIII》（1925以前）のスタジオ

松に雉図が掲げられる。白黒写真しか現存しないが、松の大木の背後に金雲がたなびく桃山様式の屏風絵。六曲一双の右双が用いられている。

図40 《タリアセンIII》（1925以前）のスタジオ

松に鶴図。金地金雲により装飾された画面に松とつがいの鶴を描く画面は、装飾性と吉祥性を合わせもっている。六曲一双の左隻であろう。

ことができるのである。[5]

使用された屏風の主題と機能

つぎにライト建築に用いられた屏風の特徴をみてみる。

壁面装飾として用いられている屏風は、ほとんどが金地の屏風である。白黒写真でしか確認できないものもあるが、絵画史の通例から考えて、それらも金地の屏風であることは間違いない。つまり、ライトが金地屏風の装飾性をみずからの建築の装飾として用いたと考えることができる。

また、大きな壁面には本間屏風といわれる高さが一七〇cmを超える大きなサイズの屏風を用いており、それは、松や桜の大木を画面の骨組みとした花鳥図屏風が多い点が特徴的である。ライト自身も自伝の中で「中国陶器や彫刻、そして桃山の屏風は、数年のうちに、部屋のなかに溢れてきて、そこでは、装飾的なアクセントに用いられたどの作品も、珍しい価値のある〝アンティーク〟になった」と語っているように、[6]これらの屏風は、いずれも桃山時代の時代様式を示すものである。題材としての花鳥は、画題としてわかりやすいということは当然だが、このような屏風を積極的に採用した点については、他にふたつの可能性を考えることができる。

ひとつは、ライトの自然に対する強い関心の反映と見る見方である。室内から窓を通して外の自然を眺める、あるいは外の自然を室内に取り込むという建築に対するライトの考え方からすれば、[7]ほぼ実物大の花鳥を描く桃山様式の花鳥図屏風のもつ疑似自然の創出ともいえる性格は、[8]建築装飾として格好の素材であったに違いない。

図41　《タリアセンIII》(1925以前)のスタジオ

松に蔦図。金地屏風の中央に松の巨木を描く形式は、二条城の障壁画などにも通じる要素をもっている。永遠性を主張する松と季節の彩りを示す蔦との対比が美しい。

図42　二条城二の丸御殿大広間

狩野探幽筆《松図》1626

金地の画面一杯に松を大きく描く二の丸御殿大広間の床。この松図の前には将軍が座った。このような空間をライトが体験した可能性は大きい。

図43　《ビーチ邸》のドローイング（1906）
壁面に描かれた自然景が12に分割されていることにより、六曲一双形式の花鳥図屏風を塡め込んだことがわかる。建築のプログラムに屏風が組み込まれていることがわかる好例。

この点に関して、ガラス張りの壁越しに屋外の自然を眺めるような効果を、ライトが意図的に演出したと捉えることは、穿ちすぎであろうか？　そして、もうひとつの可能性は、日本建築における金地花鳥図の用いられ方である。とくにライトが好んだ桃山様式の金地花鳥図は、二条城のように現存する例からも明らかなように（図42）、単に装飾的なだけではなく、場の荘厳に用いられていることは自明のことである。ライトが日本滞在中に、桃山様式の花鳥図が使用され、空間を演出している例を見たかどうかについては、今後の研究を待たねばならない。しかし、少なくとも、タリアセンのスタジオに高く掲げられた金地花鳥図（図39、40、41）が、二条城二の丸御殿の金地花鳥図のもつ永遠性や吉祥性といったものとのかかわりを全くもたないということはできないのではないだろうか。

つぎに、ライトが設計の段階で屏風を壁面装飾に用いようとしていたことがわかる例をあげよう。タリアセンに所蔵されているライトのドローイングのなかに、一九〇六年に手がけたシカゴのビーチ邸の側面図がある（図43）。そこには、四季花鳥図と思われる六曲一双の屏風がフラットに拡げられた状態で壁面装飾として用いられている。タリアセンのアーカイブ担当者（Penny Fowler）によると、この壁面装飾案は最終的には実現されなかったようだということであるが、すくなくともライトが設計段階でこのようなプランを考えていたことは明らかである。しかも、この例は、タリアセンのようなライト自身の住居ではなく、クライアントにより注文を受けた住宅であるため、屏風による装飾が、「蒐集」という行為と結びつくライトの個人的な「趣味」という範囲を超えた次元の問題であることがわかる。ここでは、六曲一双の七ｍに近い連続する疑似自然の演出がライトの意図した装飾であったことは明らかであろう。そして、このように建築と密接に結びついて用いられた点に、ライト建築における屏風の重要性を認めることができる。

おわりに―ライトと日本美術

ライトと日本美術の関係を考えるうえで、ビーチ邸が、一九〇六年という時点の設計であることに注目する必要がある。この時期のライトは、最初の日本訪問を終えた直後であり、浮世絵をはじめとする日本美術の蒐集をはじめた時期にあたっている。つまり、ライトは、屏風を壁面装飾として用いることを、日本訪問直後の、彼の「日本趣味」のキャリアの早い段階からはじめていたのである。おそらくライトは、早くに屏風の装飾性に着目して、それをみずからの建築の内部空間を飾る装置として自覚的に位置づけていたのであろう。その際に、ライトが、屏風の設置場所や主題のもつ意味についてまったく関心を払わなかったとは考えられない。これらの点は、今後、ライト建築とその内部装飾との関係を考えるにあたっての重要な課題となるであろう。

（1）ケヴィン・ニュート『フランク・ロイド・ライトと日本文化』（鹿島出版会、一九九七年）

（2）「(日本の美術品は）単に展示するというだけではなく、彼の建築の内部装飾にとって、欠かすことのできない部分であった」（*Quarterly* Vol.6 No.2)

（3）アメリカの住宅では、屏風を壁面にフラットに掲げる例がしばしば見られる。このような傾向は、ライト以降の出来事と考えてよいだろう。

（4）ライトは、一九〇六年の最初の訪日後に、日本家屋における畳の使用に言及して「私は昔の日本の住まいが、私自身が作り上げようとしていた近代的な標準化の完全な例であることを知った」と記している（『ライト自伝―ある芸術の展開―』樋口清訳、中央公論美術出版、二〇〇〇年）。ライトが襖や屏風についてもこのような発想をした可能性は否定できないだろう。

（5）「タリアセンで、ライトは、彼が飽きもせずに、置いてはまた置き換えたアジアの美術品によって囲まれていた」（Julia Meech, *Quarterly* Vol.6 No.2)

（6）"Frank Lloyd Wright and Japan"（*Quarterly*, Vol.6 No.2, 1995）より引用（翻訳並木）。

（7）ライトは自叙伝の中で「ガラスによって、一番目のすばらしい統合性は、主要な表現手段を見出す。大地の開けた広がりが建物の内に入り、建物の内部が広がりが出て、大地のそれらの見通しと結びつくことができよう」「ガラスを通して、陽光を受けた実在としての室内が、より高い次元の人間精神の駆使するきわめて有益な手段となる。（略）まさにこの新鮮さが、建物を地面と合体させ、斜面や庭と融合させることによって得られる拡張された見通しの統合的な性格とともに来つつある」（『ライト自伝―ある芸術の展開』）と語っており、ここからも屋外の自然と室内との一体感を重視していたことがわかる。

（8）このような感覚は、織田信長が狩野永徳に描かせた安土城天守の三上山真景図を本物の三上山と対照させたというエピソードや細川管領邸を訪れた禅僧・希世霊彦が庭に放たれた錦鶏と襖に描かれた錦鶏とを合わせ見て詠んだ漢詩などを例にとればわかるように、一六世紀の障壁画が生み出していた感覚であった。また、障壁画の生み出す現実感については並木誠士「大徳寺大仙院檀那之間襖絵について―その革新性についての考察―」（『京都大学文学部美学美術史研究室紀要』八号、一九八七年）参照。

12　ウィリアム・メレル・ヴォーリズの住宅観

―「ミニマムサイズの家」をめぐって―

山形政昭

最小限の住宅設計

宣教師建築家として知られるウィリアム・メレル・ヴォーリズ(1880-1964)は、米国カンサス州に生まれコロラド大学哲学科を卒業後、米国人青年教師を日本に紹介する日米のYMCAのルートに乗って一九〇五(明治三八)年近江八幡にあった滋賀県立商業学校の英語科教師となるため来日した。そして退職後の一九〇七年、胸中に秘めていたキリスト教の伝道のため、商業学校時代のバイブルクラスによって親交を深めていた教え子達とともに近江ミッションを起こし、建築の設計、米国雑貨の輸入販売、教育事業などユニークな活動を始めている。なかでも宣教師達と広い交流をもっていたヴォーリズは、建築家として教会堂やミッションに関係する建築設計の仕事が順調に伸び、やがて一九二〇年にヴォーリズ建築事務所を開設する。

米国の流れを引くヴォーリズの建築は[1]、その後明治学院の礼拝堂(1916)、関西学院(1927)、神戸女学院(1938)などのミッションスクールの建築、そして主婦の友社ビル(1925)、アールデコ風の装飾をもつ大阪の大丸心斎橋店(1933)など著名な建築で、我国で活躍する米国人建築家の一人として知られることになるが、ヴォーリズが関心を深くしていたことに我国住宅の近代化があり、その成果の一つとして、読者を対象に求めるべき住宅について易しく説いた『吾家の設計』『吾家の設備』と題する二冊の著作を残している。

ところでヴォーリズが宣教師との交流を深めていたのが軽井沢であり、一九一二年には近江ミッション軽井沢事務所を設けて盛んに活動し、外国人逗留者が中心となっていた軽井沢避暑団の有力メンバーとして、集会堂の建築や診療所のほかユニオン教会(1918)の建築設計も行っていたのである。そうした一九二〇年夏、小山を背にした緩い斜面に建っている様子が赤い鳥小屋のように見えたという小さなプライベート・コテージを建てた。その前年にヴォーリズは一柳満喜子と結婚しており、夫妻で初めての軽井沢のために作られた三間四方約一〇坪余りの山荘で、その内容が「最小限の住宅設計」として『吾家の設計』に収録されることになる実験的な試みであった。

図に示すように一〇畳ほどの居間と北側に台所、寝室を設け、西側にトイレとポーチを付した山荘で「台所と寝室があれば家です、けれども家とホームは違います。居間ができてはじめてホームの資格になる。」というヴォーリズの住宅観から発した最小限の住宅モデルであった。実際この居間は、時に食堂となり、仕事場であり、

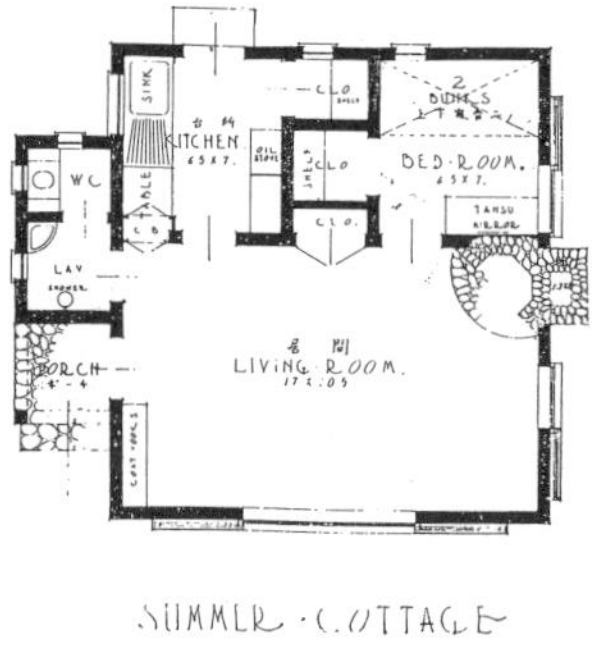

図44　軽井沢の《ヴォーリズ山荘》1920
『九尺二間』の山荘とも呼ばれていた。後年西に和室が増築され、1966年より浮田山荘となり、現在もよく特色が伝えられている。
平面図

東面外観

居間

客間となる多用途の広間で、室内は荒削りの板壁の野趣あるもので、その隅には野石積みの大きな暖炉を据え、また窓から見る緑の風景を美的要素として、書棚、キャビネット、等の家具を造り付けた快適で便利な居室であった。

住宅の中心としての居間、加えて設備を整えて合理的に計画するというヴォーリズの住宅設計の特質は一九世紀末から今世紀後半期の米国で形成されたものであり、我国中流住宅の成立期に大きな影響を及ぼしたと考えられる。本稿では米国での近代住宅の成立と我国での住宅近代化の概要を見つつ、そうした一九二〇年代に米国式を積極的に導入することで、健康的で文化的な生活を明快で分かりよく示したヴォーリズの住宅建築を近江八幡と軽井沢での初期のコテージを通して述べてみたい。

リビングルームと住宅設備の導入

一九世紀にほぼ形成されたといわれる米国住宅の特色を『アメリカンホームの文化史』(2)によってみると、一九世紀初期にユートピアとしての田園生活を説いた著述家のA・J・ダウニング(1852)の著作によって郊外住宅を理想とする住宅観が中流階層に広がり、同時期にピューリタリズムの復興があり、ブシュネル牧師の『キリスト教徒の養育』(1847)などにより産業革命によって急変しつつある生活環境を見直し、セルフメイドの意味や家庭における教育的環境など宗教的に意味づけられたという。そして一九世紀後半にかけて家政学の創始者といわれるキャサリン・ビーチャーらによる住居学が開花し、効率的な家事のための設備、趣味のよい室内装飾などいわゆるドメスティシティーへの関心が高まってゆく。

こうして改良された米国中流住宅の目覚ましい特色といわれるのが、新しい設備を活用して科学的機能的に計画された台所などの家事の空間と、住宅の中心としてのリビングルームであった。そこは家族生活の場であるとともに、時に客をインフォーマルに温かく迎えるべく、最も整った美的空間でもあった。そうした新しい住宅観と住宅のイメージが『レディス・ホーム・ジャーナル』(1883創刊)、『ハウス・ビューティフル』(1896創刊)など当時相次いで刊行された雑誌やパターンブックによって普及したのである。

このように二〇世紀初頭に成熟していた米国中流住宅は、ヴォーリズによって我国に移植された洋風住宅の原像であったはずであり、先の『吾家の設計』に説かれる住宅論に強く映じていたのである。

図45　『吾家の設計』文化生活研究会　1923
表紙の住宅は「20坪の住宅」として紹介されているもので、1923年東京に竣工した伊藤邸。

住宅改良の動向とヴォーリズの住宅

明治の洋風建築導入の時期を経て、我国でも大正期に入ると住宅近代化(3)の機運が中流階層にまで及ぶ。それを導いたのは教育者、とりわけ婦人教育者や建築家であり、ジャーナリストや事業家がそれに応えて生活改善の啓蒙活動を行ったといわれている。際だった出来事に、一九一五年上野公園で開かれた家庭博覧会や一九二二年の平和記念博覧会の文化住宅の展示、大阪箕面での住宅改造博覧会など、多くの見学者を集め話題となったことが知られている。そこでは椅子式生活の推奨と洋室の導入、台所の改善が第一の課題として提案される一方、伝統的和風座敷との併用という過渡的提案も少なくなかったのである。そういう時期に米国式を範として新しい住宅を説き、その実作をもって示した数名の住宅建築家がいる。

一人は米国での長年の生活を経て一九〇九年に帰国した橋口信助(4)で、米国の木造組立式住宅をもって住宅会社あめりか屋を創設する。そして一九一五年より住宅改良会の設立を目指して一九一六年より会誌『住宅』を刊行するなど洋風生活の普及に努めている。また新宮の西村伊作も、独自に米国の住宅を研究し自邸を建てて後、洋風住宅設計を業とするに至った住宅改良家として知られている。こうした時代に近江八幡で活動を始めていたヴォーリズは米国人の建築技師を加えた建築部を擁して、純度の高いアメリカ式住宅を我国に移植したのである。

その最初の成果が一九一三年より近江八幡池田町に設けられた近江ミッション住宅で、低いレンガ塀で囲った千坪ほどの敷地に広い芝庭を配したコロニアル・スタイルの西洋館が三棟建った。そこにヴォーリズとその同志が集い、米国式の生活とキリスト教精神を支柱に健全な生活とクリスチャンワークが展開され、この「アメリカ町」を訪れる見学者を楽しくもてなして教育的伝道が行われた。ところでヴォーリズの設けた近江ミッションのオフィスは少し離れた市内魚屋町にあり、この住宅地活動の中心となっていたのはヴォーリズを経済的に支援していた吉田悦蔵の母柳子とウォーターハウス夫人のベッシー、そして当時ここに滞在していた宣教師ビンフォードの夫妻らであり、新しい住生活に目覚めた米国婦人達の活動[5]がヴォーリズの住宅観に大きく影響したものとみられている。

そして一九一九年、ヴォーリズに嫁いだ一柳満喜子がここに加わる。満喜子は東京の女子学院及び神戸女学院を卒業後渡米し、ペンシルバニアのブリンマー大学で主に幼児教育を修めるなど八年余りの米国生活を経験しており、近江ミッションに加わった翌年より自宅周辺でプレイグラウンドと称した幼児の集まりを始め、やがて近江兄弟社学園へと発展させてゆくのである。

つまり近江ミッション住宅での生活改良の教育的事業は米国人婦人や米国での生活経験をもっていた進歩的婦人達によって米国の家政学をモデルとして実践されていたのである。そしてもう一つの拠点が夏の軽井沢で、浅間隠しと呼ばれた一帯に六、七棟の山荘からなる近江ミッション・コンパウンドを作っていた。その一角に建てられたのが先に記した新婚ヴォーリズ夫妻の「鳥小屋のような」コテージであった。この設計についてヴォーリズは次のように記している。「数年前から私は、軽井沢やその他の避暑地にもっとちいさい家を建てたらよいといふようなことを、やかましくいひました。大きな家より便利な家を、見せびらかすような建物より簡素な家を、第一条件とせねばならぬと呼びました。二年前私共夫婦は、軽井沢の近江パークに『九尺二間』といふ小さい小屋を建てまして、私の叫んでいることを実際やってみました。……生活はすべて簡単で、楽しんで時間の余裕を沢山とって、一年中の日課や、必ずせねばならぬ圧制的な用事から自由になりたいのです。……」別荘生活は「日常の環境から完全に変化した生活をなして、疲れた体と心を新鮮にし、また休息をはかるためであって、静かに後にくる激務のためにうんと心身をよくするためです。……」と、その価値を読者に説いている。実際、こうした簡素なコテージをその頃から数多く手掛けるようになるのであり、この小さな山荘がいわゆる軽井沢式山荘の一つのモデルとなったように思われる。

ヴォーリズはそれ以来二百棟近い様々な洋風住宅を建てるが、「ミニマムにして文化的」という質の高い小住宅プランは山荘ばかりでなく、一般住宅にも貫かれていった住宅観であり、『吾家の設計』のテーマでもあった。

(1) 筆者による『ヴォーリズの建築』創元社、一九八九年、『ヴォーリズの住宅』住まいの図書館出版局、一九八八年、がある。
(2) 奥出直人『アメリカンホームの文化史—生活・私有・消費のメカニズム』住まいの図書館出版局、一九八八年。
(3) 近年の通史的概説書に内田青蔵『日本の近代住宅』鹿島出版会、一九九二年がある。
(4) 内田青蔵『あめりか屋商品住宅』住まいの図書館出版局、一九八七年に詳しい。
(5) 近江ミッションに関わった女性の活動に関して、川崎衿子「洋式生活を教えた人々—近江八幡家政塾について—」『文教大学紀要』第三四集、一九九〇年、他一連の研究がある。

13

戦後復興期における新しい生活モデルの成立と普及

―雑誌『工藝ニュース』と『モダンリヴィング』が伝えたアメリカ―

佐野浩三

駐留米軍家族用住宅の影響

日本の戦後住宅は、「nLDK」という単位化された記号で、おおよそ規模や間取りを表すことが可能である。この住形式が定着する直接的な契機は、一九五五年に設立された日本住宅公団による「2DK」の採用、提供である。[1] この住形式への革命的な転換を支えた土壌が、「家族」を中心とした平等で民主的な近代生活の形象化を目指す、「モダンリビング」と称される新しい生活モデルの考え方である。この生活モデルの成立と普及、また、「インテリアデザイン」の概念の定着において、大正期からの生活改善運動の系譜と共に、戦後復興期のアメリカの影響を見逃すことはできない。また、そこには立場や性格は異なるが、啓蒙的な役割を果たした二つの雑誌の存在がある。

新しい生活モデルの規範は、時代的にアメリカへと向かうのが自然な帰結であったが、第一の大きな影響は連合軍総司令部による、一九四五年の駐留米軍家族用住宅「ディペンデント・ハウス（DH）」二万戸の建設指令と翌年の「DH家具」約三〇種・九五万点の生産指令であろう。[2] 家族共通の住機能を集結させた「公室」（LD・K）と、プライバシー確保や特定の使用目的に応じる「個室」を分離し、家具や設備機器によって空間を機能化した「DH」住宅は、民主的住宅のプロトタイプと言ってもよい布石となった。「DH家具」は、デザインブランチのクルーゼ少佐の指導の下、商工省工芸指導所に設計と生産指導が委嘱され、一九四八年製作完了までの経験は家具や生活様式に対する産業界の認識を大きく変えることになった。その「DH家具」[3] や生活用品の情報は、工芸指導所発行の雑誌『工藝ニュース』1946 Vol.14, No.2より詳細に伝えられた。その中で、指導部長豊口克平（1905-1990）は、「クルーゼ少佐は建築家だそうだが日本の建築家のようではなく、建築そのものの技術に関連する室内調度としての家具に対して豊かな常識を持って居るため、実に懇切微細な指示を即時に応えられた……」[4] と日本のインテリアデザインの萌芽を予覚させる文を記している。[5]

一方、市民の復興の場では、一九四七年頃から「DH家具」[6] を模した家具が流通し始め、アメリカの生活を紹介する展示会や映画、新聞、雑誌、さらに駐留米軍家族のための日用品店や米軍放出住宅の貸与などを媒体に、アメリカの生活文化が直接的に浸透し、一九四九年頃には「アメリカンスタイル」が社会的なブームとなった。住宅の復興は、一九四八年の建設省設置、一九五〇年住宅金融公庫法制定、建築基準法公布などの政策や特需景気を背景に次第に本格化し、機能分化に基づく椅子式生活や家事労働の軽減を図った開放

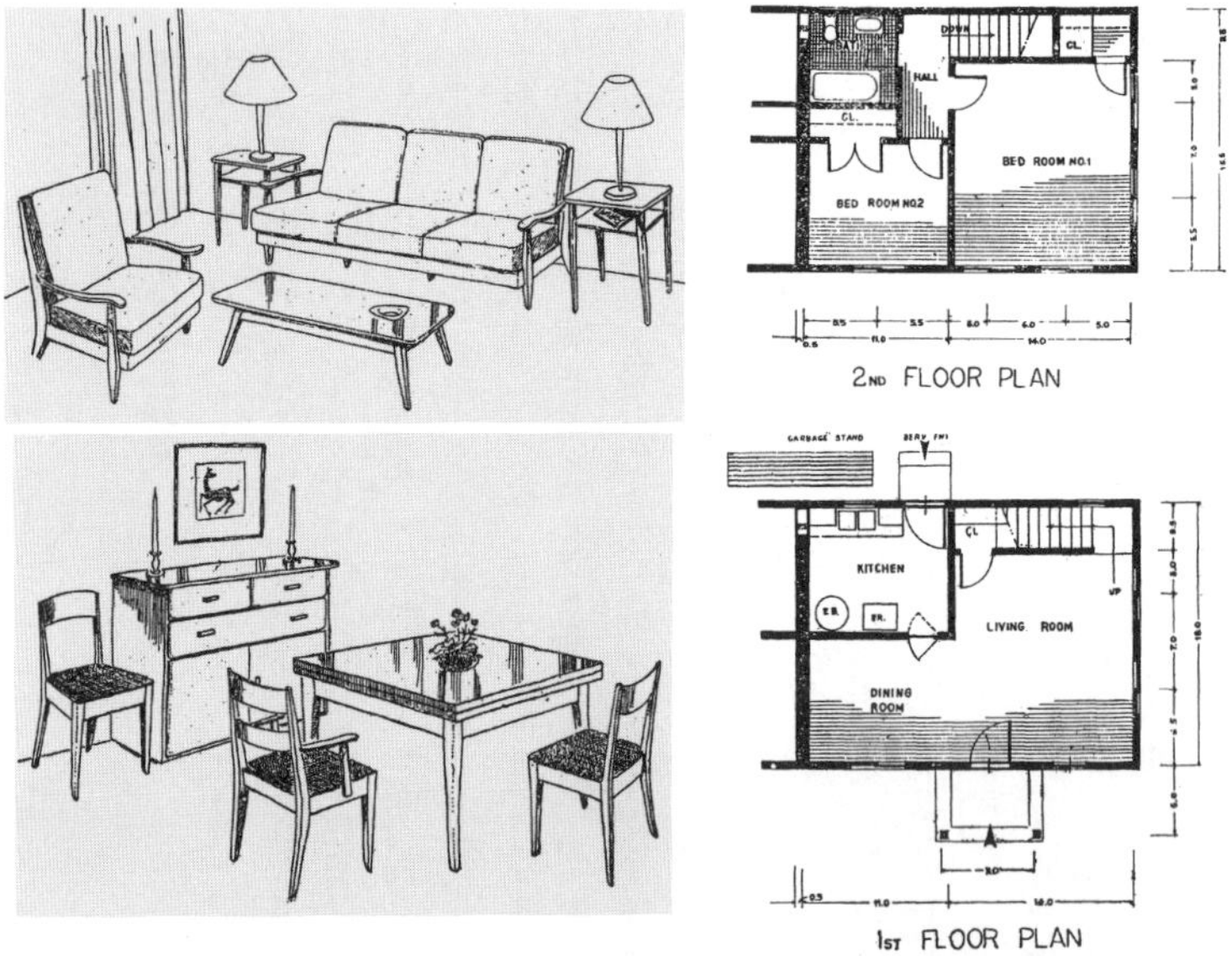

図46　『工藝ニュース』1946 Vol.14 No.2で紹介された「DH」及び「DH家具」例
齋藤信治、豊口克平、金子徳次郎らが執筆している。p. 2～23から抜粋。

図47　『モダンリヴィング』表紙
1952 Vol.3「検討用模型」、1953 Vol.5「アリゾナの開放的な住宅」、1954 Vol.8「ダイニングルーム」、1956 Vol.13「最新の家具」を用いた象徴的な表紙。

的な住宅が「モダンリビング」の形象として現実に浸透する時代を迎えることになる。『工藝ニュース』も、一九五一年には、「これからの工業意匠と住まいの雑誌」、一九五二年「これからの産業意匠とモダンリビングの雑誌」の語を表紙に掲げ[7]、時代の要請に応える姿勢を示している。同誌はその性格から、家具や設備機器を中心に、「モダンリビング」を紹介することになるが、産業界に歴史的な影響を与えた稀有な雑誌であった。

新しい生活モデルの形象化を目指して

時を同じくして一九五一年に、婦人画報社から雑誌『モダンリヴィング』が創刊される[8]。同誌は戦後の草分け的な一般向け住宅専門誌であり、平易な文章と多彩な写真や図面で解りやすい誌面が展開

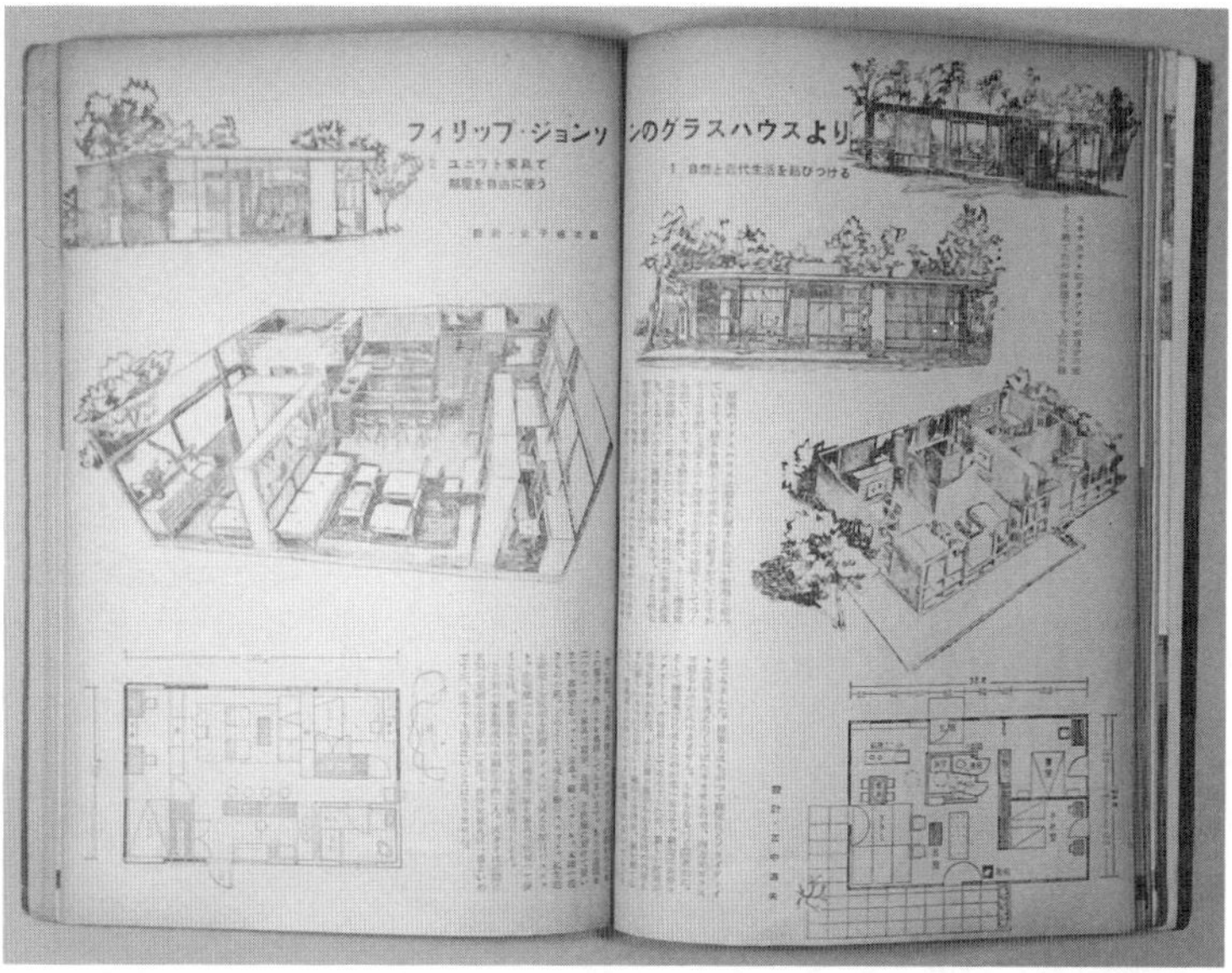

図48　『モダンリヴィング』創刊号 1951〈海外一流建築家のデザインをこの国の風土に生かす〉p. 57-66“フィリップ・ジョンソンのグラスハウスより”（自然と近代生活を結びつける、ユニット家具で部屋を自由に使う）などの住宅案。

された、人気を博し版数を重ねた。それを支えたブレーントラストの主幹は、一九五〇年の「立体最小限住宅」で「モダンリビング」の可能性を体現した池辺陽（1920-1979）である。池辺の機能分化に基づく住宅計画の方向性は、新しい生活モデルの条件と住宅金融公庫や敷地面積などの現実的な制約に沿うものであった。海外の先進的な住宅を紹介しながら新しい「すまいのデザイン」を解説するとともに自分の設計事例も数多く掲載し、創刊から約一〇年間を中心に積極的な啓蒙活動を展開した。

　創刊から数号の『モダンリヴィング』誌は、先験的な建築家による実例集が続くが、創刊号の「どんな家を設計するか」〈海外一流建築家のデザインをこの国の風土に生かす〉では、「グラスハウス」（1949 Phirip Johnson 1906-）などアメリカの住宅を下敷きに、家具の機能性や開放感、公私室の分離とプライバシーの確保、ローコストなどに主眼を置いた計画案四例[9]が提示されている。以降、随所に外国の先進的な考え方を積極的に吸収しようとする編集姿勢が見られるが、特に Vol.8（1954）の「すみよいすまいのデザイン」〈現代の住宅デザインに関する12章〉[10]では、学ぶべき対象がアメリカの建築雑誌五誌[11]から二〇例以上掲載されている。この特集は、後述の「ケーススタディハウス」と並んで、池辺の影響が大きい一九五〇年代の同誌の姿勢を凝縮させた内容として掲げられる事項である。

　一九五六年に発表された「ケーススタディハウス（CSH）」の企画は、施主と建築家の住意識の格差を埋めるために、『モダンリヴィング』誌がコーディネーターとなり、現実に住宅を完成まで導くものである。その打ち合わせから設計、施工の経緯、入居後の施主の評価まで誌面で紹介し、新しい家造りのプロセスを臨場感を持ってより具体的に紹介する企画であった。この原案は、アメリカの雑誌 *Arts & Architecture* (A&A) が一九四五年に開始した同名の企画にある。『A&A』誌の「CSH」は、一九六六年までに三六件のカリフォルニアの新しい暮らし方を提案する実験住宅建設の試みであった。[12] 著名な「イームズハウス」(自邸1945-49) は、この「CSH#8」であり、『モダンリヴィング』誌でも池辺がVol.8で紹介し、『A&A』誌の「CSH」自体についても、池辺の第一号の着工の記事に伴って Vol.16 (1956) で解説している。三件が実現した『モダンリヴィング』誌の「CSH」[13]の発端は、『A&A』誌を直接倣ったものではないらしい[14]が、逆にそうであるとすればなおさら住宅のあり方についての最も中心的な思考自体が、民主的で自由なアメリカのそれの影響を受けていたのではないかという印象をもたざるを得ない。また、同誌はアメリカだけに目を向けていたわけではないが、少なくとも創刊から数年間は、結果的にアメリカの影響の強い「すまいのデザイン」を伝えることになり、読者は『モダンリヴィング』誌の向こうに「リアルな夢」としてアメリカを見たことは事実であろう。

　戦後復興期の新しい住まい方において『工藝ニュース』が産業界に向けて、『モダンリヴィング』誌が直接社会に向けて、共に果たした啓蒙的な影響は多大なものであった。

(1) 一九五一年「公営住宅法」が公布され、東大の吉武研究室が台所兼椅子式食事室による寝食分離を「公営住宅標準設計・51C型」として提案し、二万戸供給された。一九五五年日本住宅公団が、そのプランを受けて翌年から標準設計「2DK」住宅の供給を開始し、一九六三年の個室の確保を目的とした「全国統一標準設計」によって「nLDK」の原形が完成することになる。

(2) 『占領軍住宅の記録』(上下) 小泉和子編、一九九九年、すまいの図書館出版局、参照。

(3) 一九三二年創刊、一九四六年復刊、一九七四年廃刊。一九五二年に工芸指導所は工業技術院産業工芸試験所（IAI）、その後、製品科学研究所となり、一九九三年解体する。

(4) 『工藝ニュース』一九四六年、Vol.14, No.2, 八頁、現代表記：筆者。

(5) 『モダンリヴィング』誌、一九五六年、Vol.13, 六一～七五頁に「家具読本」の記事を掲載。

(6) 「アメリカに学ぶ生活型展」一九四七年や「アメリカに学ぶ展」一九四八年など。

(7) 「モダンリビング」の記事の例。一九五一年 Vol.19, No.3 一六～二一頁「キッチンスペースからキッチンファンクションへ」池辺陽。一九五一年 Vol.19, No.7 八～一〇頁「これではリビングキッチンは出来ない」浜口ミホ他。

(8) 一九七六年に『Modern living』、一九八三年に現行の『モダンリビング』と改称し、二〇〇〇年三月号時点で通巻一三六号を発行している。

(9) 五七～六六頁。他にTACとアレンシュタインの住宅を参考にしている。

(10) 九七～一五〇頁。

(11) *Architect Forum, Architect Record, Architect Review, Arts & Architect, House & Home* と編集後記にある。

(12) チャールズ・イームズ (Charles Eames 1907-78) やリチャード・ノイトラ (Richard Neutra 1882-1970) らが起用され二五件が実現した。

(13) 池辺陽の完成記事 Vol.22, 一九五八年、大島正人 Vol.18 一九五七年、増沢洵 Vol.29 一九六〇年掲載。

(14) 『ケーススタディハウス』岸和郎・植田実監修、一九九七年、すまいの図書館出版局、巻末付録「栞」参照。

III　ドイツ

《交流年表》

1868・ゴットフリート・ワグネル来日
1869・ブリンクマン、極東美術収集を意図してハンブルク美術工芸博物館開設
1876・エルヴィン・フォン・ベルツ来日、東京大学医学部に勤務し、日本美術コレクション開始
1881・ベルツが日本での収集品をシュトゥットガルト（後のヴュルテンベルク工芸博物館）に寄贈
1882・ベルリンで浮世絵展開催
1883・伊藤博文ドイツから帰国
・文部省は東京大学における英語による教授を廃し邦語使用とし、ドイツ学術採用を上申
1886・ベックマン来日（４月～７月)、『日本旅行記』刊行（ベルリン、私家版)
・ボック他（前川太郎訳）『工芸技術全書』
1887・エンデ来日（５月～７月）
・原田直次郎ドイツから帰国
1888・ジークフリート・ビング『日本の形の至宝』(英仏版は『芸術の日本』）創刊
・森鷗外、ドイツから帰国
1889・ブリンクマン『日本の芸術と手工業』(ベルリン)
1895・司法省（現、法務省旧本館）竣工
・ドレスデンのアーノルト画廊で浮世絵展開催。
1896・東京裁判所（現存せず）竣工
1897・エックマンの装飾図譜『新しい形』に日本美術を通じての自然再発見の序文
・ベルリン動物園の禽舎（カイザー&ファールグロスハイム）竣工
1899・ベルリン動物園の入場門（ツァール&ファール）竣工
1904・タウト『自然と建築芸術』
1907・ドイツ工作連盟創設
1909・『経済と芸術』の著者ヴェンティヒ、東京帝国大学法科大学の教師として来日（-1913)
1910・ライトの作品集『完成した建築と設計』ヴァスムート社より出版
1914・市川数造著『美術工業論』
1918・新島善直・村山醸造『森林美学』
1919・堀口捨己、瀧澤眞弓ら、青島（中国）にあるドイツ租借期のユーゲントシュティール建築を見て感銘を受ける
1920・分離派建築会結成。ゼツェシオン～表現主義の影響大
1921・権田保之助著『美術工業論』
1922・仲田定之助、石本喜久治、バウハウス訪問
1926・帝国工藝会の創立
1927・ヴァイセンホーフ・ジードルング住宅展
1928・日本における鋼管椅子の初展示（東京府美術館「仏蘭西装飾美術家協会展覧会」)
・日本金属加工(株)、ドイツ調査の後、鋼管家具の量産を開始
・東京建材工業所、ドイツ製鋼管湾曲機を導入して鋼管家具の量産を開始
1929・板垣鷹穂著『機械と藝術の交流』
1929・『建築紀元』『建築新潮』バウハウス特集号
1930・近代建築国際会議（栢植芳男訳）『生活最小限の住宅』
・水谷武彦、バウハウス留学から帰国
・岡村（山口）蚊象、渡独。グロピウス事務所に通う
・蔵田周忠、渡独、外遊、

1931・水谷武彦、３月に鋼管椅子発表、５月の家庭用品改善展覧会（生活改善同盟＋大日本連合婦人会主催）でも展示
・土浦亀城第一自邸竣工
・朝日新聞社主催「ドイツ国際移動総合芸術写真展」東京、大阪（Museum?）
・川喜田煉七郎『家具と室内構成』
1932・ティリー・プリル=シュレーマン、商工省のデザイナー招聘案により貿易局嘱託として来日
・月刊雑誌『帝国工藝』刊行（-1938）
・川喜田煉七郎、商業美術学校別科新建築工芸科（後に新建築工芸学院）でバウハウス流のデザイン教育を開始
・新興獨逸建築工藝展覧會（東京上野松坂屋）
1933・板垣鷹穂著『現代の建築』
・タウト来日（-1935）
1934・川喜田煉七郎・武井勝雄『構成教育大系』
1934・タウト（平井均訳）『ニッポン』
1935・吉田鉄郎『日本の住宅』ドイツ語版出版（英語版は1952年刊）
1936・タウト（森儁郎訳）『日本文化私観』
1937・宮内順治（東京高島屋）ドイツから持ち帰ったユニット・システム家具展開催
・この頃、建築界でナチスドイツの建築に対する関心が高まる（岸田日出刀「ナチス独逸の建築一色化とは」柳亮「建築統制とドイツの現状」など）
1939・タウト（篠田英雄編・訳）『日本美の再発見』
・日本文化工作連盟『現代建築』創刊
・谷口吉郎「ナチスの建築活動」（『建築雑誌』１月号）
1941・嘉門安雄『ナチスの美術機構』
・佐藤武雄『ドイツの造形文化』
1942-44・タウト『タウト全集』出版
1943・小池新二『汎美計画』
・「グロピウスとバウハウス展」国立近代美術館、劔持勇『規格家具』
1954・グロピウス来日
・山脇巖『バウハウスの人々』
1956・向井周太郎、ウルム造形大学に留学
1963・アイアマン自邸（バーデン＝バーデン）
1964・武井勝雄『バウハウス・システムによるデザイン教育入門』
・杉浦康平、ウルム造形大学客員教授（-1967）
1966・タウト（篠田英雄訳）『日本の家屋と生活』
1969・ヴィングラー編『バウハウス』日本語版出版
1971・「バウハウス50年展」国立近代美術館
1974・タウト（篠田英雄訳）『建築とは何か』
1984・「建築家ブルーノ・タウトのすべて」展—生誕100年記念ヨーロッパ・日本巡回展—国立国際美術館他
1985・カッセルのエコロジー団地（第一期）竣工
1990・岩村和男『環境建築論』
1994・「ブルーノ・タウト回顧—自然とファンタジー」展、セゾン美術館他
1995・「バウハウス1919-1933展」セゾン美術館

14 ドイツとのデザイン交流

小関利紀也・梅宮弘光

ジャポニスムと初期モダン・デザイン

ドイツにおけるジャポニスム

ドイツで初の日本芸術の理解者であった、ユストゥス・ブリンクマン（1843-1915）は一八六九年、ハンブルクに美術工芸博物館を創設したが、彼は、ハンブルク生まれで一八八八～九一年、英、独、仏の三か国語で月刊の『芸術の日本《ル・ジャポン・アルティスティク》』（ドイツ語版では『日本の形の至宝』）を刊行していた、パリの日本美術商ジークフリート・ビング（1838-1905）の知友で、その協力もあったことから、これは一九世紀末ヨーロッパ大陸で重要な日本版画のコレクションになっていた。そしていずれもハンブルク生まれの画家で、後のユーゲントシュティールの主導的芸術家となる、オットー・エックマン（1865-1902）やペーター・ベーレンス（1868-1940）は、このコレクションの影響を受けていた。

ベルリンでは、エンデ&ベックマン建築事務所の設計で「和風」の動物園入場門が一八九九年に竣工するが、同事務所のベックマンは一八八六年に来日して東京の都市計画案を練る傍ら、工芸品や仏像等を蒐集した建築家であった（堀内正昭「エンデ&ベックマンを巡る洋風と和風」参照）。

一八九七年の第七回ミュンヘン国際美術展覧会では、再び復帰した分離派《ゼツェッション》は小芸術部門を創設する事になったが、その委員会の中心メンバーは、日本の影響を受けた画家達、ベルレプシュ＝ファレンダス（1849-1921）、ヘルマン・オブリスト（1863-1927）、リヒァルト・リーマーシュミット（1868-1957）であった。そして、この展覧会で初めて実現した工芸部門の展示は僅か二室であったが、詩人のライナー・マリア・リルケ（1875-1926）はこれについて「私たちはイギリス人と日本人から《線》の価値の再評価を学んだ。この知識を応用すれば、やがて私たちの家具の形や素材の図案が規定される事になろう」と記している。そしてこの展覧会に際しての物作りの工房探しの困難な経験から、エックマン、ベーレンス、リーマーシュミット等は、翌一八九八年、アーツ・アンド・クラフツのギルド運動の理想のもとに、ミュンヘン手工芸連合工房（Vereinigte Werkstätten für Kunst im Handwerk）を設立したのである。

こうした一九世紀末のドイツの工芸改革における、ジャポニスムの積極的な意味について、エックマンの著書『新しい形（*Neue Formen*）』（1897）の序文には、「我々は日本を通して自然への道を再発見した。今日の我々の生き生きした芸術は、過去の様式に培われたものではなく、そのモチーフをルネサンスやロココの見本帳に求めるものでもない。我々はその素晴らしい芸術が、不撓で、稀有の新鮮な自然の、極めて繊細で装飾的な趣味や、高度な様式的確実さとの結び付きにおいて、眼のある人々にまず正しい道を示し、眼を開いてくれた日本を、感謝の念をもって思い起こさなければならない」とあり、さらに続けて「これまでイギリスのみが、この日本様式の新しい豊かな思想を如何に変形して消化し、自らの与えられた国民的性格に適合させ、そこから真の利益を引き出す事ができるかを知っていた」と記されていたのであった(1)。

これまで普通、ジャポニスムは浮世絵の絵画的様式の影響について指摘されることが多かったが、それではここで言われている「家具の形を規定する線」とか、「新鮮な自然を、装飾的な趣味や様式と結び付ける眼」とは何の事であろうか。当時ヨーロッパでは時代にそぐわなくなった、伝統的イマジネーション空間にとって代わる、現代空間のヴィジョンが求められていたが、その模索期にあって多くの画家達の自然に対する眼を開き、工芸の世界に導いたユーゲントシュティールのジャポニスムには、まさにそれが求められていたのである。

空間のユーゲントシュティール

ファン・デ・フェンは、ヨーロッパの建築芸術の空間意識は、一八九〇年以後のアール・ヌーヴォに始まったとし、そしてマドセンはこのアール・ヌーヴォの空間表現は日本の影響によるものとしているが、たとえばエックマンは一八九四年、日本の芸術の影響のもと、自分の絵画の作品を競売したり、焼却したりしてグラフィックに進んで「エックマン書体」をつくり、金属器、陶磁器、染織、家具のデザインをてがけ、ダルムシュタット新宮殿の執務室の内装デザインをも行うなど、その仕事を空間デザインにまで発展させた。

こうしたドイツのユーゲントシュティールの模索の過程で、空間造形を明確化したのは、ベルギーのアンリ・ヴァン・ド・ヴェルド(1863-1957)であった。もともと印象派の画家であった彼は、ブリュッセルの「日本商会」での工芸品の軽やかな空間を見て「春が来て眼は生気づけられ、心が重圧から開放された(2)」思いで絵画を放棄する。そして、同じベルギー人で、日本工芸の、リバティー商会からの輸入・販売から内装デザインを始めたギュスタヴ・スリュリエ=ボヴィ(1858-1910)の影響下で室内空間デザインを発展させ、一八九五年ブリュッセル郊外のユックルで、後に「空間の詩」と呼ばれた自邸「ブローメンウェルフ」を実現する。

一八九五年末、ヴァン・ド・ヴェルドはこの「全体が統一された空間をもった」室内デザインを、パリに開店するビングの日本工芸の店、「アール・ヌーヴォ」の内装でも展開したのであったが、当時フランスでは内装の工芸を個別の〝美術品〟として見、空間のデザインの認識が欠けていたため、この新しい内装は理解されず散々に酷評されたのであった。そこでビングはこれと同一の内装デザインに休憩室を加え、更めて一八九七年のドレスデン工芸博覧会に出展したのである。この博覧会での「アール・ヌーヴォ」の内装展示は、ヴァン・ド・ヴェルド自身の予想にも反して非常な好評を博し、ギーディオンも「ここから石が転がり始めた」と工芸改革の動きを認めているように、これがドイツの新たな空間デザイン、モダン・デザイン発展の端緒となったのである。[3]

こうした時代思潮の中で一八九九年のミュンヘンのゼツェッション展では、トータルな内装の出展を認め、制作にはミュンヘン工房があたることになる。これに出品したチャールズ・レニー・マッキントッシュ(1868-1928)は『装飾芸術《デコラティーフェクンスト》』誌で紹介されたが、一方、ヴァン・ド・ヴェルドは身体運動的曲線の机を中心とした書斎を出展して評判になり、ドイツ各地で内装の仕事を完成して活躍したので、その有機的空間表現は、当時、デザインの仕事に乗り出しつつあったベーレンスや、ブルーノ・パウル(1874-1968)、リーマーシュミットらに大きな影響を与えた。彼は一九〇一年、「工業および工芸の美術顧問」としてヴァイマールに招聘され、翌年「工芸研究講座」を開設したが、これは一九〇六年に工芸学校となり、後のバウハウスに発展する。

ドイツ・モダン・デザインの成立

ベーレンスは一八九九年にダルムシュタットの芸術家村に移ったが、その空間造形は、ヴァン・ド・ヴェルドの影響を受けた有機的なものであった。ところが一九〇一年、この地の『室内装飾《インネン・デコラツィオン》』誌が《芸術愛好家の家》のコンペティションを行い、ここで受賞したマッキントッシュの作品が一九〇二年に石版図譜《ポートフォリオ》として出版されたこともあり、またこの年のトリノ国際現代装飾芸術博覧会に出展した、ベーレンスの空間造形はここで不評であったこともあり、ベー

図49　《争う白鳥》彩色木版画
オットー・エックマン　1895
エックマンは日本の木版画の平面的な賦彩と線描を研究し、多くの木版画や壁掛け、陶磁器、家具等の制作を行い、ドイツ・ユーゲントシュティールの創始者の一人となった。

図50　《書斎》
アンリ・ヴァン・ド・ヴェルド　1899
ヴァン・ド・ヴェルドは家具等の「線は人の動作によって生み出され、流れるエネルギーが空間に材質化されたもの」と言っているように、その空間は身体動作の軌跡によって形作られる。ミュンヘン・ゼツェッション展覧会出展。

図51　《北西ドイツ芸術博覧会》
ペーター・ベーレンス　1905
この視覚的立体格子状の線による野外空間構成は、1920年代のミース・ファン・デア・ローエの仕事を予想させるものといわれた。

レンスはマッキントッシュの日本的空間の影響から、秋のベルリンのヴェルトハイム百貨店のモダン・リビング展では突如として幾何学的なものに変貌する。翌一九〇三年一月にはデュッセルドルフ工芸学校に転じ、ムテジウスにも諮った上で六月にはグラスゴーに赴いて、その成果を「現代文化の概念を確認したが、生涯持続する価値あるもの」と記している。[4] このベーレンスの様式変化は、その影響が指摘されるヨハネス・ルトヴィクス・マテウス・ラウエリクスがベルラーへの推薦で、一九〇四年、ベーレンスのもとに来ると以後、明確な幾何学的空間構成として、視覚的三次元モデュールの試みが続けられることになり、一九〇七年には、彼はA・E・Gの芸術顧問に招聘されて、一九〇九年、A・E・Gのタービン工場で内部空間の理想を実現し、モダン・デザインの出発点を確立する。

このベーレンスの幾何学的空間構成は、ブルーノ・タウト(1880-1938)によってその当時の作品に受容されたが、当時ポツダム近傍のベーレンスのデザイン事務所ではヴァルター・グロピウス(1883-1969)、ルートヴィヒ・ミース・ファン・デア・ローエ(1886-1969)、ル・コルビュジエ等が、「ベーレンスが発展させたドクトリンによって」仕事をしていたことは良く知られている。

折から一九一〇年、アメリカで独自にジャポニスムの空間を発展させた、フランク・ロイド・ライト(1867-1959)[5]の包括的な作品集『完成した建築と設計』がヴァスムート社から出版されると、これにはルドルフ・シンドラー(1887-1953)が即座に「空間建築」を認めて強い影響を受けたように、グロピウス、ミース・ファン・デア・ローエをはじめドイツばかりではなくオランダ、ベルギーにも広範な影響を及ぼす事になり、モダン・デザインの空間思潮の発展に大きく貢献する。

ベーレンスの薫陶を受けた、グロピウスは一九一一年にライネ河畔のアルフェルトにファグス靴型工場を実現、一九一四年の工作連盟博覧会にはモデル事務所と工場を発表し、一九一九年にはワイマールにバウハウスを設立する。そしてミース・ファン・デア・ローエは一九一二年、オランダのハーグでクレーラー邸を設計し、一九一九年にはベルリンのフリードリヒ街のガラスの高層オフィスビル計画、一九二〇〜二一年には鉄とガラスの摩天楼計画を発表し、ドイツのモダン・デザインは一九二〇年代にはいると一斉に開花する。(なお工作連盟自体については藪亨「日本における「ドイツ工作連盟」の受容」参照)

(小関利紀也)

一九二〇年以降の交流―バウハウス受容を中心に

バウハウスと日本

「バウハウスの理念は、ドイツ以外ではアメリカと日本において長年にわたって強い共鳴を生み出し続けた。(中略)バウハウスが追求したものは、理念と形態の両面において日本人のもつ伝統と大いに符合するものだったのである。(中略)バウハウスにおいて日本人に親しみを感じさせたものは、創造力の問題に関連する内面的調和の経験だったのかもしれない。バウハウスの理念は、彼らに潜在するより深いルーツを展開させることができたのである」。[6]

この文章は、バウハウス資料館初代館長ハンス・ヴィングラーが、大部の資料集成*Das Bauhaus*においてバウハウスの影響を論じた部分である。ヴィングラーのいう「日本人のもつ伝統と大いに符合」という記述には、あるいは、戦後日本におけるバウハウス的なものとの交流がなんらかのかたちで影響しているかもしれない。たとえば、一九五四年のヴァルター・グロピウス来日時の日本的伝統に対するコメントや、バウハウスの流れをくむシカゴのインスティテュート・オブ・デザインで写真を学んだ石元泰博（1921-）の写真にグロピウスと丹下健三（1913-）の文章を加えて一九六〇年に出版された『桂―日本建築における伝統と創造』(7)に見られる、モダニズムのフィルターを通した伝統理解である。しかし、それもあったとしても、ヴィングラーのいう「符合」が、かたちの類似というような表面的な問題ではないことは明らかだ。ここで問題にすべき符合は、言い換えるなら存在や関係の原理におけるものというべきであろう。その原理を日本的伝統の問題と絡めて論じることはそれじたい興味深いが、しかし本論での筆者の関心はむしろ、バウハウスというひとつのアヴァンギャルディスムがこの原理をめぐっておこなった奮闘努力の軌跡を、日本のアヴァンギャルドがどのように受容したかであり、時代の変化のなかで双方のアヴァンギャルディズムが被ることになった変容にある。以下でその過程を、いくつかのトピックを通して素描してみたい。

戦前の日本にとってのバウハウス

戦前期日本におけるバウハウス受容の骨子を端的にのべるならば、今日ではあまりにも有名なバウハウスの教育課程を示す三重の同心円図式の意味を形成（Gestaltung）の概念のもとに理解することだったと考える。当時のアヴァンギャルドはどのようにしてこの図式にたどりつき、理解し、どのように自らに取り込んだのだろうか。

バウハウスを知らなかった日本人がバウハウスを知るきっかけは、ヴァシリー・カンディンスキー（1866-1944）だった。カンディンスキーは当時の日本において「表現主義」の画家としてすでに有名であり文献も紹介されていた。「今日、トワーディでカンディンスキーに逢つた。いまワイマールのバウハウスつて学校にゐるんださうだ」。日本人として最初にバウハウスを訪問した美術家の仲田定之助（1888-1970）による、最初のバウハウス紹介記事「国立バウハウス（一）」(8)の書き出しである。一九二二年一一月、仲田と同行の建築家石本喜久治（1894-1963）の二人は、ベルリンの画廊で偶然出会ったカンディンスキーを訪ねて、勤務先だというバウハウスを訪れ、そこの校長だという人物グロピウスに引き合わされるのである。

一九二二年から二三年にかけてバウハウスやグロピウスを訪問した日本人建築家や美術家が日本に帰って紹介記事を発表するのが一九二五～二六年という時期だが、それは同時にバウハウス叢書の刊行やデッサウの新校舎竣工といった情報が徐々に日本にもたらされる時期でもあった。こうした情報の蓄積を背景に、一九二九年末から翌年にかけて、日本でバウハウス関連の出版物が相次いだ。『建築紀元』（構成社書房）、『建築新潮』『建築時代／バウハウス・ワイマール編』（デッサウ編は一九三一年一月に発行）『建築時代／アドルフ・マイエル作品集』（以上洪洋社）などである。なかでも注目されるのは『建築紀元』『建築新潮』の二誌が同時期にバウハウス特集（一九二九年一一月号）を組んだことで、この『建築新潮』の特集のなかで初めて教育課程を示す三重の同心円図式が掲載され（図52）「国立バウハウスの想念と構成」（1923）が抄訳された。

この図式は、実務的には、基礎的な訓練を経て専門を学び、やがて複数の専門の協働作業が建築をつくることであると読める。しかし、当時の日本のアヴァンギャルドは、それが実務の説明では決してないことを正しく理解した。だからこそ、バウハウスは日本のアヴァンギャルドにとって衝撃たりえたのである。つまり、中心にある建築は、あり得べき世界における建築なのであり、その建築を創造することはすなわち理想の世界を形成（Gestaltung）することにほかならないと。

それに比べて三層目の予備過程の内実については、ほとんど理解できなかったのではないだろうか。その理解には、どうしても直接的経験が必要だった。ここで重要な役割を果たしたのが、バウハウスの日本人留学生、水谷武彦（1898-1965）、山脇巖（1898-1987）・道子（1910-2000）夫妻、そして、バウハウスを直接経験することなく、にもかかわらず抜群の処理能力と行動力で彼らの経験を「構成教育」と呼ぶ実践に結びつけた川喜田煉七郎（1902-1975）である（川喜田は「構成」はGestaltungの訳語だと書いている）。とくに、渡独時にバウハウスを知らなかった水谷が、現地でバウハウスのことを聞き及び「ある動機から深淵を飛びこすような飛躍が起こり」[9]と、いささか謎めいて表現する入学動機を考えるとき、日本におけるバウハウス的な教育の実践には、ある種の奇遇を感じる（梅

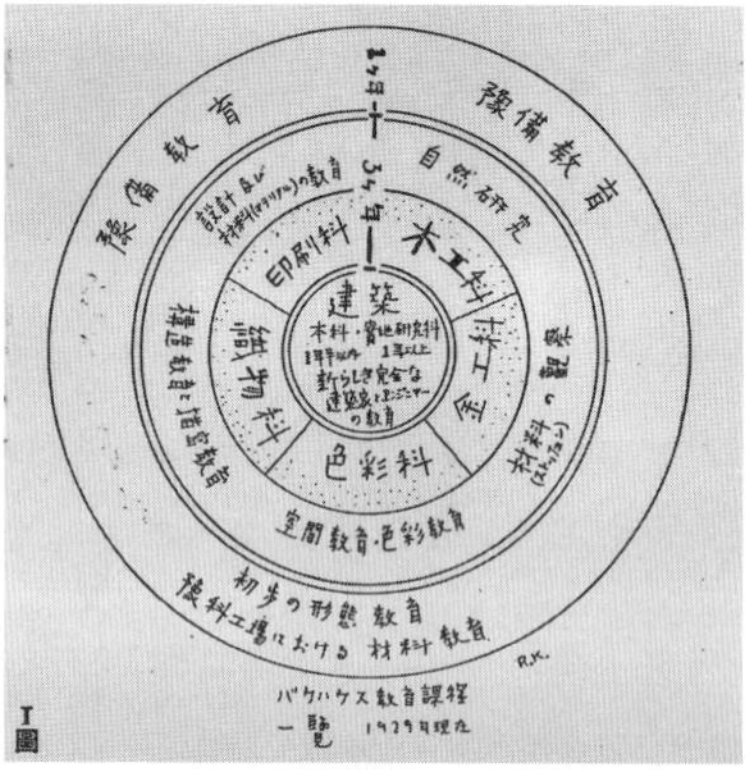

図52　『建築新潮』バウハウス特集号に掲載された「バウハウス教育課程一覧1929現在」（出典：『建築新潮』第10年第11号、1929年11月）

図53　《ウルム造形大学校舎》 1955
マックス・ビル設計
（撮影：藤田治彦）

宮弘光「一九三〇年代日本の国産鋼管椅子とバウハウス周辺」参照)。

それを奇遇というならば、「構成教育」の実践は、日本におけるバウハウス受容のささやかな幸運とも言えなくはないが、同時にそれはアヴァンギャルドの限界を示すのでもあって、川喜田たちの思いに反して、その伝播は少数の支持者に限られていた。

一九四〇年代に入って川喜田は、特異な美術教育家後藤福次郎(1901-1965)と組んで『構作技術大系』を発表する。それは、バウハウスの予備課程に特徴的な身体性を取り込んだ感覚訓練を、時局に適合させようという目論見だったが、幸か不幸か、その実効性が現実に試されるには至らなかった。

戦後の日本にとってのバウハウスとドイツのデザイン

バウハウス閉鎖後、渡米したバウハウスの教師たちによって、バウハウス教育はアメリカで実践の場を広げていく。ヨーゼフ・アルバース(1888-1976)はブラックマウンテン・カレッジで教える(1933)。ラスロ・モホイ=ナジ(1895-1946)はニュー・バウハウスを設立(1937、シカゴ)。グロピウス、マルセル・ブロイヤー(1902-1981)はハーヴァード大学建築科の教授に就任する(1937-38)。

またドイツでは、かつてバウハウスで学んだマックス・ビル(1908-1994)がバウハウスの思想を発展的に展開すべく一九五〇年にウルムに造形大学(ニュー・ジャーマン・バウハウス)を開設する(図53)。このマックス・ビルの言を借りるなら、戦後のアメリカでは重要なデザイン学校はすべてバウハウス出身者によって担われており、ドイツにおいてもふたたびバウハウス出身者こそ真に創造力あるデザイナーだという評価が生まれつつあったという。[10]

こうしたバウハウスのその後の展開を受けて、戦後日本におけるバウハウスへの言及はふたつに分極化していったように見える。ひとつは、ニュー・バウハウスの動向を追うもので、早い事例としては一九四八年に瀧口修造(1903-1979)の紹介による「アメリカにおけるバウハウス運動」[11]が見られるが、その後一九五〇年代後半にウルム造形大学に学んだ向井周太郎(1932-)のその後の活動に顕著なように、戦後世界の環境変化や情報化を視野に入れた新たな理論構築を志向するものだった。

もうひとつは一九三三年まで存続したバウハウスを相対化しようとする傾向だが、それはこの作業を担う世代によって異なるニュアンスを帯びる。すなわち、戦前に同時代的なバウハウス受容を経験した人びとは、「グロピウスとバウハウス展」(1954、国立近代美術館)や「バウハウス五〇年展」(1971、同館)に直接関わりながら、後にバウハウス神話ともいわれるようになるバウハウスの固定的イメージを再確認しようとする。一方、日本の戦後世代にとってバウハウスは、ジークフリート・ギーディオン(1893-1868)『空間・時間・建築』(翻訳出版1955)やニコラウス・ペブスナー(1902-1983)『モダンデザインの展開—モリスからグロピウスまで』(翻訳出版1957)といったいわゆるモダニズムの同伴者の著書の翻訳を通じて出会うのであり、宮島久雄が指摘するように、[12]一九六〇年代以降の研究の進展もあいまって、バウハウスの思想的多産性はすでに前提となっているといえるだろう。

このような近代デザインの伝統は、ドイツではバウハウスの同窓生だけが担うものではない。ハンス・ペルツッヒ（1869–1936）に学び、ミースの信奉者でもあったエーゴン・アイアマン（1904–1970）もこのような伝統の継承者であった。そして、そのアイアマンが追究したものも、ヴィングラーの言葉を借りるならば、「その理想や形式の点で、かなり日本の伝統と合致していた」のである（カリン・キルシュ「エーゴン・アイアマン―ドイツに建てられた日本の家」参照）。今日、バウハウスの時代と比べるならば、ドイツの建築が造形上注目されることは少ない時期にあるのかもしれない。しかし、例えば、ドイツの先進分野であるエコロジカル・デザイン関係での日独の交流は盛んであり（森山正和「エコロジカル・デザインと日本」参照）、それは色やかたちの流行の変化ではなく、デザインの中心テーマの変化を反映しているようにも思われる。

（梅宮弘光）

（1） Schmutzler, :R.: *Art Nouveau-Jugendstil*, Verlag Gerd Hatje, 22. 1977.

（2） Van de Velde, H.: *Geschichite Meines Lebens*, R. Piper GmbH. & Co. 56.58. 1986.

（3） Fischer, W.: *Die Kunst des 20. Jahrhunderts*, R. Piper & Co. 48. 1957.

（4） Windsor, A.: *Peter Behrens*, The Architectural Press, 54. 1981.

（5） Kirsch, K.,: *Die Neue Wohnung und das Alte Japan*, Deutsche Verlags-Anstalt GmbH 110, 111, 1996.

（6） Hans M. Wingler, *The Bauhaus,* MIT Press, 1978, p.572. *Das Bauhaus*, Rasch, 1962, p. 512

（7） ヴァルター・グロピウス、丹下健三、石元泰博『桂―日本建築における伝統と創造』造型社、一九六〇年

（8） 『みずゑ』第二四四号、一九二五年六月、二頁

（9） 水谷武彦「バウハウスのカリキュラム」『美術手帖』一九五四年六月

（10） マックス・ビル（勝見勝訳）「ワイマールの国立バウハウスからウルムの造形単科大学へ」『工藝ニュース』一九五四年四月

（11） 『工藝研究』1号、一九四八年六月

（12） 宮島「バウハウスのイメージと理念」『バウハウス一九一九–一九三三』セゾン美術館、一九九五年

〔参考文献〕 Ahlers-Hestermann, F., *Stilwende*, Ullstein Kunst Buch. Gebr. Mann. Verlag, 1981.／Wichmann, S., *Japonisme*, transl. & publ. Thames & Hodson Ltd. 1985.／Hiesinger, K. B., *Die Meister des Müncher Jugendstils*, Prestel-Verlag. 1988.

15 エンデ&ベックマンを巡る洋風と和風

堀内正昭

はじめに

一八九〇年代の東京とベルリン。かつての日比谷練兵場（現霞ヶ関）に、スレート葺きの大屋根と赤煉瓦の外壁を見せる西洋式の司法省と裁判所が建ち、ベルリンの動物園の一角に、和風の意匠をもつ入場門と管理棟等の施設が竣工した。

前者は明治政府により招聘されたエンデ&ベックマンの設計に[1]、後者はツァール&ファールの設計によるが、筆者はこのエンデ&ベックマンが橋渡ししたと考えている。ここではエンデ&ベックマンを軸にして、彼らが日本にもたらした西洋式、ベルリンに現われた和風のもつ意味について考察してみたい。

エンデ&ベックマンの招聘と西洋式の移植

不平等条約の改正という明治政府が抱えていた難題に、外務大臣の井上馨（1836–1915）は積極的に関わった。井上は鹿鳴館を舞台にして西洋式の生活様式を奨励したことで知られる人物であり、条約改正を有利に運ぶために、国会議事堂、裁判所、司法省を含む諸官庁建築の建設を打ち出した。これを官庁集中計画と呼び、その実現のためにエンデとベックマンが招聘された。

一八八六（明治一九）年四月、ベックマンが来日した。彼は二ヶ月余りの滞在で東京に都市計画を施し、諸官庁建築を配置する構想を練った。ベルリンのエンデ&ベックマン建築事務所で諸図面が完成され、それらを携えて翌一八八七年五月にエンデが来日した。

これらの図面は、ネオバロック様式の国会議事堂、ネオバロックにルネサンスが加味された司法省と東京裁判所など、西欧の一九世紀後期を席巻した建築様式の見本のような設計案であった。

西洋式に内包された「日本」

井上馨をはじめとする欧化主義者たちにとって、西洋式の意匠の直写こそが重要かつ必要であったが、エンデとベックマンには、気候と風土が異なり独特の伝統美をもつ日本への西洋式の移植に躊躇がないわけではなかった。そうした建築家の設計態度のなかに、「日本」が入り込む余地が生まれる。

東京裁判所を取り上げてみよう。同案は中央と両翼部を張り出させたバロック形式をとり、ルネサンス風にアーチの開口部を並列させた堂々たる外観をもつ。確かに西洋式である。しかし、これらの開口部は吹き放されている。そこに、蒸暑い日本の気候への配慮がなされていたのだった。（図54）

同裁判所には始審、控訴院のほかに、大審院（最高裁判所）が設けられた。平面図を見ると、これら三つの法廷は、中央にある大きな待合室を中心に三角形の各頂点に当たるところに配置されている。このような法廷の平面配置は、同時代の各国の裁判所に見当たらない。当時の日本にまだ裁判制度が整っていなかったことを勘案すると、ここに、裁判制度を空間化して図式的に明瞭に表現しようという彼らの意図が感じられる。(図55)

和風案の試み

ところで、エンデの来日時に井上馨が進めていた条約改正は頓挫し、官庁集中計画は縮小を余儀なくされた。その西洋式の意匠にも圧力が加えられ、第二案として和洋折衷案が作成された。和風案への変更にはフェノロサ(1853-1908)やビゲロー(1850-1926)を

図54　東京裁判所(中央棟部分)

1886年から翌87年にかけて作成。日本側がエンデ&ベックマンに依頼したのは、国会議事堂、東京裁判所、司法省の三件であったが、彼らはその他に警視庁、海軍省、首相官邸、皇居の各案を作成した。

(Technische Universität Berlin 所蔵)

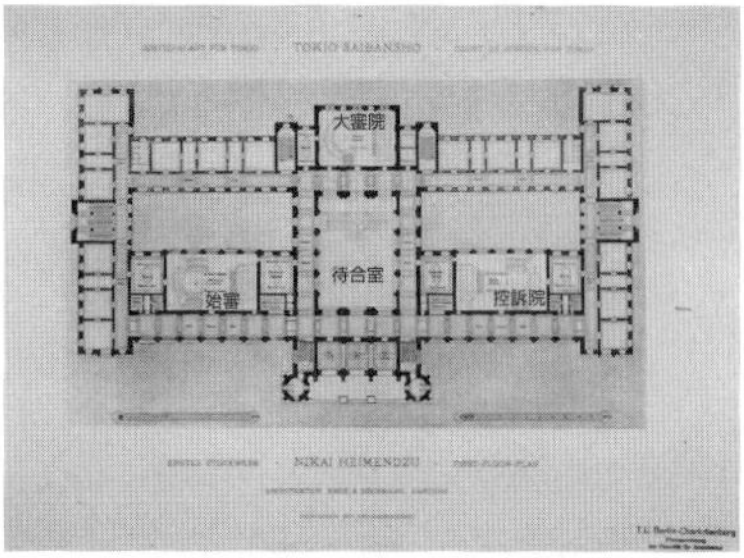

図55 《東京裁判所》(2階平面図)

始審、控訴院、大審院の3つの法廷が中央の待合室を中心に三角形をなすように配置されている。同裁判所の竣工は1896年。

(Technische Universität Berlin 所蔵)

図56 《国会議事堂》(和洋折衷案、1887)

エンデにより第2案として作成。和洋折衷は司法省と東京裁判所でも試みられたが、この2棟は最終的に再び西洋式に戻して実施。国会議事堂は大幅な設計変更の末に木造の仮議事堂として実施。

(Deutsche Bauzeitung, 1891)

はじめとした在日外国人の存在があり、とくに日本の伝統美の再興に尽力したフェノロサは大きな影響を及ぼしたという。
　もっともエンデはかつて、一八七〇年代にニューギニアのドイツ商社のために現地の建築様式を採用したことがあった。エンデには、進んで日本の意匠を取り入れようとする設計態度があったとみてよい。
　和洋折衷は国会議事堂、東京裁判所、司法省の各建物で試みられた。これらの設計案に共通するのは、西洋式の下部構造に和風の大屋根を載せていることである。
　和風案のうちで最も記念性の豊かな議事堂に着目してみよう。会議場が置かれた両翼の棟には入母屋造りの大屋根がかかる。中央棟の玄関口には唐破風、その上に千鳥破風が設けられ、塔屋には千鳥破風が巡り、その上方は櫓のように立ち上がる。（図56）
　しかし、中央棟は全体として屋根が幾重にもかけられた日本の塔ではなく、天守閣の表現とも異なる意匠となった。この種の屋根の表現については、エンデ&ベックマンによる西プロイセン州議会の建物の塔が参考になろう。同州議会に見られる玉ねぎ型の屋根を日本風のものに代えると、議事堂の塔屋に近づく。（図57）
　このように、エンデは日本建築の表現を屋根に見ていたとともに、和風を白紙の状態から作り上げたわけではなかった。議事堂の塔屋が奇妙ともいえる独特な表現となったのは、洋風でも和風でもないまさに折衷された表現であったからだ。(2)

図57　《西プロイセン州議会》
竣工1882
　塔と両脇の尖塔の屋根に反りを与えると国会議事堂和洋折衷案（図56）に近づく。同州議会の屋根のスレートは一文字葺と鱗葺を層状に繰り返している。この意匠は司法省（現法務省旧本館）の屋根の復原に応用された。
（Zeitschrift für Bauwesen, 1887）

和風の伝播〜ベルリン動物園

一八九八年、ベルリン動物園協会により入場門と管理棟を含んだ諸施設のコンペが催され、一等にツァール&ファール案が選ばれた。

　これら諸施設の中央には「てりむくり」の唐門風の入場門が立ち、門の左手に管理棟が、右手に守衛所が配された。管理棟の屋根は大

図58　《ベルリン動物園の入場門》
　ツァール&ファール（Zaar と Vahl は1887年に共同で設計事務所を開設）のコンペ入賞案に基づいて1899年に竣工。第二次世界大戦で破壊され、1985年に再建。動物園内にはベックマンの胸像があり、彼の功績を偲ばせる。（撮影：堀内正昭）

きな入母屋造りで、二階部分は列柱廊として開放され、軒唐破風がアクセントを添える。守衛所には方形に近い反りのある屋根が架かり、花頭窓のような曲線をもつ窓が穿たれていた。(図58)

ところで、同コンペに先立ってベルリン動物園は一八七〇年代に多くの動物舎の新築を行った。その設計を依頼されたのは、エンデ&ベックマンであった。彼らの設計は、収容される動物の故郷を建築様式に反映させるというもので、例えば、象舎にはインド様式が採用された。また、入場門等の近隣には、一八九六年〜九七年にカイザー&グロスハイムによって日本趣味の禽舎が建てられた。この禽舎にはタンチョウ鶴が飼育されていたので、それが和風の採用になったと思われる。

ベックマンは日本滞在中に、工芸品、多数の写真、仏像等を購入し、ドイツに持ち帰った。このうち仏像は動物園に贈呈され、この禽舎内に安置された。入場門の建設以前に、その近辺は日本色の濃い場所になっていたのである。

ベックマンの経歴を調べると、一八九三年から動物園協会の理事を務め、一八九七年からは会長職にあり、さらに入場門等のコンペの審査員であったことが判明した。また、同コンペの入賞者の一人ツァールは一時期エンデ&ベックマン建築事務所員であったことから、ベックマンの動向に人一倍関心を払っていたと思われる。ベックマンとベルリン動物園との関係の深さを考えれば、和風案が作成され、そして採用された謎が解けるのである。

結語

エンデ&ベックマンがわが国にもたらした西洋建築は、とりわけ裁判所に顕著であるが、西洋式の直写ではなく、そこに彼ら独自の日本的解釈がなされていた。第二案で試みられた和洋折衷は、彼らが時代の趨勢に従いながら、第一案の西洋式に内包されていた「日本」をさらに積極的に意匠として表出しようとした結果と見ることができる。ベルリンに現われた和風には、とくにベックマンの介在を看取できる。このように、エンデ&ベックマンは日独の建築交流において、重要かつ興味深い役割を演じていたのである。

(1) エンデ&ベックマンとは、一八六〇年にヘルマン・エンデ(Hermann, Ende 1829〜1907)とヴィルヘルム・ベックマン(Wilhelm, Böckmann 1832〜1902)が共同でベルリンに開設した建築事務所に冠した名称で本文ではエンデ&ベックマンと略す。

(2) 諸官庁建築案は和風案ともども『ドイツ建築新聞』(Deutsche Bau-zeitung, 1891)に掲載され、ドイツ人の知るところとなった。

〔参考文献〕堀内正昭『明治のお雇い建築家 エンデ&ベックマン』井上書院、一九八九年/堀内正昭「世紀末のベルリン動物園における日本趣味—ジャポニスム建築の研究」昭和女子大学『学苑』生活美学紀要、七二一〜七九頁、一九九〇年七月。

16

日本における「ドイツ工作連盟」の受容

藪　亨

「ドイツ工作連盟」(Deutscher Werkbund)は、三つの時期からなる。第一期は、一九〇七年の創立から第一次世界大戦末までの草創期である。第二期は、一九一八年から一九三三年までの発展と中断であり、ヴァイマル時代屈指の文化運動として発展しながらも、ナチスの圧力により崩壊する。第三期は、第二次世界大戦後の再出発から今日に至っている。そこで本稿では、草創期から第二期までの工作連盟の日本での受容に照明を当てたい。

ヴェンティヒの近代産業美術論

「ドイツ工作連盟」は、芸術家、実業家そして専門知識人から構成され、優れたデザインと工作技術を何よりも重んじる「質の思想」を掲げ、建築家のテオドール・フィッシャー(1862-1938)を会長として一九〇七年に創立されており、健全で調和のとれた新しい文化創造を目指した。そして、当連盟の全体目標の設定に当って何よりも意識された専門領域は、いわゆる産業美術(Kunstgewerbe)であった。

工作連盟員で経済学者のハインリッヒ・ヴェンティヒ(1870-?)は、一九〇九年に「近代産業美術運動の歴史と理論の研究」を『経済と芸術』(*Wirtschaft und Kunst*, Jena 1909)と題して公刊し、彼らの運動の源泉を英国の先人たちの理想に求めると共に、工作連盟の問題点をも指摘している。すなわち、「優れた仕事、〈しかも使用材料と技術的仕上げの意味でも、形と色の意味でも優れており〉、約言すれば〈まともな〉仕事、フィッシャーが述べている〈質〉、かつてカーライルやラスキンが要求した〈正直さ〉、これを人々は望んだのである。それでもってドイツの運動は、英国の運動が五十年以前に始めた時点に合流したのだ。しかし今や、根本においては全く別種の質が問題になっていることを人々は感じている」と。したがって彼は、工作連盟の目指す文化についても、「この意味での文化は資本主義的な経済秩序の基でそもそも可能であろうか」と自問したのである。

ところで、ヴェンティヒは、本書の刊行を急いだ理由として、日本での長期滞在の予定をその序文で挙げている。事実注目すべきことに、彼は来邦しており、『東京帝国大学五十年史』(昭和七年発行)によると、明治四二年八月から大正二年九月(一九〇九年から一九一三年)にかけて東京帝国大学法科大学に経済学財政学担当の外国人教師として在任し、教鞭を執ったのである。

経済学者たちによる美術工芸論

ヴェンティヒの著作『経済と芸術』は、当代日本の経済学者たちによる美術工芸論に大きな影響を与えている。大正三年八月に発行された市川数造著『美術工業論』(隆文館)では、ヴェンティヒ著の『経済と芸術』を典拠として、欧米の産業美術近代化の目覚しい成果が論じられ、当代日本の経済的発展ならびに国民性の保存にとって産業美術の復興が必要不可欠であると説いている。また本書では「ドイツ工作連盟」自体についての記述はないが、機械生産のための芸術的デザインが展観された「第三回ドレスデン産業美術展」と、これに端を発するドイツ産業美術の躍進に注意が喚起されている。

さらに大正十年一月には、権田保之助(1887-1951)著『美術工藝論』(内田老鶴圃)が発行されている。本書は、東京帝国大学経済学部で大正九年初春に行われた著者の特別講義「美術工藝論」を骨子としており、「美術工藝の運動は、余りに物的に堕して、全く人間味を捨象した工業に、豊富なる人生味を吹き込んで、人間世界のものとなし、人生と藝術とに相包合せしめんとする努力である。実に美術工藝運動は社会問題の一つであり、美術工藝問題は社会問題の一断面である。」と主張している。本書でもヴェンティヒの『経済と芸術』が基本的文献として活用されている。そして近代英国の産業美術運動に記述の力点が置かれ、工作連盟に関してはその設立に軽く触れるに留まっている。しかし、「美術工藝と文化」の考察においては、「工作連盟の発案者」の一人であるヘルマン・ムテジウス(1861-1927)の論説が引用されている。機械や機械的な構築物に近代的な「無装飾の使用形式」を認めるべきだとのムテジウスの主張が卓見として取り入れられており、工作連盟思想の受容の兆しがここにはうかがえる。

また、工作連盟に類似した組織として「帝国工藝会」が、「本邦工藝の産業化並びにその進歩発達を図る」を目的として大正一五年七月に創立されている。その創立趣意書によれば、現時日本の輸出貿易不振の原因のひとつは、欧米諸国の製品に較べて日本のものが時代に適った趣味と意匠を欠いている点にあり、今日の急務は、国家経済上よりいえば「工藝の産業化」であり、国民生活上よりいえば「工藝の時代化」であり、社会政策上からいえば「工藝の民衆化」であると主張している。本会の会員は、全国にわたり工芸家、工業家、美術家、学者および官吏など各方面の同志からなり、会員数は設立当初には二六〇名、解散時の昭和一三年には八四〇名を数えている。そして本会は、「工藝家、工業家、販売業者及び科学者との連絡提携」「工藝時事問題に関し其筋への建議や請願」などを行い、月刊雑誌『帝国工藝』(第一巻第一号から第一二巻第九号、昭和七年から昭和一三年)を刊行し、工芸思想の普及を図っている(『帝国工藝会沿革誌』、昭和一八年発行、参照)。

機械時代における新しい芸術

一方で昭和初期には、芸術自体を機械文明の側から観察する評論活動の中から、工作連盟運動への関心が生じている。ことに進取の気風に富む美術評論家の板垣鷹穂(1894-1966)は、一連の多方面な芸術論において工作連盟に関する新しい情報を伝えている。例えば、昭和四年発行の『機械と藝術との交流』（岩波書店）においては、工作連盟について、「小はナイフの柄から大は電車の車体まで、一切の造形的製作品に就いて、機械家の合理主義と美術家の形式感とを融合しようとするこの種の運動は文化運動の一種として意義深い試みである」と高く評価している。さらに、昭和八年発行の『現代の建築』（岩波講座、世界文学）においては、工作連盟の成立と展開の実相、さらには工作連盟とバウハウス（Bauhaus, 1919–33）とのつながりが、工作連盟の機関誌『フォルム』（Die Form）一九三二年一〇月号の工作連盟二五周年特集記事にもとづいて、詳しく伝えられている。

この頃の「ドイツ工作連盟」は、大戦終了直後に行動をともにした表現主義的な前衛集団と一線を画し、新興の芸術・文化を中立的に先導していくことに努めていた。その一環として一九二九年には、一九二〇年代における映画と写真の飛躍的発展を国際的な視座から展望する「ドイツ工作連盟国際展覧会（映画と写真）」（Internationale Ausstellung des Deutschen Werkbundes "Film und Foto"）をシュトゥットガルトで開催している。当展はさらに世界各地を巡回し、国際的な反響を巻き起こしている。その写真部門は、一九三一年に『ドイツ国際移動総合芸術写真展』として朝日新聞社主催で東京と大阪でも開催されており、わが国の「新興写真」派の活動を勢いづけるとともに、近代写真とデザインとの創造的交流に対する関心を広く喚起したのである。

以上のように、第一期から第二期にかけての「ドイツ工作連盟」の思想や活動は、産業美術の近代化、さらには機械時代における新しい芸術の開示という側面から、わが国に積極的に受容されたといえよう。

図59　市川数造著『美術工業論』の表題紙　1914
本書は、欧米各国の近代美術産業の来歴、本邦における美術産業の沿革、現状、将来を、国民経済学的な見地から論じており、この種の研究書の先駆をなしている。

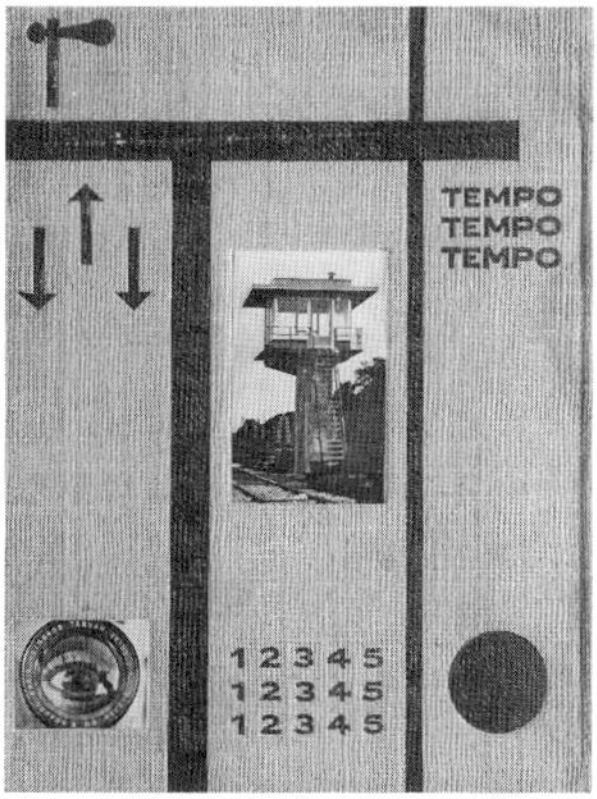

図60　板垣鷹穂著『機械と藝術との交流』の表紙　1929
本書は、当代の造形芸術への機械文明の反映を主題にしており、表紙デザインには構成主義的なタポグラフィーに写真を組み込んだティポフォトの手法が導入されている。

17 一九三〇年代日本の国産鋼管椅子とバウハウス周辺

梅宮弘光

二〇世紀の傑作

レイナー・バナム（1922-1988）は『第一機械時代の理論とデザイン』において片持ち梁式の鋼管椅子を「二〇世紀の傑作」と評している。[1] しかし、その意味は、傑作という言葉から連想しがちな、存在の唯一性ではない。「このデザインはたちまち受け容れられ、鋼管椅子の完成したデザインとして長足の勢いで広範に広まっていった。ショワジイのフライングバットレスのように、それはあたかも、しぜんに生み出された名もない〈時代精神〉の産物のようである」[2]。すなわち、この鋼管椅子の意義は、その唯一性、特殊性にあるのではなく、無数の類例を生み出すことになる思想的多産性とその源泉となった形式として「傑作」だというのである。

この椅子のオリジナルについてはいくつかのエピソードが輻輳しているが、オランダ人建築家マルト・スタム（1899-1986）のアイデアが基となって、マルセル・ブロイヤー（1902-1981）、ミース・ファン・デル・ローエ（1886-1969）が、L&Cアルノルト社や曲木椅子で知られるトーネット社の協力を得て製品化したとされる。[3]

オリジナルは誰かという問題もさることながら、バナムに従えば、むしろ注目すべきは、この片持ち梁式鋼管椅子の原理とそれを生み出した時代精神の方であろう。

それを概括すればモダニズムであり、デザインにおけるモダニズムとしてこの時期もっとも重要と考えられるのは、「形成 Gestaltung」という概念であろう。それは、機能、材料、衛生、経済、生産といったモノと人間をめぐる諸要素を組織化することであった。形成は、バウハウスにおいてもその内部に変節を含みながら重要な概念であり続けたが、バウハウスのみならず同時代の全ヨーロッパのアヴァンギャルドにも共有されたものだった。

アヴァンギャルディスムとしてのデザインは、現実的な生産サイクルにのって大量生産され、モノを通して世界を再編していくものと考えられたから、メーカーとの協働体制は必須であった。前述のL&Cアルノルト社、トーネット社をはじめスタンダード家具会社、デスタ社が、建築アヴァンギャルドたちのデザインに基づいて鋼管椅子を生産するようになった。

一九二六年一二月に竣工したデッサウのバウハウス校舎や、そのしばらく後の一九二七年七月に開催されたヴァイセンホーフ・ジードルング展などを通じて、鋼管椅子は耳目を集めるようになる。この時期になると、ヴァイセンホーフ・ジードルング展で示されたような新しい住まい方とその装置としての住宅や家具の新しい形式が、とくに左翼知識層で流行した。しかし一方、中間層や労働者層には一般に不評だった。彼らにとって金属製の家具は病院や戸外で使われるものという先入観が根強くあった。事実、スタムが最初に試作を持ち込んだL&Cアルノルト社の主要製品は庭園や病院用の金属家具だったし、アメリカで一九二二年に特許申請されたハリー・ノランによる鋼管椅子は、その名も「ローン・チェア」（芝生庭用の椅子）だったのである。[4]

鋼管椅子は、アヴァンギャルド、メーカー、大衆のそれぞれの思惑が絡まりながら、ともかく今日のような一定の普及をみた。それは先端的思想の普及過程のひとつのパタンを示していよう。

日本にとっての鋼管椅子

鋼管椅子は、ほどなく日本にも入ってくるのである。西洋近代受容においては、日本的伝統との間にさまざまな軋轢がある。こと椅子についていえば、それはユカ座／イス座という起居様式に関わるものであった。

大正期から昭和戦前期にかけて、事務所、学校、工場、劇場など効率性が重視される場面ではいちはやくイス座が導入された。しかし、昼間そういうところで洋服を着て椅子にすわって仕事をする人も、夕方家に戻れば和服に着替えて畳の上で暮らすというのが一般的だったのである。この時期には、住生活の近代化を掲げる生活改善運動のなかで、西洋風のライフスタイルの提唱も行われ、椅子の導入も図られたが一部にとどまった。民衆レベルで生活の全般に椅子が入り込んでくるのは、第二次世界大戦後といわれる。

鋼管椅子が日本に最初に紹介されたのは、一九二八年の三月から

図61　マルト・スタムのデザインによる鋼管椅子と卓子 1927

図62　水谷武彦のデザインによる鋼管椅子と卓子　1931

図63　土浦亀城の第一自邸（1931）における建築家自身のデザインによる鋼管椅子

（上記３点出典：『建築畫報』第22巻第７号）

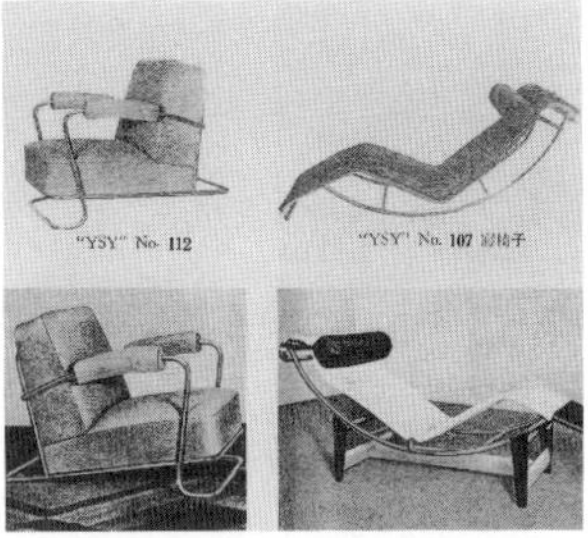

図64　YSYブランド(上段)とトーネット社(下段)の比較
(構成：梅宮弘光)

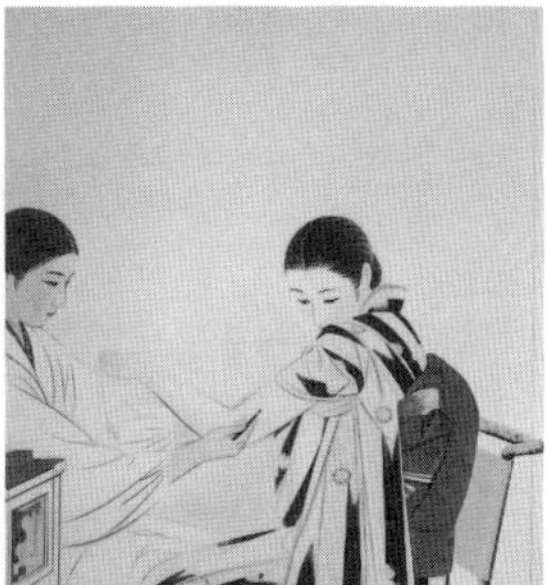
図65　太田聴雨《種痘》1934
(京都市立美術館蔵)

五月まで東京府美術館で開催された「佛蘭西装飾美術家協会展覧會」だったとされる。[5] ルイ・ソオニョ作の鋼管椅子が展示された。そのすぐ後にこの展覧会の様子を伝えた『建築畫報』七月号は、ソオニョ作の鋼管椅子の対向ページにヴァイセンホーフ・ジードルングの室内に置かれた鋼管椅子の写真を掲載した。おそらくこのふたつによって、日本人建築家や工芸家たちの多くは鋼管椅子を知ることになったと考えられる。

したがって、日本にとっての鋼管椅子という問題は二重構造なのである。すなわち、日本の住文化にとっての椅子という相と、椅子の変革としての鋼管椅子という相である。後にもふれるバウハウス留学中の建築家山脇巖（1898–1987）が、ドイツから日本の建築雑誌に送ったレポート「独逸に於ける鋼鉄家具の傾向」[6]でまず腐心するのは、椅子の種類の説明だった。ドイツ語の名称に訳語を当てるのにも一苦労といった感がある。このことは鋼管椅子が、民衆レベルでのイス座文化が未成熟な段階で一足飛びにやってきたことを示している。

アヴァンギャルドへの影響

日本人建築家がデザインした鋼管椅子で早い例のひとつは、バウハウスから帰国した水谷武彦（1898–1969）が一九三一年三月に発表したものである。水谷は、バウハウスの予備課程でモホイ＝ナジ（1895–1946）とヨゼフ・アルバース（1888–1976）に学んだ後、家具工房でブロイヤーに学び一九三〇年一月に帰国、母校東京美術学校の助教授として教鞭を執っていた。鋼管椅子に接したのは、ブロイヤーのもとでだったという。同年十一月以来、丹波屋商店の依頼で鋼管椅子数種と机をデザインし横浜船渠での製造を監督、試行錯誤を経て発表に至った。[7] これらは、同年五月に開催された「家庭用品改善展覧会」（生活改善同盟＋大日本連合婦人会主催）でも展示された。[8]

いまひとつの早い例としてあげておくべきは、建築家土浦亀城（1897–1996）の実践である。土浦は一九三二年に竣工する谷井邸、自邸（第一）以降、乾式構造（Trockenmontage Bau）で次々と住宅設計を行っていった。それらの室内に置く椅子として、当初水道管を用いて試作するが、強度と弾性が得られず失敗した。しかし、その後の一連の住宅には必ず鋼管椅子が用いられた。

日本における乾式構造は、ヴァイセンホーフ・ジードルングでグロピウスが試みた組み立て住宅に刺激されて試みが始まった。グロピウスの作品は鉄骨の骨組みであったが、日本では技術的にも経済的にも金属骨組は実現せず、もっぱら木造骨組が用いられた。これに、外壁、内壁、屋根、床とそれぞれの部位ごとに適材適所の材料を取り付けることによって完成させる方式である。各部位に、工業生産により性能が高く価格は低い材料を用いるなら、高品質低価格の住宅が実現できる。それが民衆のための理想的な住宅だという考え方である。

一九三〇年代前半には、一群の若手建築家によってこうした乾式構造の住宅が試みたれた。先の土浦のほかに、蔵田周忠（1895-1966）、市浦健（1904-1981）、山越邦彦（1900-1980）らである。そして、これらの住宅には、必ず鋼管椅子が組み合わされた。鋼管椅子は、鋼管による骨組みに革、布、籐など必要に応じた素材が座や背に組み合わされる。すなわち、乾式構造の住宅と鋼管椅子は同じ設計理念によっているのである。

こうした実践には、ひとつには日本の住宅建築や住文化の改革に向かう志向が認められよう。しかし、日本におけるモダニズム受容の観点からここで筆者が注目したいのは、前述したような設計理念を支えているアヴァンギャルドに共有されていた時代精神である。

たとえば市浦健は乾式構造を説明するのに「建築構造学」という概念を用いる。そして「建築構造学」とは従来の構造力学ではなく「構造力学と材料学とを建築構成へと結びつける工学」だと言う。(9)また山越邦彦は、建築における力学的エネルギーを扱う「構造力学」、光や熱や音といったエネルギーを扱う「遮断学」、材料の物理的・化学的特性を扱う「耐構学」の三部門を統合する「構築」概念を提唱する。(10)さらに川喜田煉七郎は、一九二〇年代末に蓄積したバウハウス情報に加えて、ラッシュ兄弟による著書"Wie Bauen?"1928の翻訳（「構築」一九三一年）(11)や"Der Stuhl"1928を参照(12)しながら「構成教育」と呼ばれる造形教育活動を展開する。(13)

「構造」といい「構成」といい「構築」といい、一九三〇年代前半に日本の建築アヴァンギャルドが提唱した「構」という文字をめぐる新概念は、デザインを成立させる諸要素が理想的に組織化された状態を指す。そうした理念は、彼らがグロピウス時代からハンネス・マイヤー時代までのバウハウスの変節をたどりながら辿り着いたものにほかならない。片持ち梁式の鋼管椅子は、そんな彼らにとって構成の理想状態の端的な形象と映ったのである。

国産メーカーの動向

一九三〇年代初頭には、すでにいくつかの国産鋼管家具ブランドがあった。横浜船渠製造、丹波屋商店取り扱いの水谷武彦デザインによるものについては、すでにふれた。これ以外にYSY、SSSというブランドがあった。ほかに日本鋼管が製造していたという記述があるが(14)実態は不明である。

YSYブランドは日本金属加工株式会社（本社大阪）の製造する鋼管家具である。『国際建築』の記事「YSY鋼管家具の製作」(15)で同社社長の湯浅譲が述べるところによれば、YSY商標の鋼管椅子が製品化される経緯は次のようである。湯浅は日本金属加工株式会社の前身である湯浅伸銅株式会社から銅や真鍮パイプの新用途調査の命を受け、一九二〇年にヨーロッパに渡る。ドイツで真鍮パイプでつくられた家具を知り、工場を見学し「種々材料を集」め一九二三年に帰国する。翌二四年から「日本で初」めて「パイプを使用した家具」の製造を始める。この時点では、真鍮パイプを用いた単純なものだったようである。その後、滞欧中に知り合った吉田享二(1887-1951、早稲田大学教授、材料工学)の技術指導のもと一九二八年の春に鋼管家具を製作する。これが日本で製作された鋼管家具の最初だという。

SSSブランドは東京建材工業所のものである。『スチール家具産業史』(16)によれば、一九二四年創立で、鋼鉄家具、ベニシアン・ブラインドを製作していた。一九三九年に東京建材株式会社となる。当時「鋼鉄家具」という場合は、おもに薄鋼板をもちいたキャビネットや積層書架を指す。一九三〇年代中頃のものと思われる同社のカタログによれば、一九二四年よりドイツ製の「鋼管湾曲機」を導入して鋼管家具を製作し始めたとあり、創立当初より鋼管家具を製作していたことになるが、それらがどのようなものだったかは手がかりがない。

筆者はかつてこれら両ブランドの製品を検討したことがある。(17)その結果、YSYではほぼ半数、SSSでは約三分の一についてオリジナル・モデルが特定できた。それらのデザイナーは、スタム、ブロイヤー、ミース、ル・コルビュジエ(1887-1965)、アンドレ・リュルサ(1894-1970)、アントン・ローレンツ、ルックハルト兄弟(ヴァシリー1889-1972、ハンス1890-1954)、エーリッヒ・ディークマン(1896-1944)であった。なお、前述のYSYのカタログ表紙の意匠には、トーネット社の一九三〇〜三一年モデルを収録したカタログの模倣がみられることから、同社の影響があったことが推測される。

大衆のなかの鋼管椅子

最後に、鋼管椅子が大衆のなかでどのように捉えられていたのか、若干の手掛かりについてふれておきたい。

日本における椅子の普及状況については先に述べた。それを考慮するなら、アヴァンギャルドたちが設計した乾式構造の住宅やその室内の鋼管椅子は、あくまで例外的な存在だったと言うほかない。一方、前述のSSSのカタログには、納入実績を示すためであろう、鋼管椅子が設置された伊勢丹デパートのパーラーとボールルーム・フロリダの室内写真が掲載されている。大衆が鋼管椅子に出会う場面は、むしろこうした先端的な都市風俗においてだっただろう。このようなモダン風俗の象徴としての鋼管椅子は、一九三〇年代の絵画にも登場する。太田聴雨《種痘》(1934)、谷口富美枝《装う人々》(1935)、中村研一《瀬戸内海》(1935)。前二者が日本画、あとは油彩だが、いずれも鋼管椅子の形状や金属の質感が主要なモチーフとなっており、それは、善し悪しは別にしても多くの人が鋼管椅子に対して抱くであろう新味を前提として成立する主題といえる。

昭和戦前期の日本が、ドイツから発した時代精神の波をどのように受け止めたのかを具体的に示す国産鋼管椅子の実物は、今日ほとんど残っていない。そもそも生産量が少なかったのか、品質が悪いために壊れたのか、いくつかの要因が重なっていると思われるが、一九四二〜四三年の金属類回収令の影響も小さくないだろう。金属に代わって登場したのが竹である。この時期、竹は日本が誇る優れた材料だと喧伝された。一九四一年、商工省貿易局の招きで来日したフランス人女性デザイナー、シャルロット・ペリアン（1903-1999）が、かつてル・コルビュジエとともに鋼管でデザインした寝椅子を、竹でリ・デザインしたことは、この間の状況の変化を象徴している。

（1）Reyner Banham, *Theory and Design in The First Machine Age* (2nd ed.), The MIT Press, 1980, p.180
（2）Ibid. p.198
（3）矢代真己、近江栄「マルト・スタムによる〈鋼管製片持ち方式椅子〉について」『平成三年度日本大学理工学部学術講演会論文集』三七一〜三七二頁、矢代真己『建築家マルト・スタムの事績と建築理念に関する研究』日本大学博士学位論文、一九九六年
（4）Otakar Macel, From mass production to design classic: Mies van derRohe's metal furniture, Vitra Design Museum (ed.), *Mies van der Rohe: Architecture and Design*, Skira, 1998, p.26
（5）川喜田煉七郎「佛展のアンサンブルにて」『建築畫報』第十九巻第七号（一九二七年七月）、松本政雄「金属家具の発達及其の形態」『国際建築』第八巻第三号（一九三二年三月）
（6）『国際建築』第八巻第三号（一九三二年三月）
（7）水谷武彦「鋼管製家具」『帝国工芸』第五巻第五号（一九三一年五月）
（8）川喜田煉七郎「家庭用品改善展覧会の設計に関連して」『建築画報』第二十二巻第七号（一九三一年七月）
（9）市浦健「住宅と乾式構造」『国際建築』第八巻第三号（一九三二年三月）
（10）山越邦彦『耐構学（金属篇）』（「建築学会パンフレット」第五輯第六号）二〜三頁
（11）ハインツ、ボード・ラッシュ、川喜田煉七郎（訳）「構築」一〜十七（『建築畫報』第二十二巻第八号から第二十四巻第六号まで断続的連載）
（12）川喜田煉七郎『家具と室内構成』洪洋社、一九三一年
（13）拙稿「川喜田煉七郎によるデザイン教育活動の消長」『デザイン理論』二十九号（一九九〇年）、同「川喜田煉七郎によるデザイン教育活動の展開方法について」『日本建築学会大会学術講演梗概集F』一九九一年
（14）松本政雄「金属家具の発達及其の形態」『国際建築』第八巻第三号
（15）同前
（16）八木朝久『スチール家具産業史』株式会社近代家具、一九七六年
（17）拙稿「YSY商標とSSS商標の鋼管椅子について」『日本建築学会大会学術講演梗概集』一九九九年

※謝辞　川畑直道氏に貴重な資料の提供と有益な助言を賜りました。記して謝意を表します。

18

ブルーノ・タウトの空間思想と日本文化

小関利紀也

空間のジャポニスム

一九三三年、日本に向かうシベリア鉄道のなかでブルーノ・タウト（1880–1938）は『私の日本旅行について』の文章を草したが、この中で彼は二〇歳の頃、ヨーロッパの伝統的な様式が新しい工業時代にそぐわなくなっていたおりから、伝統的な日本の美術が現代の傾向に全く合致するように思われたので、日本の鍔や切れ地、彩色版画、装飾文様などを精細に研究し、そこに蔵された秘密を、自然によって解き明かそうと試みたことを述べている。

当時ユーゲントのジャポニスムに求められていたのは、単なる様式の問題ではなく、伝統的なイマジネーション空間にとって代わる新たな空間のヴィジョンであったが、日本芸術がそうしたものとして明確に意識して見られていた訳でもなく、自然を範とし自然に没入して得た啓示こそが、その秘密であると考えられていた。

そこでタウトは一九〇四年から一九〇五年頃に、種々の平面的な日本的描法で風景画を描き、奥行きや広がり等自然がつくりだす空間の把握を試みて、その意味を「自然において美を形成する単純な法則と、形の明快な釣り合い《プロポルツィオン》とを探究した」と言っている。ここで「釣り合い」というのは、語の普通の意味での比率、割合のみでなく、自然の空間の緊張関係の意味も含んでいて、タウトはここに新しい建築の空間を求めていたのである。

そこで一九〇四年、タウトは『自然と建築芸術』の小論を書き、樅の林の空間の現われとゴシック建築とを比較して「昔の建築工匠を導いたのは、自然のみが示す空間構成の、多面的な、殊の外見事な感覚であった。けれども今日、空間を構成する芸術家は、自然空間の現われから創造にかりたてられる意識がなく――それ故ゴシックの建築工匠の創造について考えることもないが――その空間の解決においては無意識に、知らずになじんだ自然の記憶を織りなして、我々をこうした比較に誘う形態を創出している」[1]と記している。こうしてタウトは建築空間を発見したのであったが、ここでは自然における釣り合いと、それを発見する機縁となった日本の芸術には何ら触れることなく、結局、「日本芸術の史的様式の研究は、ヨーロッパで急速に発達した技術と結び付けることが不可能であったため、これ以上進める訳にいかなかった」と言う。

こうした経緯があったので、タウトは当時ペーター・ベーレンス（1868–1940）によって進められていた、三次元のモデュールによる空間表現をいち早く受け入れることが出来たのであった。

後にタウトは、新しい建築の数学的構造の基礎はベーレンスによって築かれ、工業建築の決定的な転換がもたらされたとして、この空間構成の原理が一九〇八年から一九一三年にかけての数年間、自らの作品の原理となったことを述べているが、これはタウトの、一九一〇年のベルリンの《粘土・セメント・石灰工業博覧会》の展示館、更には一九一三年の《ライプツィヒ国際建築博覧会》の展示館において認められる。

《社会的思想《ゾツィアーレ・ゲダンケ》》

一九一四年のケルンの工作連盟博覧会の《グラスハウス》は、この発展の上でのグロピウスのモデル工場と並ぶ先進的工業建築と考えられるが、それではそれ以後突然の空間構成の消失は如何したことなのか？　この「美しくあること以外に目的を持たない」鉄筋コンクリート網目構造の銀釉二重ガラス・ドームの大建築では、その内部の空間に、とりわけ以前の自然空間を指摘する向きもあるが、むしろそれは表現主義的空間への重要な転換を示すものであった。

転換の動機となったのはグラスハウスに先立つ一九一三年、タウトがてがけた田園都市、ファルケンベルク・ジードルンクであった。その住宅は鮮やかな彩色の故に《絵の具箱ジードルンク》と呼ばれたが、タウトはそのアカツィエンホーフの家並みの、《出張り》と《引込み》の《ずれた》空間が、いかに居住者たちの心を開放したかを目の当たりにして、そこに共同体空間感覚のヴィジョンを見出したのである。ポゼナーは、この《ずれ》の空間感覚を《釣り合い《プロポルツィオン》》(2)と呼び、これを「人間を自由に呼吸させるものに対する確かな感覚」としたが、タウトはこのジードルンクの共同体的空間感覚に、田園都市運動の理想、一種のコミューン感情を見出して、

図66　《トレーガー・フェアカウフス・コントールの展示パヴィリオン》
ブルーノ・タウト　1910
ベーレンスの視覚的立体格子状の空間構成の影響を明らかに示している。ベルリン、粘土・セメント・石灰工業博覧会出展。

図67　《ファルケンベルク・ジードルンクのアカツィエンホーフ》
ブルーノ・タウト　1913
ベルリン南東部郊外。このアカシア並木の中庭の家並みの、《出っ張り》と《引っ込み》の《ずれ》は、人の心に優しく働きかける空間を作り出している。ここでは、かつて毎年住民祭が行われた。

図68 《グラスハウス内部の空間》 ブルーノ・タウト 1914
タウトはこの空間のヴィジョンを、前年秋のシュトルム画廊の表現派展覧会で見出した。制作はムッヘンベッヒャー、ペヒシュタイン、マルゴールト、トルン=プリッカー、ベッカーらであった。

色彩建築のそうした人間感情を直接呼び起こす効果を《社会的思想》《ゾツィアーレ・ゲダンケ》と呼び、それを翌一九一四年のグラスハウスの内部に純粋な形で実現したのである。つまりグラスハウスでは、幻想詩人シェーアバルトの影響もあったが、その内部はマックス・ペヒシュタイン(1881-1955)らの装飾画家たちにより創出された多彩なガラスの交響的空間で、田園都市共同体の時代思潮と工業建築の課題である空間構成とを綜合し、時代の要請に応える「共同体感情の色彩的空間感覚のヴィジョン」を実現したのである。

けれどもこの博覧会は折から勃発した第一次大戦のために中断されて、グラスハウスは破壊され、以後《社会的思想》の本格的展開の機会は失われた。その結果は、一九一五年の『都市の冠』、一九一八年の『アルプス建築』、戦後一九一九年に描かれた『宇宙建築師』、一九二〇年の『都市の解体』といった空想の表現主義的スケッチの作品として発表されることになったが、その意味するところは、タウトが一九一九年『ガラスの鎖』の呼び掛けで記し、「率直にいうならば、今日何も〈建て〉られないという事は悪い事ではない。それは我々が力を合わせる状況が熟したならば、そしてそれが再び始まるならば、我々は目的を弁え、我々の運動をいつわりと衰退から守るために充分に強くなる。〈空想の建築家〉を意図しようではないか!」と呼び掛けたように、それは単なる空想ではない共同体の空間を意図したヴィジョン形成の努力なのであった。

一九二一年、マクデブルク市の建築顧問に就任したタウトは、この地で、高く張りつめたコンクリート構造の格子状ヴォールトの、大空間構成の多目的ホール、《都市と農村》を建設したが、その一方で表現主義的な色彩都市の試みや、一九二二年、白、赤、黄、青に塗装された中部ドイツ博覧会を実現したのである。

このほとんど同時期の相矛盾した創造の両極性について、タウトは一九二二年の『曙光』の最終号で「建築はただ目的から、ただ技術から、ただ構造からなるという人には、同じ権利をもって、建築はただ「理念」から、ただ空間から、ただ装飾と遊びの衝動から成り立つということができる。すべてはいずれも当然のことながら同様に正しく、同様に重要なのである。決定的なのはそれを決める精神である」と記しており、タウトは単純な即物主義ではない、また単なる空想主義でもない、社会的、総合的なヴィジョンを示しているのである。

タウトはこの様に人間の精神的環境にかかわる空間の総合的な考え方をもっていたが、一九二四年『新しい住宅』を著して、その中で「我々は建築空間の把握のために、日本からあらゆることを学ぶことができる」として柱構造や間仕切り、収納等、人間が完全に人間であり得る、様々な空間の構造的特質に注目している。

《外部居住空間《アウセンヴォーンラウム》》

一九二〇年代後半のベルリン時代、タウトは「福祉住宅貯蓄及び建築組合《ゲハーク》」の建築顧問として数多くのジードルンクの建設に携わり、各地域それぞれ異なった地勢を都市計画構想の基本要素として、ブリッツ独特の真ん中の窪地に池をもった馬蹄形のジードルンクや、フライエ・ショレ・ジードルンクの方形に囲まれた空間、自然の森林と共生するオンケル・トムのジードルンクといった様々なプランを生みだした。

けれどもこれを空間構成の展開から見ると、そこにはタウトが言う社会的思想《ゾツィアーレ・ゲダンケ》、「あの決して計算することのできない、ある程度の時間の経過した後でのみようやく確かめることのできる、ただ感じ取る事しかできない効果に帰せられる」建築環境空間の情感的効果が一貫して認められる。この空間はタウトによって《外部居住空間《アウセンヴォーンラウム》》と呼ばれているが、これは、「住まいに固有の空間の構造に、住み心地よさや快適さの情感があるように、それは同様に外部居住空間にも当てはまる」とされ、「何か単なる実際の住宅の庭や、階層住宅のバルコニーを意味するものではなく、むしろ都市計画の意味で、本質的にジードルンクの家並みの壁で区切られた空間を意味する。この空間は音響の問題のように、単に生理的に影響するというのではなく、住宅そのものの空間が呼び起こす、気楽さ、静穏、静寂の情感、調和の平穏、心地よさ等に大きな影響を与えるのである。

図69 《ブリッツ・ジードルンクの中庭》
ブルーノ・タウト 1925-30
ベルリン南部。大都市の中の馬蹄形の田園都市といわれ、真中に池のある閉塞感のない中庭に広々と広がる空の下には、不思議議な静寂に満ちた田園風景が展開されている。古くは広場で《労働祭》が開催され、共同体空間設計の模範例とされる。

図70 《フライエ・ショレ・ジードルンク》
ブルーノ・タウト 1924-31
ベルリン北西部郊外。ファルケンベルクの場合と同様、ここにも家並みの《出っ張り》と《引っ込み》の《ずれ》が人の心に優しい奥行きの空間を創り出している。

その情感的価値は、感覚が把握し得る空間、それ故空間の調整が相互に関わっているところにのみ生ずる(3)」と言う様に、タウトのジードルンクは外部空間の情感的価値によって成り立っているのである。

《釣り合い《プロポルツィオン》》

一九三三年五月、タウトは来日するとすぐその翌年に、清楚、明澄、単純を日本美の特質とする『ニッポン』を出版した。しかしながらさらに『日本文化私観』をも書き上げた後の一九三五年、次の英文での出版を意図した『日本の家屋と生活』の著述を進めるうちに、更めて日本美の本質を明らかにする必要にせまられて、今更ながら自からに日本美の本質的理解、古典的作品の独自性とそれが優れている所以とを理解するだけ十分な、基礎的経験と認識が欠けていた事に気づかされる。そしてこの年の七月には、「これまでの体験から推して、自分の解釈し得る限界に近付いたような気がする。私達ヨーロッパ人には、日本人に独自の感じ方をこれ以上究明することは所詮難しいのではないか」とさえ、つき詰めて考える。

丁度この頃に記された『日本の家屋と生活』の『太陽と炭火』の章を見ると、それは短い文章であるにもかかわらずひどい混乱を示していて、タウトの切羽詰まった心境を如実に物語っている。

その中に大徳寺の孤蓬庵についての記述があって、「直線のみを準縄とし、直線と直線から生ずる釣り合いが本来の木造建築と、これとは本来相互に〝全く反対の原理〟にもとづく、有機的な生物的自然の集合体の表現形式である庭園とは、どうしてそこに見事な調和を創出することができるのか(4)」という疑問、思えばあの一九〇四年の『自然と建築芸術』以来、未解決なままに残されていた日本美と「釣り合い」の問題がここで再び浮かび上がっていたのである。

こうして日本美の本質を更めて「釣り合い」に求めることになったタウトにとって、一九三五年七月から、翌年一月までの半年間は、自らの死をも意識しつつ、決定的な思索に徹する苦難の思想転換の時期となった。

この局面に遭遇したタウトの苦境を救ったのはカントの哲学で、タウトはそこにようやく建築の空間をも、また自然をも越えた「釣り合い」の意味を見出して、「ヨーロッパ精神はアジア的精神と一致し、両者が相寄り相俟って素晴らしい巨涛を生じるであろう」ことを信ずることが出来たのである。

それではタウトが若い頃から求めて遂に見出した「ヨーロッパ精神と一致する日本美の本質」―「釣り合い」とは何か? これはタウトが「日本人に日本の真実を示す」ことを意図した遺言とも言うべく、日本文化を考える重要な視点であるに違いない。タウトはそれを、「我々は絵画や彫刻その他の芸術品はもとより、芸術に属せぬ事物をも愛好する。そして我々の愛好するものの質が高ければ高いほど、これらの事物がそれ自体としてのみならず相互に、或いはそれぞれの環境に対して正しい関係、即ち釣り合いを持っているかどうかという事にますます敏感になる。人間は眼、耳、嗅覚等の感官の他に、度合いや関係に反応するような特殊の感官を持っている。しかもこの感官は能動的、創造的にはたらく(5)」と言うのである。

ここで再び「釣り合いとは何か」が問われるが、注目すべきはタウトが前記の「釣り合いにかかわる特殊な感官」の論議に続けて、モデュールによるモダン・デザインの抽象的空間は数学的思惟の所産として否定して「芸術の領域において我々の興味をひくのは具体的なもの、即ち感官によって知覚し得る形のみである」と言い、「室や居間、あるいは大広間などの床、壁、天井を一つの纏まった形として感受し、釣り合いや、正しい関係に反応し、能動的、創造的にはたらくもう一つの特殊な感官」について論じていることである。

ここでタウトが何よりも、ことさら建築に関わる空間の問題とともに、モダン・デザインの合理的、機能主義的な寸法や割合にとどまらない、日本芸術に独自の「特殊な創造的感官にもとづく釣り合い」や、存在するものと存在しない空なるものとの間の精神的釣り合いをも提起している事から考えると、それは、我々が「間《ま》」と呼んでいるものを普遍的な概念として理解したものと思われる。

タウトが「空間と外観—人間はこれに対して何をもって応えることができるのか。人間は寸法と量とに対する感覚をもってこれに応える。換言すれば、尺度に対する感情をもってこれを受け入れるのである。それならば空間に尺度を付与するものは何であるか。それは釣り合いに他ならない」(6)と言っているように、これはタウトの「間《ま》」の哲学と考えられるが、空間は「釣り合いが具体的なものとして実現される形式であり、釣り合いは空間の次元を支配し「空間に尺度を与える」ことによってこそ成り立つのである。そしてタウトはここに現代の工業形体にも通ずる日本の古典的工芸のモダンな美くしさの根拠を求めている。

ただ、ここで見落とす事が出来ないのは、我々日本人が今日「間《ま》」の概念で比較的狭い範囲でしか事柄を理解していないのに対して、タウトの「釣り合い」は、「社会的思想《ゾツィアーレ・ゲダンケ》」の意味をも含むのであろう、「人間同士の、団体の間の、国家における、また国家間の」豊かで、自由な関係をも意味し、将来を見通している点である。

この思索を漸くなし遂げて、タウトは一九三六年一月、自ら自己批判の書と呼んだ、「建築は釣り合いの芸術である」とする『建築に関する省察』を完成する。そして日本を去る最後の、この年の日記に「美的—文化的な意味では私が日本から〝取り出す〟ものは、もうないように思われる」と記したのであった。

(1) Taut, B., :Natur und Baukunst (1904) in Volkmann, B.:*Bruno Taut*. Akademie der Künste, 164. 1980.
(2) J・ポゼナー『ブルーノ・タウトと現代』生松敬三、土肥美夫訳、岩波書店、一九八一年、四六～五〇頁。
(3) Taut, B., : Der Außenwohnraum (1931) in Volkmann, B. :op. cit.,224.
(4) Taut, B.: *Houses and People of Japan*. Sanseido 91, 92, 1958. 篠田英雄訳『日本の家屋と生活』岩波書店、一九六六年、八六～八七頁。
(5) ブルーノ・タウト『建築芸術論』篠田英雄訳、岩波書店、昭和二三年、一七頁。
(6) ブルーノ・タウト『建築とは何か』篠田英雄訳、鹿島出版会、昭和六一年、二〇頁。

〔参考文献〕Junghans, K.,: *Bruno Taut*. Henschelverlag, 1983.／土肥美夫『タウト 芸術の旅』岩波書店、一九八六年／ハインリヒ・タウト「ブルーノ・タウトの世界観」土肥美夫訳、『思想』一九八〇年三月号／Whyte, I. B.,: *Bruno Taut*. Verlag Gert Hatje, 1981.／Zöller-Stock, B.,: *Bruno Taut* Deutsche Verlags-Anstalt, 1993.／マンフレッド・シュパイデル『ブルーノ・タウト』(株) トレヴィル、一九九四年

19 エーゴン・アイアマン―ドイツに建てられた日本の家

カリン・キルシュ

「芸術は常に私たちとともにある。それは私たちの血液に混じり、この世のいかなる力によっても取り除くことはできない、一滴の血のようなものである。」

（サミュエル・ビング、パリ、一八八八年）

ロココの時代にヨーロッパ人を魅了しながらも異国的な流行にとどまった「中国趣味」に比べ、日本の事物は西洋文化の基盤に深々とした刻印を残すことになった。それは、いくつかの時代にわたり、もはやその源泉を容易に見つけることはできないほど奥深く、西洋世界に浸透して行ったのである。

私たちはモダニズムに含まれる「深層のジャポニスム」とでも呼ぶべきものに慣れ親しみながら育った。私たちはもはやドレスの上に非対称的に配されたリボンを見ても驚かないし、それ以前に、ドレスは好まれず、リボンは流行おくれになっている。まだそれらが流行していた一九世紀末から二〇世紀初頭にかけて、オーストリアの建築家アドルフ・ロース（1870-1933）は、非対称にドレスに配された「マシェ」――同地ではネクタイ類をそう呼ぶ――は日本的なものだと述べていた。

より詳細に見るならば、私たちは異なった大きさの部分を用いて均衡を生み出すことを知っているが、それはフィンセント・ファン・ゴッホの時代にはまだ驚くべきものであり、彼は純粋に模倣することによって、ようやく自分で非対称の均衡をつくり出したのであった。

欧米の芸術は伝統的な日本の芸術に刺激を受け、それらの刺激は移植されて、さまざまな運動を通じて現地の諸要素と混合したのである。モダニズムからあらゆる日本の影響を取り除いたら、何が残るだろう。私たちがそれまでとは異なった方向に進もうとしたことは確実である。もし、日本からの刺激が異国趣味のなかに埋もれてしまい、単なるファッションとして見過ごされ、ただ消費されていたとしたら、私たちの時代は現在とは違う様式を発展させていたのではないだろうか。それは異なった表現をとり、私たちの環境は違ったものになっていたことだろう。

歴史的に見て、これは新しい現象ではない。ルネサンスから新古典主義を経てポストモダニズムにまで至る、古代文化の永続的な影響を考えてみるだけで十分である。しかしながら、それは一九世紀には、ごくわずかの例外を除いて、認識も評価もされなかった。二〇世紀になると、現代の源泉をそこまで遡って調べようとは誰も思わなくなった。源泉はジョン・ラスキンやウィリアム・モリスといった一九世紀後半のイギリスに生きた「先駆者たち」に求められた。しかし、モリスに帰属される製品を見ても、そこに真のモダニズムの証である簡潔さとの外見上の関係はない。モリスの家具はゴシックの聖具室のカップボードのようであり、彼のファブリック類は素晴らしいが、一九世紀にどっぷりとはまり、一三世紀の趣さえ感じさせる。

ひとつだけ確かなことがある。日本の場合ほど、影響の源泉自体が変化してしまった例はないのである。その生きた伝統は失われたことはないが、その廃墟で、人々は新しい生活に邁進しているのである。その意味で、古代ギリシア人やローマ人を引き合いに出すのは不適切である。彼らは死滅したのであり、その様式上の時代はそれ自体で完結し、歴史の一部となっている。その時代と様式は、自由を求めて自分たちが理想とする過去へと向かう、無力な反逆者たちが原石を探す採石場であった。

図71　エーゴン・アイアマン
1962年頃

無力で、回顧的で、うまい解決を求めていた、一九世紀半ば以降の美術家や建築家の気分もそうであった。一八五一年にロンドンのクリスタル・パレスを会場に開催された大博覧会が明らかにしたことが一つあった。名状しがたい家具や、大層意味ありげな蓋と脚台付きのスープ用深皿および食器セットや、大げさなパターンを配した重たげな錦織やカーペットなどの大量生産品を改良するために、展示者たちはアレゴリーによる表現と装飾に殺到したのである。工業化の初期、中産階級の興隆、そして、人間の生活力の限りない搾取を引起す諸問題が現れた時代であった。それは、家庭生活の状態と病気とのあいだに関係があるという認識が高まりつつある時代であった。健康な生活の推進者や科学者たちが公衆衛生の基礎を築いた時期であった。これらのすべて、言い換えれば時代精神が、感受性豊かな芸術家たちによっていち早く取り入れられることになる一種のムードをつくりあげ、それが彼らを探求者としたのであった。政治的理想もその動向に加わったのである。

多くの人々が大衆のために行動しようと決意したが、現実はしばしば違っていた。モリス商会の家具を購入できたのは金持ちだけだったので、「金満家の鼻持ちならぬ贅沢」を許してしまったと自己批判的に語ったウィリアム・モリスは、社会主義を進むべき道と考えた。モリスが法外なほど高価なキャビネットを富裕層に販売していたまさにその頃、ミヒャエル・トーネットの「14番の椅子」は、世界を改良したいなどと主張することなく、世界中に広まった。一八五九年から一九三〇年までのあいだに、およそ五千万本が売れたのである。自動車製造の先駆者、ヘンリー・フォードはその後さらに目覚しい大成功を収める。「私は億万長者のおもちゃを、何億人もの人々に日用品として提供している」と語った彼は、ほんの一九〇八年から一九二七年までのあいだに、有名な「T型モデル」を千五百万台製造したのである。

すべての人間は平等で等しい権利を有すると感じることと、ある者が上にいてある者がその下にいるのは自然の法則だということとは、裏腹ではない。しかしながら、もし、すべての人間が平等だとするならば、量産は必要で、量産品はその目的に適い、美しくもあるようにデザインされねばならない。それは、ベルギーの画家でのちに建築家となったアンリ・ヴァン・ド・ヴェルドが日本の木版画から受けた印象でもあった。それらの版画は量産されているが、それでも美しい。また、量産品は本来醜いものないのだろうか。

以上のような第二次世界大戦以前の諸相を踏まえた上で、戦後活躍したドイツの建築家、エーゴン・アイアマン（1904-1970）の「日本の家」を検討することにしよう。それ以前の作品としては（基本的に極めて日本的な）、一九五八年にブリュッセルで開催された世界博覧会における貢献（ゼプ・ルーフと共同）、ベルリンのカイザー＝ヴィルヘルム記念教会堂、ワシントンDCのドイツ大使館を挙げるにとどめておく。

アイアマンはかなり晩年になるまで自分と家族の家を建てなかった。しかし、結局、自分のための家一軒と、自分と家族のための別の一軒の住宅を建てることになった。それがバーデン＝バーデンの「黒い森」シュヴァルツヴァルトの傾斜地に建設された「ドイツの日本の家」なのである。その住宅は道路にほぼ背を向け、昔の日本の家がそうであったように、身を低め自らを消そうとしているように見える。それ自体を目立たなくしているのである。あまりにも目立たないので、通り過ぎる人が、何のための山小屋なのかと尋ねるほどである。その住宅は内外ともに暗い灰色に塗られ、石積みの部分も見える。日本の住宅における陰影を礼讃した谷崎潤

図72　南から見たアイアマン自邸　1963　家族の家（右）とアトリエ棟（左）

一郎の姿が見えるかのようである。窓その他の取り付け部分はオレゴン松でつくられ、床にはすべて丸い色タイルが使われた（図2）。それは緩勾配のエターニット屋根がかなり大きく突き出し、庭側にはバルコニーが張り出した、厳粛な印象の住宅で、それらの突出部が、庇とともに、第二の透かし状の層を形成している。

このプロジェクトに明らかに感じられるアイアマンの日本に対する嗜好は、数十年をかけて次第に強まり、より深いものとなった。彼は、自分が開発したディテールを繰り返し用い、小さな変更を加え、驚くべき結果を生む新たな応用を考え、古代ギリシア神殿の建設者の実践にも近い建築に到達した建築家であった。アイアマンにとっては、ドイツの建築家、フーゴ・ヘーリング（1882-1958）とルートヴィヒ・ヒルベルスアイマー（1885-1967）の助言に基づいて吉田鉄郎（1894-1956）が一九三五年に著した『日本の建築』がかなりの重要性を持っていた。アイアマンの学生たちは、彼が講義でよく同書に触れ、それを枕の下にして寝ているのではないかと思えたと、繰り返し語っていた。アイアマンと日本とはひとつである。第一に、その明確で原理を大切にした解決によってそう言えるのであり、彼のディテールへの執心ぶりはその良い例である。第二に、そのような極微をも、もっとも目立たぬ要素をも見通す眼をもっていたにもかかわらず、彼は全体の関係を見失いはしなかった。

アイアマンは娘のために住宅を建てようと考えていた。結局、自分自身、妻、小さな娘、そして彼の母親と彼女を世話するために当時同居していた人のそれぞれのために家がほしいと考えるようになった。

カルトジオ修道会の修道士たちも一人一人の家を持っていた。ある夏、アイアマン夫妻はイタリアのパヴィアにある修道院を訪れた。コミュニティ内での閑居という理念を抱いたのはここであった。多くの理由があって、原案のすべてが実現されたわけではない。例えば、アイアマンの妻ブリギッテは、台所がある一番住宅から六番住宅まで通路に沿って、食べ物をいっぱい載せたお皿を抱え、傘を差して行かねばならないなんてとんでもないと反対した。そのようなわけで、客用の部屋を備えたアイアマン自身の住宅兼隠れ家兼アトリエだけが唯一実現されるにとどまった（図72）。「家族の住宅」では、同じ幅のユニットに厳密に設計された居間と寝室群が、一人一人の家という原案をしのばせる部分である。

住宅は二つの層からなっており、上階から入り、居室がある下階に降りる。その家は道路に背を向けて、庭に向かって開かれている。リビングのスペースは一階半高いところにあり、台所と開放的な共用空間がその前にある食事スペースには一ユニット分の幅がある。ある日本の出版物は自主的に、この共用空間を「月見台」——月を愛でる場所——と呼んだが、それ以上に適切な呼称はないだろう（図73）。リビングルームの下に暖炉のある空間があり、そこから通路でアトリエへ行くことができる。

植栽に囲まれた玉石敷きの上の飛び石が母屋と別棟とをつなぐ（図74）。それは短く、実際のところ、日本の茶室への路が人工的に長く見せかけ、秋の落葉や春に咲いて散る花を小石で表そうとしたとされるように、象徴的な通路である。自分自身と世俗とのあいだに距離を置くこと。仮にその距離が想像上のものでしかないにしても、それがより深い意味なのである。世界との距離、家族との距離である。

庭に向かって二階建て、外に向かっては三階建ての小さな家は、庭のレベルがアイアマンのスタジオ、上階は客間、地階がガレージとなっていた。家の両側には日よけのついたバルコニーが設けられている。上階では、庭に面する東側と道路に面する西側のそれぞれの方向に日よけがついている。この繰り返し、外皮におけるこの戯れが第二の層をつくり、とりわけ優雅で生き生きとした住宅のさまを生み出している。このアトリエ棟のプロポーションは、桂離宮の門にも似て、特に日本的である。

庭の飛び石は円形である。それらは比較的遅く設計に現れ、造園家の提案に対する一種の抗議となっている。その庭師は毎年恒例のドイツ各地の庭園ショーで見られるような庭のあり方を提案していた。つまり、芝生と薔薇と針葉樹の庭である。アイアマンはそのような庭が欲しかったのではない。彼が欲したのは野生のあるいは野生に近い茂みと植物であり、「黒い森」に自生するが、庭には生えないこけももであった。造園家に新たな提案を送る際に、アイアマンは次のように書いた。「この飛び石は通常の意味での飛び石ではない。小石とセメントを詰めたコンクリート製の排水管でいい。そうすれば、日本の庭園でのように、石から石へと歩くことができる。」

アイアマンは日本について本で知っていたに過ぎない。生涯、日本を訪れることはなかった。本物の日本の家を見たことも、本当の日本庭園を歩いたこともなかったのである。日本はただ彼の想像のなかにだけあった。私が著書『新しき住まいと古き日本』で触れたその他の建築家たちも同様であった。[1]

図73　自邸アトリエ棟と飛び石のある庭

図74　自邸アトリエ棟から庭を望む

彼らのすべてが日本に興味を抱き、自分のデザインに可能な限り日本の精神を取り入れた。そうしたのは彼らだけではなかった。その文化をより深く見つめれば、感じられていた以上のものが理解されてくる。すべての例は、建築家が刺激を受け、それらを何かまったく異なったものにするあり方を示している。それらは今では彼ら自身の作品に同化しているのである。コリントスのカリマコスは、新しい柱頭をつくりたいと考え、ある幼い少女の墓にそのアイデアを見つけた。強靱な野生の植物アカンサスがおもちゃを入れる小さな篭のまわりに繁茂し、篭の上に置かれた蓋の下でその巻きひげを丸めていたのである。ウィトルウィウスはこのように伝え、あらゆるデザインのエッセンスを暗示しようとした。コリント式の柱頭はその印と理解できるだろう。

霊感の源としての日本――称賛、理解、そして誤解された国――これが拙著と本論で示したものである。この研究は一九世紀の後半から一九八〇年代にまでわたる、さまざまな時代の建築家たちと同様に、私をとらえて離さなかった。しかし、彼らの人生と彼らの住宅への愛もまた私の心をとらえた。それを明らかにしたかったのである。新鮮な驚きがあればと思う。新たな地平を開くために、もうひとつの引用で本論を結びたい。

オランダの著名な建築家でデザイナー、ヘリット・リートフェルト（1888-1964）はインタビューに応えて一九三二年に次のように答えた。「私の最初の建物、ユトレヒトのアトリエ兼住宅はまったく驚嘆すべきもので、完全に非対称的、日本の芸術を偲ばせるものである。(2)」

（1） Karin Kirsch, *Die Neue Wohnung und das Alte Japan*, Deutsche Verlags-Anstalt, Stuttgart, 1996.
（2） Ilse Bill, Ein Lebensgestalter, ein Gespräch in der Wiener Werkbundsiedlung. 掲載紙誌不明の切り抜き（RSA; Rietveld Cat. Utrecht 1992, p. 101）

（藤田治彦訳）

20

エコロジカル・デザインと日本

森山正和

バウビオロギーとエコロジー建築

建築学会の機関誌である建築雑誌の一九八四年六月号は「エコロジーと建築」を主集としており、その中でアーヘン工科大学のM・シュパイデルは「西ドイツの建築生物学の運動」[1]と題してバウビオロギー(Baubiologie)の紹介を寄稿している。その中に引用があるように、それに先立つ一九七九年一二月号の旭ガラスのPR誌「GA」はR・ディートリヒ(澤田誠二訳)による「建築と生物学—生物学的建築研究の成果」を掲載して、生物学的見地による建築の見直しを主張している。このあたりの事情に関しては、岩村和夫による「建築環境論」[2]に詳しく、一九八〇年代以降のドイツ建築界にはある程度の影響力をもっていると言えよう。

一方、エコロジー建築(Oekologisches Bauen)という用語もドイツでは早くから用いられており、ベルリンの建築家E・ハーン(1942-)は、筆者との会話の中でバウビオロギーとエコロジー建築の違いを次のように説明してくれた。一般に、エコロジー建築はより広い概念で用いられ、バウビオロギーの概念はエコロジー建築に包含される。例えばエコロジー建築にはランドスケープアーキテクチャや地域開発などの概念も含んでいる。それに対してバウビオロギーは健康材料(healthy material)との関係が深く、化学物質を含まない自然素材を大切にしている。また、暖房エネルギーなどで使われるパッシブ建築の概念をバウビオロギーは含んでいる。歴史的にはともに、一九六〇年代後半頃から始まったと考えられるという。日本語の用語から見ると、バウビオロギーは「健康建築」、エコロジー建築は「環境共生建築」との対応がニュアンスとして近い。

ドイツにおける事例

日本で知られているドイツのエコロジー建築の代表的なものと言えばカッセル市郊外に立地した戸建て住宅群であるエコロジー団地が上げられる。建築家M・ヘッガーを中心に居住者参加型の計画により実現されたものであり、前述の岩村和夫も参加している。一九八三年に八軒からなる第一期工事の設計を開始し、八五年夏に竣工、一九八七年には第二期に着工し、それまでに一九戸が計画されている。コンセプトは、広く環境・生態の問題に視座を据えた、省エネルギー、健康、ローコストの環境共生住宅を団地規模で実現することとなっている。二〇〇〇年一〇月に、ベルリンを訪れた際に前述のハーンにベルリンのエコロジー建築を案内してもらった。時間も少なかったので十分な選択の上の代表的な建築とは言えないかもしれないが、その時はクロイツベルクの集合住宅、防空壕跡のあるバチカン大使館跡地の集合住宅、自然浄化の池を持った集合住宅でいずれもほぼ一九八〇年代末の建設であった。これら建築の特徴の一つに、居住者が建設計画の段階から参加していることが上げられる。また、ベルリン市街地に建つ点で都市型集合住宅のエコロジー建築と言えるであろう。

一方、シュトゥットガルトで一九九三年四月から一〇月まで国際造園博覧会IGA'93（International Gartenbau Ausstellung）が自然と人類の調和をテーマに開催され、その際、シュトゥットガルト市により未来型住宅の設計競技"Wohnen 2000"が行われた。近くには一九二七年に開催された住宅展「ヴァイセンホーフジードルング」があり、多分にそれを意識したものであった。コンペの結果、賃貸集合住宅七棟（一〇〇戸）と分譲集合住宅六棟（一九戸、長屋建）が選ばれ、実際に建設された。これらは上述の住民参加型の建設方式とは異なり、未来型住宅と言う点でもハイテク志向を持った作品となっている。

図75　カッセルのエコロジー団地

図76　国際造園博覧会 IGA'93 Wohnen 2000、シュトゥットガルト、Hausgruppe5:HHS 設計事務

例えば、長屋建ての分譲住宅の中に、前述したカッセルのM・ヘッガーの作品がある（Hausgruppe 5 設計：HHS設計事務所）(3)。この住宅は、居間と一体化した温室（winter garden）の外側前面には二種類の太陽電池が取り付けられている。一つは固定式太陽電池付断熱ガラス（ポリクリスタルシリコンが素材の一〇㎝角太陽電池、光三〇～四〇%透過）であり、前面ガラスの上部に連続して水平に取り付けられている。もう一つは回転式ホログラフィック・ソーラーパネルと呼ばれるもので、ホログラムと太陽電池を組み合わせた回転可能なガラス部品で角度は自動制御が可能となっている。また、暖房は温室（居間）のパッシブ太陽熱空気加熱システムと天然ガスボイラーとの組み合わせである。六棟の分譲集合住宅はいずれも三～四戸の二階建てテラスハウスであり、南面して居間が温室空間、北に寝室・キッチン・浴室などの平面計画はほぼ同様であり、温室を利用したパッシブな暖房は共通しており天然ガスボイラーや電動ヒートポンプなどの暖房装置が設備されている。屋上緑化や建物本体から離れた"weather skin"と呼ぶ屋根などが見られる。

また、シュトゥットガルトのベンツセンター（Die Daimler-Benz-Zentrale in Stuttgart-Moeringen）はシュトゥットガルト市の南にあるベンツの本社である。一九八三年に基本設計競技が行われ、デュッセルドルフの建築都市計画事務所が獲得、一九八六年に着工、一九九〇年竣工した。敷地は一二ha、事務所の延べ床面積は五〇、〇〇〇㎡。床面積の三分の一は地下で、屋上緑化は屋根の九一%、雨水利用は屋根の七〇%から集水して庭の修景を行っている。

気候風土の比較

ドイツは全般的に日本に比較すると冷涼な気候である。例えば、ドイツ南部のライン川沿いの都市カールスルーエと大阪の気温とを比較すると、夏はカールスルーエの最高気温と大阪の最低気温がほぼ等しく二五℃程度であり、しかも大阪は湿気が多い。一方、冬の最寒気における最低気温はカールスルーエがマイナス二℃、大阪が〇℃程度とそれほど大きな違いはない。要するに日本と比較すると夏が短く冬の長い国であり、温室が生活空間として長期間生きる条件を持っている。同時に夏の湿気は少ないので地下室を持つのが一般的である。

それでも真夏の一時期の直射日光は強烈である。一般的な建物は冷房装置を持たない場合が多く、それだけに真夏の日射を防ぐ方法には、日本と違った対処が見られる。ヨーロッパでは伝統的に通風も可能な窓の外側に取り付けられた「よろい戸」が用いられてきた。現在のドイツの街ではそれに代わり、外ブラインドや木製シャッターがよく使われている。ドイツの住宅の雨戸には、"Rolladen"と呼ばれる「巻き上げ木製シャッター」がよく用いられている。シャッターの上げ下げは室内側にあるベルトをまわすことで行われる。夏の日中にはこれを降ろし、直射日光が入るのを防ぎ、室内における蓄熱を防いでいる。窓の外側に取り付けられた巻き上げ式のキャンバスもよく使われている。部屋により開け加減が異なり、光量を調節している様子がうかがえる。また、カールスルーエ大学理学部棟外壁には上下に移動可能な金属製ルーバーが取り付けられている。日よけの必要ない季節や時刻には腰壁の位置に収まっているが真夏には日射を遮るため二〇階建て外壁のルーバーが上下一斉に移動する。夏季の日射を遮るには窓の外で遮ることが合理的であることは自明である。日本では伝統的にすだれやよしずなどが用いられてきたが、現在では窓の内側でベネチャンブラインドやカーテンで日射を防ぐことが多い。

ドイツ人と日本人の自然観の違いは大陸の西と東における気候的位置に起因するものとともに、科学的合理性に対する態度の違いも同時に感じられる。室内における光と空気への対応（感じ方）の違いにも端的に見られる。冬の耐えがたい寒さを「住まいの造りようは夏をむねとすべし」としてきた、元来がエコロジカルであった日本の伝統は、逆に科学的合理性の前に確たる方向性を見出せず未だに混乱している。乾燥・冷涼というドイツと蒸暑・寒冷という日本の風土では建築の対応の仕方はかつては自然と違ったものであったし、夏の湿潤こそが日本の建築を決定付けた最大の要因であった事実は、クーラーの普及した今でも本当は大きな意味を持つはずである。それは水辺、庭園、路地などの外部空間の豊かさこそが、日本の風土が要求しているものであり、都市をアスファルトやコンクリートから解き放ち、自動車に打ち勝つライフスタイルが可能な都市を創らねばならないであろう。

(1) マンフレッド・シュパイデル「西ドイツの建築生物学の運動」『建築雑誌』、エコロジー特集、一九八四年六月。
(2) 岩村和夫『建築環境論』、SD選書211、鹿島出版会、一九九〇年。
(3) 『日経アーキテクチャ』一九九四年三月二八日号

Ⅳ　オーストリア

《交流年表》

1859・フィリップ・フランツ・フォン・シーボルト、長男アレキサンダーを伴って来日
1864・芸術産業博物館開設
1868・芸術産業博物館付属ウィーン美術工芸学校開設
1869・オーストリア＝ハンガリー帝国極東調査団来日(-1871)
・「日墺洪修好通商航海条約」
・フィリップ・フランツ・フォン・シーボルトの次男ハインリッヒ来日、オーストリア公使館の通訳に任官
1872・ウィーン万国博覧会への参同出品に関する太政官布告
1873・ウィーン万国博覧会開催
・平山英三、技術伝習生としてウィーン美術工芸学校に学ぶ(在籍記録では1877年まで)
・納富介次郎、技術伝習生として製陶技術を学ぶ
1875・『澳国博覧会報告書』
1879・日本伝統美術工芸振興団体「龍池会」結成
1886・平山英三、龍池会機関誌『龍池会報告』に「美術工業ノ概論－ファルケ氏美術工業論抜粋－」発表(-1887)、原著1883年
1887・平山英三、『龍池会報告』に「澳国美術工業博物館付属美術工業学校規則」紹介
・納富介次郎、日本初のデザイン教育機関「金沢区工業学校」創設
1893・オーストリア皇太子フランツ・フェルディナンド日本訪問
1896・日本初の国立デザイン教育機関東京美術学校図案科開設
1897・『澳国博覧会参同記要』
・東京工業学校付設工業教員養成所工業図案科開設(1899年、本科にも工業図案科設置)
・クリムトら、「ウィーン分離派」結成
1900・分離派館で大規模な「日本展」(ウィーン分離派第６回展)開催
1901・ウィーン芸術産業博物館で大規模な「北斎展」開催
1902・川上音次郎・貞奴、ウィーン公演
・京都高等工芸学校図案科開設
1903・ヨーゼフ・ホフマン、コロマン・モーザー、「ウィーン工房」設立
1906・ウィーンでハインリッヒ・フォン・シーボルトの日本コレクションが売りに出される
1907・福島行信邸(武田五一)
1910・安田禄造、ウィーン美術工芸学校に留学(-1914)
1926・上野伊三郎・リッチ夫妻日本に帰国
1927・日本インターナショナル建築会創設
1928・雑誌『帝国工芸』８月号でオーストリア工芸特集
1929・上野伊三郎を発行者として、『日本インターナショナル建築』創刊
1957・ゼーデルマイヤー(石川公一・阿部公正訳)『近代芸術の革命』原著1955年
1961・フンデルトヴァッサー来日、第６回毎日国際美術展毎日賞受賞
1962・ゼーデルマイヤー(石川公一訳)『近代芸術の革命』原著1955年
1963・上野伊三郎・リッチ夫妻、京都にインターナショナルデザイン研究所設立
1965・ゼーデルマイヤー(石川公一・阿部公正訳)『中心の喪失』原著1948年
1974・ウィーン・オーバラーの日本庭園(中根謹作)
1994・「ウィーンのジャポニスム展」(-1995)東武美術館、山口県立美術館、愛知県美術館、高松市美術館、神奈川県立近代美術館

2001・「ウィーン、生活と美術－1873-1938－」展、府中市美術館
・フンデルトヴァッサー《大阪市環境事業局舞洲工場》(仮称)

21 オーストリアとのデザイン交流

緒方康二

はじめに

条約改正を目的のひとつとした岩倉使節団の米欧歴訪は約一年十ヶ月の長期におよんだが、旅も終わりに近い明治六年六月三日（陰暦）、一行はオーストリア＝ハンガリー帝国の首都ウィーンに到着した。おりしもウィーンではフランツ・ヨーゼフI世（1830-1916）の治世二十五周年を記念した万国博覧会（以下万博と略称）が開催されており、欧米の文物・制度の調査をも重要な旅の目的とする使節団にとってウィーン万博は、欧米における産業技術の実状を通覧するまたとないチャンスであった。日本とオーストリアのデザイン交流は、明治政府がはじめて参加したこの万博に起点をもつ。

外交史的にみれば、日本とオーストリアの国交関係は、一八六九（明治二）年に締結された日澳洪修好通商航海条約にはじまる。しかしウィーン万博とデザイン交流を考えるとき、その契機はすでに一八二三（文政六）年、オランダ商館医師フィリップ・フランツ・フォン・シーボルト（1796-1866）の来日に胚胎していたといってよい。いうまでもなくシーボルトは、幕末西洋医学を日本にひろめ、西欧と日本との架け橋として日本の近代化に偉大な足跡を残したあのシーボルトである。

ウィーン万博の記録、『澳国博覧会参同記要』に記載された随行御雇外国人職務分担人員表[1]はまず、「ドクトル、ワグネル」にはじまる。ワグネル（1831-1892）に続いては「ヘンリー、ホン、シーボルト」および「バロン、ホン・シーボルト」の名があるが、この二人は、先に述べたフィリップ・フランツ・フォン・シーボルトの、それぞれ次男と長男にあたる。長男アレクサンダー・フォン・シーボルト（1846-1911）は一八五九（安政六）年、父の再来日に同行、父の離日後も日本に残り日本のウィーン万博参加に積極的に関与した。彼はウィーン万博参加に際し顧問にワグネルを推薦、出品物に巨大工芸品（例えば名古屋城の金のシャチホコ）を加えて日本を印象づけるよう進言するなど、ウィーン万博成功の陰にあってその功績は大きい。一八六九（明治二）年、あとを追って来日した次男ハインリッヒ・フォン・シーボルト（1852-1908）もまた、身につけていた日本語の能力を生かしオーストリア公使館の通訳として任官している。

ウィーン万博を成功に導いたのは、お雇い外国人ワグネルであった。ウィーン万博五十年を機に京都岡崎で万国博覧会参加五十年記念博覧会が開催されたが、このとき建立されたワグネルの顕彰碑が岡崎に現存する。ワグネルの功績の大きさを物語るものであろう。功績の一つに、「技術伝習」がある。「技術伝習」とは、万博派遣員の一部に現地における実習を通じて西欧の先端工業技術を習得させ、帰国後日本の産業振興に役立てようとの試みである。ウィーン万博参加に際して掲げられた、重要な参加目的のひとつであった。ワグネルは伝習生二五名についてそれぞれ現地での実習機関の選定と交渉にあたり、伝習事業を成功にみちびいた。このとき、英語の通訳として万博に随行していた平山英三（1851–1914）が伝習生として、日本人としてはじめて海外のデザイン教育機関であるウィーン美術工芸学校[2]（現ウィーン応用美術大学）でデザインを学ぶことになった。ここに日本とオーストリアのデザイン交流が幕をあける。

図77　G. ワグネル
（『ワグネル伝』大正14年より）

図78　平山英三
（資料提供：平山登美子氏）

ウィーン美術工芸学校と日本

一八七三年、工業先進国イギリスは自国の産業デザインの改革を目的として、国立のデザイン教育機関スクール・オヴ・デザインを開設した。ヨーロッパ大陸でいちはやくスクール・オヴ・デザインをモデルとして設置されたのが、ウィーン美術工業博物館付属のウィーン美術工芸学校である。開校は一八六八年、日本の明治元年にあたる。平山は開設間もないオーストリアのデザイン教育機関に就学したことになる。ウィーン美術工芸学校における正規の在籍は約二年半、在籍は建築学科、指導教員は主任教授ヨーゼフ・ストルク（1830–1902）のほか、オスカー・バイエル（1849–1916）、アロイス・ハウゼル（1841–1896）らであった。ストルクの後任が近代デザイン史に名を残すヨーゼフ・ホフマン（1870–1956）であるから（就任1899）、平山の在籍期間は西洋近代デザイン史の黎明期にあったといわねばならない。当時ヨーロッパのデザイン手法は様式の学習とその再構成が中心であり、平山の受けたデザイン教育もまたその線上にあった。

帰国後平山は農商務省に勤務のかたわら、日本美術工芸振興団体龍池会に属し、機関誌『龍池会報告』誌上に自身が学んだウィーン美術工芸学校の学則、あるいはウィーン美術工業博物館の二代目館長ヤーコブ・フォン・ファルケ（1825–1897）の著作を「美術工業ノ概論」として抄訳発表するなど、ウィーンでの知見をもとにデザインの啓蒙にはげんでいる。平山が日本で二番目の国立デザイン教育機関である東京工業学校（のちに東京高等工業学校に改称、現東京工業大学）付設工業教員養成所工業図案科講師に就任したとき、ようやくにしてウィーンで学んだ教科が、教育の現場でカリキュラムとして生かされることになった。帰国後すでに、約二十年が経過していた。

一九一〇（明治四三）年、東京高等工業学校工業図案科で教鞭をとっていた安田禄造（1874-1942）が、正規の文部省留学生として三年間、「図案学研究」のためウィーン美術工芸学校に留学することになった。安田は工業教員養成所工業図案科第三期の卒業生であり、平山英三の教え子である。安田がウィーン美術工芸学校で指導をうけたのは、ウィーン分離派（分離派は日本では「セセッション」として紹介されることが多いので、以下セセッションと略称する）の指導者でありまたウィーン工房の創設者でもあった建築科教授ヨーゼフ・ホフマンである。ただデザインの新傾向をたずさえ帰国した安田を待ち受けていたのは、工業図案科の突然の廃止という悲運であった。こののち安田はデザイン教育機関の再興に力をそそぎ、その熱意はやがて一九二一（大正一〇）年の東京高等工芸学校（現千葉大学工学部）の設立として結実した。安田は東京高等工芸学校の教授として、のちには校長としてデザイン教育にあたり、ウィーンで受けたデザイン教育の伝統は平山を経て、ふたたび安田禄造に受け継がれることになった。なおウィーン美術工芸学校の後身であるウィーン応用美術大学には、戦後も多くの日本人が留学生として学んでいる。

図79　ウィーン応用美術大学（前身はウィーン美術工芸博物館付属美術工芸学校）、撮影：関哲洋

ウィーン・セセッションへの関心

オーストリアにおける日本美術工芸への関心はウィーン万博以降高まりをみせ、ウィーン・セセッションは一九〇〇年、第六回展としてヨーロッパ最大の日本展を開催している(3)。近代デザイン史に名をとどめるセセッションの結成は東京工業学校に工業図案科がおかれた同じ年、一八九七（明治三〇）年のことである。ただ日本にセセッションにさきだつアール・ヌーヴォーがヨーロッパの新傾向として紹介されはじめるのは、一八九八（明治三一）年頃である。日本でのアール・ヌーヴォーの隆盛はおよそ一九〇三（明治三六）年以降と考えられるから、日本におけるセセッションの紹介は、新傾向としてではあるものの、ほとんどアール・ヌーヴォーと同時期的に取り扱われてきた。

例えば建築家武田五一（1872-1938）。彼は国立としては三番目のデザイン教育機関京都高等工芸学校図案科の創設に際して、「図案学研究」のため二年間、英・仏・独への留学を命ぜられている。

文部省がデザインの研修を目的として派遣した留学生の、第一号である。留学機関は一九〇一（明治三四）年から一九〇三（明治三六）年まで、主たる滞在地はロンドンであったが、帰国の途上ウィーンに立ち寄り、セセッション館に展示中の装飾図案の模写を残している。[4] 帰国後の建築作品にもセセッションの影響が指摘されているが、武田のセセッションとのかかわりを雄弁に物語る作品のひとつに、彼が考案、命名した「マルホフ式」染織模様がある。マルホフのマルは、ウィーン美術工芸学校でホフマンに学び、助手をつとめ、ホフマンが主宰するウィーン工房でグラフィック、陶器のデザインにもたずさわったエマニュエル・ヨーゼフ・マルゴールド（1888-1962）のマル、ホフはいうまでもなくホフマンから取られた二文字である。ほかにも、ホフマンとマルゴールドに関心をよせた日本の建築家がいる。一九二〇（大正九）年、日本にも歴史主義・様式主義と決別し、独自の建築表現をめざす若き建築家集団「分離派」が誕生した。分離派のひとり山田守（1894-1966）は建築名作研究会の代表として、『巨匠ホフマンとマーゴルト作品集』を発刊している。また建築関係図書専門の出版社洪洋社も一九一八（大正七）年、一〇〇葉のリーフレットからなる『セセッション図案集　室内の部』を発刊、大正期の日本建築界のセセッションに対する関心は極めて高かった。

ウィーン工房から現代まで

ウィーン・セセッションの中心人物ヨーゼフ・ホフマンがコロマン・モーザー（1868-1918）とともに、イギリスのアーツ・アンド・クラフツの理念を受け継いだウィーン工房を起こしたのは一九〇三年である。戦前このウィーン工房は、昭和期を代表するデザイン雑誌『帝国工芸』のオーストリア工芸特集で紹介されている。『帝国工芸』はウィーンでホフマンの教えをうけた安田禄造が理事をつとめる、産業工芸振興団体帝国工芸会の機関誌である。一九二八（昭和三）年の『帝国工芸』澳国工芸特輯図録集では多くのウィーン工房の作品図版とともに、東京高等工業学校工業図案科卒の宮下孝雄（1891-1972）が「維那工芸協会（ウィーン工房のこと）とヨーゼフ・ホフマン教授」を、建築家上野伊三郎（1892-1972）が「ウヰナーウエルクステッテ」と題したウィーン工房の紹介記事を寄稿している。上野はホフマンを通じてウィーン工房と深いかかわりがあった。早稲田大学の建築科を卒業した上野はベルリン工科大学で建築の構造学を、さらにウィーン大学で振動学を学んだのち、一九二四（大正一三）年、短期間ながらホフマンの建築事務所に勤務した経験をもつ。また上野はウィーン滞在中の一九二五（大正一四）年、ホフマン主宰のウィーン工房のデザイナーであったフェリス・リックス（通称リッチ）（1893-1967）と結婚していた。リッチは平山英三と安田禄造が学んだウィーン美術工芸学校の卒業生であり、ホフマンの教えも受けている。[5] 来日後、上野リッチは一時期京都市染織試験場、群馬県工芸所に勤務するが、のちに夫とともに京都市立美術大学（現京都市立芸術大学）図案科に奉職、一九六三（昭和三八）年共に定年退官するまでデザイン教育に専心した。リッチの授業の中心は色彩構成で、授業内容はウィーン美術工芸学校の教授をしていたチゼック（1865-1946）（専門は装飾構成）の創始したデザイン教育法であるという。(6) 京都市立美術大学を退官したあと、上野夫妻は京都にインターナショナル・デザイン研究所（現在はインターアクトと改称）を設立、終生デザイン教育者としての活動を続けている。リッチは京都において、天井画・壁画・テキスタイルなどの作品を残しており、またインターアクトには、数多くのリッチの作品が現存する。こうしてみると、ホフマンの精神は戦前戦後を通じて安田禄造、上野伊三郎という東西の主導的デザイン教育者に受け継がれ、ウィーン工房の精神は上野夫妻の教育を受けた多くの人々と共に、はるか離れた京都の地に深く根を下ろしたといえよう。またウィーン美術工芸学校のデザイン教育がもたらした影響は、明治・大正・昭和をへて今日までの長きにおよんでいる。

戦後の日本とウィーンをつなぐ代表的造形作家にフンデルトヴァッサー（1928-2000）がいる。一九六一年に来日、強烈な色彩表現とともに日本での鮮烈なデビューをはたした彼は、日本の伝統的木版画にも興味をしめし、「百水」（名前の日本読み）の号による木版画集を発刊している。晩年、自然への回復と共存を目指す数々の建築をてがけたが、その日本での代表作「大阪市環境事業局舞洲工場」（二〇〇一年完成）は遺作となった。

（1）田中芳男、平山成信編『澳国博覧会参同記要』付録、第三　澳国博覧会随行御雇外国人職務分担人員表、明治三〇年、九頁。

（2）平山英三とウィーン美術工芸学校については、緒方康二「明治とデザイン―平山英三をめぐって―」意匠学会会誌『デザイン理論21』、一九八二年参照。

（3）ペーター・パンツァー、ユリア・クレイサ『ウィーンの日本』サイマル出版会、一九八九年、五六頁。

（4）足立裕司「武田五一とアール・ヌーヴォー」、『神戸大学集報』Vol.9、一九八一年、一二六頁。

（5）Werner J. Schweiger, *Wiener Werkstätte*, London, Thames & Hudson, 1984. p.256.

（6）京都市立芸術大学百年史編纂委員会編『百年史』京都市立芸術大学、昭和五六年、四一七頁。

図80　フンデルトヴァッサーの遺作となった大阪市環境事業局舞洲工場（仮称）　2001竣工

22 ウィーン万国博覧会プログラムと日本語「美術」

天貝義教

はじめに

一八七三（明治六）年オーストリアの首都ウィーンで開かれた万国博覧会への日本の参同出品は、その前年の一八七二年二月（明治五年一月）に太政官によって布告されたが、そのさいに「美術」という日本語が初めて公に使用されたといわれている。[(1)] これについては、一八八〇（明治一三）年に龍池会の会頭佐野常民が、「美術区域の始末」と題した演説を行い、そのなかで「本邦美術ノ名称ハ実ニ明治六年墺国維府大博覧会ノ区分目録第二十二区ニ美術ノ博覧場ヲ工作ノ為メニ用フル事ト云ヘル一文アルニ起リシモノニシテ是レヨリ以往ハ未タ之レ有ルヲ聞カサルナリ」と回想している。[(2)]

かつて博覧会事務副総裁だった佐野の回想する「墺国維府大博覧会ノ区分目録」は、従来、ドイツ語から翻訳されたものであり、翻訳のさいに「美術」という言葉が造語され、その原語は、Schöne Kunst または Kunstgewerbe だったと指摘されてきた。

この節では、この「墺国維府大博覧会ノ区分目録」の欧文原本を明らかにし、「美術」という語が初めて使われた「区分目録第二十二区」のデザイン史的意義を考える。

「美術」の原語

博覧会参同の布告に至る経緯については、『墺国博覧会筆記』（明治六年刊）が「吾国にて此催しあるを知りしは明治四年の二月の事にて其年の冬弥其会に加はる事と御決議になり初て御用掛りの人を命せられ翌五年の正月十四日国中一般に御布告あり」と簡潔に記している。そして『澳国博覧会参同記要』（明治三〇年刊）によれば、この太政官布告に添えて、「大隈参議等ヨリ布達セル其方法書其他維納府博覧会ヲ催ス次第ト出品区別ノ二書ヲ訳シ之ヲ諸省使府県ニ達シ」たとあり、佐野のいう「墺国維府大博覧会ノ区分目録」が翻訳されたものであることが確認できる。

「維納府博覧会ヲ催ス次第」とは、「ウイン府（澳地利ノ都）ニ於テ来一千八百七十三年博覧会ヲ催ス次第」と題された全十五ケ条の文書であり、「一千八百七十一年第九月十六日」の日付、「展覧会惣督ライ子ル王族、同執事フヲンシワルツセンボルン貴族」の名が記されており、区分目録は、その第二ケ条に「展覧会ハ左ノ二十六類ニ別ツ」として登場する。また「出品区別」とは、「次第」の区分目録の一区から二十六区について、それぞれ類にまで細かく分類した目録のことであり、「一千八百七十三年ウイン府ニ於テ催スヘキ展覧会ノ次第、品物其外展覧会へ供フルモノ、場所左ノ通区別ス」という表題をもつ文書である。

　これら二つの文書の欧文原本は、外務省外交資料館所蔵の『墺国維也納開設万国博覧会ニ帝国政府参同一件』と題された史料のなかに見い出すことができる。

　同資料には、「千八百七十二年二月三日、自澳國辨理公使カリース、至副島卿」と整理された独文の書簡とその和訳と思われる文書が収められている。和文の文書には、「澳國辨理公使ヘンリホンカリッチ」(独文では、H. Calice)の署名、「千八百七十二年第二月二日」(独文では、den 3 Februar 1872)の日付、「副島外務卿、寺嶋外務大輔」の宛名が見られ、その末尾近くに、「別紙ヲ以展覧會ノ次第ト區別書及澳斯太利國展覧會掛リノ官員ノ名書ヲ差進候」と記されている。一八七二年二月二日の日付は太陽暦のものであり、当時太陰暦であった日本では明治四年一二月二四日になり、これらの文書が、太政官布告以前にオーストリア側から日本側へ渡されていたことが読み取れる。

　そして同資料には、別紙にあたるものとして、英・仏語版のオーストリア側の『博覧会事務局名簿』[3]、英・仏・独語版の『展示グループ別分類目録』[4]、そして英・仏・独語版の全一五ケ条からなる『プログラム』[5]が収められている。これらの文書の日付は、仏語版『事務局名簿』が一八六七年九月一六日とある以外すべて一八七一年九月一六日となっており、英・仏・独語による『プログラム』と『展示グループ別分類目録』は、それぞれ、太政官布告に添えられた「次第」と「出品区別」の欧文原本と見て間違いない。

　「美術」という日本語は、「次第」の区分目録第二十二区に、「美術(西洋ニテ音楽画学像ヲ作ル術詩学等ヲ美術ト云フ)ノ博覧場(ムゼウム)ヲ工作ノ為ニ用フル事」と、注釈付きでまず登場する。続いて「第二十四区　古昔ノ美術ト其工作ノ物品ヲ美術ヲ好ム人并故実家展覧会ヘ出ス事」、「第二十五区　今世ノ美術ノ事」、そして褒賞について規定した第十四条の第一に「美術ノ業ニ付美術ノ賞典ノ円形(メダリー)」と現れる。さらに「出品区別」の二十二区、二十四区、二十五区に登場する。

　翻訳には独語版が優先されたと考えられるが、独語版の『プログラム』の該当個所を見ると、「美術」の語は、二十二区の Kunstgewerbe、二十四区の Kunst、二十五区の bildende Kunst、第十四条の bildende Kunst と Kunst の語に対応して用いられている。[6]そして、Schöne Kunst という語は、独語版『プログラム』及び『展示グループ別分類目録』において全く使われていない。しかしながら、「美術」の語に付けられた註釈に最も相応しいドイツ語は Schöne Kunst 以外にはない。「美術」という新造語が二十二区で初めて使用されるさい、その意味を説明するために、原文にはない Schöne Kunst の意味が注釈として用いられたのである。

「インダストリーに応用するファイン・アート」

　さて二十二区において、「美術」の語があてられたドイツ語の Kunstgewerbe は、英・仏語版の『プログラム』によれば、「インダストリーに応用するファイン・アート」と説明されている。すなわち、この区の展示テーマは、「インダストリーに応用するファイン・アートの博物館の有効性を示すこと」だった。また、英・仏語版の『プログラム』には、独語版にはない註釈が付されており、それによれば、二十二区でいう博物館とは、具体的には、ロンドンのサウス・ケンジントン博物館（現ヴィクトリア・アンド・アルバート博物館）及びそれに類するウィーン、ベルリン、モスクワの博物館を意味していたのである。

「インダストリーに応用するファイン・アート」とは、消費者の趣味にアピールする美的価値を工業製品に付加する芸術のことであり、後に「応用美術」と呼ばれるものである。この分野は一九世紀の後半、とりわけ一八五一年のロンドン万国博覧会以降、ヨーロッパ主要都市に広まり、その教育と啓蒙のため、教育機関を付設した博物館が設立されていった。サウス・ケンジントン博物館は、この種の博物館の先駆けだったのである。

「美術」という言葉を造語したばかりの日本は、この新しい分野について、博覧会への参加と、それに伴う技術伝習を通じて、認識を深めてゆくのであるが、そのさい、英・仏語版の『プログラム』は、独語版同様、あるいはそれ以上に重要なガイド役を果たしていたと見てよい。

博覧会閉会直後、博覧会事務官によって書かれた『墺国博覧会筆記』では、「美術」という語を使わずに、二十二区のテーマが「日用の工業の助けとなるへき油絵彫物なとの類」と説明され、二十五区の「今人の油絵彫物等妙技と称すへきもの」、すなわち、「純粋美術」と後に呼ばれる分野との違いが書き分けられている。

そして明治八年に纏められた『澳国博覧会報告書』において、サウス・ケンジントン博物館の名はくり返し登場する。

『報告書四』のなかで佐野常民は、「ケンシントン博物館ノ制最モ切ニ我国今日ノ形勢ニ適中セリ」と強調し、自らが構想する「術業伝習場」を付設した「大博物館」の最良のモデルとした。同じく『報告書四』の「ワグネル氏東京博物館創立ノ報告」および「ワグネル氏東京博物館建設報告　芸術ノ部」で、「芸術博物館」の設立と、これに附属する「画学校」の建設が報告されたが、ワグネルもまたしばしばサウス・ケンジントン博物館に言及しており、その「芸術博物館」構想の手本にしていたことが読み取れる。

『報告書五』では、サウス・ケンジントン博物館の「設立ノ来歴」から、その「芸術学校及造船学校ノ保護及管掌ノ条例」に至るまで極めて詳細にレポートされた。さらに、『報告書廿一』には「工術博物館裨益論抄訳」が編まれている。

この抄訳は、プラハ大学教授カール・リヒター(7)によって書かれた二十二区に関するオーストリア側の公式報告書を富田淳久(8)が翻訳したものであり、二十二区のテーマを訳すさいに、「美術」ではなく「工術」という語が使われることとなった。

報告者リヒターは、アルバート公による万国博覧会の創設から説き起こし、サウス・ケンジントン博物館及び「維納府工術博物館」の設立とその効果、そして二十二区のテーマを語ってゆく。

それによれば、「維納府工術博物館」の設立によって、「維納府ノ製作物品進歩」し、一八六七年のパリ万国博覧会で「澳国ノ出品ハ都テ万民ノ賞誉ヲ得」たため、次の博覧会の開催地がウィーンに決定したという。「維納博覧会第二十二区ノ区分」は、この種の「工術博物館」の利益を示すはずだったが、しかし、「此二十二区ノ事ニ就テハ各国政府未タ甚タ尽力セザリシ」、かつ「澳国モ亦此区ノ為ニハ充分心ヲ注セズ」という結果に終わった。

これを遺憾としたリヒターは、オーストリアの博覧会事務局が出した二十二区の目的書を引用して、工術とその博物館の意義を改めて確認する。

その目的書に曰く、「近年人民ヲ育スル者ノ内特別ノ利益ヲ顕シタルハ工術博物館ヲ以テ主トス」。すなわち、「器械ヲ以テ諸物品ヲ製造スルニ及ヒシヨリ以来物品ノ形状体裁一時其器械ノ為ニ衰微ヲ致セリ」、かつては「諸職工自己ノ意ニ任セテ諸品ヲ造ルヲ以テ其形状一ナラス却テ風致ヲ存セリ」、しかし、今日の「工術再ヒ盛ンナリシ所以ハ昔日最良ノ物品ヲ博物館ニ集メ其形状ヲ模造スルヲ務メタルヲ以テナリ」という。そして工術の主旨は、「表面手術ノ巧拙」ではなく、「品格適宜ノ風致」だというのである。

このように「インダストリーに応用するファイン・アート」は、博覧会終了後、「美術」にかえて「工術」の語で捉えられたが、それは、その由来と規定が、博覧会以前よりも深く認識されたことを反映していたと見てよい。

ウィーン万国博覧会の参同を機に日本に導入された、この新分野が、今日のインダストリアル・デザインへと発展するには、なお数十年の時間と厳しい批判を要する。「美術」という語が初めて登場した「墺国維府大博覧会ノ区分目録第二十二区」は、日本の近代デザインの出発点でもあったのである。

（1）日本近代思想大系十七、『美術』、一九八九。

（2）『工藝叢談』、第一巻、明治十三年。

（3）UNIVERSAL EXHIBITION 1873 IN VIENNA, Imperial Commission. EXPOSITION UNIVERSELLEDE 1873 À VIENNE Commission Imperiale.

（4）UNIVERSAL EXHIBITION 1873 IN VIENNA, CLASSIFICATION AND DIVISIONS. EXPOSITION UNIVERSELLEDE 1873 À VIENNE, SYSTÈME DE CLASSIFICATION. WELTAUSSTELLUNG 1873 IN WIEN, GRUPPEN-EINTHEILUING.

（5）UNIVERSAL EXHIBITION 1873 IN VIENNA, PROGRAM. EXPOSITION UNIVERSELLEDE 1873 À VIENNE, PROGRAMME. WELTAUSS TELLUNG 1873 IN WIEN, PROGRAMM.

（6）拙稿、「『美術』という言葉についてのノート」、秋田公立美術工芸短期大学紀要、第四号、一九九九。

（7）Officieller Ausstellungs-Berich, Herausgegeben durch die General-Direction der Weltausstellung 1873, Das Bürgerliche Wohnhaus (Gruppe XIX)/Die Nationale Hausindustrie (Gruppe XXI)/Darstellung der Wirksamkeit der Museen fur Kunstgewerbe (Gruppe XXII), 1874.

（8）『澳国博覧会参同記要』に寄せた西山（旧称富田）淳久の回想によれば、博覧会事務官として明治六年、ウィーンの万国博覧会ではなく、ロンドンの「英国経常博覧会」に派遣され、当時のサウス・ケンジントン博物館長オーウェン、そしてデザイナーのドレッサーと交流を深めたという。

23

一八七三年ウィーン博と近代日本デザイン史

緒方康二

産業・美術・デザイン

近代日本のデザインは、ウィーン万国博覧会（以下万博と略称）とともに幕を開けたといってよい。ただその直接的影響は明治期に限られるので、ここでは明治期に限って、ウィーン万博と近代日本デザイン史とのかかわりを考えたい。

「美術」という日本語がこの万博を機に誕生したことに象徴されるように、「デザイン」もまた「美術」ほど直接的ではないにせよ、ウィーン万博を契機として導入された概念といえる。当時デザインは、ウィーンとこれに続くフィラデルフィア万博への参同をへて、輸出産業振興のため、産業に美術を積極的に応用しようという実利的な視点から導入が計られていた。ただ美術という言葉すら新造語であった当時にあってデザイン概念の普及を計るためには、産業振興策とともに美術概念の周知を計りつつデザインの必要性を説くという、極めて多角的な取り組みが必要であった。おおまかにいえば、明治期における日本近代デザインはまずデザインの啓蒙活動にはじまり、デザイン教育機関の整備をへて、明治末期に普通教育による一般への普及という展開をみせている。この「啓蒙」と「教育」をキーワードとして、以下にウィーン万博と近代日本デザイン史を考えてみる。

ウィーン万博への参同とその成果

日本人と万博との接触は一八六二（文久二）年、第一回遣欧使節団である竹内下野守一行の第二回ロンドン万博見学にはじまる。一八六七（慶応三）年の第二回パリ万博には、幕末の混乱の中、徳川幕府とともに佐賀・薩摩の雄藩がそれぞれ出品した。このとき佐賀藩から万博要員として渡欧した一人が、ウィーン万博で博覧会副総裁を務めることになる佐野常民（1882-1902）である。

一八七三年のウィーン万博は、維新後の明治新政府が統一国家としてはじめて参加した万博としても意義深い。万博参同に際して副総裁佐野常民は、正院に対して考慮すべき五ケ条の目的を上申している。目的の要点は、第一、出品国産品による国威の高揚、第二、現地実習による西洋先端生産技術の習得（いわゆる「技術伝習」）、第三、博物館建設と内国博覧会開催準備、第四、日用品輸出方策の調査、第五、輸出貿易振興のための情報収集、である。

上記の目的に沿ってウィーン万博を誘導し、万博参加を成功に導いたのはお雇い外国人G・ワグネルであった。彼は第二回ロンドン博（1862）を実見しており、万博の意義を的確に認識していた。展示国産品の選定にあたってワグネルは、当時みるべきもののなった工業製品をさけ、伝統美術工芸品にまとをしぼって日本を印象づ

図81　ウィーン博日本館内部
（『澳国博覧会参同記要』明治30年より）

けるよう提言した。ワグネルは一八六八（明治元）年来日、一八七〇（明治三）年には陶磁器を重要輸出品目としていた佐賀藩の委嘱を受け、学理を応用した有田焼の改善に取り組んだ経験を持つ。この経歴からワグネルは、日本美術のよき理解者でもあった。おりしもヨーロッパではジャポニスム、すなわち日本美術への関心が高まりをみせており、結果として日本の出品物は当地において高い評価を得るとともに、ワグネルの出品物選定方式は、一八七六（明治九）年のフィラデルフィア万博にも生かされることになった。また両万博を通じて醸成された欧米における日本伝統美術工芸への関心と高い評価は、幕藩体制の瓦解から壊滅的な打撃をうけていた陶漆器・銅器などの地方伝統産業に輸出への活路を開き、その後の輸出産業振興の足がかりともなった。ただ出品物として輸出振興につながりをみせたのは日用品ではなく、エキゾチズムに裏打ちされた日本伝統美術工芸品であった。このことはまた、明治初期にはじまる極端な欧化思想のもと、しいたげられてきた日本伝統美術工芸を再評価しようという気運にもつながることになる。

デザイン啓蒙活動と龍池会

明治政府はウィーン・フィラデルフィア両万博の経験をもとに、一八七七（明治一〇）年第一回内国勧業博覧会を開催した。片仮名の「デザイン」という言葉は、翌年刊行された『内国勧業博覧会委員会報告書』[1]陶器および漆器の項に、それぞれ「意匠」のルビとして現われる。いずれも生産品の「意匠（デザイン）向上のためにはデザイン教育が必要であることを説いた文中にみられる。

報告書でも指摘されているが、第一回内国勧業博の内容は、ウィーン・フィラデルフィア両万博の成果をテコに、日本伝統美術工芸を通じて国内産業と輸出の振興を計ろうとする万博経験者の目には極めて不十分なものにうつった。こうした内国勧業博への反省から生まれたのが、日本伝統美術工芸とデザインの振興を目的とした龍池会（のちに日本美術協会と改称）である。[2]会の発起人は提唱者塩田眞（1837-1917）をはじめデザイン教育の先覚者納富介次郎（1844-1918）、あるいは山高離信（1842-1907）、松尾儀助（1837-1902）らウィーン万博の関係者が中心となり、これに行政官、商工業者、美術家、美術愛好者らが加わった。結成は一八七九（明治一二）年、会頭は佐野常民である。会は機関誌『龍池会報告』（のちに『日本美術協会報告』）を発行、のちに触れる平山英三らウィーン万博関係者をはじめとする会員による美術工芸・デザインに関する啓蒙記事、海外のデザイン情報、懸賞図案の募集などを掲載、機関誌を通じた積極的な美術・デザインの啓蒙運動を展開している。

龍池会の識者たちは製造業者に対し、しばしば輸出市場に対する認識不足や粗製乱造と放売の弊害をいましめ、製造における旧弊改善と製品の日用雑器への転換や美術・デザイン教育の必要性を説いていた。しかし維新以後低迷していた陶磁器・漆器産業が、ウィーン・フィラデルフィア両万博の成果をもとに重要輸出産業として息を吹き返すと、輸出増加にともなう製品不足が粗製乱造を生み、その弊害は市場の評価を下げ、明治一五年から一八年にかけての不況を招くことになった。

一八八一（明治一四）年の第二回内国勧業博につづいて一八八五（明治一八）年、第三回内国勧業博にかえて繭糸織物陶漆器共進会（五品共進会と略称される）が開催された。龍池会のメンバーは、この共進会において、デザインの啓蒙に向けて積極的に活動した。(3)

図82　納富介次郎
（『納富介堂翁事蹟』大正11年より）

なかでも納富介次郎は、佐賀藩士時代から幕府の貿易市場調査のため上海に渡航した経歴があり、ウィーンとフィラデルフィア両万博に参画した経験とあわせて、貿易による産業立国と民間産業の近代化の必要性を痛感していた。(4)藩の画家でもあった納富のこの考えは実業教育による地方産業の改善、すなわち陶磁器・漆器など伝統産業へ学理の導入を計りつつ美術工芸やデザインを指導する教育機関の設立構想へと発展している。長い不況のおりから、ようやく商工業者のあいだに警鐘に耳をかたむける気運が生まれた。その現われのひとつが、納富による日本ではじめての中等デザイン教育機関、金沢区工業学校（現石川県立工業高校）の誕生である。創立は一八八七（明治二〇）年、このち納富は一八九四（明治二七）年富山県立工芸学校（現富山県立高岡工芸高校）、一八九八（明治三一）年香川県立工芸学校（現香川県立高松工芸高校）をあいついで創立し校長を歴任、一貫して地方産業振興のための中等デザイン教育に専心した。

国立デザイン教育機関の整備と平山英三

佐野常民がウィーン万博に際し正院に示した参同の第二目的は、博覧会を通じて欧米先進国の機械生産の現状を把握し、その背後にある学理と技術を、現地での実習を通じて学び取り日本に移植することにあった。第二目的実現のため現地で実行に移されたいわゆる「技術伝習」もまた、日本近代デザイン史と深くかかわりを持つ。

伝習者の一人に、日本人としてはじめて海外のデザイン専門教育機関で組織的にデザインを学んだ平山英三がいた。(5)伝習先はウィーン美術工業博物館付属美術工芸学校（現ウィーン応用美術大学）、建築学科教授ヨーゼフ・ストルクにつき、応用美術の指導を受けている。平山のウィーン滞在は伝習生中異例の五年の長期におよぶ。一八七九（明治一二）年の暮れに帰国した平山は、内務省勧商局の

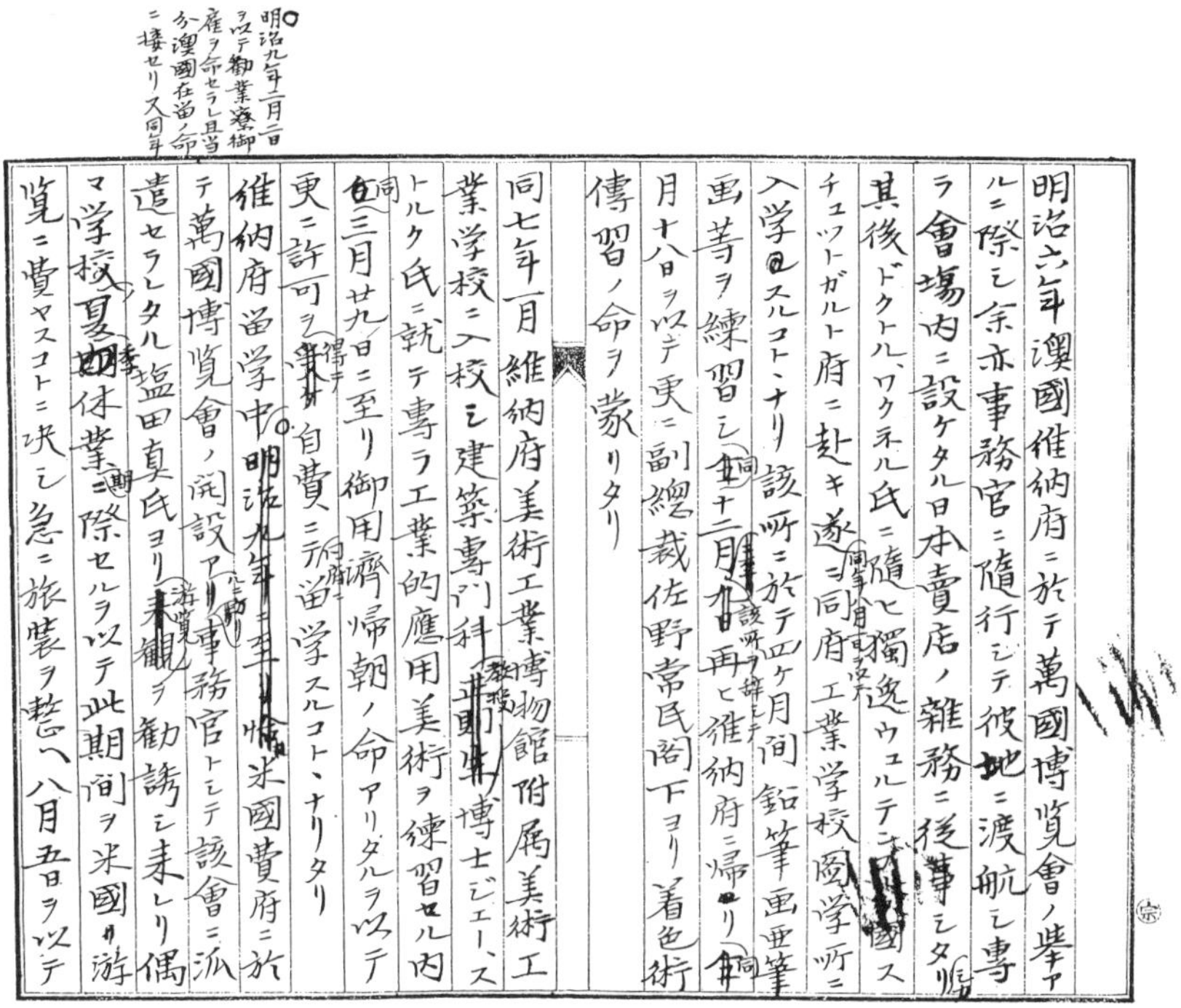

図83　『澳国博覧会参同記要』収録、平山英三「澳国博覧会図学ノ伝習及爾後ノ経歴」の草稿
（資料提供：平山登美子氏）

製品画図掛に属し輸出向けデザインの制作に従事するかたわら、結成されたばかりの龍池会にも参加、機関誌を通じて海外デザイン情報の積極的な紹介につとめている。一八八八（明治二一）年、デザイン保護を目的とする意匠条例制定にともない平山は特許局に移籍、以後特許局での意匠審査を終生本務とするかたわら、豊富な海外博の経験を生かして各種博覧会・共進会活動、そしてデザイン教育にたずさわることとなった。

平山のウィーンでの経歴が教育の場で生かされたのは、一八九七（明治三〇）年のことである。この年、工業教育に長い伝統のある東京工業学校（のちに東京高等工業学校に改称、現東京工業大学）付設工業教員養成所に工業図案科が開設された。一八九九（明治三二）年には本科にも工業図案科が置かれている。一八九六（明治二九）年、東京美術学校（現東京芸術大学）に図案科が新設され、一九〇二（明治三五）年には京都高等工芸学校図案科も開設されたから、明治三〇年を前後してようやく、国立の教育機関にデザイン教育部門が整備されたことになる。平山は工業図案科開設当初より九年間、うち七年間は本科工業図案科の科長として特許局兼務のかたわら学生の指導にあたり、多くのデザイナー・デザイン教育者を育てた。工業図案科開設当初のカリキュラムには、平山のウィーンにおける学習経験が色濃く反映されている。

一九〇〇（明治三三）年、一九世紀の棹尾をかざる第五回パリ万博が開催された。日本政府は日清戦争戦勝の気運のもと、日本が軍事のみならず文化面においても欧米列強と比肩しうる国家であることを印象づける好機ととらえ、大々的な出品でのぞんだ。当時欧米は新しいデザインの傾向アール・ヌーヴォーがその盛期にあり、パリ万博ではアール・ヌーヴォーが会場を席巻していた。これに対しウィーン万博以来、伝統を墨守した日本美術工芸一辺倒の日本デザインは強く反省をせまられることとなり、結果としていくつかのデザイン改革団体が誕生することとなった。なかでも一九〇一（明治三四）年、平山を科長とする東京高等工業学校工業図案科の教員、在学生、卒業生を中心に結成された大日本図按協会は、学外の教育者・実業家・美術工芸家を巻き込み、結成翌年の会員数三四〇余名という規模の大きい団体であった。協会は機関誌『図按』を通じてデザインの専門情報を発信し、『図按』は明治期におけるデザインジャーナリズムの草分け的存在となっている。

一九〇六（明治三九）年、平山は工業図案科を退くが、そののちも各種博覧会活動を通じてデザインの指導に専心し、図案及応用作品展覧会（いわゆる農展）開催にも尽力した。平山の没年は一九一四（大正三）年、その生涯はウィーン万博を起点とする近代日本デザインの歩みとともにあったといえよう。

なおこの年、東京高等学校工業図案科も、文部省令により廃止された。

（1）陶器については、藤原正人編『明治前期産業発達史資料』第八集(3)「内国勧業博覧会報告書」明治文献資料刊行会、昭和四〇年、一〇八頁。漆器については、同じく一一二～一一三頁。

（2）ウィーン万博と龍池会については、緒方康二「明治とデザイン―ウィーン万国博覧会から金沢区工業学校の創立まで―」関西意匠学会会誌『デザイン理論12』一九七三年。

（3）例えば、繭糸織物陶漆器共進会、講話会、陶器の部、日本科学史学会編『日本科学技術史体系』第一巻、通史（1）第一法規出版、一九六四年、二八四頁参照。

（4）納富介次郎の事蹟については、宇治章「納富介次郎の足跡」および武沢喜美子「明治期の高岡工芸と納富介次郎」佐賀県立美術館・高岡市立美術館『納富介次郎と四つの工芸・工業学校』展カタログ、二〇〇〇年、一一六～一二二頁参照。

（5）平山英三については、緒方康二「明治とデザイン―平山英三をめぐって―」意匠学会会誌『デザイン理論21』一九八二年参照。

24 上野伊三郎とリッチ・リックス・上野

鈴木佳子

一八九二年伊三郎、一八九三年リッチの二人は一つ違いで、京都とウィーンに生まれた。

上野伊三郎（1892-1972）は京都の古い宮大工の家の長男に生まれ、宮大工の修行をした後、技能の修得に満足せず、一九一七年早稲田に入学した。しかし日本の大学教育に飽きたらず、一九二二年卒業と同時にドイツに留学した。ベルリンで構造学を学び、一九二三年にはウィーンに移り振動学を専攻した。その後、「ウィーン工房」の主宰者で建築家のヨーゼフ・ホフマンの事務所に勤務する。このホフマン事務所での経験は上野の考え方を大きく変えていくものとなる。日本での実務経験に加えて、最新の構造学、振動学を学んだ上野は　デザインへの志向が強められることとなる。

一方、リッチことフェリス・リックス（1893-1967）はウィーンの裕福な家庭の長女として生まれ、馬車に乗って通学するような生活をしていた。一九一三年、ウィーン美術工芸学校に入学。O・シュトルナ、A・シュタルク、J・ホフマンに師事する。一九一七年、卒業と同時に「ウィーン工房」の意匠部員となる（リッチ　二四歳）。

「ウィーン工房」は一九〇三年五月、建築家　J・ホフマン、画家でデザイナー、K・モーザー、出資者フリッツ・ヴェレンドルファーを中心に誕生した。ウィーン工房の成立の前夜は古いものと新しいものの交替期であった。

一八九五年　七人クラブ―ワグナー中心に（「分離派」と「ハーゲンブント」の中心となる人々）結成される。
一八九七年　四月、ウィーン分離派（グスタフ・クリムト会長）
　　　　　　一〇月　マーラー、ウィーン宮廷オペラ劇場、芸術監督
一八九八年　オルブリヒ分離派館完成、機関紙『ヴェル・サクルム』発刊
一九〇〇年　二月、ハーゲンブント設立、フロイト『夢判断』出版
一九〇二年　《ベートーヴェン・フリーズ》展示
一九〇三年　『ヴェル・サクルム』廃刊
一九〇五年　クリムト、分離派から脱退
一九〇七年　ロース「アメリカン・バー」モーザー、チェシュカ、ウィーン工房を去る。
一九〇八年　「クンストシャウ」クリムトグループ結成

一八九七年には、ウィーン分離派が創設（クリムト会長）、一八九八年、一月には機関誌『ヴェル・サクルム』の発刊、オルブリヒ

の分離派館と一連の運動が急展開される中、「ウィーン工房」は工房という生産を伴う組織として出来上がった。これは英国の「アーツ・アンド・クラフツ運動」に触発され、また、グラスゴー派のマッキントッシュ（4人組）などの助言もあって成立したものである。

ウィーン工房の初期は、ホフマン、モーザー、チェシュカなどの作品が多く、中期に ダゴベルト・ペッヒェ（ザルツブルク生まれ）が、一九一五年に、ウィーン工房に就任する。一九一五～一九二三年まで少しの間の兵役期間はあったにせよ、三〇〇〇点からの作品をウィーン工房の製品として発表してゆくのである。

上野は、このペッヒェの作品に惹かれたと言われている。早稲田時代にペッヒェの作品を見た上野は強いショックを受けベルリンからウィーンへ移動するのである（一九二三年に夭折したときは大いに落胆したという）。上野が勤務していた頃のホフマン事務所は、ペッヒェの参加によってその作風が大きく変化した時であり、その時期は、男性デザイナーが戦争参加のため減少、女性デザイナーが多く参加した時期でもある。

リッチが参加したときは、マチルデ・フレーゲル、アニー・シュレーダー、ヒルダ・イェッサー、ヴァリ・ヴィェセルティア、マリア・リカルツ達がおり、ペッへの主導により、新しいウィーン工房様式ともよばれる、自由奔放で且つ繊細優美な工芸品を制作していたといえよう（モード中心のテキスタイル、室内装飾、陶芸品、アクセサリー、小物が重点的に生産されていた）。このときの上野は建築と工芸という考えを機能主義一辺倒でなく 何かを期待してゆ

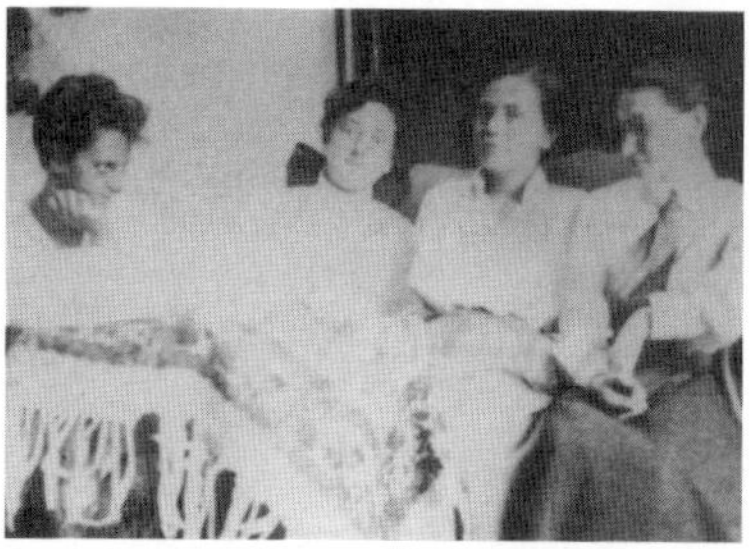
図84　左からヒルダ・イェッサー、ロッテ・カム、フリッチ・ロウ、リッチ・リックス、ウィーン美術工芸学校にて　1917

図85　リッチ・リックス《子供部屋》1916

図86　上野伊三郎《旧島津邸》外観　1929
現バプテスト病院（京都）

くようになったのではないだろうか。

一九一七年ウィーン工房の意匠部員になったリッチはテキスタイル、陶器、ガラス絵、エマイユなどの分野で活躍する。そんなある日、パーティがあり、上野が、日本から送られてきた貴重な海苔をパーティに持っていったところ、その頃のヨーロッパでは、珍しくもありまた、食べ方も分からなかったので、口にした人々は、吐き出したり、のどに詰めたり、大騒ぎをした。その様子を、気の毒に思い、優しくしたのがリッチだったとか。それから上野は花束をリッチに持っていったとか。……懐かしい思いで話を聞いた。

二人の出会いから割合早くに一九二五年一〇月二一日結婚（伊三郎三三歳、リッチ三二歳）、同年リッチはパリの現代装飾美術・工業美術国際博（アール・デコ博）で受賞している。一九二六年帰国・来日した夫妻は京都に建築事務所兼自宅を新築し、この上野建築事務所で、新しい建築運動を発信して行くことになる。「日本インターナショナル建築会」である（一九二七年七月二日創設）。その二年後建築会は『インターナショナル建築』という機関誌を発刊した。その創刊号には、七人の正会員と外国会員として、タウト、メンデルゾーン、グロピウス、ホフマン、リートフェルト、J・J・P・アウトなど世界的に有名な建築家八名の名前ものせている（これらの外国会員はリッチの知人も多く、また、パリにいた中西六郎の働きも大きかった）。

リッチは日本とオーストリアを一年ずつ交代に住み、ウィーン工房の意匠部員として活躍しつつ、上野の設計した建築の室内装飾を手掛けていく。一九三〇年ウィーン工房を退く。一九三五〜四四年京都市染織試験場の技術嘱託として図案部に在籍。一九四〇年には試験場よりアメリカ合衆国に派遣された。また一九四九〜六三年オーストリア工芸家連盟・ウィーン女性芸術家連盟に所属。

一九三〇年、建築会は正会員一五二名、客員、準会員・外国会員一九八名に上るが、「インターナショナル」建築会の名称から共産主義の一派と見なされ、一九三二年には、上野を残して正会員たちが辞めていく。一九三二年一〜三月号にソヴィェト特集号を組んだことも「左」のイメージを拡大してしまう。そして、その年に自らの活動を停止した。一九三三年春、ドイツの建築家ブルーノ・タウトの訪日予定を載せて、機関誌は廃刊になる。

一九三三年五月、タウトの来日、桂離宮の話はまたの機会に回すとして、合理主義者に成りきれない、二人の建築家のそれ以後の確執が、日本という土壌とタウトの表現主義建築家の側面、および上野のウィーンでの工芸品制作の在り方への郷愁（リッチによる体現など）が顕在化する。群馬県工芸所にもリッチを伴って着任するなど、リッチのデザインとタウトの考え方の違いなど、上野を苦しめることになる。その後、陸軍軍属建築技師を志願して、リッチと共に満州に渡る。満州時代のリッチの作品は巻物となり、現存する。

終戦、そして引き上げ後は、摂南大学を経て、京都市立美術専門学校（京都市立美術大学）の教授の職に就いた。同年（一九四九）、リッチも京都市立美術大学の講師となる（一九六〇年教授）。二人の本格的美術教育が始まる。二人の授業とは、「色彩構成」に代表される。「色彩構成」とは、色彩と構成（Farbe und Komposition）でウィーンのフランツ・チゼックの幼児教育から、発展させたものである。この「色彩構成」はそれが、そのまま作品ではない。デザイン全般に関わる色調と形態との構想を表現する一手段である。言い換えれば、自由に創造性を展開させ、具現化させるもので、基礎教育の柱である。他方、チゼックの教授法はヨハネス・イッテンにより、ヴァイマールのバウハウスにも伝えられ、予備課程において、幾何学的・線と面と色塊だけで構成される、構成的方法として纏められ、いわゆるモダン・デザインの基礎として日本に伝えられた。リッチが京都で遺したものは、優美で繊細な線や色彩の多くの作品と、「色彩構成」という授業方法である。リッチ流にアレンジされた、ウィーン工房の伝統的感性と言うか、自由なファンタジーの展開であって、決して他人の模倣をするな、自分の表現をせよ、ということであった（これは、ホフマンのウィーン工房の精神そのものである）。「色彩構成」の授業は、まさに二人三脚で、リッチのドイツ語と上野の日本語の通訳兼解釈を聞いて、京都で多くのデザイナーが育った。

一九六三年定年により退職、インターナショナル・デザイン研究所を夫妻で設立、ウィーン工房の理念を理想として、後輩の指導に当たった。

〔参考文献〕 *Wiener Werkstätte Kunst und Handwerk 1903-1932*, Werner Josef Schweiger, Christian Brandstätter Verlag, Wien, 1982／Wiener Werkstätte(MODE), Christian Brandstätter Verlag, Wien, 1984／『ウィーン世紀末 Wien um 1900』展覧会カタログ、セゾン美術館、一九八九年／『装飾デザイン21』「ウィーン工房」、学研、一九八七年／『リチ・上野・リックス作品集』一九八七年／『インターナショナル建築』一九二九年／伊藤正文『色彩構成と近代工芸』一九四九年、一九五九年／*WIEN 1870-1930*, Residenz Verlag, Salzburgund Wien, 1984／Gabriele Fahr-Becker, *Wiener Werkstätte 1903-1932*, Taschen verlag, Koln, 1995／『建築と文化』二〇〇〇年一月号、「日本モダニズムの30人」／*Viennese Design and the Wiener Werkstätte*, Jane Kallir Galerie St. Etienne/George Braziller, New York.

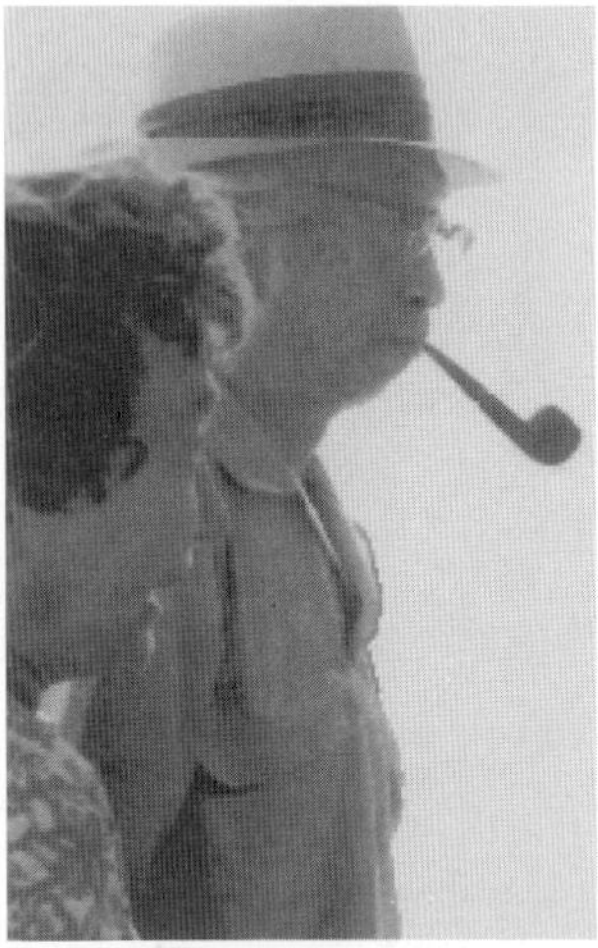
図87　上野夫妻　1963

V　イタリア

《交流年表》

1875・エドアルド・キオッソーネ来日、大蔵省紙幣寮に着任
1876・フォンタネージ、ラグーザ、カペレッティ来日
1878・フォンタネージ、工部美術学校辞任
1881・川村清雄、イタリア留学より帰国。
1883・工部美術学校廃止
1884・ラグーザ、パレルモに美術工芸学校創立。
1888・松岡寿、イタリア・フランス留学から帰国。
1889・大熊氏廣、ローマ美術学校留学より帰国。
1897・ヴィニョーラ（造家学研究会訳解）『経営五範』
1925・神原泰『未来派研究』
1942・「アジア復興レオナルド・ダ・ヴィンチ展」（東京）
・板垣鷹穂『古典精神と造形文化』
1954・柳宗理《バタフライ・スツール》第10回ミラノ・トリエンナーレで金賞受賞
1956・高島屋、リナシェンテ百貨店と提携して「イタリア・フェア」開催
1962・吉田安伸『世界の一流品』
1966・ゼヴィ（栗田勇訳）『空間としての建築』
1968・ジウジアーロ《いすず１１７クーペ》
1971・丹下健三《ボローニャ見本市会場》（-1974）
1978・カルロ・スカルパ、仙台で客死
1989・アルド・ロッシ《ホテル・イル・パラッツォ》（福岡）
1990・「クレアティヴィタリア」イタリア・デザイン展（東京汐留）
・マリオ・ボッタ《ワタリウム》（東京）
・マリオ・ベッリーニ《ガレリア》（横浜）
1991・ミケーレ・デ・ルッキ《ラ・フェニーチェ》（大阪）
2000・安藤忠雄《ファブリカ》ベネトン芸術センター（トレヴィーゾ郊外）完成

25 イタリアとのデザイン交流

末永　航

明治日本の美術・デザイン教育はイタリア人の「お雇い外国人」教師たちによってはじまった。統一後日が浅く、他の欧米諸国より日本での存在感が希薄だったイタリア政府が、「美術の国」としてこの分野では日本の指導者であろうとしたからだった。しかし、さまざまな制度が整うちに、日本の外国語教育は英独仏にほぼ限定され、イタリアは日本人にとって学ぶべき国ではなくなっていく。

図88 《ニコン・カメラ》 1970年代
　ジウジアーロのデザインによる。ジウジアーロはこの他いすゞの自動車、セイコーの時計など多くの日本製品を手がけた。

留学から観光へ

　官費で留学した最初のデザイン関係者といっていい、建築家辰野金吾（1854-1919）は、主な留学先だったイギリス滞在後、明治一五年（1892）から一年をフランスとイタリアでの見学にあて、家庭教師について語学も学んだという。(1) また米国留学後大蔵省からドイツに派遣された妻木頼黄（1859-1916）も「比較的長く」滞在した。(2) この世代まではデザインのお手本として、古典建築や装飾を実地に見る必要を感じたようだが、そうした過去のイタリアへの関心も次第に切実なものではなくなる。持ち帰ってすぐ役に立つものを求めて渡欧する者にとって、イタリアはさしあたり用のない所だった。(3) 大正一四年（1925）、日欧間の最も重要な路線だった日本郵船の船がナポリに寄港するようになると、(4) イタリアを見物する日本人は増えるが、多く人にとって珍しい観光地の一つに過ぎなかった。

　しかし枢軸国として関係が深まった一九三七年以降、日伊の交流は徐々に広がり、敗戦後は共に急速な復興を遂げる中で、主に工業デザインの分野で協力が進んだ。そして「バブル」の八〇年代にある絶頂を迎えることになった。

図89　雑誌『ポパイ』1984年3月5日号

多くの女性誌も常にイタリア情報を掲載して「物欲」を刺激、大量の「イタリア大好き人間」を生み出すことになった。

イタリア大好き、の行方

そして「イタリア・ブーム」は今も続き、ブームを脱して定着しつつある。たとえば、一九九九年のグッチ・グループの全世界での売り上げの内、日本は二一％を占める。(5) またNHKのイタリア語講座は、中国語とほぼ並んで、英語以外ではもっとも多くの視聴者を獲得している。(6)

デザイン製品を女性たちが「お買い物」することを中心に、日本とイタリアはかつてどの国も体験したことがない種類の、広く、そしておそらくは深くなるであろう交流の時代を迎えているのである。

すでに交流が双方向になっていることも確実だ。ファッション・ブランド「コスチューム・ナショナル」(Costume National) のエンニオ・カパサ (1960-) は山本耀司 (1943-) の下にいた人物だし、日本に留学するイタリア人は今やめずらしくない。

二〇〇〇年、北伊トレヴィーゾ郊外にはベネトンの芸術センター「ファブリカ」が安藤忠雄の設計で完成、ミラノにできたアルマーニの旗艦店の中にはプレイステーションはじめソニーの新製品を体験できる一角があり、ニューヨークやロンドンで人気の日本レストラン「ノブ」も入っている。イタリアでも日本の文化やデザインは親しまれている。

(1) 白鳥省吾編『工学博士辰野金吾傳』辰野葛西事務所、一九二六年、三三頁。留学中の長沼守敬との交遊については石井元章『ヴェネツィアと日本　美術をめぐる交流』ブリュッケ、一九九九年、九六～七頁。

(2) 長沼守敬「三十年前のヴェニス留學」『美術新報』一一巻一〇号、一九一二年三〇九頁。

(3) その後の留学生は英独仏の付け足しにイタリアを留学先とすることすら少なくなる。明治時代の文部省派遣では、「図案」を「研究学科」とした画家の藤島武二 (1867-1943)、「西洋画」専攻ながら東京美術学校図案科主任を務めた和田三造 (1883-1967)、「建築装飾学」の大澤三之助 (1867-1945)、建築の鈴木禎次 (1870-1941)、佐野利器 (1880-1956) が数えられるだけである。(日伊協会編『幕末明治における日伊交流』日本放送出版協会、一九八四年、一〇四頁。) このうち、ローマの仏アカデミーでも学んだ藤島、後にイタリア建築の解説なども手がける大澤はイタリアでの勉強に熱心だったが、「形のよし悪しは婦女子のすること」と思っていたという佐野などは「伊太利には博覧会を見るついでに行った」だけだったという。(佐野利器「述懐」、『佐野博士追想録』同編集委員会、一九五七年、六頁。)

(4) 熱田丸の復航が最初だったが、往路に寄るようになるのは昭和二年の香取丸からである。日本郵船歴史資料館 (横浜) のご教示による。

(5) グッチ社公式サイトによる。http://www.gucci.com/investor 二〇〇〇年一一月二八日。

(6) 一九九八年テレビ番組用テキストの売り上げによる。中国語よりわずかに少なく、六五万部弱。アンケート結果ではその八割が女性で二〇～三〇代が多い。古田尚輝「『技能講座』から『趣味講座』へ」『放送研究と調査』四九巻一一号、一九九九年、五七・五八・六五頁。

26 工部美術学校と明治のイタリア留学生

末永　航

教師はすべてイタリア人

明治九年(1876)一一月、東京虎ノ門にあった工学寮の中に美術学校が開校した。工部省の所管のこの学校を普通、工部美術学校と呼ぶ。日本で最初の官立美術学校である。「欧州近世の技術ヲ以テ我日本国旧来ノ職ニ移シ、百工ノ補助トナサンガ為」に設立されたこの学校こそ日本のデザイン教育の源だった[1]。

教師たちはすべてイタリア人だった。当時イタリア公使として東京にいたアレッサンドロ・フェ・ドスティアーニ(1825-1905)伯爵が伊藤博文と親しく、イタリア人を強く推し、本国に選考を依頼したからだといわれている。

イタリア政府の推薦を得て日本に来た教師は三名。「画学」のアントニオ・フォンタネージ(1818-1882)、「彫像」のヴィンチェンツォ・ラグーザ(1841-1927)、「造家(建築)」のジョヴァンニ・ヴィンチェンツォ・カッペレッティ(?-1887)だった。学校では結局、画学、彫刻学の課程ができ、カッペレッティは予科で素描や幾何学、透視図法などを教えることになる。

年長で五八歳になっていたフォンタネージはトリノの美術学校の教授として教育の経験も豊富で、風景画家としてはイタリアでも一流の人物だった。シチリア生まれのラグーザはイタリア統一の戦闘に兵士として参加し、後にミラノを本拠に活躍していた。

学生たちのほとんどはすでに民間の画塾で美術を学んでいて、五姓田義松(1855-1915)のように画家として活躍している者もあった。本場の専門家から組織的に教えてもらえる機会を待ちかねて入ってきたのだった。

イタリアから来た石膏像や図書・写真などの教材を使って、ヨーロッパの美術学校に倣ったカリキュラムは優れた教師と学生を得て順調に成果をあげていったが、それはそう長くはつづかなかった。

美術学校のその後

まず明治一一年(1878)九月、フォンタネージが体調を崩したこともあって辞職、トリノに戻り三年後、同地で息をひきとった。たまたまアジアを放浪していたというプロスペッロ・フェレッティ(生没年不詳)というイタリア人が後任となったが、力量も品性も劣ると学生たちが怒り、松岡壽(1862-1944)たちは連れだって退学してしまった。

明治一二年にはカッペレッティが学校から営繕局に移った。そして一八年になってアメリカに渡るが、二年ほどしてサンフランシスコで客死した。ここでは建築界の異端児といわれるようになる伊藤為吉(1864-1943)を助手として雇い、育てた。

明治一三年(1880)、ようやくイタリア政府から推薦された画家アキーレ・サン・ジョヴァンニ(生没年不詳)が来てフェレッティ(2)と交代した。大物ではなかったが学生には慕われ、再び絵画教育も軌道に乗るのだが、三年後の一六年、政府の機構改革の中で工部美術学校は廃止されてしまう。在籍した学生は全部合わせても百名強(女性七名を含む)にすぎない。だがこの後、東京美術学校に洋画の課程ができる明治二九年(1896)まで、日本の美術教育には十数年の空白が生まれたのだった。

工部美術学校開校の前年、大蔵省にもう一人のイタリア人、エドアルド・キオッソーネ(1833-98)が着任し、日本の紙幣や証書の作成を始めていた。日本で最初のグラフィック・デザイナーだったともいえるこの版画家は、明治三一年六五歳で亡くなるまで日本で暮らし、印刷局で多くの技術家を育て、また天皇や皇族の肖像も制作した。

工部美術学校の教授陣の中で、ただ一人ずっと教え続けていた彫刻のラグーザは、閉校の前年、日本人の妻お玉とその姉夫婦を伴って故郷のパレルモに帰っていた。シチリアの発展を目指して手工芸に力を入れた学校を開くためで、ラグーザは日本を一つのモデルとして考えていた。お玉たちはここで「水絵」、蒔絵、漆器、日本刺繍などを教えた。日本の工芸がここで根付くまでにはならなかったが、学校そのものは成功し、公立の高等工芸美術学校となる。

イタリア留学の人々

工部美術学校を退校した学生松岡壽は、明治一三年ローマに留学する。アカデミックな画家マッカリ(1840-1919)に絵を学んだ後、さらに美術学校に入学、明治二一年(1888)卒業して帰国する。

この頃イタリアには、すでに一人の日本人が美術を学んでいた。明治四年(1871)アメリカに渡り、専攻を法律政治から絵画に変えてパリに三年を過ごし、明治九年ヴェネツィアの美術学校に入った

図90 《日本銀行兌換銀券》 一円券 キオッソーネ
日本のお札のデザインはキオッソーネによって基礎づけられ、その門下生によって作り続けられてきた。フォルスタッフのような大黒様がおもしろい。

図91 《参謀本部》カッペレッティ設計 明治12年竣工
東京桜田門外、皇居のお堀に瀟洒な姿を映していた。関東大震災で被災、修理して使われていたが第二次大戦中空襲で焼失した。

画家の川村清雄（1852–1934）である。イタリアでの川村はキオッソーネのいた紙幣寮、後の大蔵省印刷局から給費を受け、明治一四年まで滞在した。また川村と入れ替わるように長沼守敬（1857–1942）がヴェネツィア美術学校に入学し彫刻をはじめる。長沼は明治一八年ここを卒業して帰国した。

工部美術学校彫刻科に五年半在学し最後は助手もつとめた大熊氏廣（1856–1934）は工部省・内務省で建築の装飾などを手がけていたが、明治二一年から約一年間ローマ美術学校に留学する。

明治美術会に参加し、後に「旧派」と呼ばれる者が多かったこれらイタリア留学経験者たちは、それぞれ絵画や彫刻でモニュメンタルな作品を手がける一方、教師や官僚、あるいは勧業博覧会の審査官などとしても勤勉に働き、工芸の振興によって国を富ますことにも腐心した。江戸時代を体験した武士階級の出身で、公と芸術が矛盾なく繋がっている世代だったのである。

川村は印刷局に一時勤めるがすぐ辞職し画塾をはじめて成功する。長沼は東京美術学校の教授となる。明治三〇年と四三年には万国博に国から派遣されイタリアに渡った。大熊は建築装飾の彫刻も数多く制作した。そして松岡はイタリアで親友となった辰野の薦めで工科大学造家学科（後の東大建築学科）で「装飾および自在画」を教え、やがて東京高等工業学校（後の東京工業大学）の図案科長・教授となり、図案科が廃止されると自ら提唱して東京高等工芸学校（後の千葉大学工学部）設立に参画、校長となった。昭和三年ここを退職するまで、日本のデザイン教育を指導し続けたことになる。京都高等工芸学校（現在の京都工芸繊維大）教授となる浅井忠（1856–1907）も留学こそフランスだったが、工部美術学校でイタリア人に学んだ一人だ。

日本近代のデザインは、イタリア人からアカデミックな教育を受けた人々によって準備されたのだった。

（1）「工部美術学校諸規則」『美術』〔近代日本思想体系第一七巻〕、岩波書店。一九九六年、四二九頁。紙幅の関係から工部美術学校の「デザイン」性についてここでは詳論できない。北澤憲昭「工業・ナショナリズム・美術―『美術』概念形成史素描」『境界の美術史』ブリュッケ、二〇〇〇年、特に二七三〜二八五頁を参照。ただし、この論での「工」と「芸術」の分別と建築の扱われ方には幾分の疑問が残る。

（2）姓名については井関正昭『画家フォンタネージ』中央公論美術出版、一九九四年、二四八、二六一頁による。

〔参考文献〕　隈元謙二郎『明治初期来朝伊太利亜美術家の研究』三省堂、一九三〇年／木村毅編『ラグーザお玉自叙伝』恒文社、一九八〇年／青木茂『フォンタネージと工部美術学校』至文堂、一九八八年／『松岡寿展』（展覧会図録）神奈川県立近代美術館・岡山県立美術館、一九八九年／『キヨッソーネと近世日本画里帰り展』（展覧会図録）東京高島屋ほか、一九九〇年。

27　モダニズムとファシズムと

末永　航

ムッソリーニとデザイン

一九二二年、イタリアではムッソリーニが政権を掌握した。日本では大正一一年にあたる。人気があった作家ダヌンツィオの活動が注目されたほかは、それまでイタリアのことが日本で話題になることは少なく、はじめは新政権についてもそれほど関心をもたれたわけではなかった。わずかな報道や著述のなかには好意的なものもあったが、はっきりファシズムを否定するものもあった。

しかし昭和一二年（1937）、日独伊防共協定が結ばれると、日本にとってファシズム・イタリアはにわかに大切な国になった。この年日本は日中戦争を始めており、ここから始まった日伊の奇妙な蜜月は戦争とぴったり重なることになる。国内では国粋的な傾向が強まるが、欧米でも同盟国イタリアのことなら引き合いに出して誰からも批判される心配はなかったから、さまざまな思いを込めてイタリアが語られることが増える。しかし結局その影響は多くの果実を生むに至らないまま、昭和一八年イタリアは早々に終戦を迎え、日本との関係は断ち切られるのだった。

画家志望だったというヒトラーと違ってムッソリーニは美術やデザインに特別の好みはなかった。だがはっきり前とは違う新しい様式で壮大な事業を起こすのがこの独裁者の政治手法のひとつだったから、仕事を求めてさまざまな芸術家がファシスト政権の下に蝟集した。

日本におけるイタリア理解

こうしたイタリアの動きは主として雑誌によって日本に伝わった。商工省工芸指導所の『工藝ニュース』はミラノ工芸トリエンナーレをかなり詳しく紹介しているし、『国際建築』もイタリア特集を組んだ。『ドムス（*Domus*）』や、「世界の建築青年の間を風靡した」『カーサ・ベッラ（*Casa Bella*）』などイタリアの建築デザイン雑誌の影響も大きかった。日本でも「何となく『カサベラ』を思い起こさせる様な雑誌」が生まれたほどだった[1]。

ナチス・ドイツの建築が「著しく復古的な相貌を呈して居るのに較べて、イタリアのそれが現代的[2]」であることは建築家デザイナーの間では常識になっていった。戦争が始まって軍需工業が活気づく中で、大きな建築事業が一向に盛り上がらないことにいらだちを感じていた建築家たちは憧れをもってイタリアを眺めた。

実際の建築では、昭和一六年（1941）、東京九段にイタリア文化会館が建てられた。そして翌年には東京で「アジア復興レオナルド・ダ・ヴィンチ展」が開かれる。この展覧会では、「万能力」を

図92　アジア復興レオナルド・ダ・ヴィンチ展入場券　1942
東京上野池之端産業館。ミラノ、ニューヨークから巡回してきた機械などの復元模型が主だったが、アジアと結びつけるためにレオナルドがメソポタミアにも旅行したと強引に主張していた。

図93　伊太利亜文化会館　1941
アルノルフ・ペッツォルト、橋本岩雄設計
三井家が敷地を提供し、日本側の寄附で建った。イタリア政府の文化啓蒙活動の拠点。この時期、日伊協会、イタリアの友の会などの交流団体も設立・強化されて活発な活動を行った。

もつレオナルドを「総力戦的天才」と規定し「日本史は大きな現代のレオナルドを生きねばならぬ」と謳っていた。一人しかいない常任委員を務めた建築家坂倉準三（1904-68）が会場構成を担当していた。(3)

イタリアを見たデザイナーたち

一九三八〜三九年、ベルリン日本大使館の建設のためにドイツに滞在していた建築家谷口吉郎（1904-79）はイタリアを訪ね、フィレンツェのサンタ・マリア・ノヴェッラ駅（Firenze, Stazione Santa Maria Novella）などを賞賛する。しかし「日本の方が新建築運動に於いてはずつと先輩であるので、造形感覚に於いても、さう感嘆す可きものとは思わなかつた」と自信をみせてもいる。(4)

日本の建築家が羨んだのは大きな事業が次々に実現していくことで、必ずしもデザインそのものではなかったようだ。戦後多くの建築家を魅了したジョゼッペ・テッラーニ（1904-1943）のコモ、ファッショの家（Como, Casa del Fascio）も当時の雑誌では扱いが小さい。

全体として谷口が最も感心したのはふんだんに使われた大理石と「建築と姉妹藝術の聯携」だった。昭和一四年、三年後に予定されていたローマ万博の調査に訪れたバウハウス出身の山脇巌（1898-1987）も「各々の分野の綜合」に関心を寄せる。「有史以来の大變革を求められているわが造形藝術界」は国家の藝術統制によって総合を実現しているイタリアに見習うべきだというのである。この時期の日本では、山脇が「自由主義時代」と呼ぶモダニズムの、いわばお祭りの時代は終わったという意識が広がっていた。(5) そして両大戦間のポスト・モダニズムの行方は、国策としてのデザインであり美術だった。

板垣鷹穂と「国策」

こうした考えは、実際の作品をつくらない批評家たちにはより先鋭に現れてくる。工藝指導所にいた小池新二（1901-81）も同様の視点からイタリアの動向を伝えたし、板垣鷹穂（1894-66）はさらに活発な評論活動を展開する。

もともとイタリア・ルネサンスを中心に西洋美術・建築史の研究者・紹介者だった板垣は、昭和初期から現代芸術にも関心を広げ、デザイン、映画、写真など幅広い問題を扱うようになる。雑誌『新興藝術』などを編集しモダニズム、殊に「機械芸術論」の指導的論者として華々しく活躍するが、昭和五年（1930）になると突然方向を転換しこうした立場から撤退する。しかし当時の文化人としては朝日新聞や岩波書店などのメディアに登場を続け、政府や軍の委員も務めた。モダニズムの季節が終わった後、板垣の関心が向かった先は「国策」だった。

イタリア建築史に詳しい板垣はムッソリーニの造営事業を歴史的展望の中でわかりやすく解説し、古典や伝統を重んじながら大胆に建設を進める状況に共感を寄せた。それはナチスの復古的建築も同じく許容することになり、板垣の建築批評から個々の作品の造形的評価を欠落させていった。見に行ってみたら電灯が暗かった、というような何とも卑近な体験的所感と大仰な政策論、それに西洋美術史への正確な理解がないまぜになった評論は矛盾を拡大させながら終戦近くまで続いたのだった。(6)

（1）生田勉「現代の建築と伊太利亜」『日伊文化研究』一〇号（一九四三年）、七四頁。『カーサ・ベッラ』は一九四一年四月（一六〇）号まで日本に輸入されたが以後途絶えたという。似た雑誌とは『現代建築』。昭和一四〜一五年に一五号を刊行して休刊した。「興亜の盟主として長期建設に乗り出した」日本のために「日本工作文化聯盟」が発行。坂倉、前川、丹下らこれに参加した建築家はむしろ戦後活躍する。生田勉（1920-80）はおそらくイタリアの建築事情を最も冷静かつ正確に把握していた日本人である。

（2）佐藤武夫（1899-1972）四〇頁。『イタリア』二巻四号、昭和一七年この小さな随筆雑誌も日伊親善の国策に沿って創刊されたもの。

（3）『アジア復興レオナルド・ダ・ヴィンチ展覧会解説』日本世界文化復興會、一九四二年。

（4）谷口吉郎「イタリヤ新建築の印象」『造型藝術』三巻三号（一九四一年）、一一頁。ただしこれはおそらく嫌悪を感じたであろうローマの競技場についての感想。

（5）山脇巌「新興イタリーの現代建築と造形美術」『アトリエ』一七巻一四号（昭和一五年）三三頁。（後に『欅』に収録）

（6）戦後板垣はほとんど筆を執ることを止め、やがて早稲田大学の美術史の教授となって多くの学生を育てた。

〔参考文献〕　板垣鷹穂『観想の玩具』昭和八年、大畑書店／同『造形文化と現代』育成社弘道閣、一七年／同『建築』同社、同年／同『レオナルド・ダ・ヴィンチの創造的精神』六興商会出版部、同年／同『古典精神と造形文化』今日の問題社、同年／同『民族と造営』六興商会出版部、一八年／同『建築國策と史的類型』六興出版部、一九年／山脇巌『欅』アトリエ社、一九四二年／小池新二『汎美計畫』アトリエ社、一九四三年／柏木博『近代日本の産業デザイン思想』晶文社、一九七九年／井上章一『戦時下日本の建築家』朝日新聞社、一九九五〔初刊八七〕年／藤岡洋保・三村賢太郎「『建築評論家』板垣鷹穂の建築観」『日本建築学会計画系論文報告集』三九四号（一九八八年）六二〜六九頁／田之倉稔『ファシストを演じた人々』青土社、一九九〇年／牧野守「一九三〇年に何が起こったか」「『機械芸術論』解説」、新興藝術編『機械芸術論』復刻版、ゆまに書房、一九九一年、付録一〜二四頁／Ugo La Pietra (a cura di), *Gio Ponti*, Milano, 1995.

28

ミラノ＝トーキョー・コネクション

末永　航

デザイン都市、ミラノと東京

最近ますます声価が高まっている、イタリア・ヴェネト地方の建築家カルロ・スカルパ（1906-78）が旅先の仙台で急死したちょうどその頃から日本とイタリアのデザインに新しい流れが起る。

七六年に始まったファッションのミラノ・コレクションは、三Gといわれたジョルジョ・アルマーニ（1934-）、ジャンニ・ヴェルサーチェ（1946-97）、ジャン・フランコ・フェレ（1944-）をはじめ多くのスターを生み出し、瞬く間にパリに次ぐ存在となった。ミラノは国内のモードの本場という地位をフィレンツェから奪っただけでなく、以前からの工芸トリエンナーレや家具見本市にそれが加わって世界的なデザインの中心となる。ナポリやローマなど陽気で猥雑で前近代的なイタリアのイメージも、このミラノのおかげで「お洒落」で「クール」なものにすっかり変貌した。

そして「バブル」に沸き立った八〇年代、日本は貪欲にこうしたイタリア・デザインを消費していくことになるのだが、それはまた東京が世界の大都市として存在感を増し、デザインの世界でも一つの中心となった時代でもあった。パリ、ニューヨークに次ぐデザイン都市となったミラノと東京の関係をみるために、まずそれを準備した時代から振り返ることにしよう。

第二次大戦後のイタリアは奇跡の復興を遂げ、一九五〇年代半ばから工業デザインの分野で世界の先進国となってめざましい活動を始めた。その中心となったミラノ・トリエンナーレ展では、五四年の第一〇回展から日本も参加し、いきなり柳宗理（1915-）の「バタフライ・スツール」が金賞を受賞した。

イタリアではごく最近までデザインの専門教育機関がなく、デザイナーのほとんどは建築家か建築学部出身者だった。即戦力になる外国人を受け入れることは多かったから、イタリアに憧れてやって来た日本人デザイナーにも活躍の場が残されていた。後に自分の名を冠した「ＭＨウェイ」ブランドの文具やかばんがイタリアで人気を得た蓮池槇郎（1938-）、家具のデザイナーとして国際的に活躍する喜多俊之（1942-）などが六〇年代のミラノに集まった。また建築では七一～七四年、丹下健三（1913-）がボローニァの見本市会場を設計し、イタリアでもよく知られるようになる。

一方、イタリアを追いやがて追い越す勢いで発展していた日本では、イタリア人デザイナーを起用する動きも始まった。いすゞ自動車が一一七クーペ（1968）などのデザインを依頼したジウジアーロ（1938-）の、風変わりに感じられた名前は普通の日本人が初めて覚えたデザイナーの名だったのではないだろうか。

イタリア・ブランドを買う日本人

日本の百貨店がある国の製品を集めて開く「フェア」は、一九五六年、リナシェンテ百貨店と提携して高島屋が催した「イタリア・フェア」から始まった。「金のコンパス」賞を受けたものなど優れたデザインが紹介され、話題を集める。このときイタリアのリナシェンテでも日本展を開催している。(1)

昭和四〇年代（1965-）には「世界の一流品」を買うことが流行になる。その代表となったのが銀座のサン・モトヤマが独占販売したイタリアの皮革製品のブランド、グッチだった。(2) さらに七〇年、雑誌『アンアン』、翌年『ノンノ』が創刊されるとブランドやデザインへの関心は次第に若い世代にまで広がり、やがて田中康夫の『なんとなく、クリスタル』が文藝賞を受賞する一九八〇年を迎えたのだった。

八〇年代、アルマーニをはじめイタリアのデザイナー・ブランドの服はバブルの成功者の記号となって爆発的に流行した。資本力のある日本の衣料メーカーや商社はいちはやく新しいブランドにも目をつけ、ミラノに殺到する。例えばドルチェ・エ・ガッバーナ（Dolce & Gabbana）は八五年の設立の三年後には早くもオンワード樫山と契約し、翌年東京でショーを開いた。この時本拠地ミラノでもまだ店を出していなかった。あるいは、ミラノのプラダ（Prada）がローマに進出したのは日本の百貨店そごうとの共同事業だった。大阪のコロネット商会のように、ミラ・ショーン（Mila Schön）というブランドそのものを買収してしまう（1993）輸入商社まで現れる。

カッシーナ（Cassina）をはじめとしてイタリア家具も人気を集め、盛んに輸入された。大御所エットーレ・ソットサス（1917-）

図94 《ウィンク・チェア》
喜多俊之　カッシーナ社　1980
色も形も好みで変えられるユーモラスなソファとして人気を呼んだ。喜多は企業には所属せずミラノと日本に本拠をおいて国際的に活躍している。

図95 《イル・パラッツォ》
アルド・ロッシ　1989
1987年ロッシが描いた素描。完成した建築では、むくのトラヴァーティン柱が美しい。内田繁がプロデュースし、内部には内田、倉俣、ペッシェ、ソットサスがそれぞれインテリアを担当したバーがある。ホテルは今も盛業中。

はデパートの洋服の広告にモデルとして登場して風貌までもが人気を呼んだ。一九九〇年には、東京汐留で電子機器メーカー、オムロンが主な主催者となって、ガエターノ・ペッシェ（1939-）が会場構成を担当した「クレアティビタリア」というイタリア・デザインの大規模な展示会が開かれた。また、倉俣史朗（1934-1991）や内田繁（1943-）など日本を本拠に活躍するデザイナーたちの作品がイタリアの会社から発売されることも多くなった。

新しい「お雇い外国人」

建築では外国の建築家に設計を依頼することがブームになり、イタリア人も大活躍する。アルド・ロッシ（1931-97）の代表作となって海外でも広く知られるようになる福岡のホテル・イル・パラッツォ（1987-）、マリオ・ボッタ（1943-）の美術館ワタリウム（1990、東京）などが話題を呼んだ。そして関西新空港の国際設計競技ではレンゾ・ピアーノ（1937-）が勝利をおさめた。工業デザインの仕事で知られていたミケーレ・デ・ルッキ（1952-）、マリオ・ベッリーニ（1935-）、ガエターノ・ペッシェなども日本では建築全体を手がけている。こうした建築では日本側の建築事務所が実施設計で協力する場合が多く、実務面での交流の機会となった。(3)

浪費の果ての遺産

簡素で禁欲的ですらあったモダン・デザインの規範が崩れた八〇年代には、明るく鮮烈で豪奢なイタリアのデザインが相応しかった。しかしこの時期の計画もあらかた終わった九〇年代後半になると国際プロジェクトを担った企業も次々と消えていった。壮大な浪費の時代は終わったのだったが、日伊のデザイン交流だけをとってもそれまでとは比べようのない量の物と情報が行き交ったことの遺産は必ずしもマイナスのものばかりではなかったはずである。

（1）『高島屋一五〇年史』高島屋、一九八二年、二八六～七頁。
（2）この語はサン・モトヤマ社長茂登山長市郎などに取材した日本経済新聞記者吉田安伸の著書『世界の一流品』論争社、一九六二年に由来するという。上前淳一郎『舶来屋一代』文藝春秋、一九八三年、二二八～二三三頁。
（3）ボッタはスイスの建築家だがイタリア語圏の人で、教育もイタリアで受けている。デ・ルッキ：大阪ラ・フェニーチェ（1991）ほか、ベッリーニ：横浜ガレリア（1990）、東京デザインセンター（1992）、ペッシェ：大阪オーガニックビル（小倉屋山本）（1993）

〔参考文献〕『ジウジアーロ・デザインの世界』（展覧会図録）京都国立近代美術館、一九八九年／三宅理一ほか「特集　外国人建築家の在日作品を解析する」『建築雑誌』一三二二号、一九九二年、一四～五一頁／Anty Pansera, *Storia del disegno industriale italiano*, Roma-Bari,1993.／佐藤和子『「時」を生きるイタリア・デザイン』三田出版会、一九九五年／Minnie Gastel, *50 anni di moda italiana*, Milano, 1995.／倉西幹雄「ジョルジョ・サルジョット回想記　伝説の一一七クーペ陰の立役者」『マンスリー・エム』一巻一号、二〇〇〇年、五四～六一頁。

VI　フランス

《交流年表》

1862・E. ドゥゾワ、パリに日本の骨董を扱う店を開店
1867・パリ万国博覧会に浮世絵や各種美術工芸品展示
1869・A. ラシネ『多色装飾図案（*L'Ornement polychrome*）』（全２巻）
1876・エミール・ギメ来日、ギメ美術館（1889開館）の基礎となるコレクション開始
1877・エミール・レベール『アルバム・レベール（*Les Albums-Reiber*）』（第１巻）
1878・エミール・ギメ『日本散策（*Promenades japonaises*）』（フェリックス・レガメ挿絵）
　・パリ万国博覧会
　・起立工商会社がパリに支店を開設（-1884）
1880・ジークフリート（サミュエル）・ビング来日し美術品蒐集（-1881）
　・エミール・ギメ『日本散策、東京－日光（*Promenades japonaises. Tokio-Nikko.*）』（フェリックス・レガメ挿絵）
1882・ジョルジュ・ビゴー来日（-1899）
　・若井兼三郎がパリに日本美術の店を構える
1883・ヴェロン（中江兆民訳）『維氏美学』上（下1884）
　・龍池会、第１回日本美術縦覧会をパリで開催（第２回1884）
　・ルイ・ゴンス『日本の芸術（*L'Art Japonais*）』（全２巻）
1884・ジョルジュ・ビゴー風刺雑誌『トバエ』（創刊第２次『トバエ』1887-1890）
　・高島北海（得三）渡欧、ナンシー滞在（1885-87）
1885・ルネ・ラリックが商会を設立
1886・エルネスト・マンドロン『絵入りポスター（*Les Affiches Illustrées*）』（-1896）
1887・高島北海フランスから教育功労賞授与
1888・ビング『芸術の日本（*Le Japon Artistique*）』（-1891）
1889・パリ万国博覧会
1891・ポスター《ムーラン・ルージュ、ラ・グーリュ》（トゥルーズ＝ロートレック）
1893・黒田清輝、フランス留学から帰国
1895・ビングが店を改装して「アール・ヌーヴォー」の店を開始（内装はヴァン・ド・ヴェルド）
　・シェクス印刷所『ポスターの巨匠たち（*Les Maitres de l'Affishe*）』（-1900）
　・ポスター《ジスモンダ》（アルフォンス・ミュシャ）
1896・黒田清輝、久米桂一郎ら白馬会を組織
　・東京美術学校に西洋画科と図案科を設置
　・ランスで「芸術ポスター展（*Exposition d'affiches artistiques de Reims*）」開催
1897・クレマン・ジャナンとアンドレ・メレリオ『版画とポスター（*L'Estampe et l'Affiche*）』（-1899）
　・ユリウス・マイヤー＝グレーフェが「メゾン・モデルヌ」を開店
1898・黒田清輝、東京美術学校教授となる
　・カステル・ベランジェ（エクトール・ギマール）
1900・パリ万国博覧会
　・メトロ入口（エクトール・ギマール）
1905・菅原精造渡仏
1906・三越の林幸平、パリの日本大使館の家具什器新調に際し日本風の設計
1912・屛風《銀河》（アイリーン・グレイ）
　・*GAZETTE DU BON TON* パリで創刊
　・*Modes et Manières d'Aujourd'hui* パリで創刊

1913・屛風《運命》（アイリーン・グレイ）
1921・*Art, Goût, Beauté* パリで創刊
・中村順平、パリのエコール・デ・ボザール建築科に入学（1923卒業）
1922・ロタ通り（パリ）のアパルトマン（アイリーン・グレイ）（-1924）
・『女性』創刊（プラトン社）
1924・『婦人グラフ』創刊（国際情報社）
・「霊南坂の家」アントニン・レーモンド自邸
1925・現代装飾美術・工業美術国際博覧会（パリ）
1926・E.1027（アイリーン・グレイ）（-1929）
・救世軍避難所（ル・コルビュジエ）（-1927）
1927・七人社、月刊ポスター研究雑誌『アフィッシュ』創刊
1928・前川国男、ル・コルビュジエのアトリエに入所（1930帰国）
1929・ル・コルビュジエ（宮崎謙三訳）『建築芸術へ』
・「現代芸術家連合(UAM)」結成
・サヴォワ邸（ル・コルビュジエ）（-1931）
1930・ル・コルビュジエ（前川国男訳）『今日の装飾芸術』
・スイス学生会館（ル・コルビュジエ）（-1932）
1931・坂倉準三、ル・コルビュジエのアトリエに入所（1936帰国）
1933・『ファッション』創刊
1934・『服装文化』創刊
1936・『スタイル』創刊
1937・パリ万国博覧会「日本館」（坂倉準三）グランプリ受賞
1940・シャルロット・ペリアン来日
1941・商工省貿易局後援ペリアン女史創作品展覧会「選択・伝統・創造」東京高島屋、大阪高島屋
・グラン・マガザン・レユニ（ハノイ）で日本輸出工芸連合会主催の日本工芸展覧会
1942・シャルロット・ペリアン、坂倉準三『選択・伝統・創造―日本芸術との接触』
1950・吉阪隆正、ル・コルビュジエのアトリエに入所（1952帰国）
1953・クリスチャン・ディオール一行来日し、本格的ファッション・ショー開催
1955・吉阪隆正自邸
・「芸術の統合―ル・コルビュジエ、レジェ、ペリアン3人展」
・シャルロット・ペリアン来日、ル・コルビュジエ来日
1959・国立西洋美術館（ル・コルビュジェ）竣工
・エールフランス東京/大阪事務所（シャルロット・ペリアン）
1960・名古屋大学豊田講堂（槇文彦）
1960・アテネ・フランセ（吉阪隆正）
1971・フランカステル（近藤昭訳）『近代芸術と技術』
1977・ポンピドーセンター（レンゾ・ピアノ、リチャード・ロジャース）（1971-77）竣工
・住吉の長屋（安藤忠雄）
1980・小金井の家（伊藤豊雄）
1987・ル・コルビュジエの生誕100年記念回顧展（パリ、ポンピドゥーセンター）の開催ほか各国で様々な催し
1991・新東京都庁舎（丹下健三）
1992・積水化学工業京都技術センター（京都大学加藤研究室＋安井建築事務所）
1998・「シャルロット・ペリアン展」パークタワーホール（東京）
・自叙伝『創造の人生(*Une vie de création*)』（シャルロット・ペリアン）
・「20世紀の建築展」東京現代美術館でE.1027（アイリーン・グレイ）の模型が展示される

29 フランスとのデザイン交流

今井美樹

ジャポニスム

日仏デザイン交流の初期の例は他の欧米諸国と違わず、日本開国以降、数々の産業貿易や博覧会、あるいは旅行見聞や美術工芸品の輸入・収集によってもたらされた一九世紀後半のジャポニスム(japonisme)の現象の中に認めることができる。[1] 単なる異国趣味としての日本美術の受容《ジャポネズリー》（japonaiserie）と異なり、ジャポニスムは日本の芸術及び精神の発見・研究・理解の過程であり、その波紋が純粋芸術に留まらず、出版・広告などの商業印刷や、建築、家具、工芸、装飾などの産業・工業製品、更には服飾に至るまで、あらゆる生活環境に浸透したことにその本質がある。例えばアカデミズム終焉期の画壇に於いて、印象派やナビ派などの新興の画家たちが新たな表現を日本美術に見出したことは良く知られるところである。しかしデザイン交流の視点からより重要だと思われるのは、むしろ日本の生活様式には芸術と日常生活が極めて分かち難く結び付いているという事実の発見である。芸術がそれ自体で自律するという西洋思想は、実用の品々に美を見出し、日常的に愛でる日本の伝統的思考とは異なる。新産業の造形上の問題は工業化社会に即した生活改善の一部に過ぎないという考えが一般的であった一九世紀に、芸術と日常を繋ぐデザインの概念が、芸術家や職人たちの創意によって（日本美術の影響のみではないにせよ）ジャポニスムを経て、やがてアール・ヌーヴォーとして結実し、短期間のうちに世界規模で広まったのは、日本の生活様式に関わる社会的・文化的側面に拠るところが大きいのである。[2] ジャポニスム及びアール・ヌーヴォーの動向が人々の日常生活に即した造形となって供され広く社会に浸透したのは、イギリスやベルギーに遅れたものの、その語源が示すとおり他ならぬフランスであった。

万国博覧会と起立工商会社

日本政府は殖産興業の発展と早急な欧米化を目指し、海外向けの伝統産業や工芸品を創作して多くの博覧会に参加した。[3] 一八六七年、一八七八年、一八八九年、一九〇〇年のパリ万国博覧会のいずれも日本の出品は人気を博し、広くフランス市民に日本に対する認識を定着させた。

林忠正（1853-1906）は、起立工商会社（1874-1891）の一八七八年パリ万博参加の際に通訳として採用され、後の一八八四年、パリに日本美術の店を若井兼三郎（1834-1908）と共に始め、一八八九年からは独立して一九〇二年まで経営を続けた。彼には多くの有識人顧客がいたが、日本人としてヨーロッパの人々に古美術の正しい知識を与える一方で、日本の新作工芸品の輸出を試みるなどしている。[4]

ジャポニスム受容の背景

日本側の努力もさることながら、日本の美術及び文化紹介に貢献したのはパリの美術商やコレクター、そして批評家たちによる出版物であった。ブィリエットが営む「支那の門」《ラ・ポルト・シノワーズ》は既に老舗であり、一八六二年にE・ドゥゾワが日本の骨董品の店を開くなど、既に一八六〇年代には日本の版画や工芸品を扱う店が多くあった。作家エドモン・ド・ゴンクール（1822–1896）は批評家にして日本美術の収集家であったし、大規模な日本美術回顧展を企画し『日本の芸術』《ラール・ジャポネ》（1883）を著したルイ・ゴンス（1846–1921）は一八八九年パリ万博に自らのコレクションを提供している。「日本趣味の人々」《ジャポニザン》と呼ばれた日本美術の研究家にはフィリップ・ビュルティ（1830–1890）、シャンフルーリ（1821–1889）、ザカリ・アストリュク（1833–1907）、ボードレール（1821–1867）、フェリックス・ブラックモン（1833–1914）、ファンタン＝ラトゥール（1836–1904）らの評論家、画家、文筆家がいた。[5]

中でも美術商ジークフリート（サミュエル）・ビング（1838–1905）は、欧州各国で日本美術を商うだけでなく、美術館の収集計画への協力、博覧会への作品提供の他、自らも様々な展覧会を企画し美術雑誌に寄稿するなど精力的な活動を行った。特に仏・独・英の三カ国語で出版された美術雑誌『芸術の日本』《ル・ジャポン・アルティスティーク》（1888–1891）は、フランス内外の論文と北斎や光琳らの版画・絵画を挿絵代わりにした豊富な図版を掲載し、ジャポニスムの発展に寄与した。一八九五年に美術画廊として改装された「ビングのアール・ヌーヴォーの店」《ラ・メゾン・ド・ラール・ヌーヴォー・ビング》は新進の芸術家の国際的活動を支援したことでも有名である。

日本に関する出版物も大量に刊行された。A・ラシネ（1825–

図96　エミール・ガレ《クラゲ文大杯》1895–1900頃

非常に複雑な工程を経て仕上げられるガレの器の多くは、具体的な生き物からイメージされ、器自体が生命力を持つ存在となるよう作られている。（サントリー美術館所蔵）

図97　エクトール・ギマール《小卓》1904頃

植物や樹木の躍動感を連想させる家具は、計算された構造体によって機能と造形が一体化している。建築は総合的芸術であるという理念のもとに、ギマールは様々な制作を行った。（パリ装飾美術館所蔵）「アール・ヌーヴォー展」カタログ（日本経済新聞社、1981）

1893）の『多色装飾図案』（1869）やエミール・レベール（1826-1893）の『アルバム・レベール』（1877）には七宝や染織のスケッチや紋様が掲載されている。エミール・ギメ（1836-1918）著、フェリックス・レガメ（1844-1907）挿絵の『日本散策』（1878）と『日本散策、東京―日光』（1880）は美術教育省からの視察の成果であり、二人は東京で河鍋暁斎（1831-1889）にも出会っている。『ル・モンド・イリュストレ』『ラ・ガゼット・デ・ボザール』『ラ・プリュム』『ラ・ルヴュ・ブランシュ』などの雑誌には日本に関する論文が頻繁に掲載された。これらにはレガメ、ジョルジュ・ビゴー（1860-1927）、オーギュスト・ルペール（1849-1918）、アンリ・イベルス（1867-1936）、ピエール・ジャンニオ（1848-1934）、アレクサンドル・リュノワ（1863-1916）、黒田清輝（1866-1924）らが挿絵を提供し出版に色を添えた。

ジャポニスムからアール・ヌーヴォーへ

熱心な日本研究と並行して、多くの作家の創作には、日本の造形が様々な形で反映されている。植物や小動物などのモチーフから翻案された家具・工芸品・装飾品や建築構造体、そして浮世絵に触発されたポスターや版画の印刷表現には、ジャポニスムからアール・ヌーヴォー様式確立への変遷が確認できる。一八八九年と一九〇〇年のパリ万博には、日本への興味にもましてアール・ヌーヴォー様式の作品が大量に展示されていた。

家具、工芸品、装飾品は主にパリとナンシーで発達した。(6) パリでは一八六六年にブラックモンが北斎漫画などから着想したデザインを、ウジェーヌ・ルソー（1827-1891）が絵付し、ルブーフ・ミリエ社が製造を行った陶器シリーズ「セルヴィス・ルソー（セルヴィス・ジャポネ）」が販売され、続く「セルヴィス・パリジャン」（1875）によって、新しい陶磁器の生産方式と独自の装飾スタイルを獲得した。ルソーはパリで多くの門下生と共に陶芸・ガラス工芸の創作に携わり後進を育てた。日本の陶芸に魅せられて彫刻家から陶芸家に転身したジャン・キャリエ（1855-1894）も、若い作家たちに日本陶芸への関心を高めさせ、ジョルジュ・ヘンツェル（1855-1915）、アレクサンドル・ビゴ（1862-1927）、エミール・グリッテル（1870-1953）らを輩出した。

ナンシーに於いては高島北海（得三）の貢献が大きい。ナンシー森林学校に学んだ高島は、細密な植物画を得意とし、その業績がフランスから教育功労賞（1887）を授与されるなど、美術家や文化人、政財界との交流によってナンシー派の作品に影響を及ぼした。特に重鎮のエミール・ガレ（1846-1904）は、高島との出会いにより、それまでのヨーロッパの伝統様式を基礎とした造形表現から、より日本的な自然観を表した作風へと変化した。ガレはガラスの他に陶芸、金工、宝飾、家具にも手腕を振るい、例えば詩歌を象嵌した家具を発表するなど、至るところに日本の伝統的手法を採用した（図96）。高島との直接的な交流やガレの作品に触発されたナンシー派のメンバーには、ルイ・マジョレル（1859-1926）、ヴィクトール・プルーヴェ（1858-1943）、ウジェーヌ・ヴァラン（1956-1925）、ドーム兄弟（オーギュスト 1853-1909、アントナン 1864-1930）らのガラス、家具、金工、ステンドグラスの作家がいた。

図98　ポール・ポワレ《コート》1909頃
キモノから着想を得て直線的な裁断によって作られたコート。身体を締め付けないシルエットのデザインが、女性をコルセットから解放した。
（京都服飾文化研究財団所蔵、リチャード・ホートン撮影）

ルネ・ラリック（1860–1945）は、ヨーロッパの伝統的な宝飾の世界に日本の図案意匠を採用し、一九〇〇年のパリ万博で人気を得、やがて次世代の新しい装飾スタイル、アール・デコのデザインを形成していく。日本の細工品に鼓舞された宝飾作家には、ジョルジュ・フーケ（1862–1957）、ルシアン・ガイヤール（1861–?）、ヴェヴェール兄弟（ポール 1851–1915、アンリ 1854–1924）がおり、ウジェーヌ・グラッセ（1841–1917）やアルフォンス・ミュシャ（1860–1939）も宝飾品のデザインを行っている。この分野をリードしたのはビングの店やマイヤー＝グレーフェ（1867–1935）の「ラ・メゾン・モデルヌ」などの美術画廊であり、各々の画廊が新進作家に制作を依頼していた。

家具作家たちは、伝統的な高級家具職人《エベニスト》の保守性に対抗しつつ、独自に活動を行っていた。彼らの中には正規に家具設計を学んだ者もいれば、画家、陶芸家、彫刻家など別の職業から転身した者もおり、作品は多様な広がりを見せた。家具の造形は植物モチーフを更に便化させた抽象表現へと進んでいた。日本家具を手本にしていた作家にはエドゥアール・コロンナ（1862–1948）がいる。

建築ではエクトール・ギマール（1867–1942）の集合住宅「カステル・ベランジェ」（1898）や「メトロ入口」（1900）、アンリ・ヴァン・ド・ヴェルド（1863–1957）の手掛けたビングの画廊の内装（1895）などの抽象化された有機的構造に、日本の文様に端を発した造形表現を指摘できるかもしれない（図97）。しかし歴史主義や折衷様式からの脱却に腐心していた建築家たちは、鉄とガラスの新素材に、来る二〇世紀に相応しい機能主義的・合理主義的な建築観を見出し、アール・ヌーヴォー建築は短命に終わっている。[7]

一九世紀末のパリ服飾流行《モード》にとっても日本のキモノは画期的であった。日本の文様をあしらったリヨン製絹織物が世界に広る一方で、平面的で合理的な裁断縫製と着付け方法が、ゆとりや開放性として捉えられ、室内着として定着するようになった。ポール・ポワレ（1879–1944）は、キモノ風のコート（1903）や袖を直線裁ちにしたコート（1904）を発表し、一九〇六年のドレスによって女性をコルセットから解放して現代服への転換の契機を作った（図98）。二〇世紀に入ってもキモノは西洋の服飾に影響を与え続け、現代のファッション界に於いてもなお、キモノの特性に起源をもつデザインが度々発表されている。[8]

二〇世紀モダン・デザインの展開へ

二〇世紀のモダン・デザインへと繋がる造形活動の黎明期に於いて、日本の美術品・工芸品とそこに内在する美の日常性の発見が、芸術と産業の統合に一つの方向性を与えた影響は決して小さくはない。更に付け加えれば、欧米で同時期に提起されたデザインの諸問題に、より広範な解答を与え、大衆消費の構造に応えたのは、新しい造形活動を志して世界中からフランスに集まった若い作家たちであった。日本もまた二〇世紀の世界の動向に目を向け、美術工芸と産業工芸、純粋美術と応用美術といった定義に揺れながら、積極的にデザイン活動に取り組む際に、パリ万博から持ち帰った「アール・ヌーヴォー」が、欧米のデザイン採用の一手段として、あらゆる分野に効果を発揮したことは言うまでもない。

（1）「ジャポニスム」の語は、フィリップ・ビュルティが『文芸と芸術のルネサンス』誌（1872-73）に七回に渡り連載したエッセイのタイトルが嚆矢とされる。「版画に見るジャポニスム展」カタログ（谷口事務所、1989）二二～二三頁。またパリでは既に一九世紀初頭から日本見聞録の出版や日本の工芸品の売り立てなどが行われていたが、日仏修好通商条約（1858）以降の大量の日本美術工芸品の流入により、（しばしば一八世紀来のシノワズリーと混同されながらも）芸術家や批評家のみならず新興ブルジョワジーの間にまで日本ブームは広く浸透した。日本美術の受容からジャポニスムに至る変遷の詳細は「ジャポニスム展」カタログ（国立西洋美術館 1988）関連年表参照。

（2）「アール・ヌーヴォー」の語は、今でこそビングの店にちなんだ名称として普及しているが、一九六〇年から翌年にかけてパリで開催された「二〇世紀の源泉展」以降に評価されて使われ始めたに過ぎず、当時は軽蔑的に英語で「モダン・スタイル」あるいは「スティル・ヌイイ（麺類様式）」などと呼ばれていた。『パリ・世紀末パノラマ館―エッフェル塔からチョコレートまで』（鹿島茂著、角川春樹事務所、一九九六年）一八～一九頁。

（3）日本の美術品は、季節、慶弔、来賓などの生活の場の変化によって品を変え提示されるものであることから、日本政府は一八六七年以降の公式参加万博で、日常の生活空間をそのままに再現し、定められた場所に作品を展示するよう工夫を行っていた。前掲書「ジャポニスム展」カタログ、一五～一六頁。

（4）『花の様式　ジャポニスムからアール・ヌーヴォーへ』（由水常雄著、美術公論社、1986）七一～七八頁。前掲書「ジャポニスム展」カタログでは林忠正の美術店開店は一八八六年、独立は一八九〇年となっている（六三、六六、七一頁）。

（5）前掲書「ジャポニスム展」カタログ、六九頁／前掲書「版画に見るジャポニスム展」カタログ、一二～一三頁。

（6）『アール・ヌーヴォー』（S・T・マドセン著、高階秀爾・千足伸行訳、美術公論社、一九八三年）一六九～一八三頁。

（7）『西洋建築入門』（森田慶一著、東海大学出版会、一九七一年）二一一～二一二頁。『近代建築史』（石田潤一郎他編、昭和堂、一九九八年）四四～五四頁。『[カラー版]西洋建築様式史』（熊倉洋介他編、美術出版社、一九九四年）一五六～一五九頁。

（8）「モードのジャポニスム展」カタログ（京都服飾文化研究財団、一九九四年）一四～二四頁。『[カラー版]世界服飾史』（深井晃子監修、美術出版社、一九九八年）一一〇、一二八、一三六～一三七頁。

〔参考文献〕『アール・ヌーヴォー』（S・T・マドセン著、高階秀爾他訳、美術公論社、1983）／『アール・ヌーヴォー』（マリオ・アマヤ著、斉藤稔訳、PARCO出版局、1976）／*Art Nouveau 1890-1914*, V&A Publications, 2000.

30 フランスのポスター芸術と日本

今井美樹

近代ポスターの誕生

色彩豊かな図像と文字情報との相互作用によるポスターの表現方法が登場したのは、一九世紀後半のフランスに於いてであった。特に近代ポスターの黄金期ともいえる一八九〇～一九〇〇年のパリには、ポスターに芸術的価値とグラフィックデザインへの目覚めをもたらすための全ての要素が揃っていた。このポスター隆盛の契機のひとつに日本美術、殊に浮世絵の影響があることは周知の通りである。[1]

近代ポスターは、都市の発達と大衆社会の形成、自由競争を前提とした資本主義経済の成長、そしてとりわけ石版印刷術の発達によってもたらされた。ロザリンド・ウィリアムズ（1944-）が「大衆消費の特徴は、生産活動と消費活動の完全な分離、大量に売られる規格化された商品の普及、新しい製品の絶え間ない登場、金銭と信用貸《クレジット》しに対する信頼の広がり、そしていたるところに現れる広告である」[2]と述べるように、ポスターは溢れる商品を巧みに宣伝し、消費者に夢を抱かせるメディアなのであった。

ポスター制作に欠かせない多色石版（クロモリトグラフィー）は、ゼネフェルダー（1771-1834）の石版印刷術発明（1798)以来、次々と開発が試みられ、一八三六年にアンジェルマン（1788-1839）の四色分解法によって完成を見る。しかし元来、絵画の複製を目指して考案されたこの技術は、色彩の濁りや陳腐な出来が敬遠され、一八六〇年頃まで出版物や一部の商業印刷物に用いられていたに過ぎなかった。[3]

黎明期（一八六〇～一八八〇年代）

こうした状況の中、多色石版を用いて華やかなポスターの表現手法を編み出したのが「ポスターの父」ジュール・シェレ（1836-1932）である。二度のロンドン留学を経て、一八六六年に自らの印刷所を開設、一八七〇年代には自らのスタイルを完成させた(図99)。シェレは街往く人々がポスターに注目するように、女性を中央に据え置き、周囲に大きな手描き文字を配置した。彼はポスターが大衆消費の夢と憧れを操作しうるメディアであることを理解した初めてのポスター作家であり、ヴァトー（1684-1721）やフラゴナール（1732-1806）に倣って新たに創造された若く潑剌とした近代的女性の像は市民に「シェレット」と親しみを込めて呼ばれた。シェレは一八九〇年までに千点以上のポスターを創作し、印刷技術の発展と商工業に役立つ芸術分野を確立した業績に対し勲等を受け、またジョルジュ・ムニエ（1869-1934）、ルネ・ペアン（1875-

図99　ジュール・シェレ《ヴァレンティノ、仮面舞踏会》1872
視線を集めるための真っ黒の円を背景に、踊る男女を描いたシェレの初期の作品。文字を大きく扱うことも当時のポスターには珍しかった。(サントリーミュージアム［天保山］所蔵)

1940)、ルシアン・ルフェーヴル(1850頃-?)らを輩出した。こうしたシェレの功績により、一八八〇年代以降、ポスターはにわかに新しい表現メディアとして注目を集める。

シェレに続いたのはウジェーヌ・グラッセ(1841-1917)であった。既に彼は『アイモンの四人の息子の物語』(1883)の挿絵とデザインによって名声を獲得していたが、一八八六年からポスターを手掛け、「塗り絵スタイル」と呼ばれる太い輪郭線をもつ作風は、中世美術(特にステンドグラス)や東洋美術(特に浮世絵)の研究成果であり、ポスターに於けるアール・ヌーヴォーの嚆矢とされている。

流行の背景

一八八〇年代にはポスターを取り巻く環境も充実する。シェレに倣い、レヴィ兄弟(エミール、シャルル)、F・アペル、シュブラック兄弟(レオン1847-1885、アルフレッド1853-1902)といった作家たちが印刷所を開設し、ルメルシエ、アンクール、シャルル・ヴェルノーなどの印刷会社は人気のポスター作家を抱えていた。一八八一年、出版の自由に関する新法が多くの検閲規制を解き、ジャーナリズム隆盛の時代が到来すると共に、ポスターは教会や聖堂、投票所、公的告知板以外の場所での自由な掲示が認可された。これによりポスター作家、印刷業者、掲示職人《アフィシスト》などの職が急増し、瞬く間にパリの街はギャラリーと化した。印刷技術の向上によりポスターは巨大化し、一八八四年までには二メートルを超えるポスターが分割して印刷され、掲示職人によって壁面場で繋ぎ合わされた。

ポスターブームは熱心なコレクターを生み、ポスターを商売にする画廊や出版物が登場した。エドモン・サゴ、アルヌー、ピエルフォールといった画廊が版画と同様にポスターを扱い、『絵入りポスター』《レ・ザフィッシュ・イリュストレ》(1886-96)、『ポスターの巨匠たち』《レ・メートル・ド・ラフィッシュ》(1895-1900)、『版画《レスタンプ・》と

図100　アンリ・ド・トゥールーズ＝ロートレック《キャバレーのアリスティド・ブリュアン》1893
独特のいでたちで有名なブリュアンを後ろ姿で捉え、シンプルかつ大胆な色面構成と、落款を模したHTLの丸いモノグラムによって、ロートレックは彼を役者絵風に仕立てた。(サントリーミュージアム［天保山］所蔵)

ポスター《エ・ラフィッシュ》』(1897-99)などの出版物が続々と刊行された。「アヴァン・レットル」と呼ばれる文字を入れる前のポスターさえ収集対象となり、やがてそれは新たな室内装飾品「装飾パネル《パノー・デコラティフ》」へと展開していく。

ポスターの展覧会も流行した。芸術文芸雑誌『ラ・プリュム』が主宰する定期展覧会「サロン・デ・サン《百選展》」では一八九三年以降、有名作家のポスター展が頻繁に開催されているし、一八九六年に収集家アレクサンドル・アンリオが主催したランスでの展覧会には一六九〇点ものポスターが展示された。

隆盛期(一八九〇年代)

フィリップ・デニス・ケイトは、ポスターの絶頂期となった一九世紀最後の十年間を「色彩の革命」と名付け、その始まりをアンリ・ド・トゥルーズ=ロートレック(1864-1901)としている。[4]ピエール・ボナール(1867-1947)の「フランス・シャンパン」(1891)に触発されて制作を始めたロートレックは三一点のポスターを残し、「ムーラン・ルージュ、ラ・グーリュ」(1891)は第一作目にして最高傑作となった。彼もまた浮世絵に影響を受けた一人であり、中央に踊り子を配したポスターの構図と色彩には浮世絵の手法が伺え、アリスティド・ブリュアンの役者絵風ポスター(1893)には落款を模したモノグラムが入っている(図100)。ロートレックは商業活動のひとつであるポスターを、芸術の領域にまで高めたとして評価された。

ロートレックの良きライバル、テオフィール・アレクサンドル・スタンランも一八八五年よりポスターを制作し始め、「ヴァンジャンヌの殺菌牛乳」(1894)、「フランス商会」(1895)、「シャ・ノワール」(1896)などで猫好きのポスター作家として知られるようになった。往来の人々を等身大で描いたシャルル・ヴェルノー印刷所のポスター(約2×3メートル、1896)は彼の傑作といえる。

アルフォンス・ミュシャ(1860-1939)は、女優サラ・ベルナール(1844-1923)の「ジスモンダ」(1895)によって彗星の如く登場し、一躍パリの人気ポスター作家となった(図101)。彼の作品にはアール・ヌーヴォーの特徴をもつ表現要素がふんだんに織り込まれていた。ジョルジュ・ド・フール(1868-1943)、パル(ジャン・ド・パレオローグ)(1860-1942)、H・グレイ(1858-1924)、アンリ・ティリエ(生没年不詳)、ポール・ベルトン(1872-1909)らもまたアール・ヌーヴォーの代表作家で、流麗な女性を得意としたポスター作家であると同時に、挿絵家・装丁家でもあり、家具や宝飾品などを手掛けることもあった。

芸術家はポスターを新たな表現の場として注目した。平面性にこだわったナビ派の画家は版画やポスターの制作に熱中し、ボナールの他にもエドゥアール・ヴュイヤール(1868-1940)、フェリックス・ヴァロットン(1865-1925)、モーリス・ドニ(1870-1943)、アンリ=ガブリエル・イベルス(1867-1936)が寡作ながらポスターを制作している。またナビ派のみならず、ピュヴィス・ド・シャヴァンヌ(1824-1898)、カルロス・シュワーブ(1866-1926)、ウジェーヌ・カリエール(1849-1906)、ウジェーヌ・ミューレール(1845-1906)、ジェイムズ・アンソール(1860-1949)、アドル

図101　アルフォンス・ミュシャ《ジスモンダ》1895
煌びやかな舞台衣装とビザンチン風の装飾で構成されたこのポスターは、一夜にして評判になり、以後ミュシャはアール・ヌーヴォーの代表的存在となった。（サントリーミュージアム［天保山］所蔵）

フ・レオン・ヴィレット（1857-1926）、ジャン・ルイ・フォラン（1852-1931）といった画家たちもポスターに挑んだ。

二〇世紀以降と日本のポスター事情

街角の至るところに色彩が氾濫した華々しい近代ポスターの隆盛は、しかしながら一九〇〇年を最高潮にして収斂し始める。二〇世紀初頭の急速な機械化・スピード化が大衆消費のパラダイムを完全に変化させ、ポスターも同じくその広告内容と表現様式の変化を迫られたのである。第二のポスター黄金期とも呼べる一九二〇〜三〇年代に至るまでの空白の時代に架け橋的な役割を果たしたのは、レオネット・カッピエルロ（1875-1942）の多作なポスター群であった。彼は千点以上のポスターを残し、一方でパリの建物の壁面をポスター作家に提供するなど、次世代の広告環境を整えた。パリに再びポスターの時代が到来すると、A・M・カッサンドル（アドルフ・ジャン＝マリー・ムーロン）（1901-1968）、シャルル・ルーポ（1892-1962）、ポール・コラン（1892-1985）、ジャン・カルリュ（1900-1997）らが新しいポスター表現を担った。それは力強い原色、ダイナミックな構図、サンセリフの明快な文字によって、走る車窓から一瞥して読みとれる、機械時代《マシン・エイジ》に相応しいアール・デコ様式によるグラフィックであった。

フランスのポスターがもたらした日本の影響にも触れておこう。日本では江戸時代に盛んであった木版による引札・絵ビラが、明治期には次第に石版印刷に取って代わられ、一九〇〇年頃より西洋式ポスターが登場する。それらの多くは日本画家による美人画の転用であったが、これは明らかにシェレが創始した看板娘と同じ役割を果たしていた。杉浦非水（1876-1965）は師の黒田清輝（1866-1924）が一九〇〇年のパリ万博から持ち帰ったアール・ヌーヴォーの印刷物に感銘を受け図案家に転身し、第五回内国勧業博覧会

(1902) に印刷物の図案で早くも頭角を現している。橋口五葉(1880-1921) もアール・ヌーヴォー風の美人像による「三越呉服店」(1911) のポスターで一等賞を獲得するなど、広告や挿絵・装幀の分野にヨーロッパのデザインの導入を試みている。一九二〇年頃までのポスターは、北野恒富 (1880-1947)、町田隆要 (信次郎1871-1955)、多田北鳥 (1889-1948)、和田三造 (1883-1967) といった日本画家・洋画家たちが、随所にアール・ヌーヴォーの様式を取り入れながら創意工夫を凝らした、日本のポスターの黎明期と言えるが、いまだ絵画様式的な表現に留まっていた。一九二〇年代に入り、アール・デコや前衛芸術運動に共鳴したり、広告美術に目覚める者たちの熱心な活動によって、日本のポスター及びデザインの概念は新しい展開を見せるのである。

「フランスがつねにポスターにとって選ばれた土地の一つでありつづけていた」(5) とアラン・ヴェイユが指摘するように、一九世紀末に起こった「色彩の革命」は世界のポスター表現に波紋を投げかけた。今日、デジタルメディアによるパーソナル・コミュニケーションが主流になりつつある現代に於いてなお、ポスターは夢と憧れを伝達するメディアとして健在であり、各時代・各国で形を変えながら一五〇年に渡る歴史を保ってることに、私たちは驚きを禁じ得ないのである。

(1) ポスターに最初の浮世絵の影響を指摘できるのはシャンフルーリの小説「猫たち」(1868) のためのエデュアール・マネによるポスターである。単色ではあるものの白い猫と黒い猫を輪郭線とベタ塗りで表現したこの小品は、ポスターに於けるジャポニスムの嚆矢とされている。『ポスターの歴史』(アラン・ヴェイユ著、竹内次男訳、一九九四年) 三二頁。

(2) 『夢の消費社会』(ロザリンド・H・ウィリアムズ著、吉田典子他訳、工作舎、一九九六年) 一〇頁。

(3) 「石に描く―石版画の二〇〇年 ゼネフェルダーからピカソまで」展カタログ (町田市立国際版画美術館、一九九八年) 一〇三頁。

(4) Phillip Dennis CATE, *The Color Revolution, color lithography in France1890-1900*, Rutgers University Art Gallery, 1978, p.17

(5) 前掲書『ポスターの歴史』五頁。

〔参考文献〕Alain WEILL, *The Poster, A Worldwied Suevey and History*, G.K. Hall & Co., Boston, 1985／Jean ABDY, *The French Poster, Cheet to Cappiello*, Studio Vista London, 1969／『グラフィック・デザイン全史』(フィリップ・B・メッグズ著、藤田治彦監訳、淡交社、一九九六年)／『芸術の複製技術時代』(柏木博著、岩波書店、一九九六年)／『ポスター芸術』(ジョン・バーニコート著、布施一夫訳、洋販出版、一九九四年)

31

ファッション・プレートがとどけるパリの香り

西村美香

はじめに

現在、私たちは日常のほとんどを洋服を着て過ごしている。こうして一般の庶民らが仕事着（制服）や外出着に限らず普段着仕様に至るまで、洋服を常用しはじめたのはいつの頃からだろうか。それは歴史的には案外浅く、第二次世界大戦を終えたころからだろうと考えられる。

それから遡ること約二〇年の大正期から昭和初期にかけての期間は、洋装の歴史においては揺籃期といえる時代であった。モダン・ガールやモダン・ボーイと呼ばれる時代の先端を行く若者達が巷に出現し、彼らがこぞって西洋のファッションやモードを取り入れようとした時期であった。戦後、我々の日常の一部と化し、今や和装を生活の片隅にまで追いやった洋装は、このあたりに端を発するとみられる。

一般大衆の日常に、果たしてどのような過程を経て洋装は浸透していったのか。本稿ではその揺籃期と見られる一九二〇年代の、その時期に発行された大衆雑誌を資料に、それらの分析を試み、洋装受容の一端をかいま見ることができればと考える。明治時代に一部の華族や士族といった特権階級が、外国の高官をもてなすために着用した特別の装いの洋装ではなく、一般大衆が日常生活の中で着用した洋装の歴史を探る試みである。

実用としての洋装とファッションとしての洋装

大正期中頃、日本の大衆生活に導入された洋装には大きく分けて二つの方向性が見られた。その一つは、機能性を追求するが故の服装の西洋化である。ここでは西洋化は合理性と密接に関連している。洋装は動き易さなどの点に加え、衛生面からも注目されていた。例えば一九二〇（大正九）年に佐野利器（1880–1956）を中心に結成された生活改善同盟会では、住宅をはじめとして社交儀礼・服装・食事・旅館その他・一般生活ぶりなどの広い分野を対象に改善を進める方針を打ち出している。そのうちの服装改善調査委員会では男子・婦人・児童服の各々の洋装化を宣言しているが、例えば、婦人服についての服装改善の方針は次のようである。

一、婦人服も漸次洋式に改めたい。
二、ことに職業婦人の事務服は洋服にしたい。
三、婦人労務服は筒袖としてモンペ、カルサンの類を用いたい。
四、家庭作業の際には婦人は成るべく上被を用いたい。
五、過渡期に於ける婦人服は袂を短くし、帯幅を狭くし、襟下を閉じ、または成るべく袴（もしくはスカート）を用いて身丈を短く

図102　『婦人グラフ』第１巻第８号表紙
大正13年12月
表紙には竹久夢二の版画が貼り込まれている。

図103　*Art, Goût, Beauté*　No.28-3 表紙
1922年12月

し、且つ洋式下着を用いたい。(1)

生活を合理的に過ごすために服装の機能性を重視し、そのための洋装の提唱であった。しかし現実には男性の外出着や仕事着を除いては、洋装はなかなか定着しなかった。この提唱の五年後の一九二五（大正一四）年五月の時点で、今和次郎（1888-1973）の銀座街頭での調査によると、洋装・和装の比は男性で六七％対三三％であったのに対して、女性ではなんと一％対九九％であった。その後、一九二六（大正一五）年夏になって一般女性の間にアッパッパと呼ばれる和洋折衷ともいえる簡易服が家庭着として流行したが、女性の洋装（アッパッパを正確に洋装といえるかどうかは疑問ではあるが）はその程度であった。女性外出着では、それより遅れて昭和時代に入ってようやくモダン・ガールつまり一部の流行を先取りした若者女性らの間で、断髪とともに洋装がちらほらとみられるようになったのがはしりであろう。

〝モガが着るようなファッション性の高い洋装〟それがもう一つの洋装化の方向性であった。生活改善同盟の提唱は洋装といっても実用本位で特に女性の分野に限っていえば、モンペやカルサンなどおしゃれからは程遠い存在にあった。しかしいつの時代においても、女性の美しく装いたいという願望は強いものである。職業婦人や女学生といった流行に敏感な女性たちの間では、生活改善同盟の実用主義とはまた違った方向性、つまりおしゃれやモードといった観点からの着衣の西洋化が支持された。

彼女らはそうしたファッションやモードの情報を外国映画や雑誌によって得ていた。銀幕のルイズ・ブルックスやグロリア・スワンソンらは多くのモダン・ガールのお手本・教科書となっていたし、大正時代は婦人雑誌の創刊ラッシュでもあった。

パリのファッション・プレートと日本の雑誌

我が国では第一次世界大戦後、女性の社会進出が盛んになり、それにより婦人問題が社会問題として意識され、女性の学歴が上昇し、識字層の増加などの現象が見られた。それらを背景に、早くは明治末頃には婦人雑誌が発刊されはじめた。『婦人画報』（一九〇五年七月創刊）や『婦人世界』（一九〇六年一月創刊）、『婦女界』（一九一〇年三月創刊）などがそれである。大正に入ると、引き続き『婦人公論』（一九一六年一月創刊）や『主婦之友』（一九一七年三月創刊）、『婦人倶楽部』（一九二〇年一〇月創刊）、『女性改造』（一九二二年一〇月創刊）など実におびただしい数の雑誌が出版された。このうち『婦人公論』や『女性改造』は教養派の啓蒙的傾向が強く、『主婦之友』『婦人倶楽部』などは衣食住や育児、美容など実用本位の雑誌であると評されている。今でいうファッション雑誌はこの頃本格的なものはフランスやイギリスから輸入されていたようだが、輸入雑誌は価格や発行部数の関係から、一部の百貨店や化粧品会社などにおかれる程度で、一般の庶民がまだまだ手にできる代物ではなかった。本場の洋雑誌の閲覧はままならないが、それらを意識した婦人雑誌は我が国でも出版され、一般庶民も目にすることができた。

一九二四（大正一三）年五月に国際情報社から発刊された『婦人グラフ』（図102）はそうした西洋の雰囲気を漂わす雑誌であった。フランスのファッション・ブック『アール・グー・ボーテ』*Art, Goût, Beauté*(2)（図103）を基に、その装幀から判型、編集デザインに至るまでをそっくり模した雑誌である。

『アール・グー・ボーテ』をはじめとするヨーロッパのファッション・ブックは「これからくるであろうファッション情報を伝える

図104　『女性』第9巻第5号表紙
大正15年5月
図105と比較すると背景の木や人物の足下を真似ていることがわかる。

図105　*GAZETTE DU BON TON*, 1-7-8　1913年

ための図版」(3)―ファッション・プレート―と呼ばれる紙片を数葉挟み込んで発刊したものであった。一八世紀末にフランスやイギリスを中心に登場し、産業革命による繊維産業の隆盛と市民社会の出現を背景に一九世紀にはいると発展し、爛熟した媒体であった。

それに対して『婦人グラフ』は正確にいうとファッション雑誌ではない。表題にある通り写真やイラストレーションを中心に当時の風俗や文化を紹介するグラフ雑誌であった。華族や士族の令室や令嬢のポートレートを写真で紹介したり、軽い読み物として随筆が毎回掲載され、それに人気作家の竹久夢二(1884-1934)らのイラストレーションが添えられた。そして髪型や化粧法、それに洋装の写真などのファッション情報も掲載されていたのである。

『婦人グラフ』が『アール・グー・ボーテ』を模したのは内容よりもその外観で、表紙はもちろんのこと、目次の入れ方や中表紙にプリント・デザインを挟み込むこと、カラー・イラストレーションを別刷りの紙で貼り込むこと、裏表紙にイラストレーションとあわせた社名を刻印することなど、右開きと左開きの違いこそあれ、それを除けば雑誌制作の手法は酷似したものだった。ただし、表紙に貼り込まれたイラストレーションは、本家がヨーロッパのイラストレーターによるファッション画の版画であったのに対して、『婦人グラフ』では竹久夢二や伊東深水(1898-1972)、亀井実といった当代人気画家の木版画(機械刷りではあるが)であったり、あるいは油絵をオフセット印刷で再現したものが用いられたりした。

雑誌の性格上からもそれら表紙絵はすべて女性を描いたものであった。モダンな香りを漂わせながら和装の女性像に混じって洋装の女性像も多く描かれている。雑誌全体としてもヨーロッパのハイカラな雰囲気を醸し出し、当時としてはかなりハイセンスな雑誌であったと想像される。『婦人グラフ』を手に取った読者は、知らず知らずのうちにフランスの息吹を感じていたのかもしれない。

またこれよりももっと直裁的に、フランスのファッション・プレートを用いた雑誌もある。『婦人グラフ』に先んじること二年、一九二二(大正一一)年に創刊された『女性』(図104)がそれである。『女性』は中山太陽堂(現クラブコスメチックス)なる化粧品会社の系列にあたるプラトン社という出版社から発行された雑誌で、一九二八(昭和三)年に廃刊となるまで、刊行された半数近くの表紙にファッション・プレートの図柄が流用された。バルビエ(1882-1932)やベニート(1891-?)、ルパプ(1887-1971)といったヨーロッパきってのイラストレーター達によるイラストレーションが『女性』表紙に再現されているのである。

しかし実は『女性』もファッション雑誌ではない。菊池寛(1888-1948)や谷崎潤一郎(1886-1965)、永井荷風(1879-1959)らが小説や随筆を書き、北原白秋(1885-1942)が詩歌を寄稿するといった文芸雑誌であった。またそれらに並んで、生活の合理化やファッションの西洋化、それにもちろん本家・化粧品会社による当代の化粧法、流行の髪型なども論じられる総合雑誌でもあった。『女性』はモードやファッションを伝える専門誌ではなかったが、本文中で盛んに論述されている先進的な女性の、彼女らの姿や装いは、表紙や本文中でイラストレーションにより表現され、ふんだんに掲載されていた。『女性』は全七二冊のうち判明しているだけで半数近くに及ぶ三〇点の表紙がフランスのファッション雑誌『ガゼット・デュ・ボントン』*GAZETTE DU BON TON*(4)（図105）や『モード・エ・マニュエル・ドォジュルデュイ』*Modes et Manières d'Aujourd'hui*(5)のプレートからのそのままあるいは若干の変更を加えて流用したものであった。

それらを分析してみると、原画をそのままに用いているものから原画のサインだけを消しているもの、サインの削除を含め色彩や背景、人物の細部を原画とは若干変えているもの、原画の一部を用いて再構成したもの等があることがわかる。こうした模倣の作業が行われたのは、著作権に関する認識が欠落していたからに他ならないが、完全に写すのではなく描きかえがなされたのは、一つには製版技法が違うこと、また一つにはイラストレーションに課された役割が違うことが理由としてあげられる。

製版技法の違いというのは、『ガゼット・デュ・ボントン』などヨーロッパのファッション・プレートの多くはポショワール呼ばれる一種のステンシル技法（型紙を用いた手刷りの彩色法）で刷られた版画であったのに対して、『女性』ではそれらを石版もしくはオフセット印刷で再現している。その際、版を起こす段階でつまり製版段階でおそらく描け版と呼ばれる手法が使われていたと考えられる。手描きで形を拾い、色版に分解していくこの方法は、写真製版とは違い、製版の職工の思惑や手技が形に反映される。従って原画とぴったり同じでないということが生じてくるわけである。

しかし『女性』表紙はそうした消極的な理由のみで描きかえられたのではない。むしろ第二の理由「イラストレーションに課された役割の相違」が大きく要因している。イラストレーションに課された役割とは、ファッション・プレートは当代流行の洋服を〝実際に着るため〟に表現したファッション画であったのに対して、『女性』ではそれらは雑誌の顔である〝表紙を飾るため〟に用いられた図柄であった。そのため色彩や背景に変更が加えられた。着衣目的としては適当な洋服の色合いも表紙絵としては華やかさに欠けるという理由からである。確かに実際に着用する服の色合いはおおむねシックで、もしくは着るには派手な色合いだとしても、その派手さは鑑賞する目的のものとは趣を異にする。表紙ではファッション・プレートそのままでは〝絵にならない〟ために色彩を変更し、そればかりか背景を描き足したりあるいは単純化したり、寸法もうまく画面に収まるように調整したりと様々に工夫が重ねられた。

ここに西洋文化の日本への受容の興味深い点がみられる。確かに『女性』表紙をみるとまだ見ぬフランスの地の、モードの香に触れることができる気さえするのだが、興味深いことに『女性』にしろ『婦人グラフ』にしろ、西洋のファッション・プレートを原画の当初の目的である〝実際に着用するモードの参考〟としては受け止めていない点がある。まずは西洋の〝雰囲気〟になれることが先決であった。洋装が生活に浸透するにはいくつかの段階を経るわけだが、『婦人グラフ』や『女性』の存在は、洋服が実際に装われる前に、目で見て楽しむあるいはその雰囲気だけを味わうものといった、一種の予備教育というか慣らし運転的な、ある一定の期間のあったことを示唆している。

洋装を描いたイラストレーション

現代とは違い、それまで西洋にふれることなく伝統の衣装の中で暮らしてきた明治・大正の人々にとって、洋装はさぞ異質に映ったことであろう。事実、一九二八(昭和三)年の時点においてさえも「洋装は便利で結構でありますが、我国の人には見馴れて居ないのですから、挑発的に映る様な形や色彩のもの、又その着方がだらしなかったりすることは、慎まねばなりません。」という記述が見られたりもする。(6) 実際に洋服を着たモダン・ガールが現れるのは昭和に入ってからで(それさえも一部の突端を行く人たちであった)、本格的なファッション雑誌あるいはスタイル・ブックなどと呼ばれるものの登場はさらにそれより遅れる。芦屋で発行された『ファッション』(一九三三年一二月創刊)や文化服装学院発刊の『服装文化』(一九三四年創刊)、宇野千代(1897-1996)の『スタイル』(一九三六年六月創刊)などは、いずれも昭和一〇年前後になってからの出版であった。

明治維新以来、西洋化へ邁進を続けてきた日本ではあったが、やはりそれは一朝一夕には成し得なかった。ヨーロッパのファッション・プレートは日本において、いきなり装うためのデザインとして受け入れられたのではない。まずは図柄を愛でるための美しいイラストレーションとして認識することから始まった。目に慣れ、親しませておいてから、そうして次に日本の生活になじむように消化し加工されたのである。そうした着衣における西洋化の一端が、大正期に出版された婦人雑誌のデザインにはかいまみられるのである。

(1) 中山千代『日本婦人洋装史』吉川弘文館、一九八七年発行参照。
(2) *Art, Goût, Beauté* Paris, 1921-1933
(3) 伊藤紀之『ファッション・プレートへのいざない』フジアート出版、一九九一年一月発行参照。
(4) Lucien Vogel, *GAZETTE DU BON TON*, Paris, 1912-1925
(5) *Modes et Manières d'Aujourd'hui*, Paris, 1912-1922
(6) 『モダン化粧史　粧いの八〇年』ポーラ文化研究所、一九八六年一一月発行、一四〇頁。初出：青木良吉編『実用最新衣服と整容法』一九二八年発行。

32 アイリーン・グレイと日本——屏風から建築への展開——

川上比奈子

はじめに

一九二五年、パリで盛大に開催された現代装飾美術・工業美術国際博覧会 Exposition internationale des arts decoratifs et industriels modernes の会場に、アイリーン・グレイ（1878-1976）の作品はなかった。この通称アール・デコ博には、装飾芸術家は大いに出品したはずである。当時、グレイが制作する漆塗りの家具は裕福な顧客層を魅了し、彼女はギャラリーを開くまでになっていた。にもかかわらず彼女がこの博覧会に出品しなかった理由は定かでない。ただその頃、彼女は最初の建築作品、E.1027 の計画に取り掛っていた。一九二五年は、グレイが装飾芸術家から建築家へ踏み出そうとする、いわば転換の年でもあった。

住宅 E.1027 は、ル・コルビュジエが特別な関心を寄せ、グレイに無断でその内部に壁画を描いてまで独占しようとしたことでも知られる近代建築である。白い壁、フラットルーフ、船をイメージさせる外観を持つ E.1027 を一見すると、それまでのグレイ作品との間に大きな隔たりがあるように見える。それゆえに、グレイの作風は一九二五年頃を境にして前期と後期に二分されるように理解されている。前期は表面的装飾芸術で、後期は抽象的空間芸術という風にである。実際のところ、アーム部分に蛇の形が彫刻されたような初期のソファデザインと E.1027 を較べれば、およそ同一人物の手になるものとは思えない。しかし、E.1027 に至ってもなお、初期の家具デザインに通ずる特徴があるのもまた事実である。例えば、グレイの作品群を特徴付ける性質に「可動性」がある。家具や建築の一部が平行に動いたり回転したりと、「可動性」を活かしたデザインが極めて多いのである。中でも、構成要素の一部を「折り曲げる」ことによって「可動性」を生み出す手法にグレイは着目しており、家具デザインにも建築にも繰り返し採択された。その「折り曲げる」手法の源をグレイの全作品の中に探ると、漆塗りに専心した頃の屏風作品にまで行き着く。そして、彼女に漆塗りの技術を本格的に教えたのは、日本人漆芸家、菅原精造だった。

グレイと日本の関係について考えるためには、まず、グレイと菅原の交流関係について考察しなければならないだろう。しかし、ここではそれだけに留まらず、前述の「折り曲げる」デザイン手法が、漆塗り屏風から建築 E.1027 のデザインに展開する過程を見ていきたい。なぜなら、漆芸を受容した後に、グレイの作品がどのような展開を示すのかを考察することによって、日本との交流の奥行に触れることができると考えるからである。

グレイと漆芸と菅原精造

グレイが初めて漆塗りの屏風に接したのは一九〇一年頃、ヴィクトリア&アルバート美術館の展示物を見たときだった。当時、二三歳のグレイは故郷のアイルランドから離れて、ロンドンで美術学校に通う貴族の子女だった。その後、彼女はパリで絵画を学び、一旦、ロンドンに戻った一九〇五年、漆器修理店を偶然見つけ、漆塗りの魅力を再確認する。その店の経営者に働かせてくれるよう頼み込むのである。グレイ評伝の著者ピーター・アダムによると彼女は漆塗りの高貴な素材感と触感の滑らかさに魅せられていたという。[1] 絵画より漆塗りを習得したいと強い意志を固めてまもなく、グレイはパリにいた菅原を紹介され、本格的に漆の修業に入っていく。

菅原精造（1884-1937）は山形県酒田市出身の漆芸家で一九〇五年、フランスに渡った。菅原の経歴に関する情報は、現在のところ錯綜しているが、外務省外交資料館に残る旅券下付表に照らすと、その渡仏理由は「辻村延太郎に随行」するためだったことがわかる。当時、彼が師事していた漆芸家の辻村松華（延太郎）が、ガイヤールに招聘されて渡仏するのに随行したのである。[2] 辻村はその二年後に帰国したが、菅原は一九三七年に没するまでフランスに滞在し、幾人もの芸術家に日本の漆芸を教えた。

『ジャポニズムとフランスの装飾芸術』を著したアイデルバーグとジョンストンは「フランスの人々が作品だけでなくそれを作る日本の職人とじかに接するチャンスが増えていったこと」を重視した。その一例として「グレイが菅原という人物について東洋の漆の技法を学び始めたこと」を特筆し、「ジャポニズムは一九世紀中期から末期にかけての短い間にだけ限定されるものと考えがちだが、決してそうではなく、近代フランスの装飾芸術の歴史全体にかかわるものであった」と続けている。[3] また、アンドレ・ロラク・ゲルボーはその著書『漆の芸術』*L'Art du Laque* の中で「フランスの漆芸術は菅原に多くを負うている……彼以前に漆芸術はなかった」とまで述べている。[4] 欧州に日本漆器が紹介されたのは徳川初期、諸外国との通商が始まって以来のことであるが、明治に入って日本人漆芸家たちが海を渡り、その伝統技法を漸く本格的に広めてゆくことになる。そうした職人達の中でも菅原は、技巧において最も優れた漆芸家の一人だった。[5] その菅原が初めて日本漆芸を伝授し、また長期にわたって協力した欧州人がグレイであった。一九〇七年頃から二人は師弟関係に入り、グレイが菅原のために工房を設けた一九一〇年頃には雇用関係に移行する。菅原は数々の家具や室内装飾の仕事でグレイに協力した。一九二七年、菅原にアトリエを与えた後、グレイは建築の仕事に没入し始めたが、少なくとも一九二九年までは二人の交流は続き、アダムによればE.1027竣工後も、新しいデザインについて話し合うことが多かったという。[6]

菅原は化学塗料によるラッカー工芸や中国の堆朱塗に対して、日本漆芸の伝統技法を一貫して擁護した。グレイはその姿勢に多くを学びながら、小品パネルを習作した。やがて彼女は高度な漆工技術を身に付けて家具作品を生み出し、自身の作風を確立していくことになる。以下では、グレイが素材やデザイン手法の模索を繰り返した屏風の展開に焦点をあて、その経過を追うこととしたい。

漆塗り屏風

　グレイが菅原の協力を得て、初めて手がけた漆塗り屏風は、一九一二年制作の「銀河」と題されたものである。山をまたぎ越す裸体像が描かれ、背景に発色が難しいとされる青色が施されていた。屏風の四曲の上部に渡って広がる髪の部分に真珠母（核を持たない半球形の真珠）が象眼され、表題の銀河を表現している。続いて一九一三年、彼女は「運命」を制作した。一九六八年にオークションで法外な値が付いて競り落とされたことから、グレイ再評価の切っ掛けとなる四曲の屏風である。この屏風の表の面には、濃朱漆塗り背景に二人の若者と一体の亡霊のような老人が濃紺とシルバーグレイで描かれ、裏面には渦を巻く曲線がシルバーグレイと黒で抽象的に描かれている。これらの屏風を見ると、グレイが象眼や蒔絵など日本漆芸の伝統を踏襲し、屏風形状は四枚に折れ曲がる四曲形式をもってはじめたことがわかる。

　一九二二年から一九二四年にかけてグレイは、「ロタ通りのアパルトマン」とよばれる室内装飾を実現する。客間の壁面やテーブルや書棚など、全てが漆塗りで仕上げられた。その中でも特筆すべきは、漆塗りパネルによって埋め尽くされた玄関ホールのデザインである。四五〇枚におよぶ小型長方形の漆塗りパネルが、レンガのように九段に組み立てられている。パネルのほとんどは狭い玄関ホールの両壁に据え付けられているが、サロン入口ドアの手前では一段おきに角度を変え、折り曲げて配された。それはまるで壁から屏風へと変化していくかのようである。この配し方よって小型パネルが微妙な角度で向き合うことになり、それぞれの表面が光ったり映りあったりする効果が得られる。漆塗り独特の素材感と触感が一層引き立ってくることに、グレイは着目したのではないだろうか。この多分割多曲ともいえる玄関ホールの室内装飾は、その後、様々なバージョンで制作された屏風「ブリックスクリーン」の原形となるものである。アダムがまとめたグレイ作品目録を見ると、「ブリックスクリーン」は白や黒の漆で仕上げられたり、四五や五〇に分割数を変えられたりしながら、その総数は少なくとも一一作品に及ぶ[7]。それらはいずれも小型長方形の漆塗りパネルの長辺小口に真鍮の棒を貫通させ、複数のパネルが自由に回転する仕組みになっていた。

新素材・非対称分割の屏風

　この後、グレイは漆塗りはもとより様々な新素材で屏風を制作した。例えば金属製の屏風がある。その内の一つは、改装作品担「シャトーブリアンのアパルトマン」の室内に見ることができる。緩い円弧型の金属板に丸い小穴が多数くりぬかれ、白く塗装された四曲の屏風である。これと類似して、フラットの金属板に四角い穴が細かくあけられた四曲のメッシュ製屏風も制作された。一九三〇年から一九三五年ごろには、セルロイド製の屏風もある。それは細長い色付きのセルロイド板が円弧型の金属枠にはめ込まれた五曲の屏風で、折り曲げると湾曲したセルロイドが重なり合い微妙な色の濃淡を生み出すものだった。その生涯の最晩年（九二歳頃）に至ってなお、グレイは新たな屏風に挑戦している。コルク材でできたその作品は全曲をフラットにすれば長方形の形状になるものの、普通なら四曲に別れる領域が大小の矩形で相互に貫入して分割され、複雑な折れ曲がり方をする。「ブリックスクリーン」を非対称な形状に発展させたものと見ることができ、これが新素材に挑戦し単体として制作したグレイ最後の屏風となった。六〇年に渡って彼女は屏風を作りつづけたことになる。(8) 彼女が屏風という表現形式に、いかに興味を抱いていたかを表しているといえよう。

屏風から鏡へ、テーブルから建築へ

平面を「折り曲げる」という屏風の特質に着目するならば、E.1027の室内にも屏風の発展形を様々に見いだすことができる。例えば居間スペースとシャワールームとを分節するために設けられた衝立壁に連続する細長いパネルは、非対称に分割されて折れ曲がる。また、仕事部屋兼寝室のアルミニウムとコルクでできた衣装棚は、扉を開いた時、その背面が屏風の役割を果たす。更に洗面コーナーの鏡は垂直長方形の左上で小さな矩形部分がヒンジによって折れ曲がり、自由な角度で姿を見ることができるようになっている。このデザインが、屏風の機構に着想を得たものであることは疑いないだろう。E.1027は、一九二九年『ラルシテクチュール・ヴィヴァントゥ』*L'Architecture Vivante* 誌に「海岸の家」と題して発表された。この特集号には、写真や図面と共に、グレイによって四つの模式図が掲載された。(9) その中に屏風と関係の深い模式図Bがある。この図は、折り畳み式ティーテーブルのデザインを説明する図で、平面形の一部を折り曲げて別の形と機能を生み出す手法を示している。長方形天板の一部を折り曲げて脚部にしているのである。これは前述の鏡に見た折り曲げ方を九十度転回した手法といえる。つま

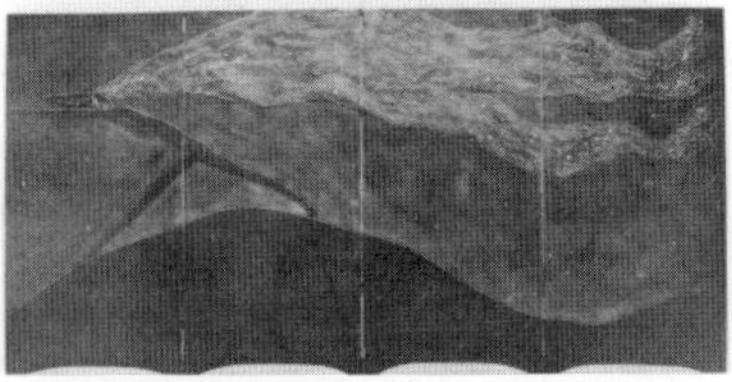

図106 《銀河》1912
グレイ最初の漆塗り屏風。真珠貝が象嵌されており、四枚に折れ曲がる。
Wendingen, series Ⅵ, no.6, 1924（京都工芸繊維大学美術工芸資料館所蔵.AN.3662）

図107 《ロタ通りのアパルトマン》
玄関ホール 1922～1924
450枚の小型漆パネルで埋め尽くされたホール。積み上げられたパネルが出入り口の手前で一段置きに角度を変えて「折り曲げ」られている。*Wendingen*, series Ⅵ, no.6, 1924.

図108 《モンテカルロの部屋》
ブリックスクリーン 1923
第14回装飾芸術家協会展展示作品。白い漆で仕上げられた「ブリックスクリーン」が2点、設えられている。同様のデザインで11種類の屏風が作られた。*L'Architecture Vivante*, Automne & Hiver,1924（京都工芸繊維大学図書館所蔵）

り、ティーテーブルはその基本形が水平面であり、鏡では垂直平面であるものの、矩形の中でさらに小さな矩形を折り曲げ、別機能を付加する点で同手法である。鏡のデザインを介して、模式図Bが屏風の「折り曲げる」機構から発想された手法であることが指摘できよう。更に、スケールの大小にかかわらずこの手法の応用を探してみると、テラスの階段のあり方にその顕著な例を見ることができる。すなわち、テラスをかたどる矩形床板の南西角の一部分を水平軸で折り曲げ、曲げられた部分に階段を配した様子は、模式図Bが表す手法を家具から建築エレメントへと展開させたことを示しているのである。また、南側にとられた大きな開口部はジグザグに折れ曲がる窓である。ガラスの屏風が窓の役割を果たしているとでもいえるだろうか。

E.1027の実現に至って、グレイが屏風の機構から発展させた「折り曲げる」手法は、屏風本来の伝統的機能を越え、テーブルや鏡など家具におよび、更に窓や床などの建築エレメントにまで敷延されていったのである。

　これまで見てきたように、萱原から日本の漆芸を受容した後のグレイの創作活動は、象眼を施すような表面処理で漆塗り工芸品を作るだけに留まらなかった。まず一枚もののパネルから始まった漆塗り作品は四枚に折れ曲がる屏風に移り、分割数を増して、四五枚、五〇枚と細分されてゆく。やがて分割法が検討され、非対称の折れ曲がりが考案される。素材の可能性も探られ金属やセルロイド、コルク、鏡、ガラスなどが漆に替わって試された。また「折り曲げる」軸の方向が垂直から水平に九〇度転回し、屏風以外の家具に応

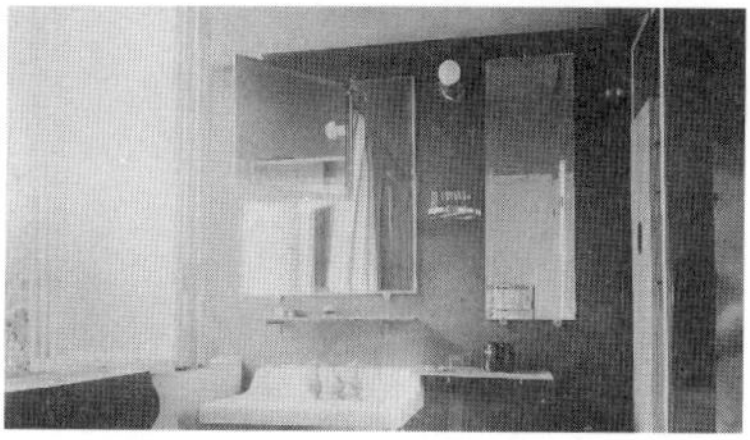

図109《鏡》1926～1929 E.1027 洗面コーナー
　長方形鏡の一部、小さな矩形部分が「折り曲げ」られる。「ブリックスクリーン」の手法を新素材、別機能に展開した例。
L'Architecture Vivante, Automne & Hiver, 1929.（京都工芸繊維大学図書館所蔵）

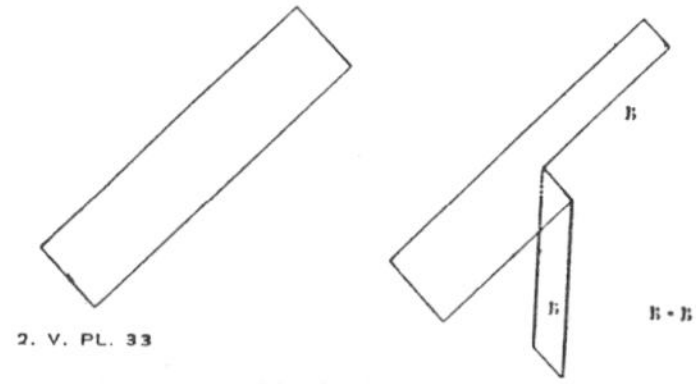

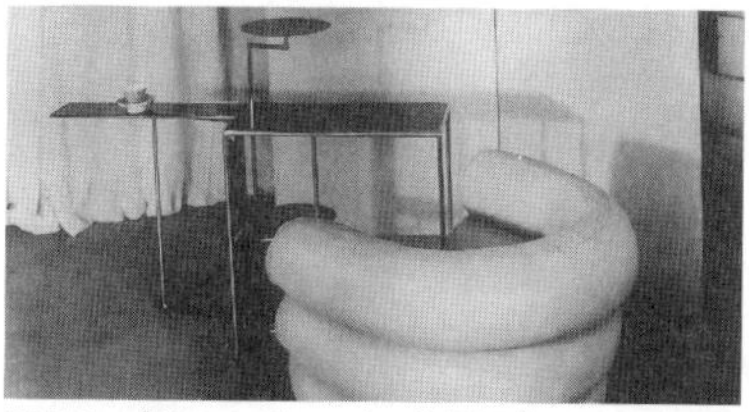

図110　《ティーテーブルと図B》1926～1929
　図Bの操作そのものを形にしたテーブル。天板の一部を折り曲げ、脚部にしている。鏡の「折り曲げる」機構を90度転回したものとみなせる。
Adam, P., *Eileen Gray Architect/Designer*, Harry N. Abrams, 1987

図111　《E.1027》南西外観とテラス階段
　1926～1929
　テラスの矩形床版の一部が「折り曲げ」られ、階段が配されている。図Bの操作を建築エレメントに適用したことが見て取れる。
L'Architecture Vivante, Automne & Hiver, 1929.

用された。さらに規模を拡大して、建築のファサードを特徴づける窓やテラスと階段の関係にまで適用された。このように漆塗り屏風に出自をもつ「折り曲げる」手法へのグレイのこだわりは、空間の創出に展開していったのである。

おわりに

『一九二五年様式』の中でイヴォンヌ・ブリュナメールは、アール・デコ博に参加した芸術家を大きく二派にわけて説明した。[10] その内の同時代派と呼ばれる人々は、従来の装飾芸術を洗練させていこうとする伝統主義者であり、他方、現代派と呼ばれる人々は、装飾のあり方に疑問を抱き方向性を問い直そうとする近代主義者だった。ブリュナメールも言うように、グレイがもし出品していたなら属する流派は後者に当たるだろうが、彼女は装飾の可能性を完全に捨て去ったわけでもなかった。彼女の作家活動に一貫して用いられた「折り曲げる」手法の反復と展開は、装飾の別なる可能性、つまりは空間の可変性にグレイが執心していたことを示している。通常、アール・デコの中でも伝統主義者が耽溺した表面装飾は、近代主義建築の対局として捉えられる。近代主義建築が重視した空間のヴォリュームを損なうものと見做されたからである。しかし、日本漆芸の受容から始まったグレイの装飾的なるものは、空間のヴォリュームを侵すのでなく新たに創り変える可能性を模索していた。グレイは晩年、次のようにブリュナメールに語っている。[11]「私の理想、それは我々の時代のものを作り出すことでした。その時に可能ではあったが誰もやったことのないものを作り出すこと」

当時、菅原を介して日本漆芸の影響を受けた芸術家は他にも幾人もいたが、グレイは屏風のデザイン手法を近代建築に適用するという誰とも違う展開のしかたで、その作品に日本との交流を反映させたわけである。

(1) Peter Adam, *Eileen Gray: Architect/Designer*, Harry n. Abrams,New York, 1987, pp.49-50.(訳本：ピーター・アダム、小池一子訳『アイリーン・グレイ　建築家デザイナー』リブロポート、一九九一年)

(2) 「東京美術学校近事」『東京美術学校校友会月報』第四巻第一号、一九〇五年、一九頁。そのほか菅原の経歴に関しては、森谷美保「菅原精造」『薩摩治郎八と巴里の日本画家たち』、一九九八年、共同通信社、一一六頁、および拙稿「菅原精造の活動について」『デザイン学研究第47回研究発表大会概要集』日本デザイン学会、二〇〇〇年六六～六七頁を参照されたい。

(3) マーティン・アイデルバーグ、ウィリアム・R・ジョンストン、「ジャポニズムとフランスの装飾芸術」『ジャポニズム　一八五四年から一九一〇年にかけてのフランス美術に対する日本の影響』国際墨技専門学校出版部、一九八二年、一六六頁。

(4) Andrée Lorac-Gerbaud l'art du laque, Dessain et Tolra, Paris, 1973, p.110.

(5) 片山佳吉「パリを中心とした欧州内外漆工家略記」『漆と工芸』382号、一九三三年、一九～二〇頁。

(6) Adam,op.cit.,pp. 239.

(7) Ibid., pp. 381-382.

(8) 一九七五年には、最後の「ブリックスクリーン」を制作している。

(9) *L'Architecture Vivante*, Paris, Albert Morancé, Automne & Hiver 1929,p. 31.(リプリント版はニューヨーク、ダ・カーポ社より一九七五年に刊行されている)

(10) イヴォンヌ・ブリュナメール(竹内次男訳)『一九二五年様式／アール・デコの世界』岩崎美術社、一九八七年、四九頁。

(11) ブリュナメール、前掲書、一〇〇頁。

33 ル・コルビュジエと日本の近代建築

松政貞治

ル・コルビュジエ（1887-1965）（以下コルと表記）が二四歳の一九一一年五月に手帖を手に出掛けた五ヶ月余りの「東方への旅」は、その後の彼の建築作品と著作の様々な局面に影響を与えた。プラハからドナウを下り、イスタンブール、アテネ、ローマなどを、文化、民俗、工業の差異を意識しながら旅している。アクロポリスの丘でパルテノンを前にした時の手帖への記述には、「運命の芸術」への驚愕が語られている。遙か東の日本の多くの近代建築にも、彼のこの旅の経験に始まる「間テクスト的な」参照関係が観られる。手帖への記述以来、パルテノンは建築一般の起源を表象する「恐ろしい機械」として、彼の建築による「詩」のメタ言語と見做され、彼を巡る過去と近代、西と東の「照応」の旅の始まりとなる。

レーモンドとル・コルビュジエの三人の弟子、前川・坂倉・吉阪

日本では、明治以降しばらくは西洋建築を殆どそのまま移入し、一八七〇年代には擬洋風と呼ばれる和洋折衷の前近代的様式が成立する。その後、様式の過度な適用という意味での歴史主義を否定し、単純な模倣から脱した建築を唱えた日本分離派（1920）は、近代建築の発端となる。フランク・ロイド・ライトが受容され、分離派に沿って表現主義やデ・ステイル、バウハウス的な近代主義が日本に誘導された土壌の上に、二一年以後にコルが様々なメディアにより紹介される。コルと日本人の接触は二三年の薬師寺主計が最初である。コルの日本での受容は急速であり、二九年に各建築誌は彼の特集を組み、広く知られることとなる。コルの日本への影響を概観する時、重要な役割を果たしたのはアントニン・レーモンドである。ライトが帝国ホテル（1922）のために日本に送ったこの若いチェコ人建築家は、竣工後も日本に留まっている。打放しコンクリート仕上げをコルがスイス学生会館（1930-32）において初めて採用しているのに対して、レーモンドは二四年の自邸「霊南坂の家」において日本で最初に壁面に用いている。三〇年にパリから帰国した前川を所員に迎え、絶えずコルを意識しながら日本建築の構造要素の露出や素材の扱いの単純性を表現し、コルと日本の伝統及び近代建築との間で独自の位置を占めている。レーモンドの軽井沢夏の家（1933）が米建築雑誌に掲載されると同時にコルから抗議された。実際、特徴的な逆折り屋根を持つ、チリの山荘エラズリス邸計画案（1933）を日本的に変形したことをレーモンドは認めている。コルは作品集の中でこの作品の写真や図面を称賛とも皮肉とも取れる記述と共に掲載している。

直接、コルのアトリエで働いた日本人は六人であるが、長期間滞在し、彼と日本との関係において重要な役割を果たしたのは、前川、坂倉、吉阪の三人である。前川國男は二八年の大学の卒業式の夜にパリに向けて出発する。初出勤の日にコルに竣工後のスタイン邸(1927)に連れて行かれ衝撃を受けている。三〇年の帰国までの二年間に、最小限住宅や救世軍避難所(1926-27)を担当し、サヴォワ邸(1929-31)の設計に立ち会っている。コルの果敢な活動に日本人として最初に接した前川は、コル流の近代建築の萌芽を日本に持ち帰り、それを最初から育てるという歴史的な役割を強く感じていた。三〇年にレーモンドのアトリエに入り『今日の装飾芸術』を翻訳している。三五年に独立するまでにも、全てのコンペにフラットルーフの国際様式で参加している。三一年の東京帝室博物館競技設計では、日本趣味を求める応募要項を無視して落選し、屋根のかかった帝冠様式のものが当選した。このコンペの彼の案の構成は、コルのセントロソユス本部(1928-33)を想起させる。その後も前川は、しばしば伝統と近代主義との関係について最も真剣に論じた建築家であり、「過去の様式の底より抽象し来れる傾向が類型として新たなる衝動として、新しき時代の新しき形成の動因となる」(1942)ことを確信していた。四二年の在バンコック日本文化会館競技設計で前川は初めて屋根をかけた「日本的なもの」を設計している。これは転向だとしばしば非難されたが、前川は書院造の内外の一体的な接客空間の伝統的な類型を近代的に変形することを試みたとも解釈できる。コルの影響は、岸記念体育会館(1941)や紀伊國屋書店(1947)のピロティ、晴海高層アパート(1959)のユニテ(1946-52)と同様のスキップ・フロア方式などに見られる。

図112 《フィレンツェのエマの僧院》14世紀
「東方への旅」で訪れたこの僧院の共同性と簡素な空間は、ラ・トゥーレット修道院を始めとするル・コルビュジエの全ての建築に通底する都市的共同性の原型となる。(撮影：松政貞治)

図113 《ポワシーのサヴォワ邸》1929-31
パリ郊外のこの住宅は、初期の「白の時代」の代表的な作品。ル・コルビュジエが近代建築の五原則として掲げるピロティ、屋上庭園、自由なプラン、水平連続窓、自由なファサードに則って構成されている。(撮影：松政貞治)

図114 《パリ万国博覧会日本館》1937
坂倉準三がル・コルビュジエの事務所にいる間に、合理性と地方性、歴史性の総合というル・コルビュジエの理念に基づいて設計した作品。日本の近代建築の重要な先例となった。(日本建築学会編『近代建築史図集』)

また「私にはロンシャンの建築がわからない」と言いつつ、六二年の東京カテドラルのコンペの最初のエスキースはそのロンシャン礼拝堂（1950–55）の模倣から出発している。また京都会館（1960）や東京文化会館（1961）、紀伊國屋書店新館（1964）などの軒庇では、ロンシャンとチャンディガール（1951–62）が融合されている。

坂倉準三は三一年に前川の帰国と入れ替わるようにしてコルのもとに赴き三九年まで留まっていた。ソビエト・パレス（1931）、農村再建計画案（1934–38）、マトゥの家（1935）を担当している。当初三七年に坂倉はパリ万国博覧会日本館を独力で実現している。当初は前川や前田健二郎が関与していたが、紆余曲折の末、坂倉が実現した。日本側は坂倉案の「非日本性」への不満からパリ博の建築コンクール応募を拒否したにも拘わらず、審査委員長のペレは坂倉案にグランプリを与えた。前川は、開放性と木造的な鉄骨柱のピロティの繊細さを持つ坂倉案を、後に岸記念体育会館の参照対象にしている。欄干を想起させる手摺りや「ナマコ」壁、障子のようなガラス窓など、伝統的な建築言語を近代的に変形し、ドミノと菱格子を総合した構成は、形態の直截的な比喩ではない。坂倉の五一年の東京日仏学院は、透明なファサードの分節手法がコルの救世軍避難所に類似している。五二年の神奈川県立近代美術館に見られる鉄骨造の繊細な表現と大谷石などの素材を活かした環境との文脈的配慮などの伝統の翻訳は、パリ博日本館の手法を再確認するものである。

吉阪隆正は五〇年から二年間、コルのアトリエに通い、ジャウル邸（1952–56）やロク・エ・ロブ住宅（1949）、ナントのユニテ（1953–57）を担当している。帰国後は『モデュロール 2』や『建築をめざして』、『ル・コルビュジエ全作品集』などを翻訳出版し多くの著作を残している。自邸（1955）や浦邸（1956）では組積壁にコルの影響が見られ、ヴィラ・クゥクゥ（1957）やアテネ・フランセ（1960）では鉄筋コンクリートのブルータルな表現が見出される。国分寺の家（1956）の玄関や豪徳寺の家（1957）では、スケールの差を越えてロンシャンの台形断面の窓が模倣されている。吉阪は特にコルの晩年の造形性の影響を受けている。

コルは一度だけ、五五年一一月二日から八日まで、チャンディガールの現場に向かう途上で、設計依頼された西洋美術館のために来日した。三人の弟子は京都や奈良にも案内した。吉阪は「有名な寺や神社に案内したが、彼はむしろ名もない寺の敷石や、先斗町の路地や、坪庭に立ち止まって動かなかった」と述懐している。また吉阪によれば、コルは「どうして日本人は細かいもの、細かいところに、あれだけよい感覚と洗練さを示すのに、建物の壁以上の大きい世界での造形となるとダメなのか。おそらく、日本には壁がないからだろう。壁のないことはわかる。天候風土の関係に違いない。あまりにも美しい自然の中にとけこみたいという気持もよくわかる。だが、すべてが細やかで、それがお互いに打消し合ってしまう。コントラストが不足している」と語っていた。また、コルは「木造の小さな、木のハダの良さをなでて楽しんでいた。だが、べらぼうにのびひろがった東京の街を自動車で走りながら、木造都市の不可を説き、低層住宅の不可を嘆き、自動車、歩行者の混乱を見て、世界のどの都市にもある〈現代の混乱〉が、ここに一番ひどい形であらわれていると語りながら、『日本に一番必要なのは都市計画だ。それは君ら建築家の責任だ』とはっきり語っていた」と記している(吉阪隆正『ル・コルビュジエと私』吉阪隆正著作集第八巻)。都市と建築の関係を問い続けていたコルの眼からすれば当然の指摘なのだろう。

坂倉の人脈と精力的な働きかけでコルに依頼された西洋美術館の設計は、彼の帰国の半年後に基本設計が終えられた。三人の弟子が実施設計を進め、日本的な繊細さで五九年に竣工させている。坂倉はコルの死の四年後の六九年に、吉阪は八〇年に、前川は八六年に死去した。レーモンドという先駆者の存在を得た上での、三人の滞在時期の違い、志向や性格、立場、帰国後の理念と活動の違いが、それ自体が層状的で複雑なコルの建築と思想の時代的な差異つまりその差延性を、日本に作用させる上で極めて多角的に照射させた。

丹下と戦後のル・コルビュジエの理念の意識化・隠蔽・忘却

三人の弟子による「伝承」の恩恵を最も強く受けたのは丹下健三だろう。丹下は大学を三八年に卒業すると同時に前川のアトリエに入り、二年間、勤務している。三九年に坂倉がパリから帰ると、丹下はしばしば訪ね多くの話しを聞いている。丹下はこの年に「ミケランジェロ頌」を書きこの天才をコルに重ねている。彼の四一年の大東亜建設記念造営計画には、ソヴィエト・パレスやムンダネウム(1928)が垣間見られる。鉄筋コンクリートの柱架構造のものおじしない伝統解釈と、コルと丹下に共通する都市的なスケールとの整合性は、五二年の東京都庁舎計画案などの戦後の作品にも見出される。四六〜五五年の広島計画では、ソヴィエト・パレスから引用した大アーチの内側に原爆ドームが見えるように全体を配置し、ソヴィエト・パレスの構成手法で本館と公会堂を球心的に対置させている。そこには、坂倉の東京都忠霊塔案(1939)とそれが参照したムンダネウムとの二重の参照関係が認められる。五八年の草月会館はコルのアーメダバード美術館(1954)とのピロティとドミノの形式の点での類似性が見られるのに対して、五九年の香川県庁舎と六〇年の今治市庁舎・公会堂や倉敷市庁舎では校倉的な架構方式とチャンディガールに見られる荒々しいコンクリートの表現が合体されている。倉敷の場合にはロンシャン礼拝堂を想起させる議場内部の曲線や台形断面の窓も見出せる。また六〇年の電通大阪支社では、コルの考案したブリーズ・ソレイユに類似した印象を与える格子が深い彫りを与えている。国立屋内総合競技場・付属体育館(1964)や東京カテドラル聖マリア大聖堂(1965)は、ブリュッセル博フィリップス館(1958)を想起させる。

コルが近代建築の五原則を形式化し論理化したことにより、本来は彼の形態言語の直接的な引用や模倣が難しくなるはずが、五〇年代以後、コルの建築の部分要素の直喩的な使用を伴う建築がかえって増加した。その背景には、日本建築の起源は縄文か弥生かという素朴な論争が「伝統論争」として仕組まれ、丹下を中心に当時の日本の建築全体が不幸にも巻き込まれ、戦前からとりわけ前川によって問われてきた近代建築と伝統の関係を設計を通じて問うということとその「伝統論争」とがすり替えられたことがある。その結果、この問いを実践し続けたコルでさえ語彙的な引用の対象に貶められた。その後も日本ではこの問いは継起的に何か別の表層的な論議によって隠蔽され、その度にコルの理念は問い直されることもなく後退させられ、コルの建築は引用の対象としても枯渇した陳腐なものとさえ見做されるに至る。

続く世代の槇文彦の名古屋大学豊田講堂（1960）は、チャンディガールやその影響下にある丹下の今治市庁舎との類似が見出される。実際、槇はコルの殆ど全部の作品を見たばかりか、チャンディガールに出掛けた際に現地のアトリエにコルを訪ね、設計中の講堂の図面を見せている。コルは柱と壁が一体になっていることについて「柱を大切にしなさい」と指摘している。この後の槇の作品にはコルの直截的な模倣は見られない。槇は、六〇年代の日本におけるコルの影響を総括すると、坂倉に学んだ東孝光の自邸「塔の家」（1966）に最も強い印象が甦って来るとし、「敷地の面積二〇㎡という狭隘な三角形の土地に建てられた（略）独立家屋はル・コルビュジエの唱えてきた近代建築の諸原則のほとんどを実現し」、「もしかしたらル・コルビュジエの三〇年間の軌跡を一気に突き抜けたものともいえるかもしれ」ないと語っている。「つまり「塔の家」を通して逆にル・コルビュジエが見えてくる」と述べている。[1]その後の東の建築は、レーモンドやコルに始まるコンクリート打放しの壁の意味と、コルに一貫していた都市との関係性が常に意識されている。六〇年代の初めに磯崎新は、コルの建築はコンクリートに限れば多様な意匠的可能性を尽くしたと見做し、「もう何も作れなくなった」とも語る。「模倣の事実を一言も触れずに」なされる模倣の実態を富永譲は「ル・コルビュジェと日本建築―形態の実験室一九六〇～七五にて」において実例を示しながら興味深く論じている。

図115　《ロンシャン礼拝堂》1950-5
「東方への旅」以後、参照すべき類型として抱かれ続けたティヴォリのハドリアヌス邸の明かり取りが、巧みに脱構築されたフランス東部の彫刻的な作品。年に一度、数千人の巡礼者が外部空間に集う小高い丘の頂上の巡礼教会。（撮影：松政貞治）

図116　《リヨン郊外のラ・トゥーレット修道院》1956-60
斜面上にピロティで支えられたこの修道院は、内側に中庭、上部に僧房、中層部に食堂などの共同部分、写真左に壁式の礼拝堂を持つ。エマの僧院が50年を隔てて参照された。（撮影：松政貞治）

図117　《積水化学工業京都技術センター》1992
京都大学加藤研究室と安井事務所との共同の作品。ル・コルビュジエの晩年の幾つかの作品の微妙な隠喩と京都の都市的な類推が、空間とスケールの分節と光の変化の中で様々な意味の戯れを呈している。（撮影：松政貞治）

八〇年の伊東豊雄の小金井の家は、ドミノの原理をそのまま表出している。「パオ」や「ノマド」という遊牧民の「自由を好み」、「建築の制度的な制約から逃れたい」伊東にとっては、他者や時代の、そして都市の「好み」も、自らの「好み」が基準となる。これはコルとは異なる道である。同じ傾向は、高松伸など八〇年代以後に多く見られる。また安藤忠雄の建築は、ローズガーデン（1977）とジャウル邸、「住吉の長屋」（1977）とラ・トゥーレット修道院（1956–60）の壁式の礼拝堂との参照関係や、ロンシャンに由来する屋根スラブに沿ったスリットなどにコルの影響が見出される。独特の幾何学的な構成や自然環境の使い方の点で、九〇年代初めまでの比較的小規模な計画は、コルなどの建築家の手法を変形して、伝統との興味深い出会いを感じさせる。それ以後のスケールが大きい作品になると、コルの幾何学とは異質のものとなる。

さて、日本の近代建築は、コルの何を隠蔽したのだろうか。コルは設計や著作を進める過程において、彼の想念は常に外に、人々の生活世界や自然に、そして過去に開かれていた。その無防備な真摯さが日本でも魅力と感じられたのだろう。コルが「過去こそが彼の「唯一の真の師」であるといい続けることをやめなかった」（W・カーチス）のは、西欧の彼にとっては「異様な」過去としてのパルテノンを軸に、起源的な意味に溢れた創成期の幾何学の過去、そして名もない壷や民家、町並みが辿ってきた過去など、生活、民族、文化、都市の様々な過去に耳を傾け蘇生させる配意と、それらを変形（脱構築）させる創造的欲求を持ち合わせていたからである。日本ではコルのこの面での重要性は、近代建築の歴史の中で、ある程度までは意識化されたとしても、遂には隠蔽され忘却されようとしている。都市と建築の重層の中で、合理性と伝統性や歴史性との関連を見直し、それによって都市建築の形態や空間を、その場所に生活する人々の歴史・風土・類型による連係の契機にできないのであれば、近代建築の歴史的な役割は果たせていないことになる。たとえ日本でポストモダンが遙か以前に唱えられ、デコンストラクションが終わろうとしていても、実は近代建築そのものがその前に終えられてはいなかった。丹下の新東京都庁舎（1991）は大聖堂の形態の引用よりもそのことを如実に示している。日本の近代建築と伝統の関係を捉え直すためにも、都市や建築と歴史の関係が問題となる限りにおいても、益々、コルは忘却できない存在になってきている。

京都大学を中心とする建築論グループの一人、加藤邦男の積水化学工業京都技術センター（1992 安井事務所と共同）では、「京都の過去と断絶せず、コンベンショナルな様式や景観を排除して」、巨大な街区が、路地や辻子を想起させるスリットや中庭を配して構成されている。時代の流れに迎合しないこの建築は四方のファサードと中庭の周囲で光を微妙に変化させている。コルの「詩」が建築そのものの過去となるかのように変形され、京都の過去の様々な伝統にからまり、参照による差異の戯れを呈している。朱雀大路にほぼ一致した、京都の南に延びる軸線上で、日本の近代建築全体の歴史に何かを問いかけている。

（1）槇文彦「ル・コルビュジエ・シンドローム」『ル・コルビュジエと日本』鹿島出版会、一九九九年。

〔参考文献〕『ル・コルビュジエの手帖―東方への旅』（Le Corbusier (Ch.-E. Jeanneret), Voyage d'Orient Carnets）中村・松政、同朋舎出版、一九八九年

34 シャルロット・ペリアンと日本

畑　由起子

「創造の人生」

一九九八年一〇月、シャルロット・ペリアン（1903-1999）の展覧会が東京で開催された[1]。訪れる私たちに、ペリアンは次のように語りかける。「日本との触れあいにより私は自分を豊かにしましたし、心静かな気持ちで私という環を、人類という長い鎖につないだのでした。私は自分のルーツを否定せずに、また後戻りすることも決してせず、これまでとは違う予測不可能な第三千年紀、二一世紀を目前に、古びた勢力に立ち向かい、この二〇世紀のただ中で自由に創作してきました[2]」。会期中に九五歳の誕生日を迎えたペリアンのこの言葉は深く静かにしかし強く心に刻み込まれたのである。

図118　*UNE VIE DE CRÉATION*
『創造の人生』1998.5
Editions Odile Jacob
photo by Pernette Perriand
© Archives Charlotte Perriand
© Charlotte Perriand

一九〇三年一〇月二四日、パリに生まれたペリアンの人生は、激動の二〇世紀とまさに同じ歩調であった。それまで自身のことを語らなかったペリアンであるが、一九九八年五月にパリで出版された自叙伝『創造の人生』[3]は大きな反響を呼び、多くのメディアに紹介されている[4]。この自叙伝の最大の魅力は、巻末の人物索引の多彩な顔ぶれであろう。登場する人物（団体も含む）は六〇〇人余。総ページ数は四三〇ページであるから、くり返し登場する場合も含めると、ほぼ一ページに二名の頻度である。ペリアン、といえば一方的にル・コルビュジエの協力者として紹介されることが多いが、アトリエに籍を置くのは一九二七年～三七年までの一〇年間であり、七〇余年に及ぶ創作活動をその側面からのみで捉えるのは適当でないことを読者は強く印象づけられる。また私たち日本人にとりわけ興味深いのは、輸出工芸指導のため太平洋戦争直前の一九四〇（昭和一五）年に日本を訪れ、全国各地をエネルギッシュに駆け巡るペリアンの足跡であろう。その後一九四二年戦時下の日本から、当時の仏領インドシナ（ベトナム）へ脱出し、一九四六年に母国へ帰国するまでの合計六年間に及ぶ足跡は、ほぼ百ページに渡り、訪問した場所、会った人物などが克明に記述され、自叙伝全体の四分の一を占める主要部分をなしている。自叙伝に登場する日本人は四二名で

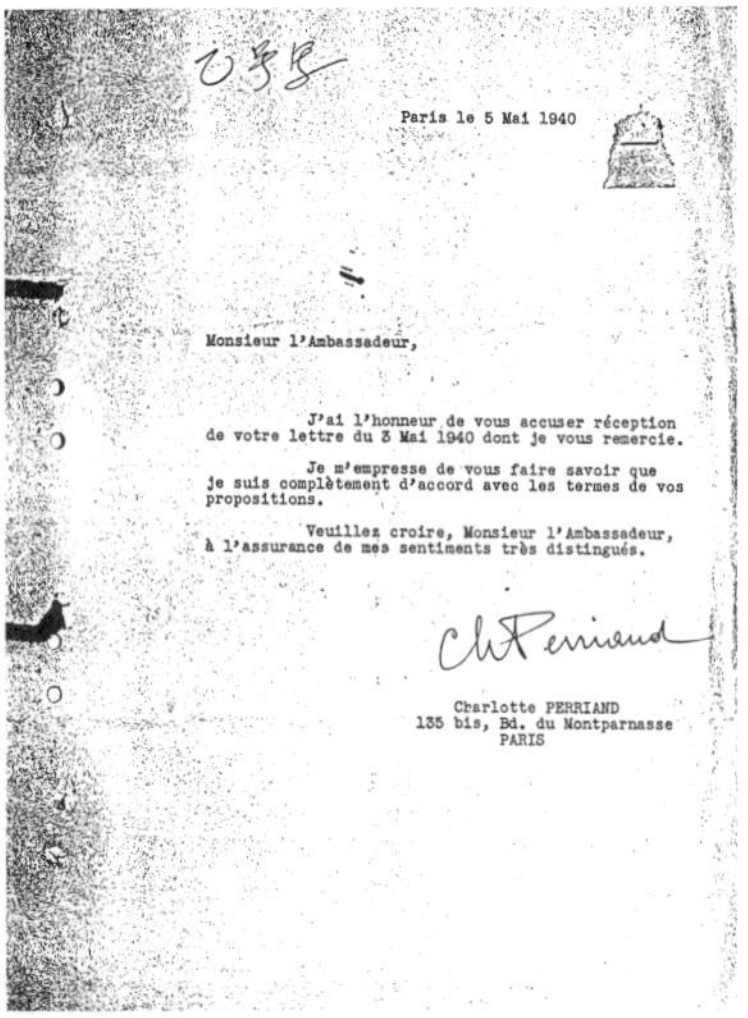
Paris le 5 Mai 1940

Monsieur l'Ambassadeur,

J'ai l'honneur de vous accuser réception de votre lettre du 3 Mai 1940 dont je vous remercie.

Je m'empresse de vous faire savoir que je suis complètement d'accord avec les termes de vos propositions.

Veuillez croire, Monsieur l'Ambassadeur, à l'assurance de mes sentiments très distingués.

ChPerriand

Charlotte PERRIAND
135 bis, Bd. du Montparnasse
PARIS

図119　『日本政府からの招聘を受諾するペリアンの手紙』1940.5.5
(外務省外交史料館所蔵)

図120　京都　河井寛次郎邸での交流風景
1940.9.29

写真の裏には河井寛次郎の直筆で撮影日時と人名が記載されている。「彼と共に過ごした幸せな時間、そして生涯忘れ得ぬ友たちのことを思い出してます。輝く幸福のひとときでした」。(河井寛次郎記念館所蔵)

あるが、本稿で紹介できるのはそのごく一部にすぎない。「創造の源、それは出会った人々です。私にとって世界が広がったのです。日本へ工芸技術の指導のため行きましたが、そこで私は与えられることと同じぐらい色んなことを学びました。それは交流なのです(5)」。

日本とペリアンとの交流について、筆者が特に注目するのは、ペリアン個人としての展覧会が最初に開かれた場所が日本であったことだ。ル・コルビュジエのアトリエ時代にすでに国際的な評価を得ていたのにも関わらず、母国フランスでペリアンの展覧会が開催されるのは一九八五年まで待たねばならなかった(6)。日本における展覧会は、まず一九四一年(7)と一九五五年(8)で、いずれもペリアンの日本滞在中に開催されているが、ペリアンは家具はもちろん、展示するパネルやその説明文、写真、さらには空間全体の設計までそのすべてを自ら手がけている。これら二回の展覧会は、建築家坂倉準三(1901-1969)の全面的な協力があったとはいえ、あらゆる要素の組み合わせを可能にする「ドミノ」式の平面配置など、空間にも独自性が発揮されている。「全体の調和が最も大切である。すべて全体の調和に関わっている」と一九四一年の初めての展覧会で語ったペリアンは(9)、それから半世紀後の一九九八年、衛星回線を使って行われた東京展の記者会見で「私はデザイナーであったことはありません」と言い切っている。「家具のために家具をつくったこともありません。建築をしてきたのです。建築の中に生活を入れ込むことが大切なのです」。本稿ではペリアンを「二〇世紀のインテリアデザイナー」という枠からはずしてみたい。ペリアンが日本の建築から学んだことや、芸術家たちとの交流に触れながら、生活環境全体をデザインした環境建築家としての一面を明らかにしていきたい。だがその前に「なぜ戦争直前に日本政府がフランス人のペリアンを招聘したのだろう」という読者の疑問にも答えねばならない。一九四〇年のペリアン来日にまつわる、日本と外国人デザイナーとの意外な接点を紹介しよう。

ペリアンはル・コルビュジエの協力者であった時期も、アトリエ以外の人物と活発に交流している。その一人がフランスにおけるモダニズム推進者の一人とされるルネ・エルプスト（1891–1982）である。一九二九年に結成された『現代芸術家連合』ＵＡＭにエルプストらと共に参加してから、[10] 一九三七年にパリで開催された「現代生活における芸術と技術展」にル・コルビュジエやピエール・ジャンヌレ（1896–1968）らとリゾートホテルのプレハブ式バスユニットを共同で発表するまで、ペリアンはＵＡＭの主導者の一人として活躍する。[11] ところで、商工省貿易局から、輸出用工芸品の指導のため招聘された外国人デザイナーとしてはペリアンが二人目で、その前年に候補者として予定されていたのがエルプストであった。正式な外交ルートで交渉が進められたものの、ニューヨーク万博で多忙を理由にエルプストが断ったので、急きょ選ばれた第二候補がドイツ人のティリー・プリル＝シュレーマンであった。[12] 日本政府による外国人デザイナー招聘の第一号にフランス人のルネ・エルプストが予定されていたことから推察すれば、その翌年に同じＵＡＭのメンバーであったペリアンが候補者に選ばれたのは、決して唐突な選択ではなかったのである。日本政府から輸出工芸の指導者として招聘の電報が届いた時、ペリアンはすでにル・コルビュジエのアトリエを離れ、ピエール・ジャンヌレやジャン・プルーヴェ（1901–1984）らと事務所を設立し、プレハブ建築の研究開発に取り組んでいた。[13]

新しい発見

一九四〇年八月二一日、陥落寸前のパリを脱出した猪熊弦一郎、荻須高徳、岡本太郎らと共に白山丸を降り立ったペリアンは、[14] 神戸から日本の第一歩を踏み出した。出迎えたのは一九三一～三六年までル・コルビュジエのアトリエで一緒だった坂倉準三であった。パリを離れる時に坂倉準三がペリアンに渡した岡倉天心（1862–1913）の『茶の本』について、「ユーモア溢れる一方で、批判精神にも富んだこの本は、日本文化に初めて接する時の重要な役割を果たしてくれました。パリで読んだことが、そのまま実体験できたのです」と語り、[15] この本に紹介される「空」なる空間の無限性は、その後のペリアンに大きな影響を与えている。初来日の印象についてペリアンは「ひとつ大切なことがあった。日本の建築は民主的でした」と、一九九八年の東京展で思い出している。ペリアン自身の言葉を聞こう。「これほどまでにモダンな新しい発見を前に、私は心穏やかになりました。日本の家では床を構成する要素である畳は、規格化されており、京都の天皇の宮殿であれ農民の家であれ、旅館や料理屋でも同じ規格でした。淡い緑色をした畳表を交換するまでの期間と材質の違いはありましたが、基本的なモデュールは標準化されていました。ル・コルビュジエの大切な理論であるモデュールの標準化と規格化について、当時の私たちはまだ実現できていなか

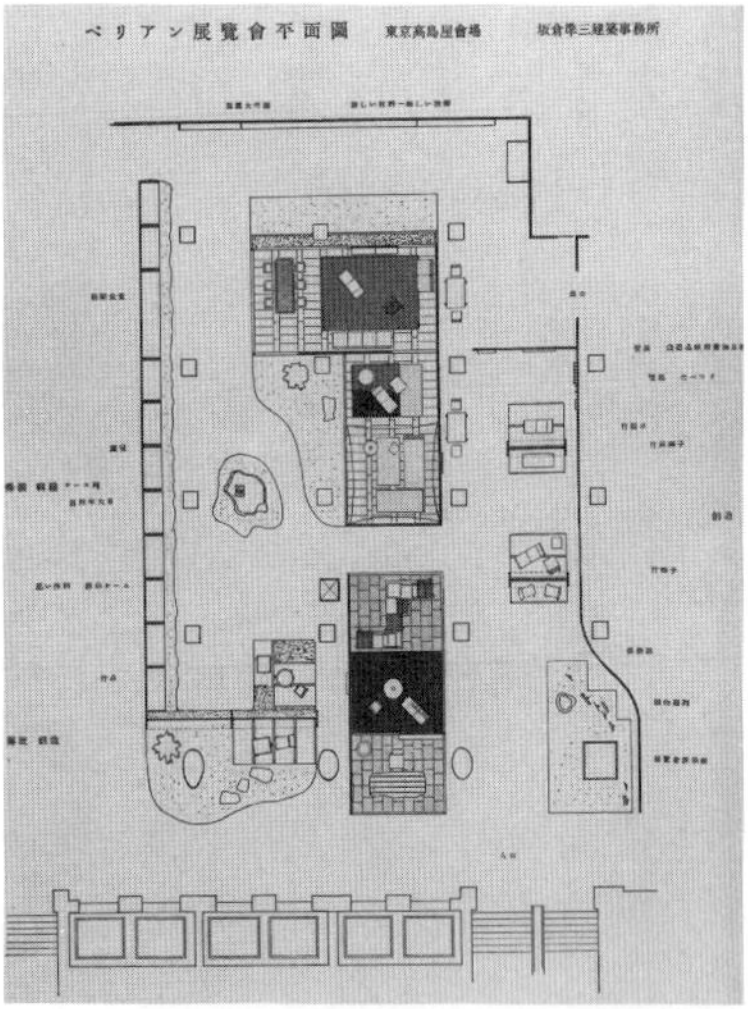

図121　「選択・伝統・創造」展　会場配置図　1941
　この平面図は（東京）、当時としては珍しいカラー印刷である。（『選択・伝統・創造』小山書店、1942）

ったのです。しかし日本家屋においては、それが当然のように行われているのを目にすることができました[16]」。

　自叙伝によれば、ペリアンがこの新しい発見をしたのは、来日一ケ月後に初めて旅した京都で、場所は桂離宮であった。九月二五日から一〇月四日までの京都訪問[17]は、わずか一〇日の滞在期間ながらも日本建築に対する鋭い眼がうかがえる。注目したいのは、ペリアンの展覧会の具体的日程と場所が、京都出発前に決定したことである。当初計画されていた奈良を含む名所旧跡巡りは本人の強い意向で、京都のみに絞り込まれたのだった。ペリアンの協力者として随行したのは、当時日本輸出連合会に籍を置く柳宗理（1915-）である。初日にまず京都五条坂の河井寛次郎（1890-1966）邸を訪問したペリアンが注目したのは、中庭と建物との間の取り方であり、中庭が「空」なる空間であることだった[18]。この日本の空間への強い興味は、到着の翌日にペリアンが平安堂書店で所望した本のリストからもうかがえる。全部で四冊であるが、一冊目は『京郊民家譜』上下巻[19]、これは京都の町家及び近郊の民家ばかりを百軒あまり紹介した写真集で、装画及び編集は河井寛次郎による。残りの三冊は、桃山から慶長時代の刺繍と絞り染めを併用した時代裂の本である[20]。ペリアンは六ケ月後の展覧会の素材を求め、遠くは彦根まで足を伸ばしながらも、河井の案内で京都の町家や民家を見て歩き、龍村平蔵（1876-1962）を宝塚の自宅まで訪ね、禅の教えを受けている。

　ようやく桂離宮を訪ねるのは到着の一週間後の十月一日で、同行したのは坂倉準三であった。一九四一年の「選択・伝統・創造」展では、桂離宮のとなりにコルビュジエとジャンヌレによるパリ郊外セルサンクロードにある別荘の写真を並べ、両者の共通点をペリアンはこう語る。「桂離宮にあわれている同じ清純、同じ透徹した平面構成の原理、生活の同じ表現。新しい感覚の中に日本の伝統の精神の持つ偉大な単純さがある[21]」。この展覧会は河井や龍村の協力を得た作品が、主たる空間を構成する要素となり、交流の深さがうかがえる。一年四ケ月に及ぶ日本滞在中の、当時の人物像のごく一部であるが、ペリアンの次の言葉で結ぼう。「柳宗悦が時代に左右されない美を、民衆のための手仕事の中に見出したとしても、私に随行してくれた息子の柳宗理はそうは考えなかった。宗理にとって父は単なる過去でしかなく、彼は現在と未来のみにしか興味を持たなかったのでした。（中略）柳宗悦の思想とは逆に、たとえば京都の龍村らの芸術家は、七四九年から東大寺の正倉院で大切に保管され、聖武天皇が所有していた国宝群の中に、美を求め続けたのです[22]」。

　さてペリアンが二度目の来日を果たすのは、一九五三年一〇月一日である。日本で二回目となる五五年開催の展覧会準備のためであったが、エールフランス極東支配人ジャック・マルタン夫人として二年ほど滞在し、公私に渡り日本との接点は深まっていく。そのことが一九五九年のエールフランスの東京及び大阪事務所の設計へつながるのである。[22]本来ならば二回目の展覧会に触れるべきであるが、筆者は空間構成の斬新さから、エールフランスの東京事務所を紹介したい。「場所は皇居の裏、映画館のあるにぎやかな場所でした。ちょうどその頃北極を経由する便が飛び始めたばかりで、ノルウェー空軍に頼んで北極の映像をとってもらいました。それを私は金色を使ったけれども、一三㍍の装飾をつくりました。他は全部白、大理石です。道路からは白しか見えないのでとても静かな感じに仕上がりました。どんなものにも関係があります。さわがしい場所なら静かなもの、静かなところには動きのあるもの。人との関係もあります[24]」。周辺環境との調和がテーマであるこの仕事を、ペリアンは「街路のための芸術」と名づけ[25]、東京に次いで大阪でも坂倉準三の協力で設計している。

図122　「シャルロット・ペリアン」展　東京
1998.10.3-11.3（撮影：重田謹雄）
photo by Norio Shigeta
© Archives Charlotte Perriand
© Charlotte Perriand
　屛風のように美しい壁画パネルも、高さや幅の寸法は写真パネル一枚の大きさ36㎝もしくはその倍数の72㎝を基準にした厳格なモデュールが貫かれている。

　ところでこの五〇年代の日本で、ペリアンが交流を深めたのは日本人とは限らない。その一人がバウハウスの創始者ヴァルター・グロピウス（1883-1969）。出会った場所は千葉県銚子、一九五四年五月二九～三〇日のことであった。「グロピウスはイサ夫人と一緒に日本へ招待されていましたが、まるでお客様扱いで、多忙な公式日程や連日の歓迎会や講演会にすっかり失望し、疲れ果てた様子でした。しかも帰国する直前になって、私は彼に日本の伝統的な民家の暮らしを体験してもらおうと、人里離れた銚子の漁村集落にある「暁鶏館」への家族旅行にお誘いしました。こうして彼は障子のある感じの良い家で、日本の日常の暮らしを体験することができました。それまでグロピウスとはＣＩＡＭの会議で繰り返し会う機会はありましたが、これほど親しく打ちとけることは決してなかったのでした。旅館に着くとグロピウス夫妻は、ゆかたに着替えして、お茶を一杯飲んで、「お風呂」に入りました。この一連の日本的な習慣は、極めて自然で、しかも心なごむものでした[27]」。ペリアンとの出会いから日本の民家の美しさに開眼したグロピウス夫妻は、予定を延長して日本各地を訪ねることになるのだった[28]。

　二回目の展覧会「芸術の統合　ル・コルビュジエ、レジェ、ペリアン3人展」のテーマは、UAM結成から続く、さまざまな芸術を一つにまとめることであった。ペリアンはコルビュジェとフェルナン・レジェ（1881-1955）らと共に、東洋と西洋の融合を空間で示している。このひとつのチームにまとまる仕事は、一九六七年～八二年まで一五年に及ぶサヴォワの大規模なリゾート開発で存分に生かされ、環境の中の建築空間の創造へとつながっていく。

一九九八年東京展

最後に日本における三回目の展覧会について触れたい。ペリアン自身が設計した空間との出会いは、私たちにとって驚きではなかっただろうか。なぜならペリアンが設定した高さや通路の幅、そして「間」の取り方が、どこか私たちが本能的に持っている寸法感覚と近いからである。東京展で採用されしたモデュールは、三六センチ、もしくはその倍数の七二センチで、これは展示パネルの寸法（三五×三五センチ）が基準になっている。そして通路の幅には、人間が立ってパネルを見た時に自然な寸法一八三センチが設定されている。空間全体が厳密なモデュールで統一されながらも、人間的尺度を考慮していることが筆者には注目された。また最新作の五三㎡の自宅リフォームにおいては、内と外との関係や間取りのフレキシビリティーなど、一九四〇年代に日本の伝統的な建築から学んだことが、現代にも通用するモダンさを持っていることを見事に証明している。一九九八年に展覧会のため来日が予定されていたペリアンから、筆者への手紙はこう書かれていた。「しばらく途切れていた、学生や若い人たちとの対話が再開できることはとても幸せなことです。社会の中であなた方がどういう位置にいるのか、近代建築と伝統的な日本の美との関係をどう考えているのか。そして「どんな風に生きたいのですか」という私の問いに、どのような答えが返ってくるのでしょう。質問したいことは次々と、とどまることなく湧いてきます。しかし私は日本に行くことができません……、それをとても残念に思います。」だがその一年後、国立フェルナン・レジェ美術館での展覧会が、ペリアンの最後の仕事になった。自ら企画、設計したこの展覧会が終わって一ケ月後の九九年一〇月二七日、天に召されたのだ。しかしいつも現代を念頭に置き、新しく変化していく未来の空間への関心を持ち続けたペリアンと私たちとの交流は、今もなお継続していると確信する。

二〇〇〇年五月九日にパリのポンピドーセンターで開かれたお別れ会の案内状には、ペリアンの次の言葉が記されていた。

生きること、それは前に進むこと
シャルロット・ペリアン。

（1）シャルロット・ペリアン展、一九九八年一〇月三日～一一月三日、パークタワーホール・東京
（2）『リビングデザイン』No3、リビングデザインセンター、一九九九年、七四頁
（3）Charlotte Perriand, *UNE VIE DE CRÉATION*, Odile Jacob, Paris, Mai 1998
（4）*L'Evenement du Jeudi*, 25 Juin 1998, p62～65. *L'Express Le Magazine*, 18 Juin 1998, p12～14. *Elle*, 15 Juin 1998, p60～64. *Marie Claire*, Juin 1998, p133～138. *L'Insensé*, Printemps-Eté, 1998, p12-14. *Elle Décoration Juin-Juillet*, 1998. *Libéation*, 14 Juin 1998,
（5）シャルロット・ペリアン展の会場におけるインタビューより、一九

九八年
（6） Charlotte Perriand, *Un Art de vivre*, Musée des Arts Décoratifs, du 5 férier au 1 avril 1985
（7） 商工省貿易局後援ペリアン女史創作品展覧会「選択・伝統・創造」、一九四一年、東京高島屋三月二七日～四月六日、大阪高島屋五月一三日～五月一八日
（8） 「芸術の統合―ル・コルビュジエ・レジェ・ペリアン3人展」一九五五年、東京高島屋四月一日～四月一〇日
（9） シャルロット・ペリアン、坂倉準三『選択・伝統・創造』小山書店、一九四二年、一七頁
（10） Charlotte Perriand, *UNE VIE DE CRÉATION*, Odile Jacob, Paris, Avril 1998, p35
（11） *Union des Artistes Modernes*, Editions du Regard, Paris, 1986, p482
（12） 『本邦雇傭外国人関係雑件1』、外務省外交史料館蔵「外人「デザイナー」招聘に関する件　昭和十四年五月二十八日付　仏蘭西人ルネ・エルプストに対する交渉は中止致し、宮下孝雄嘱託より第二候補者として推薦ありたる独逸人チレー・ブリル・シュレーマンを左記条件により、来任交渉至急取纏方　御配慮相煩度此段及御依頼候」
（13） Charlotte Perriand, À la charnière d'une rupture, DESIGN JAPONAIS 1950-1995, Centre Georges Pompidou 1996, p46～48
（14） 『神戸新聞』昭和一五年八月二三日、第六面。
（15） Charlotte Perriand, *UNE VIE DE CRÉATION*, Odile Jacob, p147
（16） Charlotte Perriand, *UNE VIE DE CRÉATION*, Odile Jacob, p157
（17） 『貿易局嘱託ペリアン女史京都地方出張随行日誌　柳宗理』社団法人日本輸出工芸連合会、個人蔵
（18） Charlotte Perriand, *UNE VIE DE CRÉATION*, Odile Jacob, p161
（19） 『京郊民家譜』編者：岩井武俊・加藤三乃雄、装画：河井寛次郎、京都便利堂　昭和六年（昭和五年六月末～一一月末に渡り『京都毎日』に連載された一四〇軒のうち一一〇軒を掲載）
（20） 『時代裂』橋本基、座右宝刊行会、昭和六年。『誰可袖百種』野村正次郎編、芸州堂、一九一九年。『桃山慶長繡精華』明石染人、田中平安堂、昭和一一年。京都丸紅で能衣装を見て、その写真カタログが欲しいとのことで、平安堂書店でペリアンが購入
（21） シャルロット・ペリアン、坂倉準三『選択・伝統・創造』小山書店、一九四二年、一頁
（22） Charlotte Perriand, *UNE VIE DE CRÉATION*, *Odile Jacob*, *p156*
（23） 「エール・フランス航空案内所　設計シャルロット・ペリアン・坂倉準三」『国際建築』Vol.27, No.12、一九六〇年、四三～四五頁
（24） シャルロット・ペリアン展の会場におけるインタビューより、一九九八年
（25） Charlotte Perriand, *UNE VIE DE CRÉATION*, Odile Jacob, p297
（26） グロピウス会編『グロピウスと日本文化』彰国社、一九五六年、四〇〇頁
（27） Charlotte Perriand, *UNE VIE DE CRÉATION*, Odile Jacob, p262
（28） Charlotte Perriand-Fernand Léger, *reConnaître*, Musée national Fernand Léger a Biot, du 29 mai au 27 septembre 1999

Ⅶ　ベルギー

《交流年表》

1588・トンヘレン生まれのイエズス会宣教師テオドロ・マルテンス（またはマンテレス）長崎に来航、平戸地域で宣教活動に従事（-1592）
1865・薩摩・ベルギー商社（日白合弁会社）設立計画
1866・日白修好通商航海条約
1873・岩倉使節団ベルギー訪問
1880・三井物産のカンパニー・ジャポネーズ、ブリュッセルに開店
1883・レ・ヴァン（二十人会）結成
1885・アントウェルペン万国博覧会
1886・マックス・エルスカンプ、詩集『日本の扇』を日本の木版画に印刷して出版
1888・ブリュッセル学術産業国際博覧会に、ブリュッセルのコンスタント・シャーンが日本製品を出品、褒章受賞。
・ジュール・デストレ、詩集『日本の版画』
・王立図書館が初めて浮世絵版画を購入
1889・王立装飾産業美術博物館（現在の王立美術歴史博物館）浮世絵など購入
・ブリュッセルの文芸サークルでビング主催の日本美術展開催
1890・村瀬春雄、アントウェルペン国立高等商業学校に私費留学
1892・マックス・エルスカンプ、詩集『ドミニカル』（表紙デザインはヴァン・ド・ヴェルド）
1894・アントウェルペン万国博覧会に二十六名の民間出品者（日本政府としては不参加）
1895・パリに「ラール・ヌーヴォー」開店
・ヴァン・ド・ヴェルド自邸
1896・エミール・ヴェルハーレンの詩集『イマージュ・ジャポネーズ』東京で出版される
1897・ブリュッセル万国博覧会に農商務省より農工業製品や水産物などを出品
1900・ヴァン・ド・ヴェルド、ベルリンへ移住
・国王レオポルド２世、パリ万博で「日本の塔」を含む「世界旅行」パビリオンに感銘を受ける
1901・パリで解体運搬された「日本の塔」と付属ギャラリー、ブリュッセルで着工（-1905/06）
1905・リエージュ万国博覧会の外国出品陳列館に日本の輸出品など展示（農商務省関与）
・エドモン・ミショットが7000点を越す日本美術コレクションを現在の王立美術歴史博物館に譲渡する
1910・ブリュッセル万国博覧会に書籍、海産物、什器、陶磁器など、民間有志の出品
1911・「日本の塔」に付属日本品陳列所開館、主要輸出品、美術工芸品、書籍等展示
1913・ヘント万国博覧会
1930・リエージュ万国博覧会（産業科学工芸博）
・アントウェルペン万国博覧会（殖民海洋博）
1935・ブリュッセル万国博覧会（日本政府不参加）
1958・ブリュッセル万国博覧会（日本政府不参加）
1989・ブリュッセル、ラーケン宮の「日本の塔」と付属ギャラリー修復完了、一般公開

35 ベルギーとのデザイン交流

藤田治彦

ベルギー以前の交流

ベルギーは一八三〇年から三一年にかけて成立した比較的新しい国である。しかしそこは、オランダの歴史家、ヨーハン・ホイジンハ（ホイジンガ、1872-1945）が『中世の秋』(1)で描き出した中世末の繁栄の時期以来、戦乱のなかにも高度な文化を保ってきた地域であり、その造形文化は周辺のヨーロッパ諸国のみならず、遠く極東にまで伝わっていた。例えば、現在のブリュッセルを中心とした地域であるブラバントおよびその周辺で一六世紀から一七世紀にかけて織られたタペストリーが何点か日本に入っており、その一点は京都の祇園祭の山鉾、鯉山を飾り、重要文化財に指定されている（図123・124・125）。ただし、それらのタペストリーが日本にもたらされた経路等はまだ十分明らかにされてはいない。

もうひとつ、デザイン史の観点からは、アントウェルペン（アントワープ）との関係が興味深い。同地は一六世紀後半にヨーロッパの印刷出版の一大中心地となり、コックやプランタンといった版元ないしは印刷業者が各種印刷物を量刷して世界中に送り出していた。そのなかには日本に伝わることになる、キリスト教関係その他の図像も含まれていた。例えば、大浦天主堂所蔵版画の《聖アンナと聖母子》は一五八四年にアントウェルペンで刊行された原図を逆版として写したものである。同じく《セビリアの聖母子》は、アントウェルペンで刷られた版画をもとに、島原の有家にあったセミナリヨで日本人学生が制作した銅版画であるとされる。ともに大阪府下（現茨木市）で大正と昭和の初めに相次いで発見された《聖フランシスコ・ザビエル像》（神戸市立博物館）と《マリア十五玄義図》（京都大学）の「ロザリオの聖母」もアントウェルペンないしフラーンデレン（フランドル）地方の版画をもとに描かれたと推定されている。アントウェルペンなどの印刷所で刷られた聖画像やそれを日本のセミナリヨで写した画像が、キリシタンの宗教生活を支えたのであった。一品制作の絵画とは異なり、量刷される版画や刊本はそれ自体世界を巡る（タイモン・スクリーチ「江戸時代の絵画と版画の国際的伝播」参照）。版画類がアントウェルペンなどのヨーロッパ都市からもたらされていただけではない。一五九〇年に長崎に帰ってきた天正遣欧使節が持ち帰ったとされる印刷機などによって、日本のセミナリヨあるいはコレジヨから、神のデザインは地球の裏側にまで押し広げられようとしていたのである。

ブリュッセルのジャポニスム

日本では幕末の一八六五年夏、大目付新納刑部、随員の五代才助ら薩摩藩士数名はイギリスからドーヴァー海峡を渡り、ブリュッセルを訪れた。遣英使節による薩摩・ベルギー商社設立の下準備である。同年秋に調印された契約は、おもに薩摩藩内の金属資源の開発、各種機械および武器の製造、殖産興業、ヨーロッパ製品の輸入などに関する内容のものであった。帰国後、五代らはこの商社の実現に向けて努力したが、薩摩の親英政策と幕府の政策との関係などで、結局、薩摩・ベルギー商社は創設に至らなかった。[2] ブリュッセルは世紀末にアール・ヌーヴォーの動向に先駆けることになる都市だが、もしこの商社が同市に開設されていたならば、ブリュッセルはジャポニスムにおいても他に先駆けた都市になっていたことだろう。

　ロンドンでは一八七五年開店のリバティ商会や独立前のリバティが勤務したファーマー&ロジャーズなどが日本製品を扱い、日本趣味のアーティストらが出入りする場所になっていた。ブリュッセルにもその種の店がいくつかでき、一八八〇年にはパリの三井物産の代理店カンパニー・ジャポネーズが開店するなど、日本の工芸に触れる機会は増えていた。このような時代に画家や建築家を志したのが、ポール・アンカー（1859-1901）、ヴィクトール・オルタ（1861-1947）、アンリ・ヴァン・ド・ヴェルド（1863-1957）など、のちにベルギーのアール・ヌーヴォーを代表するようになる人々である（高木陽子「ヴァン・ド・ヴェルドと日本」参照）。オルタによる初期の代表作タッセル邸（図126）と同じく一八九三年に建てられたアンカーの自邸（図127）は、随所に日本美術の影響を感じさせる住宅である。ただし、それはフランスのE・E・ヴィオレ=ル=デュック（1814-1879）の場合と同様、中世のヨーロッパと日本とを重ねあわせたイメージのデザインであったように思われる。[3]

　ロンドンのサウス・ケンジントン博物館（現ヴィクトリア・アンド・アルバート美術館）に相当するブリュッセルのミュージアムは、一八八〇年に既存の博物館を再編成して設けられた王立装飾産業美

図123　明治40年頃の鯉山

図124　鯉山タペストリーの製作記号

B.B.はブラバン（ブラバント）・ブリュッセルを意味する。

図125　鯉山タペストリー復原図

現在９つに分かれているが、元来は１枚のタペストリーであった。

術博物館、現在の王立美術歴史博物館である。同館は一八八〇年代末から、サウス・ケンジントン同様、産業美術振興のために世界各地の参考作品を集めるようになり、そこには浮世絵など日本の美術、工芸作品も含まれていた。国王レオポルド二世自身、日本の造形文化に深い興味を抱いていたことも、ベルギーのジャポニスムを語る上で忘れることはできない（ペーテル・タイスケンス「ブリュッセルの日本の塔」参照）。

日本の住まいを変えたベルギーのガラス

ブリュッセルやアントウェルペンなど、ベルギーの主要都市に鉄とガラスのアール・ヌーヴォーが花開いたのは偶然ではない。ベルギーは当時ヨーロッパ有数の工業国であり、ガラス製造技術の先進国だった。明治時代に日本の建物に板ガラスが導入され、それが日本の街並を、そして住宅のあり方をすっかり変えていったはずだが、その過程の記録は実に少ない。ただし、次のような日本の板ガラス輸入額から、その勢いとベルギーの重要性を窺い知ることはできる。円単位で（）内にベルギーからの輸入額を示す。日本の板ガラス輸入額は、明治一五年には約三万七千（二万六千）円、明治二五年には一六万一千（十万四千）円、明治三五年には一五八万一千（一三四万六千）円と急激に伸び、明治四五年には二三九万（二一八万八千）円に達した。貨幣価値等の変動も考慮しなければいけないが、単純には、一九〇二（明治三五）年までは、十年ごとに、十倍近く板ガラスの輸入量（厳密には輸入額）が増大し、その大部分はベルギーからの輸入だったということになる。まさにアール・ヌーヴォーの時代、オルタやアンカーやヴァン・ド・ヴェルドがベルギーで用いたのと同じガラスが輸入され、日本の窓ガラスになっていたのである。日本の国産窓ガラスの生産数量が輸入品のそれを上回るようになったのは、大正に入ってからのことであり、国産のための技

図126　ヴィクトール・オルタ
《タッセル邸》
ブリュッセル
1893（撮影：藤田治彦）

図127　ポール・アンカー
《自邸》ブリュッセル
1893（撮影：藤田治彦）

術もおもにベルギーから導入されていた。(4)

ベルギーの万国博覧会と日本

以上に示すような工業国であると同時に、西ヨーロッパの地理的中心に位置するベルギーでは、一八八五年のアントウェルペン以来、中規模ではあるが、頻繁に万国博覧会が開催された（交流年表参照）。日本政府が参加を要請された最初の万国博覧会は一八八八年の万国学術産業博覧会（直訳すれば、大コンクール）であった。(5) ベルギー産業急成長の時代であり、すでに触れた王立装飾産業美術博物館で一八八九年に始まった産業美術振興のためのコレクションの充実などもその一連の事業であった。一八八八年博には、出品準備ができないという理由で、日本は不参加だったが、ブリュッセルで陶磁器や漆器などを販売するコンスタント・シャーンが日本の工芸品を出品した。日本が参加した第二次世界大戦前のベルギーにおける最後の万博は、独立百周年を記念してワロン地方（フランス語系）の中心都市リエージュとフランドル地方（オランダ語系）の中心都市アントウェルペンで同時に開催された一九三〇年の博覧会である。日本が独自の意匠を取り入れた椅子を含む本格的な洋家具を初めて出品したのはこのリエージュ博だった（緒方康二「リエージュ万国博覧会における日本館の家具」参照）。

（1） Johan Huizinga, *Herfsttij der middeleeuwen*, Leiden, 1919.

（2） Stuart Durant, *Ornament, A Survey of Decoration since 1830*, London, 1986（藤田治彦訳『近代装飾事典』岩崎美術社、一九九一年、八八～一一四、一六三～一九二頁）

（3） 磯見辰典、黒沢文貴、櫻井良樹『日本・ベルギー関係史』白水社、一九八九年、七一～七八頁

（4） 前掲書、二一六～二四二頁

（5） Grand Concours International des Sciences et de l'Industrie

図123・124・125　図版出典：財団法人鯉山保存会編『祇園祭山鉾鯉山』一九八〇年。

36 ヴァン・ド・ヴェルドと日本

高木陽子

一九世紀末のベルギーは世界有数の工業大国に成長し、植民地コンゴ（現コンゴ民主共和国）からの富の流入をふくめて、空前の繁栄を享受していた。裕福なブルジョア階級が生まれ芸術活動のパトロンとなり、国王レオポルド二世の先導で都市再開発事業がすすめられた。

当時の芸術界は自由な気風によって特徴づけられる。一八八三年に結成された「二十人会」とそれを引き継ぐ「自由美学」は、伝統を覆す新しい絵画・彫刻・装飾美術の作品を展示し、象徴主義、新印象主義、アール・ヌーヴォー様式を育んでいった。これらの展覧会には、自国で認められず評価が定まらない外国人芸術家も招待された。モネ、ルノワール、ルドン、スーラ、トゥルーズ＝ロートレック、シニャック、ゴーガン、セザンヌ、ファン・ゴッホなどは、ブリュッセルで認められて世にでた近代美術の巨匠たちである。

この頃、日本の開国を機に海外に流出した浮世絵版画や工芸品が、西洋の人々に新鮮な驚きをもって迎えられ、当時の西洋美術に多大な影響を与えていた。ジャポニスムと呼ばれる現象である。

日本の美術とデザインはベルギー前衛芸術の創造に決定的なインパクトを与えた。(1) デザインの領域に深く関わるアール・ヌーヴォー様式においては、建築家のヴィクトール・オルタとポール・アンカー（1859–1901）、総合デザイナーのアンリ・ヴァン・ド・ヴェルド（1863–1957）とギュスターヴ・スリュリエ＝ボヴィ（1858–1910）が、いずれも日本の意匠から影響を受けていた。

本稿では、ヴァン・ド・ヴェルドに焦点を絞り、日本との関係を考察する。

日本美術との出会い

アントウェルペン（アントワープ）美術アカデミー出身のヴァン・ド・ヴェルドは画家として出発し、一八八八年にブリュッセルの「二十人会」メンバーに選出される。この頃ベルギーでは、前衛派を中心に装飾芸術を見直す気運が高まっていた。前衛芸術を理論的に擁護していた『現代芸術』誌はすでに一八八一年から芸術のあらゆる表現形態、つまり文学、絵画、彫刻、音楽、建築、家具、ドレスを扱うと宣言して、芸術による社会改革をめざしていた。芸術は生活のなかに実現されるべきであると考えたヴァン・ド・ヴェルドは、絵筆を捨て、家具、テキスタイル、ドレス、ロゴタイプ、装幀、テーブル・ウェア、花瓶、装身具などのデザインおよび建築と室内装飾に専心するようになる。その後一九〇〇年にベルリンに移住してからは、ユーゲントシュティールを指導しバウハウスの元となる工芸学校を設立するなど、近代デザインのパイオニアのひとりと評価される活動をくりひろげた。

ベルギーでデザイナーとしての基礎を固めた時期に、ヴァン・ド・ヴェルドはどのような日本美術と出会ったのであろうか。一八八〇年代の中流階級の家庭では、日本製の花瓶や団扇やブロンズなどの室内装飾品が流行していた。三井物産の代理店カンパニー・ジャポネーズをはじめとする日本からの輸入品を販売する店が急増し、日本の物産はもはや限られた好事家だけのものではなかった。裕福な薬屋に生まれたヴァン・ド・ヴェルドの周辺に日本の工芸品があったことは疑いない。[2]

高校時代からの友人マックス・エルスカンプ（1862-1931）は、ベルギー初の象徴詩集『日本の扇』（1886）を日本の木版画に印刷して出版するほどの日本美術愛好家であった。そのタイトル頁にヴァン・ド・ヴェルドへの献辞が印刷されたことから、二人の日本美術への傾倒がうかがえる。[3]

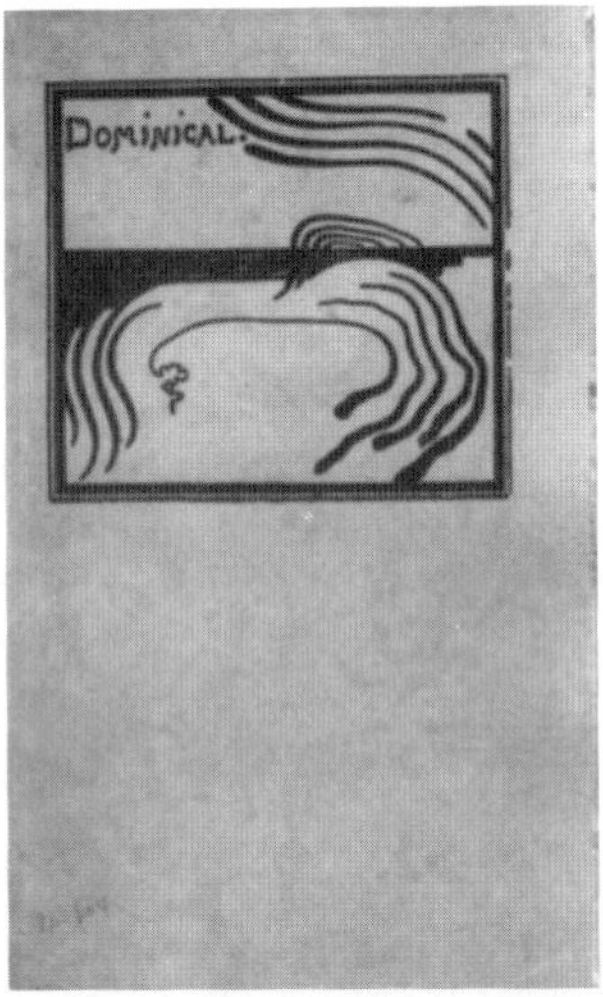

図128　マックス・エルスカンプ著『ドミニカル』表紙　1892　アントワープ

ヴァン・ド・ヴェルドの回想録を読んでいくと、日本の文字と多色刷り木版画が若いアーティストに革命をもたらした、それは簡素さということであるという記述に出会う。[4] たしかに彼は、一八九二年と九三年のアントウェルペン芸術協会展で広重と歌磨の錦絵をみているはずであるし、一八九五年に開店する「ラール・ヌーヴォー」準備のためのパリ滞在中にビングのコレクションを見学している。[5] またブリュッセルの自宅のダイニングルームやサロンの写真をみると、スーラやヴァン・レイセルベルヒェ（1862-1926）の作品と並んで浮世絵版画が掛けられている。[6] ヴァン・ド・ヴェルド自身も浮世絵を所蔵していたのである。

図129　《六枝の燭台》1900
ブロンズ・銀メッキ
H.58.5㎝ W.50.8㎝
ブリュッセル
王立美術歴史博物館

日本の造形から学んだこと

それでは、日本美術のどのような造形的特質が取り入れられたのだろうか。

ダイナミックな線の表現はヴァン・ド・ヴェルドの顕著な特徴である。エルスカンプの詩集『ドミニカル』(1892、図1)のための表紙デザインは、海浜の風景を単純な輪郭線でとらえモノトーンの木版画で表現した、アール・ヌーヴォー様式のもっとも初期の作品とされる。この簡素かつ大胆な線、影のない平面性は、日本美術から吸収した要素であり、アール・ヌーヴォー様式の特徴となった。彼自身、日本の線の力とリズムとアクセントから影響を受けた、それは暗闇の中で一条の光りをみつけたようなものだったと回顧している。[7]

曲線のダイナミックなリズムとアクセントは、やがて抽象化し、壁紙、テキスタイル、ポスターなどの平面的表現から、立体的な金工(図129)、建築、ドレスデザイン[8]にあらわれるようになった。線的表現の具体的なヒントになったと思われるのが、日本の型紙である。柿渋をぬった和紙を重ね、刀で下絵通りに彫り抜いて型染めに使われるものだ。そのなかでも中形は、西洋に渡り、額装して日本美術として鑑賞された。浴衣地向きの絵模様である中形の、自由闊達でしゃれた江戸のデザインが西洋で好まれたのである。

ヴァン・ド・ヴェルドのデザインによるドレスを写した写真の一枚に、所蔵する型紙を背景に配置したものがある(図130)。左は鷹が気流に乗って飛ぶ模様であり、右は鯉の滝のぼりの図である。気流と水の流れを白と茶のコントラストとシャープな曲線で表現した秀逸なデザインだ。ドレスのほうは裾のアップリケ刺繡がデザインのポイントであるが、その抽象的な曲線は明らかに型紙の渦巻きと呼応している。この写真から、おそらくヴァン・ド・ヴェルドが型紙のモノトーンの効果、ダイナミックな螺旋のおもしろさをドレスデザインのヒントにしていたことがうかがえる。

図130　アンリ・ヴァン・ド・ヴェルドのデザインによるドレスと日本の型紙　1898頃　ブリュッセル　文学資料博物館

生活そのものを美しくすること

西洋には、絵画・彫刻・建築を大芸術、装飾美術を小芸術とみなす、いわば諸芸術領域の階級が存在していた。西洋人を驚かせたのは、日本からの輸入品は大半が生活道具であるにもかかわらず、高い芸術的価値をそなえていた点であった。

ジークフリート(サミュエル)・ビング(1838-1905)が一八八八年から三年間発行した月刊誌『芸術の日本』は、こうした情報を広く西欧にひろめた。ヨーロッパ人は、日常生活に使う道具が芸術品であるということは、日本では生活そのものが美的であるにちがいないと理解した。このような解釈は、世紀末の前衛芸術家たちが提唱した総合芸術、つまり諸芸術を生活の中に統合し、生活そのものを美しくするという考え方の根拠となった。

ビングが企てた『芸術の日本』創刊の目的のひとつは、ヨーロッパにおける装飾美術の振興であった。創刊号の「プログラム」のなかで、彼はこの雑誌を創造的な装飾美術の職人や製造所にむけての具体的な図案集とすると書いている。(9) 日本美術とヨーロッパ美術を混ぜ合わせて新しい様式を誕生させるビングの計画は、一八九五年に開店したギャラリー「ラール・ヌーヴォー」によって実現する。実は、ヴァン・ド・ヴェルドは、このギャラリーの展示デザインを担当することでプロジェクト実現に深く関わっていた。

社会主義的な理論家であったヴァン・ド・ヴェルドは、日本人の職人気質、特に日本の職人の匿名性を例に挙げて、芸術の自由と民主性を擁護する論文を書いている。(10) さらに理論を実践するために専門教育をうけたことがないにも関わらず自宅（1895）を設計し、建築空間にとけ込む家具や食器から夫人のドレスまでをデザインした。ドレスと型紙の写真（図130）は、生活デザインは全体が有機的に調和して統一が保たれなければならない、という彼の思想もあらわしていると思われる。装飾美術についての考え方を根本的に変えたことは、日本のヴァン・ド・ヴェルドに対するおおきな貢献だったかもしれない。

（1） Yoko Takagi, *Japonisme in Fin de Siècle Art in Belgium*, 博士論文、ブリュッセル自由大学文学部、一九九九年。

（2） 妹ジャンヌの肖像画（一八八二年、個人蔵）のなかに日本製と推測されるブロンズ像を描いている。

（3） Yoko Takagi,"Le japonisme et les livres ornementés à la fin du dix-neuvième siècle en Belgique. Découverte de l'art du livre japonais et Max Elskamp,"*Le livre et l'estampe*, revue de la société royale des Bibliophiles et Iconophiles de Belgique (Bruxelles), XXXXIV, 1998, no. 150, pp.9-66. Yoko Takagi,"Lè japonisme et les livres ornementés à la fin du dix-neuvième siècle en Belgique. Réaction artistique de H. Van de Velde, G. Lemmen, F. Khnopff et Th. Van Rysselberghe," *Le livre et l'estampe*, XXXXV, 1999, no. 151, pp.7-51.

（4） Henry Van de Velde, *Récit de ma vie I 1863-1900*, Bruxelles, 1992, p.173.

（5） Ibid., pp.269,271.

（6） Archives et Musée de la Littérature, fonds Henry Van de Velde.

（7） Henry Van de Velde,"Die Linie," [1910], in *Zum Neuen Stil*, München, 1955, p.191.

（8） 高木陽子「アール・ヌーヴォーと服飾、アンリ・ヴァン・ド・ヴェルド」『服飾美学』第二十号、一九九一年、五九～七七頁。

（9） Siegfried Bing,"Programme," *Le Japon Artistique*,1 (1888), p.5.

（10） Henry Van de Velde,"Première prédication d'art," *L'Art Moderne*, Jan. 21, 1894, p.21.

〔参考文献〕 Yoko Takagi,"Wallpapers Designed by Walter Crane at the Musées royaux d'Art et d'Histoire in Brussels: A Source of Belgian Art Nouveau," *Bulletin des Musées royaux d'Art et d'Histoire* (Brussels), tome 65, 1994, pp.341-375.／Yoko Takagi, "New Discoveries: International Relations, Walter Crane in Belgium," *The Wallpaper History Review* (Manchester), 1996/1997, p.5.／Yoko Takagi,"Japonisme in Belgium: Public Collections and Two Unknown Dealers, Henri Jaeger and Takejirō Murakami," *Bulletin des Musées royaux d'Art et d'Histoire* (Brussels), tome 67, 1996 (1999), pp.139-158.／「一九世紀末ベルギーにおけるジャポニスム、公共コレクションとH.Jaeger」『ジャポニスム研究』第18号、一九九八年／『ヴァン・ド・ヴェルド展』カタログ、東京国立近代美術館工芸館他、一九九〇年。

37 ブリュッセルの「日本の塔」

ペーテル・タイスケンス

ブリュッセルでもっとも奇妙な風景のひとつは、市の北部、ラーケンにある王宮の大庭園の北端近くで見ることができる。二〇世紀の初め、国王レオポルド二世はここに「日本の塔」を建設することを命じた(図131)。彼は一九〇〇年にパリで開催された世界博覧会を訪れ、なかでもフランス人建築家アレクサンドル・マルセル(1860-1928)が海運会社のために建設した「世界旅行」パヴィリオン(パヴィヨン)に感銘を受けた(図132)。このパヴィリオンは東洋その他の異国的諸様式の混交で、博覧会の訪問者たちに、遥かかなたの国々のようすを垣間見させようという趣向のものであった。(1)

国王レオポルド二世はブリュッセルに同様の、しかも仮設ではない建物を建設し、遠隔の地にあってベルギー国民にとってはほとんど未知の、さまざまな文明を紹介しようと考えた。しかしながら、結局、建設されたのは、「日本の塔」と中国館、およびボローニャのネプチューンの噴水の模作だけであった。

レオポルド二世は「世界旅行」パヴィリオンの入口にあたる日本館を購入し、その建築家に塔と付属ギャラリーを自分のために建てるように依頼した。世界博覧会が終わると、それらの建物は解体され、ブリュッセルに運ばれた。塔と付属ギャラリーの建設工事は一九〇一年から、多分一九〇五年までかかった。

このプロジェクトには、いくつかの技術上ならびに管理上の問題があった。マルセルは純粋な日本の建設技術を使うという国王の指示に忠実であろうとした。つまり木造の構築物を、典型的なディテールを伴い、鉄や鋼の接合材を用いずにつくりあげるということである。

この理由のために、多くの部材や部品が日本に発注された。それらは、畳、家具、提灯、青銅製の釣鐘その他の室内装飾から、彫刻された木製パネルや扉の類、円柱の礎盤を仕上げるための、あるいは木製の接合部に用いられた木釘を隠すための、複雑なまでに装飾された銅板までわたった。

さまざまな状況的理由から工事はさらに遅れた。ベルギーと日本との距離、一九〇三年の横浜の火災による発注部材の部分的焼失、一九〇四年の日露戦争の勃発などである。しかしながら、仲介者と日本の職人たちの努力と勤勉さによって、遅れは限られたものにとどまった。

建築家の意図は、豊かな装飾と、最高の材料を用いることによって、日光のいくつかの建造物に比肩する雰囲気をつくりあげることであり、全体的に見て、彼はそれを達成したと全体的に見て、言うことができるであろう。

現場での実際の建設作業はいくつかのベルギーの建設会社によって行われたが、マルセルは、仕上げと装飾のためには、パリから専門家と装飾家を呼んだ。彼らの多くは「世界旅行」パヴィリオンのような、それ以前のプロジェクトで彼と共同した人々であった。

その結果、奇妙な工事となった。エントランス・ホールからその内部にある階段を昇ったところにあるのは日本の仏塔をモデルとした塔である。ところが、建築家は古典といえるいくつかの原形から逸脱した諸要素を組み合わせたので、それは仏塔とは呼べないものとなっている。第一に、この塔には地上階以上に五つのフロアがある。つまり、あわせて六階建の建物なのだが、日本の仏塔は常に奇数層で、多くは三重ないし五重の塔である。第二に、それらの層は、ここではフロアとしてつくられているが、日本の塔ではそれらの各層はフロアとして使われることを意図したものではない。ということは、結局、その建築家は各層をつなぐために階段をつくらねばならなかったことになる。この階段は、結局、部分的に外側に突出してつくられる結果となった。

設置された「近代的」設備も非日本的であった。電気による照明、給水、低圧蒸気によるセントラルヒーティング、そしてエレベーターを誇る「日本の塔」は、西洋のテクノロジーと東洋の伝統を組み合わせたものであった。

とはいえ、大部分の西洋人訪問者にとっては、東洋的側面が眼に付いた。日本からの訪問者なら、間違いなく、先ずは、本当に日本的ではないところに視線が行ったことだろう。そのなかには、ギャラリーの階段や塔の基礎に用いられた地元産の石材、E・ソローが製作した明らかにアール・ヌーヴォーのねじれた枝や百合の花の電気設備、反復的な日本のパターン（波形など）を模したセントラルヒーティング・システムの鋳鉄のグリル、あるいはギャラリーの装飾などである。

図131　ブリュセルの「日本の塔」と付属ギャラリー（手前）（撮影：藤田治彦）

図132　1900年パリ万博「世界旅行」パヴィリオンの一部として建設された「日本の塔」

「日本の塔」ができた当初、訪問者やジャーナリストにもっとも高く賞賛されたのは、そのギャラリーであった。階段を昇って塔屋の一階に向う時、花や枝や鳥獣などの自然を扱った正真正銘の日本の木彫を壁の下部に見ることができた。その上には、柱のあいだに、戦いの場面や英雄的な振る舞いなどが、日本画や木版画に基づいて、かたどられていた。それらはガラスに鉛で描かれたものである。残念なことに、それらは描かれただけで、焼成されなかったので、その色の多くは失われてしまった。絵の部分は修復されたが、そのガラスの欠落部分には白ガラスが入れられただけである。主題は日本の史詩から取られ、壇ノ浦の戦い、雪嵐のなか三人の子供をつれて逃れる常磐御前などが含まれている。その制作にあたった画家は、ジャック・ギャランであった。その作品は、主題の点でも、描画様式の点でも、彼がインスピレーションを求めた浮世絵の原形に忠実であったために、注目を集めた。それらのほとんどは歌川派で、国貞の版画も数点含まれていた。

　ギャランはヴェラム上にも絵を描き、それは天井下の壁パネルと横木に貼り付けられた。これらの絵画において、彼は想像上の風景に木版画の部分と主題を選んで組み合わせた。富士山が何度も登場しているが、絵画の背景は、ほとんどの場合、非常に日本的であるとは言えない。その風景はあまりにも開放的かつ平板なのである。その主題はさまざまなアーティストの版画作品に由来し、北斎が描いた鳥や旅人、歌磨の女性などが含まれている。それらは原作と同じ位置と姿勢でそのまま写し取られているので、その絵に描かれた人物などは、どの浮世絵版画から取られたものか、たどることができる。

　あらゆる点で、「日本の塔」は、それがそうであろうとした、真正なる日本建築の鏡像ではない。にもかかわらず、それは、二〇世紀初頭まで非常に人気のあった「ジャポニスム」の壮麗なる作例なのである。それは、日本の主題と伝統的技法、アール・ヌーヴォーと西洋近代の技術革新の、類い希な混合物なのである。

　「日本の塔」は、数十年のあいだ、一般の人々には閉ざされていた。徹底的な修復が必要とされ、一九八〇年代に工事が行われた。一九八九年、「ユーロパリア・ジャパン」という全欧的催事を前にして、「日本の塔」はかつての壮観を取り戻した。それ以来、日本の塔は一般に公開され、日本の美術や工芸の展覧会の場となっている。公開されているのは、エントランス・ホール、ギャラリー、および塔屋の一階部分である。

（1） Compagnie des Messageries Maritimes

〔参考文献〕Chantal Kozyreff, *De Japanse Toren te Laken*, Brussel, 1980. Regie der Gebouwen, *Restauratie van de Japanse Toren*, Brussel, 1989.

（藤田治彦訳）

38 リエージュ万国博覧会における日本館の家具

緒方康二

一九三〇（昭和五）年、ベルギー独立一〇〇周年を記念した万国博覧会がリエージュで開催された。この万博の日本館家具コーナーには、従来の万博に例をみないほどの多様な椅子が出品されていた。その内容からは、この頃日本の椅子について、技術・デザイン面で対外的にも欧米の水準に達したとの認識がうまれ、さらには日本が生活文化に促した独自の椅子を開発、展示しようとした意気込みがうかがえる。

幕末の開国以来、椅子や椅子と対をなすテーブル類は、日本の伝統的な和家具に対する洋家具として位置づけられていた。椅子座の生活習慣がなく、椅子の生産技術においても未成熟であった日本にとって、万博への家具出品は一八七三（明治六）年のウィーン万博参加以来、伝統的調度品としての和家具が中心であった。今世紀にはいって、洋家具としての椅子・テーブルがようやく出品対象となりはじめる。しかし出品の多くは素材が竹・籐であったり、日本趣味を表現するため仕上げに漆を用いたり、あるいは「横浜彫り」と称する彫刻過多の横浜製家具がみられるなど、伝統的素材や技法に依存し、エキゾチズムを売り物とする洋家具が中心となっていた。比較的技術導入の早かった曲木椅子は大正期の万博に出品されているが、当時の曲木家具は海外製品の模倣の域をでず日本独自のスタイルの提案にはいたっていない。

このような万博における洋家具の出品傾向は、リエージュの万博において新しい展開をみせる。万博を所管する商工省は、万博への出品管理事務をそれぞれの専門分野を統括する団体にゆだね、家具を含む木竹蔓製品の取り扱いは、一九二六（大正一五）年に結成されたデザイン・工芸関係職能団体帝国工芸会に委嘱された。帝国工芸会は出品者45名を選定、このうち椅子を含む家具出品者は7名であった。出品された家具の種類、材質または仕上げは以下の通りである。①机と椅子（材質・仕上げとも不明）、②円テーブルと椅子（春慶塗り）、③テーブルと椅子（竹・桐、漆塗り）、④角テーブルと肱掛椅子・屏風（籐）、⑤長椅子・肱掛椅子・小椅子・テーブル・ティテーブル（籐）、⑥角テーブル・円テーブル・花瓶台・テーブルと椅子（唐木）、⑦円テーブル・肱掛椅子・腰掛け（曲木）、⑦を除いたこれらのデザインの概要は、リエージュ万博の事務報告や帝国工芸会の機関誌『帝国工芸』誌上の写真と記事から把握できる。従来の万博に出品された洋風家具に比べてまずデザインが多様となった。伝統的素材や仕上げへの依存は依然みられるものの、①のような、当時欧米の流行であったアール・デコ調の椅子も登場している。①はすでに、国内で開催された第16回商工展の受賞作品でもあった。一方、日本独自の生活文化に根差した椅子も登場している点を特に指摘したい。②と③の椅子には、欧米ではみられぬ〝畳摺り〟、もしくはその変形構造が導入されている。畳摺りとは、椅子やテーブルの移動で畳を傷めぬための工夫で、日本の住まいに椅子が導入された明治初年頃からその例がある。(2) 元来は脚の先端に、脚の前後をつないで取り付けられる薄板状の部品をいう。畳中心の伝統的日本の住空間に椅子座を導入するための工夫であった。②の椅子にはその畳摺りが、椅子の構造として組み込まれている。リエージュの万博においてはじめて日本の椅子は伝統工芸的手法やエキゾチズムへの依存から脱却し、日本文化を背景とする独自の構造をもった日本の椅子を世界に発信したといえよう。その背景をみてみよう。

日本では大正年間に急速な都市への人工集中がはじまる。これにともない住宅問題・都市計画問題などがクローズアップされ、生活環境改善の気運が高まった。一九二〇（大正九）年、生活全般にわたる合理化を目指した生活改善同盟会が発足するが、住宅改善の方策として、まず椅子式の生活を提言している。当時生活全般にわたる改善論議のなかでのキーワードは「二重生活」である。住環境でいえば職場や学校での椅子座と、自宅での畳による床座生活の二重性をいう。結局畳から離れ難い日本人の心情や住宅事情を勘案すれば、日本における当時の椅子の導入は、畳生活との整合性をどう図るかの問題に帰着する。この問題には、当時の新進建築家たちが積極的取り組んでいる。生活改善同盟と同時期に発足した建築家集団分離派建築会の堀口捨己、蔵田周忠、山田守らの作品には、畳摺の導入による椅子と和の空間との融合を図る試みが窺える。(3) なかでも蔵田はのちに家具研究団体型而工房を発足させ、日本人の生活実態に即した合理的な椅子の開発を目指した。その成果として発表された作品は、畳摺を構造に取り込んだ椅子の数々である。畳摺式椅子の設計手法は当時多くの類型を生み、建築家のみならずこの頃誕生したばかりの家具デザイナー達の作品にもその手法がみられる。

このようにリエージュ万博は、日本のインテリア史上時代を画する時期に開催されたといえる。このとき万博日本館に出品された家具には、アール・デコスタイルの椅子とともに、畳摺り構造をもつ椅子が含まれており、当時の日本の家具デザインが、日本独自の生活空間にねざしたスタイルを模索しはじめたことを示している。

図133　リエージュ万博日本館出品、②円テーブルと椅子（春慶塗）

畳摺り構造に注意。このセットは現地で売却された。

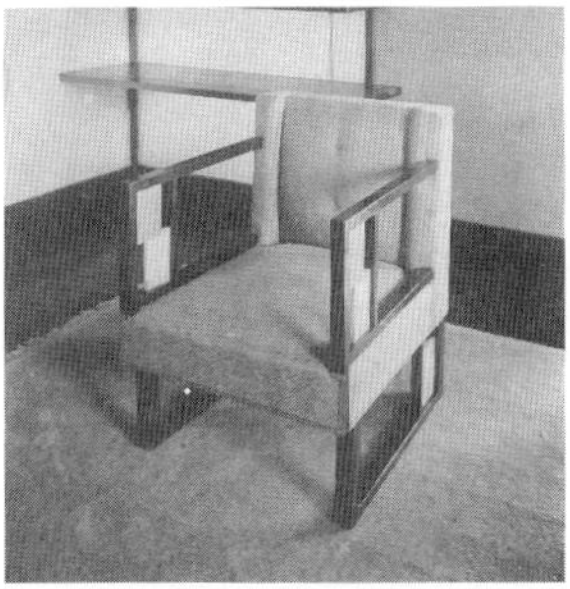
図134　堀口捨己《紫烟荘》1926　居間の肘掛椅子

（1）　一九一一（明治四四）年のチュリン万博に出品された竹製の椅子と同等品が、現在明治村に所蔵されている。

（2）　畳摺りの早い例は新島譲邸（1878）の椅子にみられる（小泉和子、「近代建築と家具（2）」、『月刊文化財』9）。

（3）　堀口捨己、《小出邸》（1925）の椅子復元例（宮本茂紀「堀口捨己の椅子」、『室内』97·9）、あるいは第七回の分離派展出品作品参照。

39

ベルギーの現代デザインと日本

ベルナルド・カトリッセ

はじめに

一九世紀後半、ヨーロッパの芸術家たちは次第に東洋のものすべてに興味を抱くようになった。日本の扇や布や版画、そして、さらに多くのものが競うように輸入され、収集された。ゴッホやボナールやドガなどの西洋の画家たちは、日本の芸術の異国的で、粋で、ある意味では超現実的な側面に魅了された。特に日本の版画に触発されたゴッホは、思いを込めて、日本の多色刷り版画の数々でアントウェルペン（アントワープ）のアトリエを飾った。日本の版画はゴッホのその後の作品に強い影響を残した。

これらがヨーロッパの芸術家たちに大きな影響を与えた浮世絵版画であった。それらの版画の主題は、ほとんどすべて日常生活から取られていたが、背景まで描かれることは稀であった。その代わりに、非常に鮮やかで純粋な大きな色面が、明快な黒々とした線で区切られて、用いられていた。

このように、構成の一部に空間を用いることは、西洋の芸術家にとっては新鮮なことであった。日本の芸術が伝わるまで、彼らは常に「空間畏怖（horror vacui）」に付きまとわれていた。空白への恐れである。それに対して日本の作品では、構成の焦点は画面の中心にはなく、描かれた人物像は、実にしばしば、画面の縁で切られていた。

このような異国的で（西洋人にとっては）新しい手法は、伝統的なヨーロッパのアカデミックな絵画に完全に対立するものであった。それこそが、ピサロやマネといった画家や、ボードレールのようなその他の芸術家がこれらの手法を採用——またはそれらに注目——した理由である。

日本の芸術への新たな興味

二〇世紀になると日本の芸術の影響はやや衰えたが、今でも大いに感じられる。一九七〇年代以来、新たな関心が高まった。時を同じくして、禅が多くの芸術家の興味を引き起した。とりわけ、その瞑想的な側面が高く評価されたのである。言うまでもなく、西洋の芸術家の注目を集めるようになったのは、最初は作品を前にしたときに見える、日本の芸術作品の外観上の要素であった。しかしながら、彼らがその内奥にあるさまざまな思想により親しむようになると、それらもまた人々の心に奥深く浸透するようになったのである。

序列を重んじる日本の社会では、年長者を尊重することは当然のこととされる。日本の工芸家や芸術家にとっては、師弟関係が常にもっとも重要なものであった。師は弟子よりも年上でより経験を積んでいる。このことが尊敬の理由でもあった。修行の第一段階は師匠の真似をすることである。西洋の考えでは、それは剽窃であり、私たちはそれを否認しさえする。しかし、アジア諸国においては、経験を積んだ先達を真似ることは当然のことと考えられている。師匠の作品を真似て、師にいっそう近づくことは、称賛にさえ値することなのである。

それにまた、自分の専門に必要な技術を習得することは必要であり、師の真似をすることはそのためには優れた方法なのである。弟子がその技術を試み始め、作品で自分の表現をすることができるようになるのは、彼がその技術を熟知してからのことである。しかし、弟子はその段階に至るまでに、長い道のりを歩まねばならぬ。必要な技術を学ばねばならぬだけではなく、用いることのできる種々の素材と、それらを尊重することを知らねばならぬ。クラフツマンシップは大いに称賛され、それを身につけることは優れた芸術家とみなされるための第一条件なのである。

二〇世紀の初めまで、日本では芸術と応用芸術とのあいだに明確な区別はなかった。応用芸術は美的なものを生み出すだけではなく、日常生活を飾る手段であった。職人がつくるものにはより深い次元があり、それらには単なる有用さを超えた何かがあった。その基本的な考えは、芸術は日常生活のなかに織り込まれているべきであるということである。

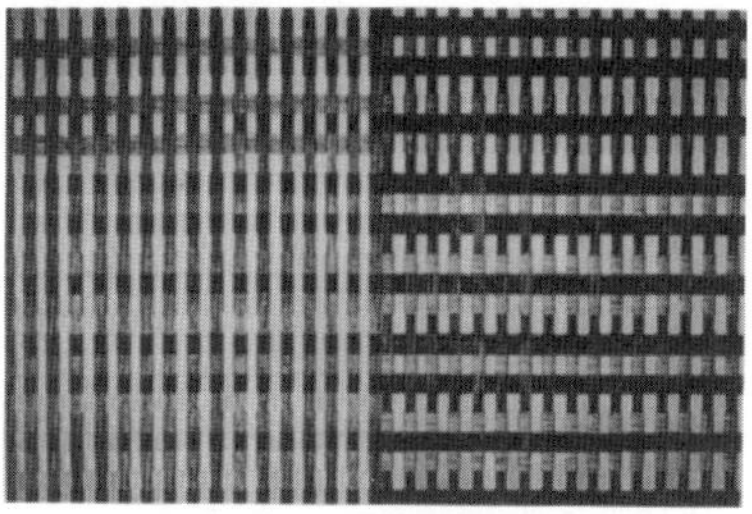
図135　マルティン・ヘーゼルブレヒト《ロール・カーテン》

図136　アンドレ・ヴェロークン《家具》1995

図137　ジャン・レメンス　《ネゴロ・ヌリ》1985

現代ベルギーの芸術とデザイン

このような日本の芸術を特徴付ける基本的諸要素は一九世紀の中

頃からヨーロッパの芸術家に高く評価され、それらと同じ諸要素が現代の芸術家たちの作品にも取り入れられている。彼らは常に鮮やかな色彩や大きな幾何学的形態を用い、何よりも、自然と簡潔さが重要な役割を担っている。

この傾向は何人かのベルギーの現代芸術家にも極めて明白に現れている。マルティン・ヘーゼルブレヒト（1949-）は非常にファブリックを好み、その興味を家具のデザインにまで広げた。彼女の作品を見れば、ファブリックと家具とのあいだの関連は常に明白で、それらはともにデザインの不可欠の一部なのである。彼女は自然の素材を大切にし、それらを自分のファブリックに直接用いる。彼女は巻いて簡単に収納できる、ロフト・スペース用に適したロール・カーテンをデザインした。それは非常に日本的な感覚のものである（図135）。それは彼女自身のスタイルの基本をなす要素のすべてを組み合わせたものでもある。それは機能的なものの美的統合である。つまり、あらゆるものが眼に見えるべきであり、自然の素材の使用は自然へと捧げられた頌歌なのだ、という原理である。全体として、極めて日本的な理念である。

一九八〇年代以来、家具デザインの分野で活躍しているアンドレ・ヴェロークン（1939-）もまた、とりわけその独自性を称賛する。彼のスタイルは幾何学と建築、および構成主義に根ざしている。そして、それは非常に頻繁に矩形を使用する日本のスタイルと比較されてきた（図136）。

このアジアへの思い、特に日本への思いは、金工家、ジャン・レメンス（1945-）の作品に明白である。彼の日本文化との接触は、根付を収集していた友人を通じて始まった。この興味が次第に大きくなり、彼の芸術家としての経歴を通じても、変わらず重要なものでありつづけた。金工家として、彼は東洋的主題や日本の物語に想を得た宝飾品を制作した。シリーズ物として、七つのペンダントをつくったとき、彼は四十七士の物語から着想した。彼のペンダントは美しいとともに奇怪なものだが、常に貴金属でつくられている。

彼がこのシリーズのために用いた金属には、日本の武具のイメージがある。彼は一九八一年と一九八三年に日本を訪れ、漆の技法に関する日本の専門家の講演を聞き、漆について学んだ。ともに数週間から数ヶ月の旅行であった。その後、彼は自作において、それらの旅行で学んだ漆の技法とヨーロッパの技法とを組み合わせた。一九八五年の作品《宇宙のシンボル》や《ネゴロ・ヌリ》（図137）などはその成果である。これらの宝飾品は身に付けるように考えられたものではなく、ひとつひとつが日本の漆の各種技法によって仕上げられ、それぞれの技法の作品に異なった色彩が用いられている。彼のその後の作品も、このようなアジアおよび日本の影響をとどめている。

（藤田治彦訳）

〔参考文献〕 *Vormgeving in Vlaanderen, 1980-1995*, Snoeck-Ducaju & Zoon, Brussel, 1995. / *Juweelkunst uit België van 1945 tot heden*/ Le bijou d'auteur Belge de 1945 à nos jours, Antwerpen/Anvers, 1997.

Ⅷ　オランダ

《交流年表》

1600・オランダ船リーフデ号、大分県臼杵湾に漂着、日蘭交流始まる
1639・徳川幕府による鎖国（-1853）、オランダ、中国（明）、朝鮮を除く諸外国との通交を禁止し、貿易港を長崎一港に限る
1646・覗機関の一種「ペルスペクティフ・カス」オランダから日本に輸入の記録
1725・将軍徳川吉宗にウィレム・ファン・ロイエンの油彩画献上
1767・長崎奉行、石カ谷勝衛門、オランダ商館長に「視覚装置と付属の版画」を所望
1782・この頃、イサク・ティーツィングが日本で浮世絵を収集
1823・フィリップ・フランツ・フォン・シーボルト来日、オランダ商館医師として滞日（-1829シーボルト事件のために日本退去）
1832・フォン・シーボルト『日本：日本およびその近国属国記述の宝典』刊行（1858年、全20巻完成）
1837・フォン・シーボルト、レイデンの自宅にてシーボルト・コレクション一般公開
1856・幕府がオランダ国王に贈る屛風絵十双の制作を命令
1859・フォン・シーボルト再来日（-1862）
1862・津田真道、西周ら、幕府最初の留学生として渡欧、両氏はオランダに学ぶ
1887・ファン・ゴッホが、歌川広重《名所江戸百景亀戸梅屋舗》と《名所江戸百景大橋、あたけの夕立》、渓斎英泉《花魁》を油彩模写
1893・ビング・コレクションによる日本版画展（ハーグ芸術協会）
1894・ヤン・トーロップ《デルフトのサラダ油》
1898・テオドール・ファン・ホイテマ《二羽のめんどり》
1899・ボッス・レイツ日本に滞在、木版画を学ぶ（-1901）
1917・『デ・ステイル』創刊（-1932）
1918・『ウェンディンヘン』創刊（-1931）
1920・「分離派建築会」結成
1922・村山知義「デュッセルドルフ国際美術展」のレセプションでテオ・ファン・ドゥースブルフに出会う。
1923・堀口捨己、オランダ訪問（翌年再訪）
1924・ファン・ドゥースブルフ『新しい造形芸術の基礎概念』、バウハウス叢書第6巻としてドイツ語で出版
・前衛雑誌『マヴォ』創刊（-1925）
・堀口捨己『現代オランダ建築』（岩波書店）
1926・堀口捨己《紫烟荘》
1927・「日本インターナショナル建築会」設立（京都）
・『デ・ステイル』に「日本インターナショナル建築会」宣言文と綱領、ドイツ語で掲載
1928・『新建築』アウト特集号
1929・『インターナショナル建築』創刊（-1933）
1930・『国際建築』デュドック特集号
1935・蔵田周忠《古仁所邸》ほか、乾式工法の住宅4戸（「等々力住宅区計画」、東京）（-1936）
1941・「個人コレクションからのいにしえの日本の木版画展」（ボイマンス・ファン・ビューニンゲン美術館、ロッテルダム）
1951・「レンブラント、北斎、ファン・ゴッホ展」（アムステルダム市立美術館）
1968・「日本現代画展」（教区美術館、ハーグ市立美術館）

1976・オランダ国立レイデン民俗学博物館蔵浮世絵展（東京）
1985・『SD』特集：モダニズム建築の王国オランダ
1987・「モンドリアン展」（西武美術館／滋賀県立近代美術館はか）ハーグ市立美術館蔵のモンドリアン・コレクションが日本で初めて公開
1991・「オランダ美術と日本展」（サントリー美術館）、翌年オランダに巡回（アムステルダム国立美術館）
1991・レム・コールハース《ネクサスワールド集合住宅》福岡、竣工
1992・「ゴッホと日本展」（京都国立近代美術館／世田谷美術館）
・《ハウステンボス》が長崎、針尾島に完成
1997・日本で初めての大規模な「デ・ステイル展」（セゾン美術館／兵庫県立近代美術館／豊田市美術館）
1999・黒川紀章《ファン・ゴッホ美術館新館》（本館は1963年リートフェルト設計、1973年竣工）
2000・「フェルメールとその時代展」（大阪市立美術館）ほか、日蘭交流400周年記念事業が両国各地で開催される

40 オランダとのデザイン交流

圀府寺　司

日蘭の「デザイン」の交流を振り返ってみると、古くは江戸時代の伊万里とデルフト焼の関わり、漆の輸出家具、一九世紀末ヨーロッパでの日本趣味の流行、オランダ近代建築の日本での紹介、最近では、レム・コールハースに対する日本の建築家の関心など、いくつかの事象がすぐに思い浮かぶ。「出島」という外交上の特権を得ていた国ならばこそ、欧米諸国の中では交流の歴史も長く、また「出島」という裏口から入り込んだ情報や物品が日本にもたらした影響も決して少なくはない。しかし、デザインというものを生活装飾品としてではなく、人と「もの」、人と環境、人と社会、といった関係についての、ひいては「生き方」についての思想・意志の総体ととらえたとき、その長い「交流史」が何か表層的なもののようにも思えてくる。もちろん、交流史の初期における異文化理解がしばしば表層的で誤解に満ちたものであることも、また、「交流史」の記述という営みそのものに、商業的意図も含めたやや表層的な政治的意図が絡みつきやすいことも、すでに美術史を含む様々な交流史研究が示している。しかし、そのことを差し引いても、日蘭の「デザイン」はさほど深い関わり方をしてこなかったように思われる。

大きな誤解だったとはいえ、ファン・ゴッホ（1853-1890）のジャポニスムは、画家の創作活動への深い関わりという点で絵画史上重要な出来事だったし、アール・ヌーヴォーのプロデューサーとしての画商ビング（1838-1905）の活動も、新しい生活様式を示すという意味で大きな意義をもっていた。しかし、たとえば、伊万里とデルフト焼における絵柄や形態の借用でも、オランダのデザインにおけるジャポネズリーでも、その交流はかなり表面的なものであって、「生き方」に深く関わるようなものとは思えない。堀口捨己のオランダの近代建築紹介にせよ、デ・ステイルなどを日本で紹介した石本喜久治、川喜多煉七郎、村山知義らの論にせよ、かなり偏った、表面的な紹介に終始していたと言わざるをえない（奥佳弥「オランダ新興建築と日本」参照）。

日蘭のデザイン交流史において、核となるような重要な現象が存在しないのは、おそらく、「民藝」と「デ・ステイル」という運動によって特徴づけられる、両国の近代デザイン思想の間に、何か根本的な隔たりがあって、そもそも相互の理解すら十分ではないからではないだろうか。現代においても、オランダで紹介される典型的な「ジャパニーズ・デザイン」なるものは相変わらず茶道、生け花、桂離宮に代表される「伝統的」な意匠、生活様式であり、日本で紹介される「ダッチ・デザイン」も極端に偏っていたり、商業的であ

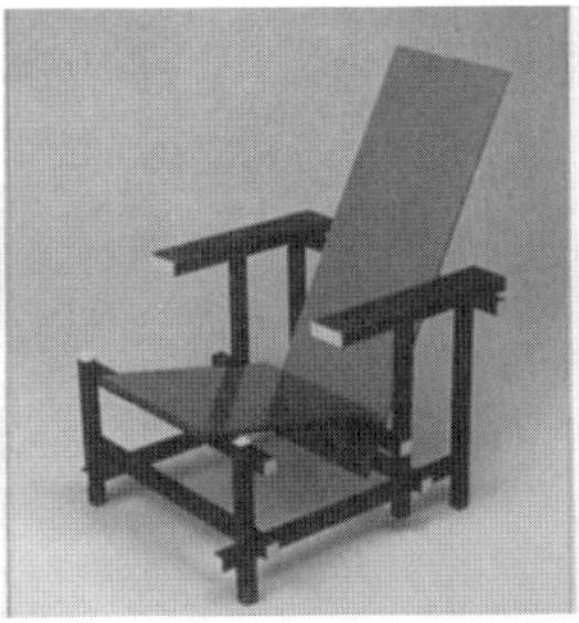

図138　ヘリット・リートフェルト
《レッド／ブルー・チェア》
1918　86×63.8×67.9
アムステルダム市美術館

ったり、インターナショナリズムに組み込まれた後のものに限られていることが多い。建築の例をあげれば、ミシェル・デ・クレルク（1884–1923）やリートフェルト（1888–1964）など、建築写真誌のなかでヴィジュアルとして見栄えのよいものが主に紹介されがちで、オランダ近代建築史とその思想の総体をしっかりと伝えてくれるような刊行物はまだない。また、デ・ステイルの理解にしても、依然としてバウハウス経由の紹介であったり、インターナショナル・スタイルの一局面としての記述に止まってきた。

このような事態になった原因としては、オランダ語という言葉の壁があったためドイツ語など他の言語を通じての理解に止まったこと、紹介者のほとんどが実作者だったことなどがあげられよう。実作者は「正確な」理解をするために立ち止まる暇はなく、その場で吸収できる養分だけを吸い取って制作に立ち戻らなければならないからである。しかし、これらの原因のさらに根底には、デザインというものが、そもそも伝わりにくいものだという事情がある。輸送が容易で複数生産される版画よりも一品ものの絵画の方が、さらに特定の「場」で機能する建築の方が異文化には伝わりにくく、なじみにくい。デザインを文化輸出品やブルジョワの生活を飾りたてる道具と考えるなら、その伝播、普及は容易だが、特定の場での「生き方」に関する思想と意志の総体としてのデザインは、決して容易には伝播しない。それを理解するには、本来、その場で生活し、その思想をみずからの身体や行動の一部としてしまわねばならず、また、それを伝えるにはみずからの一部となったものに距離を置きつつ記述しなければならない。この作業は決して容易なものではない。

しかし、今とりあえずなされるべきことは、バウハウスやインターナショナル・スタイル経由の「ダッチ・デザイン」ではなく、オランダの歴史的コンテクストもふまえた建築・デザイン史を記述することである。その後に、本章に紹介される交流史上の出来事の意義も、日蘭の隔たりの理由も、より明確になっていくであろう。

41 オランダ新興建築と日本

奥 佳弥

ここ一〇年来、オランダの建築家レム・コールハース（1944-）と彼に続く若手建築家たちが世界の建築雑誌をにぎわせている。日本でも、この現代オランダ建築の興隆は話題を呼び、さらにはその基礎を形成したものとしてオランダのモダニズム建築への関心を促している。だが、既に大正から昭和初期の日本において、当時をリードした若手建築家たちの間でも、オランダの新興建築に特別な関心が寄せられるという状況があった。その若手建築家たちとは、一九二〇年に大学における様式主義を批判し「過去建築圏よりの分離」を宣言した分離派建築会のメンバーたちとその同世代の人々である。彼らは、それぞれに外国の雑誌や書物から独習、あるいは自ら渡欧することによって、ヨーロッパの新傾向に新建築を切り開く建築思潮を見いだし、日本の建築界に「モダニズム」の概念を導入していった最初期の世代にあたる。彼らの関心の対象はヨーロッパの動向と並行して、ドイツ表現主義からル・コルビュジエ（1887-1965）やバウハウスへと移行していく。その過程において、オランダの新興建築への少なからぬ関心が建築雑誌に表明されているのである。彼らは、小国オランダの新興建築、つまり当時の現代オランダ建築に何をみたのだろうか。

堀口捨己

分離派建築会の中心メンバーの一人、堀口捨己（1895-1984）は一九二三年七月、同じく分離派の大内秀一郎と共に渡欧した。その時の訪問国の一つ、オランダを堀口らは二回（一九二三年九月と翌年一月）に分けて訪ねている。[1] 堀口は、当時まだ「建築界の表現の方向が記念碑的」であったドイツに対し、「このプロレタリアートに対する住宅計画や田園都市の時代で、（それが）いち早く夢想され着手された英国よりも盛んに実現されている」[2] オランダに惹かれたらしい。帰国後、堀口は彼の参加する分離派建築会の活動の一環としてオランダの建築について講演して回った。それらの講演会で話した原稿を補筆し、出版したのが『現代オランダ建築』（1924）である。[3] 同書は、その後、分離派同人の石本喜久治や蔵田周忠らが自らの欧米での見聞をもとに近代建築の通史を綴るおり、オランダの建築をヨーロッパの現代建築を開いた活動の一つとして取り上げさせる契機となり、また、その際の底本ともなっている。[4]

堀口は、アムステルダム派や「デ・ステイル」など、現代オランダの建築事情を広く紹介する一方、[5] 自らはM・デ・クレルク（1884-1923）やJ・J・P・アウト（1890-1963）などのオランダの主流にあった建築家たちの作品より、郊外や田園地方にある建

図139　堀口捨己《紫烟荘》埼玉県　1926
（『紫烟荘図集』洪洋社、1927）

図140　M・スタール=クロップホラー《パーク・メーアヴェイクの住宅》ベルソン　1917–18
（堀口捨己『現代オランダ建築』岩波書店、1924）

築に、その後の住宅建築において追求する主題を見いだしていた。帰国後の堀口の処女作、紫烟荘（1926、図139）の造形、特にその屋根の材料、形態がパーク・メーアヴェイクの住宅の一つ、M・スタール=クロップホラー（1891–1966）の住宅（1917–18、図140）に着想を得たものであることは確かなようである。(6) 一方、紫烟荘のもう一つの特徴である水平の庇や面の分割は、「デ・ステイル」に想を得たという見方もあるが、この時期の堀口の「非都市的なるもの」への指向からすると、「デ・ステイル」に見られるような即物的な造形よりも、幾何学的な立体構成と、穏やかな郷土性を併せ持つW・M・デュドック（1884–1974）の建築に啓発されたものと考えられる。(7)

パルテノンの柱頭を見てギリシアの古典に「打ちのめされ」、自らの道を探っていた堀口は、広くヨーロッパの主要都市を見て回るなか、オランダで出会った地方的な静けさを持つ建築に、日本の数寄屋造りとの共通点を見いだしたという。(8) 彼は、パーク・メーアヴェイクに建てられた住宅群の草屋根を「非都市的な材料である草の屋根の建築」が、他国の草葺きの住宅の例のほとんどが単なる百姓屋、田舎屋の模倣に終わっているのに対し、「近代的な感覚を十分にもった新しい優れたもの」(9) であると評し、また、デュドックの建築に「独自の美しい還元された塊（つちくれ）の美」(10) を発見したと述べる。堀口がこれらのオランダの建築に発見したのは、「近代性」と「郷土性」という相対立するものの調和あるいは併立であり、そこに自らを切り開く道を見いだしたのではないだろうか。

蔵田周忠

一九二一年、分離派会員として迎えられた蔵田周忠（1895–1966）は、雑誌の編集や旺盛な執筆活動を通じて日本に欧米近代建築の潮流を導入することに大きく貢献した建築家として知られる。蔵田は、同じ分離派の堀口の書に啓発されてオランダ建築に興味を持ったようである。当初、蔵田が特に関心を持ったのは、デュドックの建築であるらしく、『国際建築』（1930.1）のデュドック特集号に蔵田はデュドックのピューリズム的「面体構成」と「郷土性」の共存を評価する一文を寄せている。(11) この後、蔵田は一九三〇年代初めのベルリンに滞在し、グロピウス（1883-1969）の事務所に客員格として籍を置きながら、各国のモダニズム建築を歴訪した。(12)

　帰国後の蔵田は、グロピウスの影響を受けて、熱心にトロッケンバウ（乾式構造家屋）の生産方式を日本に普及させようと努力する。一九三六年の古仁所邸（図141）や金子邸などがその実践例である。それらの外観は、全体に非対称で、上下、左右のヒエラルキーが希薄であり、意匠的にはヴァイセンホーフ・ジードルンクにおけるグロピウスの住宅（1927）よりも、テオ・ファン・ドゥースブルフ（1883-1931）の住宅の模型（1923、図142）に近い。蔵田自身、ライトの発展としてミースやオランダのヘリット・リートフェルト（1888-1964）、デュドックの例、ファン・ドゥースブルフの理論を示しながら彼らの「面体構成」が、軽量版を基本的な構成要素とするトロッケンバウの技術にふさわしい近代的な意匠表現であると説いている。(13)

図141　蔵田周忠《古仁所邸》神奈川県　1936
（『国際建築』1936年８月号）

図142　ファン・ドゥースブルフ／ファン・エーステレン《アトリエのある芸術家の家》1923
（『国際建築』1933年３月号）

　稿を改めて蔵田は、自身の「面」の構成や色彩構成への興味を、「現代建築に於ける「面」の発展について」（『中央美術』1933）という論考にまとめる。蔵田は、ファン・ドゥースブルフの『新しい造形芸術の基礎概念』の重要性を説き、またパリの「デ・ステイル」展（1923）での住宅模型における「面の立体的構成」がヨーロッパの表現主義的傾向を合理主義に向かわせた契機をつくったと位置づける。その上で、ヨーロッパの建築の最も洗練された姿を現代建築に於ける面の発展に認めることができるとしている。更にそこに日本建築との共通性を指摘し、「真に古典的な日本に帰りさえすれば、それは国際的である、最も洗練させた現代を実現する」と結んでいる。それは、保守化へ向かう当時の風潮を窺わせる一方、オランダの建築に潜む「日本的なるもの」が、日本の建築の中に「現代」的なものを蔵田に見いださせたと考えられる。(14)

　当時のオランダ建築は派を問わずライトの建築、特に一九〇一

～一〇年のプレーリー・ハウスに影響を受けていた。[15] そして、それらプレーリー・ハウスの「重なり合う平面構成」は既に日本の伝統的な住宅の、あるいは美術に見られる美的分割の影響を受けていたという。[16] だとすれば、蔵田がその理念や造形に注目し、実践にまで反映させた「面体構成」は、もとはといえば、日本建築あるいは美術から抽出された伝統的な構成原理に端を発し、アメリカのライトを経由し、少しずつ解体され、抽象化されながら、モダニズムの言語として再び日本に舞い戻ってきたと見ることができる。そう考えると、先の蔵田の論文の西欧における面の発展と日本建築の共通性に関する言及が興味深く読み直される。

川喜田煉七郎

一九三〇年代になると、「デ・ステイル」運動の主催者ファン・ドゥースブルフの思想により注目する傾向が見られる。分離派の活動の末期に参加し、その後、バウハウスの教育システムを日本に導入した活動で知られる川喜田煉七郎（1902-1975）もその一人だった。[17] 川喜田は「デ・ステイル」の色彩の構成について「表現派の人々の狂乱した色を一定の科学的方向に向かわせ、ル・コルビュジェ等の住宅における色彩への影響」の重大さを指摘しながらも、ファン・ドゥースブルフの重要性は作品よりその論文にあるとする。川喜田は、ファン・ドゥースブルフの思想が「建設的な実用的なしかも産業的資本主義的な新しい生活の芸術を創りあげんとする」ものであることに注目している。それはこの時期に川喜田が設立した「生活構成研究所」の活動理念に通ずるものであったと思われる。

一方、建築の実作の少ない川喜田が一九二九年の『建築画報』に発表した「I氏の写場（写真館）」のインテリアの一角に見られる面の構成的な扱いに、「デ・ステイル」の造形の影響が観察される。特に、藤井五郎との共同によって同写真館のため制作したという椅

図143　川喜田煉七郎／藤井五郎《写真館のための椅子》1929（『建築画報』1929年1月号）

図144　ヘリット・リートフェルト《ベルリン・チェアー》1923

子（図143）に見られる非対称の構成や部材要素の接合方法は、リートフェルトのベルリン・チェアー（1923、図144）に着想を得たとしか思えない。当時の活動や言説からは、むしろ特定の造形意匠からの影響を排しているように見える川喜田が、「デ・ステイル」の造形に触発されたとおぼしき側面を見せていることは興味深い。

川喜田は、バウハウス叢書や『アルシテクチュール・ヴィヴァントウ』の「デ・ステイル特集」（1924）を介してドゥースブルフの理念や造形に触れたとみえる。ヨーロッパの表現主義的傾向を合理主義に向かわせたファン・ドゥースブルフの理論は、川喜田にとってとても日本にバウハウスの理念やシステムを導入する接点を与えてくれるものだったのかもしれない。

東畑謙三

学生時代、周囲の誰よりも早くル・コルビュジェやグロピウスなどの建築思潮に注目したことを自負する東畑謙三（1902-1998）もまた、独自にファン・ドゥースブルフの思想に注目した一人だった。彼は、ファン・ドゥースブルフの「新構成芸術の基礎概念」（『新しい造形芸術の基礎概念』）を「非常に愛読」していたという。[18] 当時、京大の大学院生だった東畑は、武田五一の命を受けて京都大学建築学教室が発行する学術雑誌『建築学研究』の編集者兼執筆者を務めていた。彼は、同誌一九二七年八月号に、バウハウス叢書のうち特にアウトとファン・ドゥースブルフの論文を選んで紹介し、後にはファン・ドゥースブルフの同論文の抄訳を連載している。

東畑は、ファン・ドゥースブルフの「構成」の概念に、同じく傾倒していたル・コルビュジェの思想を重ねあわせながら、物の「構成」ということは一つの企画をするということであり、要求される機能に応じて「空間」を配置し、生活に会うように「構成」していくことが建築であると認識したようである。[19] 彼が、その後の実務において、表現において主体があらわれがちな「建築家」でなく、「技師」を目指した姿勢は、個人的なものを排し、普遍的なるものを建築において追求した「デ・ステイル」のアウトに近い。彼は「建築技術者」として、アメリカのアルバート・カーンの工場と組織のなかに「構成」の概念を「発見」し、産業建築に向かったという。[20] 東畑は、ファン・ドゥースブルフから「構成」や「空間」の概念を学び、そこから発展して自らの理想を「構成技師」に向かわせたのである。東畑もまた、独自にドゥースブルフの「構成」の概念に、「合理主義」あるいは「生産主義」の実践へ進む接点を見いだした一人であったといえよう。

「日本インターナショナル建築会」

一方、「デ・ステイル」自体の活動と直接的な関係をもったのが、一九二七年七月に京都において発足した「日本インターナショナル建築会」（以下「建築会」と略）である。[21] その「建築会」の宣言文と綱領が『デ・ステイル』一〇周年記念号（1927）に、石本喜久治、伊藤正文、本野精吾、中尾保、新名種夫、上野伊三郎ら六人の日本人建築家の署名と共に、同年九月二三日付けでドイツ語で掲載されている。[22] 日本サイドでも、同「建築会」の機関誌『インターナショナル建築』の創刊号（1929.8）に、外国会員として、グロピウス、B・タウトら八名の錚々たる西欧近代建築家の名前が掲げられ、オランダからはリートフェルト、ヤン・ウィルス（1891-1972）、J・J・P・アウトの名が連ねられている。それはピカソやアレクサンダー・アーキペンコ（1887-1964）などの名を掲げた『デ・ステイル』創刊号（1917）の国際色豊かな創立メンバー・リストを想起させ、運動媒体として両雑誌はその政治的戦略性において共通の性格を持っていたことを示している。(23) 実際、J・J・P・アウトとヤン・ウィルスは「建築会」主催の「第二回建築と工芸品展覧会」（1928.6）に、建築作品の図面や写真を出展している。(24) 当時、三人のオランダ会員のなかで、唯一デ・ステイルのメンバーに残っていたリートフェルトからは、建築会の活動に対して大いに賛意を表す書簡を会に送られたようである。

このような相互関係にもかかわらず、『インターナショナル建築』誌上に、「デ・ステイル」の建築や理念への積極的な言及は見られない。「建築会」は合理主義、機能主義を奉じながら、それを場所の固有性としての「ローカリティー」に対応した建築を目指していたため、「デ・ステイル」ほどには固有性を排し普遍的な造形を追求していなかったのである。「建築会」と「デ・ステイル」とは、目指す方向性に理念上の「ずれ」を包含しながらも、「世界各国の同志と提携して」いることを公に強調したかったという点において、双方の利害が一致したのである。ここにも「デ・ステイル」に日本の「建築会」が目指す方向へに向かわせるための間接的なつながりが見られるといえよう。

一九二二年のデュッセルドルフで、ファン・ドゥースブルフに出会った前衛芸術家村山知義が、その後、雑誌を交換するなどの交友関係をもったという事実も看過できない。これについては次稿に譲るが、帰国後彼が展開した作品や言説は、ダダに特徴的な破壊的要素が強く、当時の日本の建築運動には結びつきにくかったとみえる。

「結節点」としてのオランダ

大正から昭和初期の日本の建築界において、オランダの新興建築、あるいは建築家の理念が少なからず注目されていたことは確かであろう。だが、それらの意匠あるいは言語が具体的に定着されたとは言い難い。堀口は、オランダの田園都市の建築の「非都市的なるもの」に、日本的なものと近代的なものの併存のあり方を見いだし、蔵田や川喜田、東畑らはそれぞれ「デ・ステイル」の造形やドゥースブルフの理念に自らが生産主義、合理主義へ向かう接点として「構成」の概念を見いだす。一方、理念上の「ずれ」を包含しながら、「日本インターナショナル建築会」は「デ・ステイル」と政治的つながりをもった。彼らがオランダの新興建築に見いだしたのものは、それぞれ異なるように見える。だがそのいずれもが、個人主義を乗り越え、自らの目指す「モダニズム」建築を切り開く「結節点」を与えてくれるものだったといってよいであろう。

（1） 訪問概要については。拙稿「デ・ステイルと日本」『デ・ステイル 1917-1932』セゾン美術館、一九九七年、二九三～二九四頁参照。
（2） 堀口捨己『現代オランダ建築』岩波書店、一九二四年。同再録『建築論叢』鹿島出版会、一九七八年、一三一～一三二頁。

（3）堀口捨己「はしがき」『分離派建築会の作品第三刊』岩波書店、一九二四年

（4）石本喜久治「最近建築様式論」『アルス建築大講座』、一九二八年一二月、八九頁。蔵田周忠「現代建築」『実用建築講座』東学社、一九三五年、三八～四一、四四頁。

（5）堀口捨己、前掲注（2）（3）の他、「アウト氏の思い出」、『新建築』一九二八年一月号、三四～三九頁、「現代オランダの建築について」『建築世界』、一九二五年一月号、四二～四九頁。

（6）堀口捨己「住宅における伝統のおもみ」『新建築』一九六六年五月号。

（7）堀口捨己「建築の非都市的なるものについて」（『紫烟荘図集』所収、洪洋社、一九二七年）『堀口捨己作品・家と庭の空間構成』鹿島研究所出版会、一九七四年、再録、一二～一九頁

（8）堀口捨己「数寄屋造と現代建築」、『建築文化』一九五六年一月号。

（9）前掲注（7）、一四頁。

（10）堀口捨己「現代オランダの建築について」『建築世界』、一九二五年一月号、四四頁。

（11）蔵田周忠「デュドック氏の作品」『国際建築』、一九三〇年一月号、一九～二四頁。同文は一九二四年一二月付けで書かれている。

（12）オランダについては、当地におけるF・L・ライトの影響の大きさに驚いたことを現地から報告している。蔵田周忠「オランダ旬日」『国際建築』一九三一年八月号、二一～六頁。

（13）蔵田周忠「トロッケンバウの意匠」『国際建築』一九三三年三月号、七五～八八頁。

（14）蔵田周忠「現代建築に於ける『面』の発展に就て」『中央美術』、一九三三年一一月号、四五～五四頁

（15）マライク・キュパー（拙訳）「初期デ・ステイルの建築」『デ・ステイル 1917-1932』セゾン美術館編、一九九七年、一六六頁参照

（16）ケビン・ヌート（大木順子訳）『フランク・ロイド・ライトと日本文化』鹿島出版会、一九九七年、四頁、九二～一〇五頁、前掲注（1）、二九七頁。

（17）川喜田煉七郎「海外消息　テオ・ファン・ドゥースブルフ」『国際建築』一九三一年五月号、二九～三一頁。

（18）布野修司監修『待てしばしはない―東畑謙三の光跡』日刊建設通信新聞社、一九九九年、二八頁。

（19）前掲書、八五頁。

（20）田中禎彦「構成技師というひとつの行き方―東畑謙三論」、前掲注（18）所収、一二五頁。

（21）「建築会」の活動については、拙稿「上野伊三郎―「協働」と「対立」の狭間」、笠原一人「伊藤正文―反転する純粋技術」『建築文化』二〇〇〇年一月号、奥・笠原「『日本インターナショナル建築会』における上野伊三郎の活動について」、笠原・奥「『日本インターナショナル建築会』における伊藤正文の活動について」『日本建築学会近畿支部研究報告集・第四〇号・計画系』二〇〇〇年、参照。

（22）*De Stijl*, vol. VII, no.79/84, p.23. 1927.

（23）詳細については、前掲注（1）、二九七頁参照。

（24）『デザイン』一九二八年七月号、一～一一頁。

42

オランダのグラフィック・デザインと日本

奥　佳弥

「ジャポニスム」とオランダ

一九世紀初め、日本に滞在したフィリップ・フランツ・フォン・シーボルト（1796-1866）は、その著書『日本』（1832-58）の中の石版画の挿し絵の元絵として「北斎漫画」を多用した。その作成に携わったヘンリ・フィリップ・ハイデマンら石版画家は、日本の木版画と最初に出会ったヨーロッパのデザイン・アーティストに数えられる[1]。シーボルトの著書やコレクションが、その民俗学的見地をもって欧米に日本の文化遺産を広めた重要性は計り知れない。だが、オランダにおいて、日本の浮世絵をデザイナー自らの創作活動に何らかのインスピレーションを与えてくれるものとして見る傾向は、むしろ一九世紀中頃のパリを中心としたフランスに始まる「ジャポニスム」あるいはアール・ヌーヴォーの波及を背景としている[2]。一八九三年にハーグ芸術協会で開催された、パリの美術商サミュエル・ビング（1838-1905）のコレクションによる日本の版画展や、同じ頃出回っていたビングの雑誌『芸術的な日本』（1888-91）が、オランダのアーティストたちに与えた影響は少なからぬものであったと考えられる。画家ファン・ゴッホにとって「日本」がはっきりと重要な意味を持つようになるのもやはり、ビングの店で浮世絵を漁っていたパリ時代からであるという[3]。いずれもオランダと日本の影響関係が、パリ経由であるのは興味深い。同じような経緯は、一九世紀末から二〇世紀始めのオランダのグラフィック・デザインにもたどることができる。

象徴主義の画家として知られるヤン・トーロップ（1858-1928）は、世紀末の転換期のアール・ヌーヴォーの国際的な流れに影響をうけ、同時に影響を与えたオランダ人だった[4]。彼は、一八九〇年代初期にアール・ヌーヴォーの動きを最もリードしていたブリュッセルの「二〇人会」へ唯一のオランダ人メンバーとして参加し、彼らとの接触を通じて自らの作風を展開させていく[5]。

トーロップが制作したポスター「デルフトのサラダ油」（1894図145）は、以後オランダのアール・ヌーヴォーが「サラダ油スタイル」と呼ばれるようになり、およそアール・ヌーヴォーに関する書物で欠かされることはないほど広く知られる。この「サラダ油」ポスターに代表される、平行な線の多用や平板な構図は、一八九二年に始まるトーロップのグラフィック・アーティストとしての創作活動において特徴的なものである。当時のトーロップは浮世絵にインスピレーションの源を見いだすアーティストに囲まれていたといってよい。ただ、トーロップの作品に「日本」がはっきりとした形で確認できるのは、一八九〇年の「心の中の心」という素描のみである。

後方の暗い空の中に、幽霊のように浮かび上がるたくさんの顔の右端に浮世絵の描き方そっくりの美人画の頭部が描かれているのである。彼がグラフィック・アーティストとして活動する前に描かれたこの素描において、美人画の頭部で「浮世絵＝日本」という記号的イメージを挿入していることは興味深い。彼の「サラダ油スタイル」の線や構成は、浮世絵から直接影響を受けたというよりも、アール・ヌーヴォーの表現傾向を間接的に受けて現れた姿であったのかもしれない。

一九世紀末、オランダの装飾芸術はトーロップのデザインに見られるような幾何学的な形式へ向かう傾向にあったのに対し、テオドール・ファン・ホイテマ（1863-1917）はそれらとは対照的な自然主義的、描写的な傾向を示していた。美術学校卒業後、ライデンの自然歴史博物館で学術書の挿絵を描くことから始めたホイテマは、挿絵家、リトグラファーとして、その自然主義的な作品で多くの人々に親しまれていた。ファン・ホイテマの《5匹のウサギ》（1898）、アンデルセン作『二匹のめんどり』の挿絵（1898、図146）や文化雑誌『庭園』の表紙（1899）など、その鮮やかな線と図形の切り取り方に浮世絵からの影響が見られる。彼の動物や植物の絵の細かい描写は、喜多川歌麿の『画本虫ゑらみ』（1788）に酷似する例も発見されており、日本の手本を詳細に研究していたことを物語っている。またファン・ホイテマは、ロートレック（1864-1901）のリトグラフを手本に多色刷りの技術を身につけたという。[6]ロートレックといえば、日本の浮世絵の影響を受けたデザイナーとしても知られるが、ここにも浮世絵がパリ経由でオランダに伝わった一面を見ることができる。

そのほか一八九九年から一年半日本に滞在し、木版画を学んだボッス・レイツ（1860-1938）や、北斎の《富岳三十六景》の「神奈川沖浪裏」に想を得た版画を制作したヤン・ニューウェンカンプ

図145　ヤン・トーロップ《デルフトのサラダ油》1894

図146　テオドール・ファン・ホイテマ『二羽の雌鳥』の裏表紙　1898

図147　村山知義《親愛なるヴァン・ヂスブルグに捧げられたコンストルクシオン・2》1924
(村山知義『現在の芸術と未来の芸術』長隆社、1924)

(1874–1950) などの例が挙げられる。彼らの場合も浮世絵に関心を抱くようになったきっかけは、オランダ国内よりも、フランス、ドイツなど、周辺諸国のコレクションとの出会いにあったようである。[7]

『ウェンディンヘン』と『デ・ステイル』

二〇世紀に入ると、総合芸術をめざす建築家たちの手によってオランダのグラフィック・デザイン史に新しい要素がもたらされる。『ウェンディンヘン』(1918–31) と『デ・ステイル』(1917–32) は、当時の造形芸術の二つの傾向、表現主義と合理主義の流れを代表していた。

アムステルダム派の建築家、H・P・ウェイドフェルト (1885–1987) の特殊な趣味によって編集された『ウェンディンヘン』は、表現派、構成派にかかわらず当時の最も先鋭的な造形芸術家を起用した、貴重な表紙デザインで知られる。その装丁は特異なもので、和装本のように袋状に折りあわせられたページをラフィア[8]のひもで綴じている。ただし、その起源が中国ではなくて日本にあるとかどうかを限定することはできない。その紙面デザインは機能的な装飾形式を志向していたとはいえないが、直線的な要素で構成され、時折、文字を漢文のように縦書に配するなど、テクストと装飾の力強い統一が図れられている。

デザインのインスピレーション源として、あらゆる傾向を包括的に受け入れようとする『ウェンディンヘン』は、彫刻、演劇、グラフィック・アートから、中東や東洋の伝統美術に至るユニークな特集を組んでいる。日本美術については、「極東の芸術」、「仮面」特集の中で、一四、五世紀の仏像や仏画、あるいは能面、文楽の人形などが中国美術やインドネシア美術と共に紹介されている。[9] 同誌において、「日本」は東洋の一部あるいは、中国の延長線上におかれており、日本美術は東洋趣味の中に包含されていたことを示している。

個性を排し、理論を形式化する傾向にあった『デ・ステイル』誌上で、伝統的な日本美術に関する特別な言及は見られない。一方、『デ・ステイル』の指導的編集者テオ・ファン・ドゥースブルフ (1883–1931) と日本の前衛芸術家、村山知義との間に同時代的接触のあったことが同誌に記録されている。『デ・ステイル』誌に日本の建築家グループの宣言文が掲載されたことは、前稿 (第41節) で触れたが、それより三年早い一九二四年八月号の『デ・ステイル』の雑誌案内欄に、村山知義ら日本の前衛美術グループの機関誌

『マヴォ』が特記されている。『マヴォ』といえば、そのロシア構成主義やダダの影響を色濃く受けたデザインが、日本のグラフィック・デザイン史に大きな衝撃を与えたことは多く指摘されるところである。

村山知義は、一九二二年五月のデュッセルドルフ国際美術展のレセプションでドゥースブルフに出会い、帰国後、互いの雑誌を交換するなどの交友関係を持つに至っていた[10]。ロシア構成主義のエル・リシツキー（1890-1941）やダダイスト、クルト・シュヴィッタース（1887-1948）とも交友関係にあった村山の作品は、グラフィック・デザインも含め、概して曲線や斜めの要素を多用したすダダ的なものだった。それに対し、村山の共感する「愉快なネオ・ダダイスト」[11]、ドゥースブルフに捧げられた連作（1924、図147）は、例外的に幾何学的要素からなる構成主義的な表現形式をとっていたことは興味深い。ファン・ドゥースブルフもまた、タイポグラフィーや詩の分野において構成主義的なものとダダ的なものの両方を実験している。だが、たえず対立要素を「同時的」に考慮する「対比的関係」[12]によってこそ自己実現を追求していたファン・ドゥースブルフが、ダダのみに偏向することはなかった[13]。一方村山は、資本主義である日本には、まずコミュニズムの芸術である構成派を用意するためのダダが必要であると説き、両者を時間軸に沿って並べる[14]。つまり村山は、ファン・ドゥースブルフと同様、ダダや構成主義といった多元的な表現形式をとるが、その布置のさせ方に「時間的」な関係を考慮するという認識の「ズレ」を生じさせていくのである。

デザイン交流の「間接性」

開国以前の時期に日本の美術品を西欧にもたらした主役はオランダであり、西欧はオランダを通じて「ジャポニスム」の準備をしていた。だが、一九世紀後半、オランダのグラフィック・デザイナーたちが、日本の美術、特に浮世絵を自らの創作活動に何らかのインスピレーションを与えてくれるものとして見る視点をもたらしたのは、一九世紀中頃のパリを中心としたフランスに始まる「ジャポニスム」の波及であったといえよう[15]。二〇世紀に入っては、『ウェンディンヘン』に見られたように、東洋趣味の中に、日本美術が含まれるという、中国やインドネシアという東洋の枠組みの中で関わるものとなる。オランダのデザイン界において、「日本美術」への関心は常に、他国を経由するという、その「間接」のあり方において同じプロセスをたどっているのである。そして、村山知義の場合、ファン・ドゥースブルフという人物を通じてかなり『デ・ステイル』と「直接」的な関係をもったといえよう。ただ、村山がその言説や造形において共感を示した「ネオ・ダダイスト」ファン・ドゥースブルフに不可欠な「同時的な対比関係」は「時間的な対比関係」にすり替えられていた。このような「間接」性や「ズレ」こそが異質のデザイン文化の交流の現実を物語っているのではないだろうか。

（1）　ファン・グーリック「シーボルト・コレクションとその民族的価値」『オランダ国立ライデン民族博物館　シーボルト・コレクション　秘蔵浮世絵　第1巻　解説書』一九七八年、二二頁。
（2）　ケイス・ブロース／パウル・ヘフティング『オランダのグラフィッ

ク・デザイン A Century』、すいしょう社、一九九三年、一五～一八頁。

(3) 圀府寺司「ファン・ゴッホのジャポニスム」『ゴッホと日本展』世田谷美術館、一九九二年、二二頁。

(4) ヴィクトリーヌ・ヘフティング「ヤン・テオドール・トーロップ」、『ヤン・トーロップ展』、東京都庭園美術館、一九八八年、三〇頁。

(5) 前掲書、一一頁。

(6) 前掲注（2）、二九頁。

(7) Rijksmuseum Amsterdam, *Imitation and Inspiration, Japanese influence on Dutch art from 1650 to present*, 1992, pp. 121-134

(8) マダスカル原産の長い羽状葉のヤシの繊維。

(9) 同誌に日本の美術が紹介されている例は以下の3回。"Wendingen",1921, no.3（極東の芸術特集）1921, no.7/8（操り人形特集）、1920, no.6/7（仮面特集）。

(10) 詳細については、五十殿利治『大正期新興美術運動の研究』、一九九五年、三九四頁、六五九頁、同「「デ・ステイル」と日本」『筑波大学芸術年報』一九九〇、六～七頁、「すべての僕が沸騰するために―村山知義の意識的構成主義」、『ダダと構成主義展』、西武美術館他、一九八八、二一～二五頁参照。

(11) 村山知義「ある十日間の日誌」『中央美術』一九二五年四月号、六六～七三頁

(12) Evert van Straaten, *Theo van Doesburg: Constructor of the new life*, 1994,pp. 109-111

(13) ドゥースブルフの活動における「対立」的要素については、拙稿「テオ・ファン・ドゥースブルフ　協働と対立の狭間」『建築文化』、一九九九年五月、七四～七七頁参照。

(14) 五十殿、前掲書、一九九五年、五三五～五四一頁、参照。

(15) 前掲注（2）、一五～一八頁。

Ⅸ　ロシア

《交流年表》

1738・『新スラブ・日本語辞典』
1792・ラクスマン遣日使節訪問
1804・レザノフ遣日使節訪日
1853・ゴンチャロフ、プチャーチンに随行して来日
1861・ニコライ神父来日
1862・第2回遣欧使節ロシア訪問
1864・第1回遣露留学生
1871・岩倉使節ロシア訪問
1902・シベリア鉄道開通
1904・日露戦争（-1905)
・タトリンが「最後の未来派展」で「コーナー・反レリーフ」を公開
1918・革命政権の教育人民委員美術部門にイゾ結成
・シャガールが美術学校を開校し、リシツキイ、マレーヴィチなどが教鞭をとる
1919・実用的なデザインにも関心を示す組織、オブモフが結成
1920・ブフテマス（国立高等芸術技術工房）設立
・カンディンスキイの趣旨に即してインフク（芸術文化研究所）
1921・最初の「構成主義者グループ」結成
・ロトチェンコ、スチェパーノワ、アレクセイ・ガンらによる「構成主義者第１労働グループ」の結成
・モスクワで「構成主義者展」開催
1922・村山知義、ベルリン滞在中ロシア・アヴァンギャルド芸術に触れる
・ブルリュークとパリモフ来日し、大阪、京都、名古屋などで個展開催
1924・築地小劇場での『朝から夜中まで』の舞台美術
1926・築地小劇場による『曙』（土方演出）
1928・心座による『トラスト DE』（村山演出）
1929・日本プロレタリア美術家同盟結成
1930・ギンスブルグ（黒田辰男訳）『様式と時代・構成主義建築論』
1931・川喜田煉七郎、ウクライナ劇場国際設計競技で4等入選
1932・チェルニホフ（玉村春夫訳）『現代建築学の基礎』
1934・ヒーゲル（大竹博吉訳）『最近のソヴェト建築』
1945・対日参戦
1956・日ソ国交回復共同宣言
1973・田中角栄首相訪ソ
1980・モスクワ・オリンピック
1986・ペレストロイカ始まる。
1991・ソビエト連邦解体

43 ロシアとのデザイン交流

永田　靖

日本とロシアとの交流そのものは決して短くない、そしていくらか複雑な歴史を持つ。もっとも最初期の日本とロシアとの関係を示すのは、一七三六年に薩摩の漂流民ゴンザがサンクト＝ペテルブルグで日本語学校の教師になり、アンドレイ・ボグダーノフと共に世界初の露和辞典『新スラブ・日本語辞典』(1738)を編纂したことである。しかし日本とロシアとの関係は必ずしも良好なものではなく、一七九二年のアダム・ラクスマン遣日使節、一八〇四年のニコライ・レザノフの遣日使節が来日するものの、前者は寄港を許されず、後者は通商条約を結べずに終わる。日本とロシアの正式な条約は一八五五年のエフィム・プチャーチンによる。この間に徐々により正確なロシアの知識を持つようになり、一八六二年には福沢諭吉らを含む第二回遣欧使節がロシアを訪問。一八六四年には第一回遣露留学生が送られる。ロシアとの関係は良好になるように思われたが、一八七一年に岩倉使節がロシアを訪問すると、ロシアは西欧では後進国であると認識され、ロシアへの関心はいったん冷却する。その後日露戦争を迎えるが、戦争後はロシアの日本への関心が高まったといえよう。

日本のデザインがロシアのデザインに具体的に吸収され、モチーフとなるのが本格化するのがこの時代だと思われる。とりわけラリオーノフ、タトリンなど一〇年代にフォーヴィズムをロシア的に吸収する画家たちは一様にアジア的なプリミティブ芸術にも深い関心を示した。それは日本の意匠そのものであることあったし(クズネツォーフ、ゴンチャローワ、ブルリューク、ラリオーノフ)、また絵画の技法、例えば水墨画の技法や絵巻物の技法（タトリン、シャガール）などのこともあった。一般にヨーロッパでの広いジャポニズムの影響が継続的にロシアでも見られ、歌舞伎や能が演劇に本質的なものを残したのと同様に、絵画においても深くそのデザインが吸収されたのである。

一方、日本の側からロシアのデザインに強い関心が示されたのは、山下りんによるロシア正教美術の宗教的摂取を無視するわけには行かないだろう。一八六一年に来日したニコライ神父は神田駿河台にロシア正教のニコライ堂を建設、日本での伝道に尽力した。ここにはロシア語学校があり、ここで昇曙夢などのロシア文学者を輩出したが、この正教会のイコン画を描いたのが山下りんである。彼女は二年間サンクト＝ペテルブルグに留学し、帰国後は全国の教会のために長らくイコンを描きつづけ、その数二五〇点を超えるという。

ロシアとの文化面での関係を支えたのは東京外国語学校の露語科だった。ここでは二葉亭四迷以下日本のロシア文学の翻訳、研究に欠かせぬ重要な人物を輩出した。その露語科に欠かせぬロシア人教師にワルワラ・ブブノワがいる。彼女が教えたのは後のことだが、日本のロシア語教育界に名を残すこのワルワラは、実は日本へのロシア美術の紹介者としても重要な役割を担った。

革命後日本とソビエトとの関係は冷却化するが、美術や芸術界では革命後のソビエトの新しい芸術運動への関心がにわかに高まった。その新しいアヴァンギャルド芸術の紹介者としてブブノワがいた。ブブノワはペテルブルグでアヴァンギャルド・グループ「青年同盟」に属しており、ロシアでアヴァンギャルド運動のグループで活動していたことになる。日本でのブブノワが二科展ばかりではなく、三科や日本の未来派のグループと活動を共にしているのは、この「青年同盟」のブブノワを考えるとあながち不思議なことではない。ブブノワが残した作品は、写実的な作風を示すものも多いが、スチェパーノワ風の強い線による構成主義的な作品、未来派のブルリュークを彷彿とさせる作品なども残しており、彼女の芸術的背景をそのまま感じさせる。同時に構成主義の理論も紹介しており、その役割は少なからぬものがあった（永田靖「構成主義」参照）。

また、ブブノワと同時代に日本へのロシア・アヴァンギャルドの直接の影響という点でいえば、ダイッド・ブルリュークを挙げておくべきだろう。ブルリュークはマヤコフスキイらとアヴァンギャルド・グループ「ダイヤのジャック」を組織し、その詩や絵画、そしていわゆる未来派的なパフォーマンスによって、革命前のアヴァンギャルドの中心的人物の1人である。ブルリュークは来日直前にはシベリアに逗留し、シベリアでのアヴァンギャルドの展開にトレチャコフらと共に力を尽くしている。ブルリュークはもう1人の未来派画家ヴィクトル・パリモフとともに一九二二年に来日し、大阪、京都、名古屋など各地で個展を開いて当時の美術界に大きな影響を残す。ブルリュークは、木下秀一郎、尾形亀之助、渋谷修、神原泰などの日本の未来派運動に本質的な影響、とりわけ大胆なコラージュ作品における造形でインパクトを与え、後の「アクション」展に参集する人々や、また「マヴォ」「三科」などのいわゆる大正前衛美術運動に繋がっていく。またソビエトとのデザイン交流で忘れられてはならないのは建築におけるそれであるが、それは梅宮弘光「ウクライナ劇場国際設計競技と日本からの応募案」を参照されたい。

日本とソビエトとの交流は、第二次世界大戦後いわゆる北方領土問題を生み出し、それは今だ解決されていないが、デザインにおける交流という点では、日本が生活様式を模倣しようとした他の欧米諸国に比べるとそれほど活発ではなかったのは事実である。しかしペレストロイカ以後、両国の関係は活発化していると言ってよく、新たな交流の可能性が開かれつつある。

44 構成主義

永田　靖

構成主義とロシア的デザイン

一九二〇年代初頭にソビエトに花開くアヴァンギャルド芸術の流派の中でも、もっともデザインの分野と不即不離の関係にあったのが構成主義であったのは疑いのないことだろう。一般に構成主義の名称が語られ始めるのは一九二一年のロトチェンコ、スチェパーノワ、アレクセイ・ガンらによる「構成主義者第一労働グループ」の結成や、同年モスクワでの「構成主義者展」の開催である。

一般に、構成主義はカンバスという二次元の世界を否定し、立体を含む三次元の造形世界を志向して、抽象的な構成による美や律動感を表現することが志向されたと理解されている。一九二一年のこれらの出来事はそのような言わば抽象芸術としての構成主義が、来るべき産業社会に芸術が貢献すべく日常の多様な産物のデザインを担っていく、その意味で実用性を主張し始めた転換点を示すものと考えてもよい。

しかし構成主義は概念上多様なものを含むものである。なによりそれは先行する時代や同時代の芸術の理念と実践の多様なダイナミズムの中で育まれていったものであることを示している。構成主義を生産主義的な実用性にのみ限定して理解することはその根底にある革新的な部分を矮小化して把握することにつながると思われる。

ロシアのデザインを論じる時には一九世紀末から二〇世紀初頭にかけてのアブラムツェヴォやタラシキノなどのいわゆる芸術コロニーの運動から語るのが一般的である。前者はマーモントフにより、後者は皇女テニシェワにより作られた、ロシアにおけるアーツ・アンド・クラフツ運動であったことは良く知られている。同時代のロシア美術の世界で、「伝統主義」と呼ばれる一九世紀ロシアや伝統的で民衆的なロシアの文化を様式化して作品に定着させる傾向が、他の芸術領域に深く根源的な影響を与えつつあるこの時代の、これらのコロニーの運動は、デザインの領域における新しい息吹を示していた。つまり西欧風意匠やアール・ヌーヴォーの影響を受けつつ、ロシアの民衆芸術のイデオムをデザインに吸収する試みを実践していた。そこでは、ブルーベリのお皿、ヴァスネツォーフの机、マリューチンの椅子など、ロシア・フォークロアが幾何学的で構成的な図案に修正されている。

革命後の構成主義に直接繋がっていく一九一〇年代のロシアの美術の実験において、しばしばロシア的なるモチーフは頻発するが（マレーヴィチ、タトリン、ラリオーノフ、ゴンチャローワなど）、その多くは民衆的で卑俗な主題と物語性（娼婦、性など）を孕んだものだった。アヴァンギャルドの芸術はしばしば形式上の革新に注

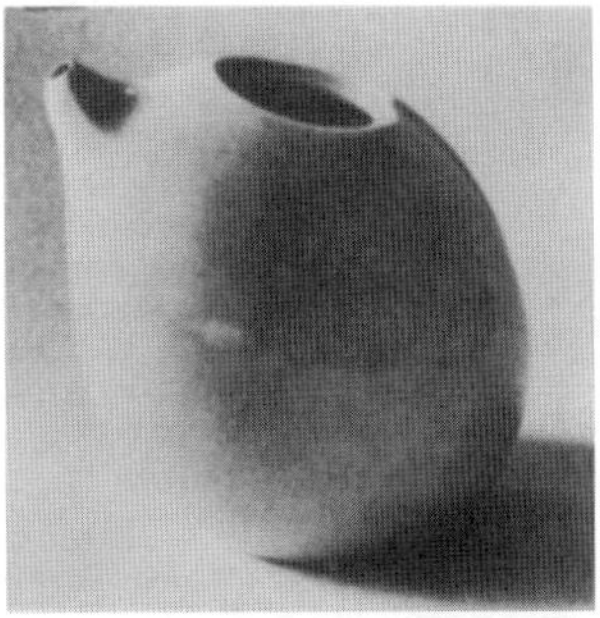

図148　ウラジーミル・タトリン《ミルク・カップ》1930

意が集中しているが、そのような形式上の革新ばかりではなく、その扱われた主題と物語性はこれらのコロニーでの西欧的修正によるロシア・フォークロアの幸福な発見という位置を一歩突き抜け、その主題の卑俗さが、アカデミックな美術で扱う主題に対して攻撃的に、また破壊的に機能していた。

したがって、革命後の一九二〇年代の構成主義の時代になって、しばしば構成主義的な図案や産物の中に、ロシア・フォークロアの主題が編入されることはあっても（リシツキイ、スチェパーノワなど）、そのことによる既成の美的規範への攻撃性は基本的には希薄になっており、先行する二〇世紀初頭の芸術コロニーでの幸福感溢れる世界により近い産物を提示しているように見える。この意味では、構成主義のデザインは、一九一〇年代のラディカルな美術の革新から生まれたが、革命後には世紀初頭のコロニーの運動に近い立場に変質していた。それればかりか、しばしば構成主義においては極めてロシア的で崇高な主題、例えばロシア正教のモチーフが作品を支える支柱となっていることが少なくない。マレーヴィチのスプレマティズムの宗教性は良く知られているが、タトリン『反・レリーフ』(1915)、ガボ『構成された頭 No.3』(1917-1920)、ロトチェンコ『構成』(1919) などには、聖母マリアの頭部やトルソが主題や作品の源泉になっている。

構成主義とその理念

構成主義の実質的な始まりとして一般に記憶されているのは、革命後の一九二一年ではなく、革命前一九一五年のペトログラードの「最初の未来派絵画展」においてタトリンが出品した『反レリーフ』『コーナー・反レリーフ』である。これらのレリーフは従来の芸術作品たる彫刻やレリーフの枠組みを超え、二次元のカンバスを模したものに立体的にレリーフされ（『反レリーフ』）、あるいは彫刻たることを示す枠組みである台座を持たず、壁と天井によって繋ぎ止められている（『コーナー・反レリーフ』）。タトリンのレリーフ群が、直接にタトリンが一九一三年にパリで見たピカソのレリーフに着想を得ているのは知られているが、タトリンではさらに一歩を進め、独自の世界に向かっている。まずこれらは作品の指し示す参照物を持たず、非再現的で抽象的な物体となっている。またここで用いられている素材は、従来の美術作品で用いられる大理石や木などの素材ばかりではなく、金属やガラスなどの工業生産に用いられる素材、つまり非芸術的な素材が用いられている。抽象的で非芸術的な素材をつなぎ合わせることで、触覚に依存した、異なる素材と素材の衝突が主題となっている。それはまったく新しい作品の動機を示していた。

構成主義は、カンバスを離れ、立体の三次元の構成に向かい、そこでは抽象的な美や運動の律動感を提示していくことになるが、その起点をこのタトリンのレリーフに求めることは不自然なことではない。一九一〇年代のタトリンほどにダイナミックな原初的素材の衝突という動機は希薄化するが、タトリン自身もデザインするように、椅子や食器、一九三〇年代の人力飛行機「レタトリン」においても、素材そのものの性質に逆らわず、素材の自然な力を製品の中に孕ませていこうとするタトリン的な戦略は感知できる。

構成主義は多岐にわたる「芸術」家（概ね彼らは「芸術」を否定したが）によって相互に影響を与えていく実践として考えることができるが、誰の理念を中心に考えるかによって、構成主義は異なる側面で理解される。

例えば、タトリンが『コーナー・反レリーフ』を公開した一九一五年の「最後の未来派展」で同じくあまりにも独自な世界を提示したマレーヴィチは、通常構成主義とは一線をひいて理解されている。マレーヴィチはタトリンほどにはレリーフや空間造形を志向せず、カンバスを超える試みをするわけではない。マレーヴィチはカンバスの中に黒一色や白一色で描かれた四角や十字架によって全く再現性を剝奪された絶対的な抽象の世界を開示させる。マレーヴィチのこの方向性はスプレマティズム（シュプレマティズム）と呼ばれ、タトリンによって、その「幼児」性が強く忌避されることになるが、あまりに過激なその理念と実践は強い吸引力を持ち、同時代の美術の方向をタトリンと共に二分することになった。構成主義が生産主義的な実用性を中心にしていく時に、マレーヴィチは絶対の抽象、またある種の超越的な宗教性を含むスプレマティズムを堅固に主張していくために構成主義の主流からは逸脱していくように考えられている。

しかしマレーヴィチもまた生産主義的な実用をスプレマティズムによってデザインすることで接近も企てている。ペトログラードの南の街ヴィテブスクは、ここにはモスクワやペトログラードの都市圏から、革命後の混乱を避けて文化人が疎開をすることがあったが、ユダヤ人も多く、革命後のアヴァンギャルドが集まった街として有名である。ここで革命を受け入れたシャガールが一九一八年に美術学校を開校し、リシツキイ、イワン・プーニ、そしてマレーヴィチなどが教鞭をとった。しかし古い芸術観のシャガールとスプレマティズムで生徒たちを惹きつけたマレーヴィチとの関係が悪化すると、シャガールはモスクワに去り、マレーヴィチ、リシツキイらは一九二〇年にＵＮＯＶＩＳ ウノヴィス（新芸術肯定者）を結成し、スプレマティズムを実用的なデザインに汎用する実践を試みている。建築、家具、テキスタイル、本、その他日常品のデザインを、スプレマティズムの図案によって覆う製品が生産されている。

これらの産物のデザインは、スプレマティズムが宇宙的な空間と時間に誘う、つまり見るものに固定されない自由な視点を与えるものであったために、いわゆる構成主義者のポポーワやスチェパーノワらのデザインとは違い、デザインの構造そのものの把握には強い関心を示してはいない。そのために構成主義に共通するデザインの硬質さよりは、スプレマティズムの透明感や浮遊感がより強調されて前面に出ている。

構成主義デザインとその組織

革命後の美術のアヴァンギャルドは、様々な教育機関を持ち、多くの生徒を輩出することができた。このこともまたアヴァンギャルドのデザインが多様な展開をし得た原因の一つである。

まず、一九一八年には革命政権内部に教育人民委員会ナルコンプロスができ、そこの美術部門であるIZOイゾが結成される。このIZOの責任者になったのがタトリンである。また同年各地にSVOMASスヴォマス（国立自由芸術工房）が開かれ、タトリン、カンディンスキイ、マレーヴィチなどが独自色の強い教育を施している。これらはデザインの専門ではなく、美術一般の教育を目指した機関で、印象派、後期印象派、未来派、スプレマティズムなどを教えた。一九一九年にはより実用的なデザインにも関心を示す組織、OBMOKhUオブモフ青年芸術協会が結成された。これはスヴォマスの中の生徒が集まって組織されたものだが、メドネツキイ、ステンベルグ兄弟などがいて、ポスター、看板、舞台美術など多様な分野のデザインを展開している。一九二〇年にはカンディンスキイの趣旨に即してINKfUKインフク（芸術文化研究所）が開設され、ロトチェンコ、スチェパーノワらが参加している。ここではカンディンスキイの構想によって、絵画や彫刻ばかりではなく、詩や音楽の総合が目指されるが、カンディンスキイの心理や主観を重視する傾向に反撥が起こり、ロトチェンコ、スチェパーノワ、ガンらによって、一九二一年に最初の「構成主義者グループ」が結成されることになる。前後して一九二〇年には、VKhUTEMASブフテマス（国立高等芸術技術工房）が設立された。インフクがどちらかといえば理論主流であったのに対し、デザインの実践的な教育を目指した。構成主義のデザイン上の実践は、主としてこのブフテマスで開始されることになり、ドイツのバウハウスと同様の重要な位置を担った。言うまでもなく、これら教育機関に構成主義のデザインが導入されていく政策が多く見られるのは、革命後の社会を刷新する党の基本的な方向付けと、構成主義者の世界認識の新しさが共有する部分を持ちえていたことが背景にあるだろう。

構成主義のデザインはあらゆる文化産物に対して向けられるようになる。本、ポスターなどのグラフィック・デザインは言うまでもなく、テキスタイル、写真、舞台美術、家具、食器、建築などの分野で急激に展開されるようになる。これらの構成主義のデザインは一見類型的な意匠を持ち、直線あるいは曲線による幾何学的な図案によって非再現的なデザインを生み出している。これらは共通する理念に依拠しながらもそれぞれに重心の置き方は異なっている。

例えば、構成主義者に共通する理解の一つに、分析的に世界や産物を扱うという姿勢がある。作品を永遠に残すという既存の芸術の概念を超えるべく、そこに内的な動機や心理的な霊感が関与することを避けた。その代わりに分析的に世界を理解することで、その構造を把握することができると考えた。その構造は永遠のものである必要はなく、一瞬の中にダイナミズムを携えていれさえすればよい。そのため構成主義者は総じて人間の視覚の限界を超える分析を志向した。構造は肉眼では把握しきれないからである。

例えばこの時期にもっとも生産的であった構成主義者にリシツキイがいる。リシツキイは静止した物体を描こうとしたのではなく、その物体を移動や回転させてみてそこに生じる想像上の空間を把握しようとした。それはある場合には実現不可能な空間であることもあったが、理念上の物体の運動とその運動が生み出す空間をモチーフとした。リシツキイの空間デザイン「プロウン」が一種独特な浮遊感や無重力感を生んでいるのは、マレーヴィチのスプレマティズムの平面上の自由な移動への志向を思わせる。

同じ時期に活動的であったロトチェンコは同じように現実世界を線の構成によってその運動や機能美を把握できると考えた。その線は芸術家としての霊感や現実物の模写に依存するのではなく、幾何学的な動きと規則によって構成される図案上の世界や空間中の運動を志向した。ロトチェンコはリシツキイなどに比べてより構造そのものの機能を考えることに関心を示し、デザイン上にそれを誇張して、より硬質なものをデザインに持ち込む傾向があるのは、例えば同じ構成主義者スチェパーノワやポポーワなどと共通している。その一方で写真にも興味を持つようになり、通常あまり撮影されない場所からカメラを向ける「遠近短縮法」で現実世界の再構築に取り組もうとした。言わば肉眼を越えた機械の目を標榜することを意味したが、それは同時代の映画監督ジガ・ヴェルトフの戦略と共通するものでもある。

構成主義は理念上の思考の運動でもあり、とりわけ一九二〇年代前半に生産主義を標榜することになったといっても、当時の産業社会の熟成度や革命直後の物品の困窮などのために、必ずしもあらゆるアイデアが実用化されたというわけではない。映画のポスター（ステンベルグ兄弟他）、本（ロトチェンコ他）、テキスタイル（ポポーワ、スチェパーノワ他）、食器（スーチン他）、家具（タトリン、ロトチェンコ）に実現されてはいるものの、彼らが理想としたデザインの革命、社会を構成主義のデザインで覆い尽くすという夢は完成されたとは言えないだろう。そのため日常品ではなく、逆説的なことに、他の「芸術」作品の中に、例えば舞台美術（ポポーワ『堂々たるコキュ』）、舞台衣装（スチェパーノワ『タレールキンの死』）、映画美術（ラヴィノーヴィチ『アエリータ』）、映画衣装（エクステル『アエリータ』）などに、彼ら構成主義者のスリリングな実験は息づいている。デザインは産業化社会においては産物の大量生産を支える美的支柱でもあるが、ロシアの構成主義は当時においては必ずしも大量生産に直接結びつくものではなかった。そのため構成主義はしばしば実用という名の理想を内在した、言わば実現不能の一種のユートピアを孕む壮大な企てであった。

その内なるユートピアがもっとも顕著に示されているのが建築の分野においてだろう。現在、モスクワに残る構成主義の建築は決して少ないとは言えないが、それでもメーリニコフのアイデアの数々、カルムコフやクルチコーフの壮大な空中都市のアイデアはその多くがアイデアのまま眠っている。またチェルニーホフの空間構成の数々はその未来派的な律動感が現実には不可能な建築たらしめているように見える。またマレーヴィチのスプレマテズムの建築「アルヒテクトニカ」もまた具体的な個別の建築を予想したものですらなく、マレーヴィチの宇宙的なイデアを建築に援用したものである。これらは言わば理念上の建築というべきもので、ロシア・アヴァンギャルドの終わることのない実験の精神を如実に示している。

日本での展開

最後に日本との関係について触れておきたい。ブブノワとブルリュークの日本での影響は、「概説」で触れたが、このような構成主義の理念と実践を日本において吸収実践した芸術家は少なくない。タトリン的なレリーフを作った加藤正雄、構成主義の実用性の面を吸収しようとした柳瀬正夢、リシツキーの「プロウン」をそのままタイトルに付したコラージュを作成した大浦周蔵、ロシア・シンボリスト詩人ブローク『見知らぬ女』の舞台装置を構成主義的に作った小松功などだが、もっとも影響力の大きかったのは村山知義である。

村山は一九二二年のベルリン中にドイツ表現主義やロシア・アヴァンギャルド芸術に触れている。帰国後村山は一九二三年結成される「マヴォ」から「三科」へと大正期の前衛美術をリードするなかでとりわけ構成主義の理論と実践に傾斜を深めていく。村山自身多くの独創性に溢れたコンストラクション（構成）を作っているが、村山の構成主義理解を良く示すものとして知られているものの一つに舞台美術がある。当時のロシアの構成主義者、例えばポポーワやスチェパーノワ、ロトチェンコらは積極的に舞台美術に自らの理念を実現させようとしたが、一九二四年築地小劇場での『朝から夜中まで』の舞台美術には、その美術の痕跡が明瞭に見て取れる。ここで舞台は何の装飾もなく材木や板が素材を剝き出しのまま文字通り構築されて建設物となり、俳優のための演技の場であり、同時に舞台の背景となっている。この舞台美術は、築地小劇場による『曙』（土方演出、1926）や『森林』（北村演出、1929）、心座による『トラスト DE』（村山演出、1928）などの二〇年代後半に頻発するメイエルホリドを模した構成主義舞台装置の最初の例であり、また絵画的な舞台美術から建築的な舞台美術への移行という、二〇世紀舞台美術において構成主義が果たした決定的な役割を見事に示しているのである。

45 ウクライナ劇場国際設計競技と日本からの応募案

梅宮弘光

ソビエト連邦ウクライナ州の首府（当時）ハリコフ市に大規模な劇場を建設するという議案は、ソ連国内では一九二九年前期に承認され、国際設計競技に付されることになった。ソ連国内で一五の建築家あるいはチームに対して指名競技が行なわれる一方、国内外に向けての一般募集として一九三〇年六月、五カ国語（ウクライナ語・ロシア語・ドイツ語・英語・フランス語）で書かれたプログラム三〇〇〇部が世界各国に送られた。日本には、ソ連大使館を通じて日本建築学会にもたらされた。学会誌『建築雑誌』の一九三〇年八月号は、募集要項の抄訳を掲載し、その末尾に「建築物は五年後に完成のよていなり……原本は建築学会事務所に在りますから御希望の方はそれに就いて御覧下さい」と添えていた。すでに発表から二カ月以上過ぎていた。

この地味な「時報」欄を、しかし、日本の若い建築家たちは見逃さなかった。とくに、前月に結成されたばかりの「新興建築家連盟」の反応は早かった。まず、募集要項の原文をタイプ印刷し、複写した敷地図を添えて頒布を始めた。一方、日本からは遅くとも一二月一五日くらいには発送しなくては間に合わないと、在日ソビエト大使館に対して応募案の一括発送の交渉を始めた。

結局、日本からの応募は四組であった。東京高等工業学校付設工業教員養成所建築科の出身で、実作よりむしろ劇場や映画館のいささか壮大過ぎる計画案の作者として知られていた川喜田煉七郎(1902-1975)。逓信省のドラフトマンであった岡村（山口）蚊象(1902-1978)を中心にしたグループの創宇社（ただし岡村は渡独中）。パリのル・コルビュジエ(1887-1965)のもとから帰国した直後の土橋長俊。多くの活動写真館の設計を多様な装飾様式で手がける一方、「我国に於ける活動写真館建築の沿革」と題して執筆活動も行っていた堅実な実務家・加藤秋と、社会主義イデオロギーの立場から建築評論で健筆を揮った野呂英夫の好対照コンビ。加藤以外はみな三〇歳前後の若手建築家たちである。

このうち、川喜田煉七郎の応募案の発送当日のエピソードが残されている。それは、鬼気迫るもどこか滑稽な徹夜明けのドタバタぶりを生き生きと伝えている。

川喜田とその協力者たちは、ちょうど一二月一五日にソビエト大使館関係者がモスクワへ向けて出発するという情報を得て、応募案の完成を急いでいた。ところが、この予定が一三日午後一時に急遽早まった。それを知ったのが前日の朝。大わらわでなんとか仕上げ、大判ケント紙六〇枚に幅二㍍の透視図を大筒に巻き上げ、上野駅に駆けつけた。それとおぼしき外国人をつかまえたのはよいが、話がうまく通じない。改札係は大筒を手荷物とは認めず、ホームへ持ち込めない。大使館関係者は、かまわず汽車に乗り込もうとする。あわてた川喜田は、後輩たちの財布からあり金を掻き集めてなんとか敦賀までの運賃をひねり出し、図面をチッキにして、車中で交渉を続けるべく汽車に飛び乗った。年の瀬の寒空の下、男たちは外套も帽子ももたず、伸び放題の髪と髭に、履き物をつっかけただけの姿だった…。

図面は無事到着したのだろうか。その後、応募者たちに受理の知らせがあったのかどうかは、わからない。しかし少なくとも川喜田案に関しては、やがて決定的な知らせが届くことになる。

一九三一年五月一日、川喜田のもとへハリコフから電報が届いた。「四等入選」。しかし、建築関係者が驚嘆したのは、だいぶ遅れてもたらされた設計競技事務局からの審査結果だった。一般応募百のうち四四が海外からの応募だったという。国内指名設計競技と国際一般公募を合わせての最優秀案はロシア構成主義の領袖ヴェスニン兄弟（レオニド1880–1933、ヴィクトル1882–1950、アレクサンドル1883–1959）。国際一般公募の一等は、ベルリンのツデンコ・ストリツィヒとカール・エベックのチーム、地元のウクライナ建築連盟、そしてアメリカのアルフレッド・カストナーの三組。そして四等、川喜田。驚くのは、むしろこれからだ。八等にモダニズムの主導者にしてバウハウスの初代校長ヴァルター・グロピウス（1883–1969）、十一等にやがてインダストリアル・デザイナーの草分けとなるがこの頃はむしろ劇場の改革者として日本でも知られていたノーマン・ベル・ゲッデス（1893–1958）、選外に表現主義建築の大家ハンス・ペルツィヒ（1869–1936）、バウハウスで教えるマルセル・ブロイヤー（1902–1981）。いずれも、モダニズムを奉じる当時の日本の若い建築家たちが眩しく見ていた海外のスターたちだった。その彼らを差し置いて、日本の無名の若者が入選したのである。

設計競技の募集要項は、劇場構想をこう謳っていた。四千人を収容し、演劇のみならず、デモンストレーションに、フェストに、シネマに、サーカスに、さらにはそれらを複合した多様な上演に利用可能、その機能と形態には「ウクライナ無産階級の文化創生」「ソビエトの産業」「大衆経済の社会的復活」そして「地球のすべての国々における人類生活の文化」の理想が反映されねばならない、と。世界ではじめて社会主義国家建設の実験を推進しつつあったこの時期のソビエトにとって、劇場は消費的な娯楽の場などでは決してなかった。それは国家の発展を文化面から推進する重要な社会的機能を担う施設だったのである。

募集要項のこうした要求に対して、世界からの答えは「機能主義」であった。日本からの応募案にも、この認識は共有されていた。土橋案は、弧を描くオーデイトリアムの片側に直線的な諸室棟を延長することで、左右非対称ながら均衡のとれた構成。階段などの動線を必要に応じて無造作に付加するやり方は、結果的に外観にダイナミズムを与えている。加藤・野呂組は、横長の連続窓やデッサウのバウハウス校舎を連想させる大規模なガラスのカーテン・ウォールを採用してはいるものの、全体は厳格な左右対称構成をもつ。このあたり、加藤の様式志向が出過ぎたか。創宇社案も左右対称の平面をもつが、この場合はむしろロシア構成主義的といえようか。

つまり、必要な機能ごとに異なる立体を割り当て、それらを組み合わせるというやり方である。

さて川喜田案だが、結果を知ってしまった眼には冷静な比較は無理というべきか。しかし、それにしてもその内容と造形は、日本のみならず世界の応募案の中で際だっているというほかない。多様な舞台形状を生み出す四重の廻り舞台。映画、影絵、実演を組み合わせた演出例を示す巧みなドローイング。シースルー・エレベータの大規模な導入。大空間を支える二本の巨大な逆梁と、上にいくほど迫り出してくるガラスのオーディトリアムのダイナミックな造形。工夫された図面表現が、計画案のもつ緻密な内容を的確に説明している。審査評が同案を「すこぶる独創的で面白く、殆ど〈発明〉にちかいものである」と述べる所以である。

なぜ川喜田が短期間のうちにこれほど密度の高い計画案を制作することができたのかは興味深い点だが、ここではむしろ、他の応募者を含め当時の日本の青年建築家たちにとって、この設計競技がどのような意味をもったのかに的を絞ろう。次のような入賞後の川喜田の発言に手がかりがある。「私はこの案を、一個の建築技術者としての立場からやつたにすぎません。我々の手元での建築のコンペチシヨンが殆んど美術的な趣味的なフアサードのでつちあげに終り、単な（ママ）ドラフトマンとしての仕事である事をあきたらなく思つていたやさき、こんどの応募規定を見てやる気になりました」。ここでは、建築家の職能のあるべき姿について、ソビエト連邦が称揚され、日本が批判されている。すなわち、ソビエトでは建築家は人民のために働く技術者であり、内容的にも社会的にも合理性に基

図149　土橋長俊案
（出典：『国際建築』第７巻第６号）

図150　加藤秋・野呂英夫案
（出典：『国際建築』第７巻第６号）

図151　創宇社案
（出典：『国際建築』第７巻第６号）

図152　川喜田煉七郎案
（出典：『建築畫報』第22巻第６号）

づいて活動する、しかし日本では、建築の内容よりもその外見を整えるドラフトマンにすぎない、それは暗に資本家階級の手下というニュアンスである。ウクライナ劇場国際設計競技が求めていた建築の生産過程と建築家像とは、彼らに理想的モデルとして映ったのである。この背景には、当時の青年たちを捉えたマルクス主義があった。それは必ずしも政治的なものとは限らない。むしろ根底にあるのは、旧弊と絶縁し近代主義に基づいた文化建設に参加したいという青年らしい希望と欲求だったといえる。

しかし、現実は困難に満ちていた。一九三〇年一一月一三日付『読売新聞』七面に「建築で『赤』の宣伝」の大見出しが踊った。記事は、日本からの応募者も関係していた新興建築家連盟を、「極左芸術思想団体」ナップ（全日本無産者芸術連盟）の「大衆赤化歳末闘争」の一環と報じていた。この報道が原因で連盟は内部分裂し、設計競技の締め切りと同じ一二月には崩壊に至る。近代主義を前面に押し立てた運動は、瞬く間に立ち消えた。一方、設計競技の舞台であるウクライナでは、一九三〇年代に入って急転回した「ロシア化政策」により、ウクライナ・ルネサンスと言われた一九二〇年代の文化的興隆が民族主義のレッテルを貼られて排除された。スターリン体制下の「上からの革命」による過酷な穀物徴発は、一九三二～三三年にこの地の人口の一〇《パーセント》以上を失う大飢饉をもたらした。劇場建設計画は、すでに立ちゆかなくなっていた。

アヴァンギャルド粛正前日のソビエト連邦で企画された国際設計競技。その結果を知らせる電報が届いたのは、満州事変前夜の日本。設計競技に参集したプロジェクトの数々は、あたかも、時の流れの偶然ともいえる交錯の間隙を突いて打ち上げられた花火のようだ。日本から打ち上げられた花火もモダニズムの大輪であったが、時代の闇に消えていった。

（注）　ウクライナ劇場の日本当選案については『国際建築』第七巻第六号、川喜田案については『建築畫報』第二十二巻第六号、『建築時潮』第十二号、『新建築』第八巻第二号に紹介掲載されている。海外の応募案については"BAUGUILDE" 1931. Heft 20、『建築工芸アイシーオール』第二巻第一号に掲載されている。日本近代建築史上での川喜田案の意味については、八束はじめ「日本のモダニズム」（『近代建築のアポリア』パルコ出版、一九八六年、所収）が透徹した指摘を行っている。川喜田の活動展開の中で同案を位置づけた論考としては、拙稿「川喜田煉七郎による劇場計画案の展開過程」『平成2年度日本建築学会近畿支部研究報告集』、同「川喜田煉七郎の〈ウクライナ劇場国際設計競技応募案〉とその建築思想」『一九九〇年日本建築学会大会学術講演梗概集』、同「ウクライナ劇場国際設計競技再考」『一九九四年日本建築学会大会学術講演梗概集』、同「川喜田煉七郎」『建築文化』第五十五巻第六三九号（二〇〇〇年一月）がある。

46

ペレストロイカ以後

永田　靖

ペレストロイカ以後のロシアのデザインを特徴付けることは、アカデミックな美術において獲得された主題や技法がデザインに援用されたのではなく、いわゆるデザインの分野で活躍するイラストレーター、ポスター画家、挿絵画家などのアカデミーには属さない画家たちが、美術の作品を生み出していることである。つまり現代ロシアにおいてはデザインが美術を凌駕している。

ペレストロイカ以後のそのようなアートを特徴付ける一つの源泉、いわゆるソッツ・アートとコンセプチュアル・アートはペレストロイカの始まる以前、一九七〇年代に誕生していると考えられる。例えばソッツ・アートの第一人者の一人、エリック・ブラートフは七〇年代から現在の作品を彷彿とさせるような社会主義をテーマにした作品を描いているし（《水平線》1971）、同じくレオニード・ソコフも七〇年代から社会主義を揶揄する作品を描いている（《ソ連市民のためのメガネ》1974）。七〇年代ソビエトはブレジネフの長期政権下にあり、いわゆる米ソ冷戦構造の中の言わば閉鎖的な情報管理体制を敷いていたが、アーチストは美術に限らず西側の動きに可能な限りで敏感であったし、西側のアートやそれに関する情報はいわゆる地下で流れることが珍しくなかった。そのため七〇年代ソビエト芸術は、演劇も映画も美術も独自で同時に豊かな作品を生み出したのだが、一方で体制批判の芸術も充分に育っていた。

言うまでもなく、ソッツ・アートは七〇年代や八〇年代のそれが示していた社会主義ソビエトへの痛烈な風刺や揶揄を主題と形式に選んでいる。七〇年代に生きたアーチストたちはソビエト社会に氾濫し流通する社会主義及び共産党のイメージ群を積極的に引用することで、逆説的にそれらのイメージからの解放を企てている。例えばブラートフ《共産党に栄光あれ》(1975) では、全面の青空と雲を背景に画面いっぱいに「栄光」と「共産党」の文字が描かれている。あるいは、同じブラートフ《ブレジネフ》(1977) でも、青い背景の中に中央にソビエト共産党のエンブレム、その廻りに一五のソビエト連邦を構成する共和国の国旗、そしてそのエンブレムの下には勲章をつけたブレジネフ書記長のリアルな図像が描かれている。これらの文字や、エンブレムやブレジネフの肖像画は七〇年代にあってソビエト社会には氾濫しているイメージだが、このイメージを広告ポスターの技法を完全に踏襲することで、イメージの相対化を図ったのである。

またペレストロイカ以後には経済の自由化が本格化するが、それに先立つ時代からすでにその意味でのアメリカとの接近を主題とする意匠も広く流通した。例えば、アレクサンドル・コソラーポフ

図153　アレクサンドル・コソラーポフ《タイムズ・スクエアの広告》1982

《タイムズ・スクエアの広告》(1982)では、ニューヨークのタイムズ・スクエアに大きなコカコーラの広告が掲げてあるが、それは真赤な背景に、レーニンの横顔とコカコーラのロゴが記されている。あるいはレオニード・ソコフ《スターリンとマリリン》(1985)では、画面に大きくスターリンとマリリン・モンローが抱き合う肖像が描かれ、ソビエトとアメリカの大衆文化が幸福な抱擁を始めたことを風刺している。

またこの時期にはロシア・アヴァンギャルドの美術の引用とそれへの揶揄もまた頻繁に見られるようになった。例えばコソラーポフは、スターリンを扱ったリアリズム絵画の上に大きく赤くMalevichと書き込む《マレーヴィチの国》(1986)を描いた。ソコフの《リシツキイのプラカード》(1987)ではリシツキイの《赤の杭で白を打て》(1919)をそのまま引用し、赤の杭をグラースノスチに変えた意匠となっている。これらはアヴァンギャルドの遺産もまた現代のアートは単なる意匠としてのみあって、文化的なコラージュにしかなり得ないという時代意識が強調される。

これらは文化的で社会的な言及にその主題を置いているといえるが、より人間の本性に向き合う作品も生まれている。例えば、ヴィクトル・ピヴォヴァーロフの《独り者のための日用品の案》《独り者のための夢の案》(1975)は、商品ポスターのイデオムをそのままに使用し、孤独な人間のための机、椅子、卓上ランプ、りんご、コップなどの日用品の仕様を具体的に文字で解説すること(「机：読めます。書けます。食べられます。坐って窓を眺められます。」)で、人間の精神的な孤独を浮き彫りにしている。またイリヤ・カバコフの多くの作品(《質問と答え》(1976)、《シャベル》(1984)など)でも、人間の持つ微細な記憶がごくありふれた日用品に結びつけられて提示されることで、人間の精神を支えるのが高邁なイデオロギーではなく、誰の家にもある日用品によることの漠とした悲しさを垣間見せている。

これらの作品ではその多くが引用、モンタージュ、既視感のあるタイポグラフィ、つまりグラフィック・デザインの手法をそのままに踏襲して作品が生み出されており、またそのようなデザインの技法を用いなければ得られない、時代に対する熱狂と裏腹のアイロニーや、大衆化された社会の中での個人の存在の希薄さを表現することに成功している。

X　スイス

《交流年表》

1875・チューリヒ工芸美術館設立
1878・チューリヒ工芸学校設立
1915・カール・モーザー、ETH(スイス連邦工科大学)教授に就任
1926・今井兼次、欧米外遊（-27）
1928・チヒョルト『日本のタイポグラフィ、旗、家紋』執筆
・CIAM I、ラ・サラ（La Sarraz）で開催
・雑誌『国際建築』創刊
1931・原弘によるチヒョルトらの論文の妙訳集『新活版術研究』出版
・吉田鉄郎、欧米外遊（-32）
1940・ロート『Die Neue Architektur』出版
1942・ルーダー、バーゼル総合工芸学校の教師として着任
1946・ギーディオン、ETH 教授に就任
1947・アルタリア『Ferieen- und Landhäuser』出版
1952・ルーダーTM誌に「一服の茶、歴史主義、タイポグラフィ、シンメトリーとアシンメトリーについて」執筆
1955・ギーディオン（太田實訳）『空間・時間・建築』(原著1941)
・ル・コルビュジエ来日
1958・ミューラー＝ブロックマン、ローゼ、ヴィヴァレリー雑誌『ノイエ・グラフィーク』創刊
1960・『グラフィス』誌で原弘が河野鷹思の紹介記事執筆
・東京で「世界デザイン会議」開催、ミューラー＝ブロックマン来日
1961・ミューラー＝ブロックマン、東京で展覧会、大阪芸術大学の客員教授として来日
1964・ゲルストナー『デザイニング・プログラム』出版
・杉浦康平、ウルム造形大学に客員教授として招聘される（1965までと1966～67年の二回にわたる）
1966・シュミット来日、『アイデア』誌の表紙をデザイン
・朝倉直己『デザイニング・プログラム』翻訳出版、ゲルストナーの『インテグラーレ・ティポグラフィ』が翻訳紹介される
1968・『グラフィス』誌，日本のデザイン特集
・原弘「３人のタイポグラファー」を執筆しルーダーの『ティポグラフィ』を初めて日本に紹介する（『グラフィックデザイン』no. 30）
・ギーディオン死去
1971・シュミット『エミル・ルーダー：タイポグラフィの利休』執筆
・シュミット、カタカナ《エル》を発表
1973・シュミットTM誌で『日本のタイポグラフィ』特集号編集
1980・シュミット、アイデア別冊『タイポグラフィ・トゥデイ』編集
1988・『タイポグラフィックス・ティー』誌、「スイス・タイポグラフィ」特集
1990・東京にボッタ設計のワタリウム美術館開館
1999・チューリヒのベルリーヴ美術館で「Made in Japan」展開催

47 スイスとのデザイン交流

川北健雄

人々と出版物

モダン・デザインの歴史において重要な役割を果たし、日本にも大きな影響を与えたスイス人は少なくない。近代建築の巨匠ル・コルビュジエ（1887-1965）はラ・ショー＝ド＝フォン（La Chaux-de-Fonds）の出身である。バウハウス関係者にも、スイス出身者は多い。画家であり、一九二一年から二三年までバウハウスで教えたヨハネス・イッテン（1888-1967）はジューデルン＝リンデン（Südern-Linden）で、やはり画家であり一九二一年から三一年までバウハウスで教えたパウル・クレー（1879-1940）はベルン近郊のミュンヘンブッフゼー（Münchenbuchsee）で、一九二六年から二八年までバウハウスの二代目学長を務めたハンネス・マイヤー（1889-1954）はバーゼルで、一九二七年から二九年までバウハウスで学び一九五〇年から五六年までウルム造形大学の初代学長を務めたマックス・ビル（1908-94）はヴィンターツール（Winterthur）で、それぞれ生まれている。しかしながら、彼らが日本に与えた影響は、フランスやドイツといったスイス以外での活動によるものが大きい。

直接的な交流としては、一九二〇～三〇年代にスイスを訪れた二人の日本人建築家の例を挙げることができる。今井兼次（1895-1987）は一九二六年にゲーテアヌム（Goetheanum）[1]を訪れ、チューリヒではＥＴＨ（スイス連邦工科大学 Eidgenössische Technische Hochscule）の教授であったカール・モーザー（1860-1936）と息子のウェルナー・モーザー（1896-1970）に会っている。[2]また、吉田鉄郎（1894-1956）は一九三一年にチューリヒのノイビュール・ジードルング（Neubühl Siedulung）[3]を訪れ、カール・モーザーの他、若い建築家たちにも会っている。彼が日本に出した手紙の中では、スイスの建築家たちが一様に非常に日本に興味をもっていたことが述べられている。[4]吉田は帰国して三年後の一九三五年にベルリンの出版社から『日本の住宅（*Das Japanische Wohnhaus*）』を出しているが、これは同じ年にＥＴＨの図書館にも納入されており、和風建築に関する貴重な情報源となったと考えられる。

出版物を通した日瑞間の情報の流れについて考える場合には、わずか七百万人余りの居住人口の内に、ドイツ語、フランス語、イタリア語という、言語別の複数の文化圏が併存する[5]というスイスの特殊性を、最初に理解しておく必要がある。日本に関する多くの情報は、これらの言語が用いられる周辺諸国の出版物を通してもたらされる。逆に、スイスで出版される雑誌や書籍の多くには複数の言語が併記され、周辺諸国をはじめとした世界各国で読まれることも多い。モダニズムの建築に関するスイスの書籍で日本の作品に言及しているものをいくつか挙げると、一九三五年に出版されたル・コルビュジエの作品集には、レイモンド（1888-1976）の「軽井沢別邸（夏の家）」についての見解が述べられているし、[6] 一九四〇年に出版されたアルフレッド・ロート（1903-1998）の『新しい建築（*Die Neue Architektur*）』には、選抜された二〇の作品のひとつに坂倉準三（1901-1969）のパリ万博日本館が取り上げられている。また、一九四七年に出版されたアルタリア（1892-1959）の『週末住宅と田舎の家（*Ferieen-und Landhäuser*）』には、山口文象（1902-1978）の「北鎌倉に建てる一住宅（山田邸）」、堀口捨己（1895-1984）の「聴禽寮」、および吉田鉄郎（1884-1956）の「急斜面に建つ家」の三作品が掲載されている。アルタリア夫妻は一九三一年に吉田がバーゼルを訪れた際に、吉田がベルリンへ向かうのを見送っている。[7]

日本関連の企画展と今日の状況

また、日本文化がスイスの人々に紹介される別の方法として、美術館における日本関連の企画展がある。イッテンが一九三八年から五三年まで学長を務めたチューリヒ工芸学校（現在の造形大学、Hochschule für Gestaltung）には、一八七五年設立の工芸美術館（現在の造形美術館 Museum für Gestaltung）が併設されている。この美術館と、立体作品の収集展示を主眼として一九六八年に設立された別館のベルリーヴ美術館（Museum Bellerive）では、これまでに表に示す内容の日本関連の企画展が開催されている。一

図154　チューリヒ工芸学校および工芸美術館の建物（1925-33、設計：Adolf Steger & Karl Egender）は、当時の機能主義的なデザインの代表例であり、今ではチューリヒの歴史的建造物のひとつに登録されている。

開催年	美術館	題名（内容）
1921	KM	日本の漆工芸、個人所蔵品から
1933	KM	日本の建築と庭園
1962	KM	日本の水墨画、南画と俳画
1965	KM	日本の実例、建築と道具
1971	KM	シルクスクリーン、日本のポスター
1975	KM	あかり、日本の照明
1978	MB	ヨーロッパと日本の現代陶磁器
1979	KM	今日の日本のポスター
1980	MB	唐津焼、日本の陶磁器
1981	KM	現代日本写真及びその起源
1984	MB	日本の現代織物工芸、タペストリーとオブジェ
1991	MB	情熱としての陶磁器、現代陶磁器個人収集品
1992	MG	東京物語（Ken Straiton 写真展）
1993	MG	綺麗、日本のポスター
1993	MB	民芸、古い日本の民衆芸術
1999	MB	メード・イン・ジャパン

表　日本関連の企画展一覧。KM は Kunstgewerbemuseum、MB は Museum Bellerive、MG は Museum für Gestaltung を示す。日本人作家の個展は含めていない。

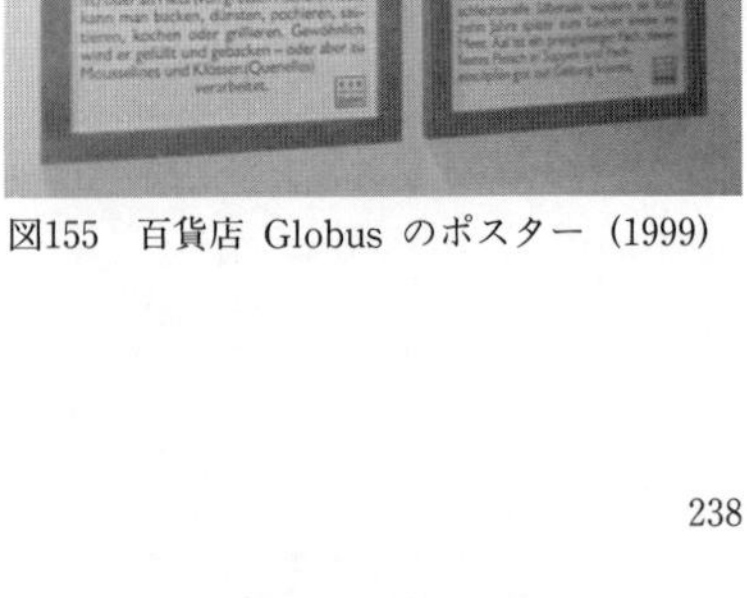

図155　百貨店 Globus のポスター（1999）

九三三年の日本建築と庭園に関する展示は東京の建築家団体からドイツ建築家連盟に送られた出版物と写真資料の紹介であり、翌年にはヴィンタートゥールの産業博物館でも同じ展示が行われている。また、特に日本関連ではないので表には示していないが、一九三五年に開催された「現在と過去の風呂」展には、建築史家であるギーディオン（1888-1968）からの依頼を受けて、当時、雑誌『建築世界』および『国際建築』の編集に関係していた小池新二（1901-1981）が日本の風呂についての資料を集めて提供している。戦中戦後には長い空白期があるが、一九六〇年代以降は伝統的なデザインだけでなく、現代文化に焦点を当てた企画展も多く開催されている。工芸美術館が特にグラフィック・コレクションに重点を置いてきたこともあって一九七一年以降三回のポスター展が行われており、陶磁器についても一九七八年以降三回の企画展が行われているが、その他の工業製品を扱った企画としては一九七五年に「あかり」展が開催されたのみである。一九九九年にベルリーヴ美術館で開催された「メード・イン・ジャパン」展では、従来に無く斬新な試みが行われた。展示の一部は現代日本の食文化に焦点を当てたもので、プラスチック製の鮮やかな食品見本が陳列棚に並び、畳敷きのコーナーではテレビの料理人対決番組のビデオが上映された。

　最後に、日本でもスイスの現代建築がしばしば注目を集めてきたことについて触れておきたい。一九七〇～八〇年代にはイタリア語圏であるティチーノ州の建築家たちが注目を集め、ルガーノを拠点とするマリオ・ボッタ（1943-）は東京にもワタリウム美術館を設計している。一九九〇年代以降になると、ペーター・ツムトー（1943-）、ヘルツォーク（1950-）＆ド・ムロン（1950-）を筆頭に、さらに若い世代を含めたドイツ語圏の建築家たちの作品が頻繁に日本の建築雑誌で紹介されるようになった。彼らの作品の多くはシンプルな形態を有しつつ素材の性質への高い関心を表現したものとなっている。

　スイスでは従来からも、例えば北斎の絵によって代表されるような日本文化に高い関心を示す一定の人々が存在したが、近年ではより日常的な水準でその影響が見られるようになっている。例えばチューリヒで日本食材を扱う商店の数は目に見えて増加しているし、最近の百貨店グローブス（Globus）のショッピングバッグやポスター等のデザインにも、ある種の日本的美学の反映を見ることができる。日瑞間においても人と情報の様々な交流が、今後より多面的に展開してゆくものと考えられる。

（1）シュタイナー（Rudolf Steiner, 1861-1925）の代表作で、ゲーテの理論から示唆される宇宙観を体現するとされる建築。バーゼル近郊のドルナッハ（Dornach）にある。一九二四～二八年の作品。

（2）佐々木宏編『近代建築の目撃者』新建築社、一九七七年、一一三～一一九頁。

（3）スイス工作連盟所属の七人（Carl Hubacher, Max Ernst Haefeli, Werner Max Moser, Rudolf Steiger,Emil Roth,Paul Artaria,und Hans Schmit）の建築家グループが設計したスイスにおける近代建築のマニフェストとも言うべき集合住宅。一九二九～三二年の作品。

（4）向井覺編著『吉田鉄郎・海外の旅』通信建築研究所、一九七〇年、二〇頁。

（5）これら三つの主要言語の他に、グラウビュンデン州の少数言語であるロマンシュ語も国語として認められている。

（6）Publiée par Willy Boesiger, Introduction et textes par Le Corbusier, *LE CORBUSIER ET PIERRE JEANNERET ŒUVRE COMPLÈTE DE 1929-1934*, ÉDITIONS H. GIRSBERGER, 1935 ZURICH, p.52.

（7）向井覺、前掲書、八四頁。

48 ギーディオンの書簡に読む近代建築交流史

川北健雄

建築におけるモダン・デザインの国際的な展開においては、一九二八年から五六年まで、十回に渡ってヨーロッパ各地で開催されたCIAM（近代建築国際会議 Congrès Internationaux d'Architecture Moderne）が重要な役割を果たした。建築評論家・芸術史家のジークフリート・ギーディオン（1888-1968）はル・コルビュジエ（1887-1965）と共にCIAMを創立し、その書記長として各国の建築家グループと連携した活動を精力的に推進したことで知られている。ETH（スイス連邦工科大学 Eidgenössische Technische Hochscule）のGTA（建築史および建築理論研究所 Institut für Geschichte und Theorie der Architektur）記録保管所には、スイスの近代建築史に関わる貴重な資料が多く残されており、CIAMの公的文書やギーディオンの私的な書簡等もこの中に含まれている。それらの資料から特に日本との交流に関わるものを抜粋し、それらを年代順に並べてギーディオンを接点とした日本との交流の記録を概観してみたい。

戦前の書簡（一九二八～三六年）

GTAに残されている書簡の内、日本に関わる最初のものは一九二八年の前川国男（1905-1986）自筆のフランス語の手紙である。この中で前川は、日本の建築の状況についての批判やフランクフルトでの第二回CIAMに参加することへの期待等を述べている。宛名は不明だが内容からみて、カール・モーザーあるいはギーディオンのどちらかに宛てたものと推測できる。一九三一年にはCIAM事務局から石本喜久治（1894-1963）と土浦亀城（1897-1996）に第四回国際会議の委員としての任命書が出されている。一九三三年にはブルーノ・タウト（1880-1938）が来日し、京都の上野伊三郎（1892-1972）のところからギーディオンに宛てた手紙の中で、日本がすばらしいのですぐには立ち去りたくないという心情を吐露し、日本人がタウトの出版物を含め意外に多くの情報を持っている事などを伝えている。また、法隆寺と嵐山の絵葉書を同封して、カール・モーザーと彼の息子に渡してくれるよう依頼している。なお、石本と上野は共に一九二七年から三三年まで活動を行った日本インターナショナル建築会のメンバーであり、タウトも外国会員として名を連ねている。ところが石本と土浦は日本人メンバーの数が少なくて充分な資料を集めることができないという理由で、依頼された第四回CIAMのための日本側の資料を送らなかった。その年の六月にギーディオンが書いたと思われる彼らへの返信では、日本において活動的な協力が見られないことに対する遺憾の意が表明されている。

一九三四年以降、ギーディオンに対して積極的に接触をはかったのは、雑誌『建築世界』ならびに『国際建築』の編集に携わった小池新二（1901-1981）である。彼はギリシャの雑誌の記事をもとに第四回CIAMの内容を『建築世界』に載せ、その後この雑誌を継続的にギーディオンに送っている。また、一九三六年八月以降は『国際建築』を定期的に送っている。小池は、GTAに保管されているだけでも一九三四～三六年の間に十通の手紙を出しており、ギーディオンを通じてグロピウスや他の建築家たちとの関係を築き、ヨーロッパの建築に関する当時の最新情報を得ていたことがわかる。一九三七年から終戦までの間については、このような保管資料が見あたらない。戦時状勢の悪化により『国際建築』も一九四〇年には休刊に追い込まれる。

戦後の書簡（一九四八～六八年）

戦後最初の書簡は、やはり小池が一九四八年にギーディオンに送ったもので、日本が文化的に国際的な関係を回復したことを知らせると共に、CIAMの活動についての情報提供を依頼した手紙である。なお、小池は戦後は雑誌『建築文化』で記事を担当している。一九四九年には第七回CIAMへの招待状が前川に届けられた。彼がギーディオンに宛てた返信には、財政的理由で出席できないことについての痛恨の思いと、今後に向けての熱意とが述べられている。なお、前川らは出席こそできなかったものの、第七回CIAMでは彼を代表とする日本グループの入会が正式に承認された。

一九五〇年に復刊した『国際建築』の編集者となった浜口隆一(1916–95)も、やはり小池と同様にギーディオンに毎号の雑誌を送

スイス連邦工科大学建築史および建築理論研究所記録保管所(gta-Archiv, ETH Zürich) 所蔵の3通の書簡

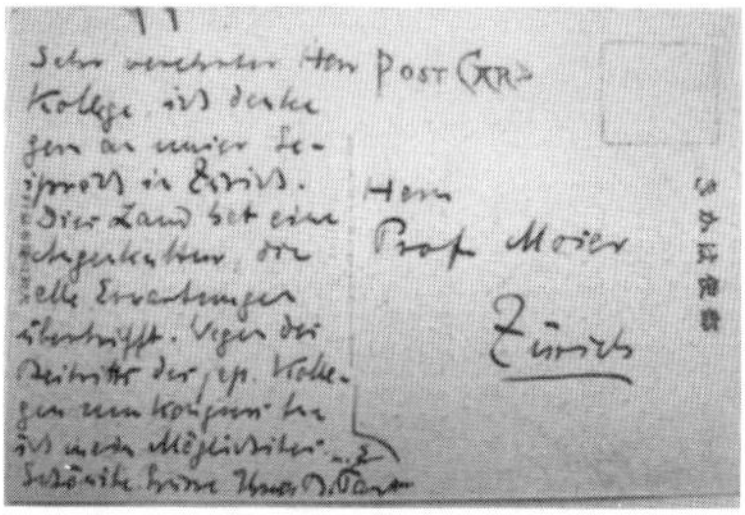

図156　タウトが京都から1933年5月15日にギーディオンに出した手紙に同封されたカール・モーザー宛の絵はがき。「この国はどんな想像にも勝る目の文化を持つ」とドイツ語で書かれている。

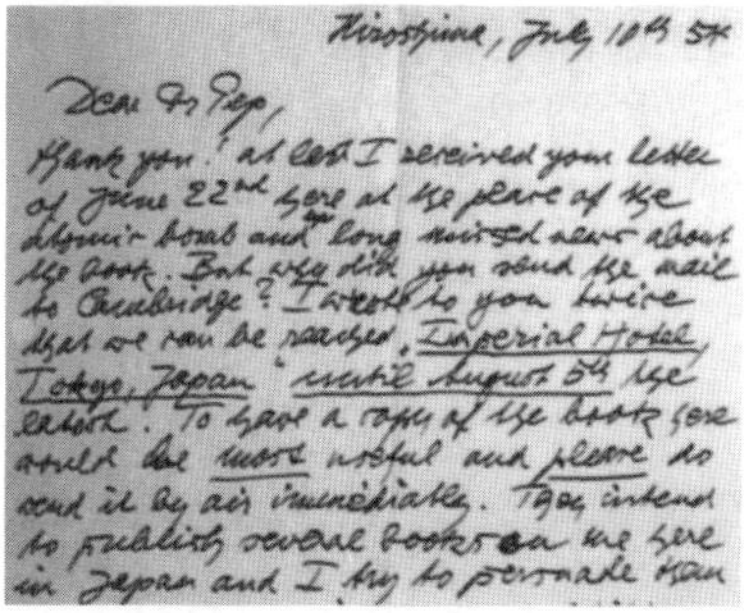
Hiroshima, July 10th 54

Dear Dr Pep,

thank you! at last I received your letter of June 22nd here at the place of the atomic bomb and long missed news about the book. But why did you send the mail to Cambridge? I wrote to you twice that we can be reached, Imperial Hotel, Tokyo, Japan until August 5th the latest. To have a copy of the book here would be most useful and please do send it by air immediately. They intend to publish several books on me here in Japan and I try to persuade them

図157　グロピウスが訪日した1954年7月10日に広島から出したギーディオン宛の英文の手紙（部分）。"Dear Dr Pep," と親しい友人間で用いられた愛称で呼びかけ、自らも "Pius" とサインしている。

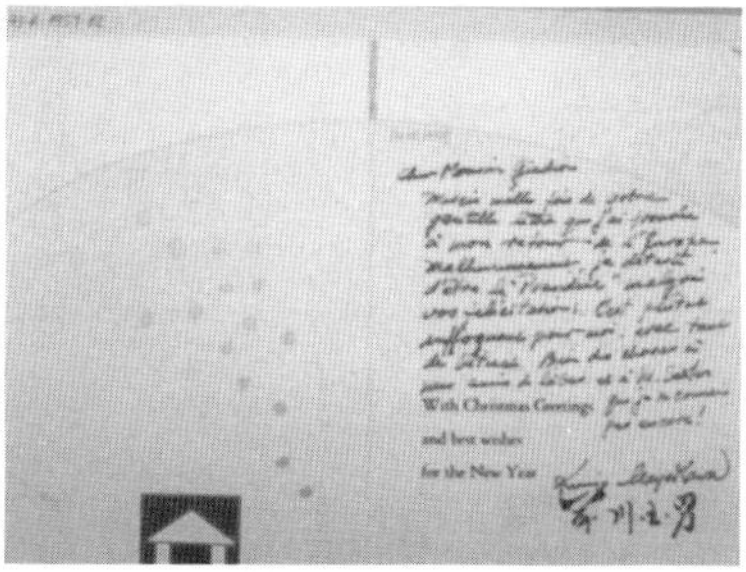

図158　前川国男がギーディオンに宛ててフランス語で書いた1959年12月のクリスマスカード。会長に選ばれたことを窮屈に思っているという心情を述べている。

り、CIAMの活動についての情報提供を依頼したり、彼の著書を翻訳して掲載することを願い出たりしている。一九五一年には、太田實(1923-)から『空間・時間・建築』の日本語訳出版の許可を願う手紙が届き、ギーディオンがこれを快諾する内容のやりとりが交わされている。第八回のCIAMは「都市の核」をテーマとして一九五一年にロンドン近郊のホッデスドン(Hoddesdon)で開催された。この会議には、前川国男、吉阪隆正(1917-1980)、丹下健三(1913-)らが論文を提出しており、特に丹下はこの会議で平和記念公園を含む広島の計画案を紹介し、一躍国際的な注目を集めた。これ以降、丹下もギーディオンと親しく交流を続けることになる。

一九五四年には訪日中のグロピウスが広島からギーディオンに手紙を出し、日本での出版企画や日本で行われたバウハウスと彼についての展覧会、過密なスケジュールのこと等を述べている。また、ギーディオンと共にCIAM事務局の仕事を行い、当時ハーヴァード大学に滞在していたジャクリーヌ・ティルウィット(1905-1983)に宛てて前川が出した一九五六年の手紙には、前年末に来日して彼の事務所を訪れたル・コルビュジエの写真が同封されている。

一九五六年にドゥブロヴニク(Dubrovnik)で行われた第十回会議でCIAMは実質的に崩壊してしまう。一九五九年にオッテルロ(Otterlo)で開催された会議(CIAM'59)は、ギーディオン等によってもはや正式なCIAMであるとはみなされていないが、丹下はこれに出席し、それに関する記事を翌年、雑誌『新建築』の国際版である*The Japan Architect*に寄せている。ギーディオンはこの記事を読んだ感想を丹下に伝え、彼の態度を肯定的で希望のあるものだと評価している。一九六〇年に東京で開催された世界デザイン会議にはギーディオンも招待されたものの、渡航費が提供されずに結局来日は果たされなかった。

ギーディオンの著作のうち、『空間・時間・建築(*Space, Time and Architecture*)』は一九五五年、『現代建築の発展(*Architektur und Gemeinschaft*)』は一九五八年、『永遠の現在:美術の始源(*The Eternal Present, Vol.1, The Beginnings of Art*)は一九六八年に、それぞれ日本語訳の初版が出されている。特に『空間・時間・建築』については幾度も改訂が加えられ、一九六二年の第十三版以降は前川、丹下、槇文彦(1928-)ら日本の建築家による作品についての言及が徐々に増えてきている。ギーディオンは丹下を高く評価し、一九六五年に丹下がイギリス王立建築家協会から受賞した際には、わざわざロンドンへ祝電を送っている。ギーディオンと日本との交流に関わる最後の書簡もまた、丹下宛の一九六八年一月付の手紙で、スコピエ計画と大阪万博のことに触れたものである。その三ケ月後の一九六八年四月九日、ギーディオンはチューリヒで八十年の生涯を終えた。

このように辿ってくると、ギーディオンを接点とした日本との交流の記録は、わが国における近代建築の発展過程を如実に映し出すものとなっていることがわかる。ギーディオンが去ると同時に、日本の建築家たちが追い求めつづけてきた理想像としての近代建築もまた、ひとつの終焉を迎えたのであった。

(謝辞)資料の検索と確認についてはスイス連邦工科大学GTAの方々の御協力を得、ドイツ語手紙の翻訳に当たってはシュミット・ニコール氏、フランス語手紙の翻訳に当たっては筒井ジョスリーヌ氏の御協力を得ました。記して謝意を表します。

49
スイス・タイポグラフィと日本

伊原久裕

はじめに

第二次大戦後、スイスに新しいタイポグラフィの動向が生じた。この動向はその国際的な影響力の故に、他国から「スイス・タイポグラフィ」と呼ばれるようになった。スイス・タイポグラフィは、チューリッヒを拠点として活動するヨーゼフ・ミューラー＝ブロックマン（1914-1996）、リヒャルト・パウル・ローゼ（1902-1988）らと、バーゼルを拠点に活動するエミル・ルーダー（1914-1970）、カール・ゲルストナー（1930-）らの二つのグループを中心として発展した。スイス・タイポグラフィの影響は、日本においても例外ではなかったが、その影響は、主としてミューラー＝ブロックマンらが編集デザインを行った『ノイエ・グラフィーク』誌を通じてのものだったようである。(1) しかし日本とスイス・タイポグラフィとの関係という観点から何よりも重要なのは、東洋思想への傾倒が見られるルーダーであり、そのルーダーの大きな影響を受け、一九六六年以降日本に在住し現在も活動を続けているヘルムート・シュミット（1942-）の存在である。ここではルーダーからシュミットへと至るスイス・タイポグラフィの道程のなかに、日本との精神的あるいは実際的交流の一側面を見てみよう。

スイス・タイポグラフィとルーダー

ルーダーは、一九四二年以来バーゼルの総合工芸学校（Allgemeinen Gewerbeschule Basel）のタイポグラフィの教官として活動を続け、一九五〇年代にはスイス・タイポグラフィの動向の中心的人物の一人となる。一九五九年に彼は自らの思想〈秩序のタイポグラフィ〉―「タイポグラフィとは……技術と、正確さと秩序の時代であるわれわれの時代の表現のひとつである」―を明確に表明した。(2) タイポグラフィを時代精神の表現の一つと見なすこうした考え方こそ、スイス・タイポグラフィが両大戦間期の〈ノイエ・ティポグラフィ〉から受け継いだ精神的遺産であったが、それに対して批判的な論客を演じたのが、皮肉なことにかつての〈ノイエ・ティポグラフィ〉の提唱者ヤン・チヒョルト（1902-1974）であった。両者の論争の主題の一つはアシンメトリーのタイポグラフィの同時代性に関する問題であり、古典的なシンメトリーのタイポグラフィに回帰したチヒョルトは、この問題も含め細部にわたってスイス・タイポグラフィを批判した。こうした批判に対し、積極的にスイス・タイポグラフィを擁護した一人がルーダーだった。(3)

スイス・タイポグラフィを理解するうえで重要なこの論争史にここで立ち入る代わりに、ルーダーの東洋思想への関心が、こうした

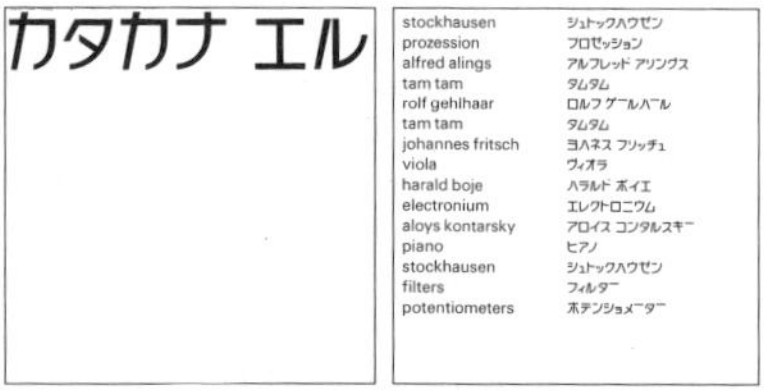

図159　カタカナ《エル》ヘルムート・シュミット　1971

エルはアルファベットの書体「ユニバース」に適合する和文書体としてデザインされた。右はレコードジャケットの例。

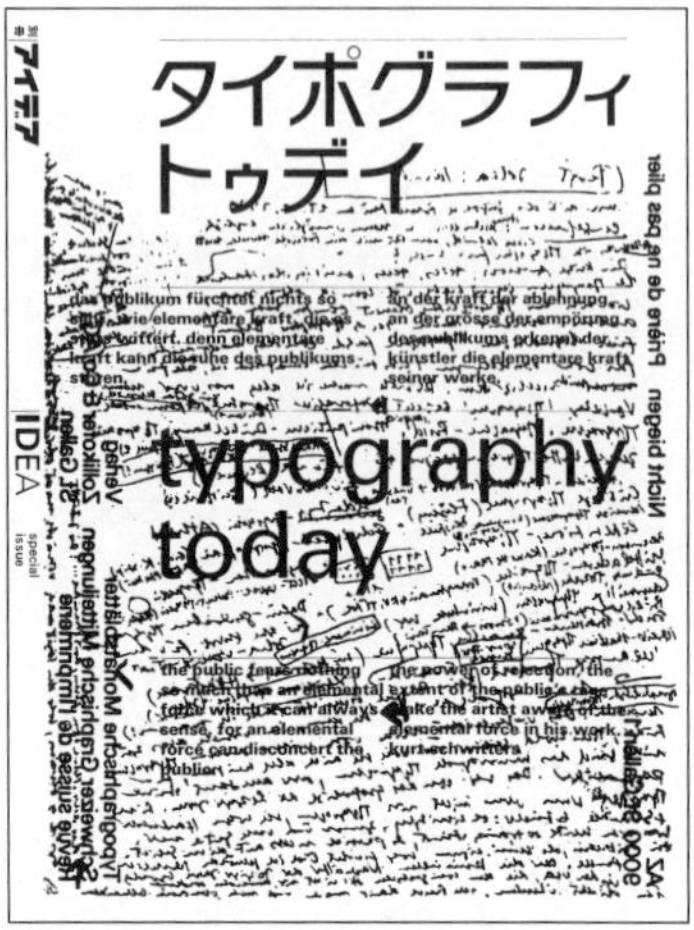

図160　『タイポグラフィトゥデイ』カバーデザイン　ヘルムート・シュミット　1980

もともとシュミットの作品紹介として編集者が企画したものであったが、シュミットの提案により、20世紀のタイポグラフィを俯瞰する国際的な内容へと発展した。

図161　《バーゼルへの道》ルーダーのテクストの頁のレイアウト　ヘルムート・シュミット　1997

シュミットによるこの書のレイアウトは、内容の多面性に照応して、多様な展開を見せている。

論争の文脈においても早くから見られることを指摘しておきたい。一九五二年のルーダーのエッセイ「一服の茶、歴史主義、タイポグラフィ、シンメトリーとアシンメトリーについて」がそれである。ルーダーは、このエッセイでアシンメトリーの美学とその同時代性を岡倉覚三の『茶の本』に書かれた数寄屋（アシンメトリー）の美学―不完全の美学―によって擁護しようとしたのである。アシンメトリーが「簡潔さ、自然さ、そしてまた新鮮さや高度の想像力に関連していることを、これほど見事に表現したものをわれわれは他に知らない」と。[4] このルーダーの主張が当時の論争に与えた影響については明確ではないが、彼の東洋思想への関心がその後も持続していることは確認できる。たとえば、一九六七年に刊行された彼の著書『ティポグラフィ』[5] では、老子の〈無の用〉を引き合いに出して〈余白〉の造形的意義を強調している。また彼の授業の合間に『茶の本』を読んで聞かせていたという当時の学生の証言もある。[6] 東洋思想がルーダーの関心を引きつけたのは、おそらくは美と有用性、形態と内容、人為と自然といったデザインに係わる西洋的な二元論の構図を乗り越えるうえでの一つの示唆をそれが与えてくれるからであろう。とはいえ、ルーダーの東洋への眼差しはあからさまなものではない。この側面に改めて注意を促したのがシュミットである。彼は一九七一年のTM誌のルーダー追悼号に「エミル・ルーダー―タイポグラフィの利休」と題する一文を寄せ、ルーダーの哲学とタイポグラフィを妙喜庵の露地の飛石の配置に見られる美学と比較し、「利休の妙喜庵の露地はきわめて単純であり、作為性（デザイン）を感じさせない。利休と同じようにルーダーは、自然さと単純さ、有用さを切望したのだ」[7]と指摘したのである。

ルーダーからシュミットへ

バーゼルでのルーダーの教育は、その学生たちに大きな影響を与えた。なかでも東洋思想への関心の面からのそれは、シュミットにとってはまさに本質的であった。シュミットは、バーゼルでの就学の後、ルーダーの紹介でカナダで短期間仕事をするが、日本の文化、ことに文字文化への関心を抱き続け、一九六六年六月に来日する。[8]以後旧西ドイツに一時滞在した七一年から七六年までの間を除き、継続して大阪に在住し活動を行うことになる。彼は大塚製薬の飲料水のパッケージデザインや資生堂の化粧品のロゴデザインなどに代表される質の高い商業的なデザインを手がける傍ら、カタカナ書体《エル Eru》の制作や《タイポグラフィック・リフレクション》と呼ぶ一連の実験的タイポグラフィの作品制作を試みている。加えてタイポグラフィに関する多数の論考の執筆や、著書の企画編集といった理論的な仕事も手がけており、その代表的著作の一つが一九八〇年のアイデア別冊『タイポグラフィトゥデイ』である。この書は国際的な視野に立ったモダン・タイポグラフィの歴史的、思想的ビジョンを日本に紹介するうえで大きく貢献した。[9]逆に日本のタイポグラフィを世界に伝えるうえでもシュミットは積極的な役割を担った。一九七三年にはTM誌で「日本のタイポグラフィ」特集号を編集し、自らの日本文字論に加え、篠田桃紅、佐藤敬之輔、ミキ・イサムらの寄稿や、山城隆一、田中一光らの代表的なタイポグラフィを紹介している。[10]シュミットによるこれら一連の「日本発」のスイス・タイポグラフィほど、「日本のスイス・タイポグラフィ」と呼ぶに相応しい実践はないだろう。

ルーダーの影響下に形成された彼のデザイン思考と日本文化との興味深い出会いの一つは、来日後三年かけて彼がデザインしたカタカナ書体《エル》―そもそもこの名称自体、ルーダーの名に因んでつけられた―をめぐるエピソードに見ることができる。「タイポフェイスは―その機能、目的、可読性から解き放たれると―純粋な形態となる。私が日本に来ることになったのも、この純粋形態へのビジョンである」[11]と語るシュミットにとって、日本文字の研究と西洋の文字習慣に拘束されないデザインを試みることは、彼を日本に惹きつけた根本的な動機の一つであった。バーゼル時代に彼はコンパスなしで、手書きの特性を生かした―ただし筆跡の模倣ではない―曲線によるアルファベットのデザインを試みていたが、このときの曲線の特性を《エル》のデザインのコンセプトとした。シュミットは一九七〇年に完成したこの書体を、原弘（1903-1986）や杉浦康平（1932-）に見せ意見を仰いだ。原は習慣的な筆遣いにとらわれない故にその形態の純粋さを、また杉浦はハーバート・バイヤーのユニバーサル・タイプとの類似性をそれぞれ指摘したという。[12]しかしシュミットにとって、形態の純粋さの追求は、バイヤーのタイプフェイスにおけるような幾何学的形態のそれへと導かれるわけではない。彼はあくまでも目と手で作り出される形態の自然さを強調し、後者の見解に関しては誤解であると否定している。確かに線幅に微妙な強弱がある曲線の多用は《エル》の特徴の一つであるが、日本人の目から見て、どこか人工的な印象が感じられることも否定できない事実ではある。

いずれにせよ「新しいタイポグラフィは新しいタイプフェイスと

とともにはじまる」[13]とするシュミットにとっては、《エル》のデザインは、日本文字の文化圏における新たなタイポグラフィを探求するうえで不可欠な第一歩だったのである。この意味で《エル》のデザインから読みとるべきなのは、造形における自然さと人工性、西洋のアルファベットと日本のカタカナ双方の形態的特徴、そして文字記号が不可避に抱える習慣的形態特性に対する認識と、その革新への意志といった諸々の二極的要素に対するシュミットの自覚的な意識ではないだろうか。なかでもシュミットが強調する「自然さNaturalness」の概念はいっそう重要である。というのもすでに見たように、シュミットはそれをルーダーのデザイン思考の特徴としており、しかもそれを利休の美学とも重ね合わせていたからである。

スイス・タイポグラフィのひとつの道

日本に在住しながらも、シュミットの日本における活動は首尾一貫してスイス・タイポグラフィである。しかし彼のスイス・タイポグラフィの道程は、日本を媒介することでまったく独自の地点に到達している。彼は一九九七年に、世界各国で活躍しているルーダーの教え子たちの作品、文書を編纂した『バーゼルへの道』を朗文堂から出版した[14]。参加者の国籍の多彩さが、ルーダーの影響の国際性をよく示していると同時に、寄せられたさまざまな文章の内容は、その影響が多面的であったことを物語っている。ルーダーに見られた東洋志向は、おそらくはこの多面性の一側面にすぎなかったが、大きな可能性を持つ要素でもあった。日本でのシュミットの活動全体がその一つの証明と言えるが、とりわけ、老子の「無用章」の引用に始まり、ルーダーの「茶の本」についてのエッセイで終わるこの書の構成自体が、彼がルーダーから受け継ぎ、発展させた思想の独自性をよく示しているように思われるのである。

本稿執筆に際して、筆者のインタビューに快く応じてくださり、資料提供いただいたヘルムート・シュミット氏に感謝いたします。

（1）松岡正剛・田中一光・浅葉克己監修『日本のタイポグラフィックデザイン』、トランスアート、一九九九。
（2）Emil Ruder, "The Typography of Order", *Graphis*, 1959, no.85, p.404.
（3）この論争の全体像については次を参照。Robin Kinross, *Modern Typography*, Hyphen Press, 1992.
（4）この文章は、*Typografische Monatsblatter*（以下TMと略記）1952, 2,「バウハウス特集号」に掲載され、ヘルムート・シュミット編『バーゼルへの道』朗文堂、1997に再録された。引用は後者の邦訳から。
（5）Emil Ruder, *Typographie*, Arthur Niggli, 1967.
（6）オケ・ニルソンによる。『バーゼルへの道』前掲書、八一頁。
（7）Helmut Schmid, "Emil Ruder: Rikyu of typography," *TM*, 1971, 3.
（8）カナダ滞在中にシュミットは日本での仕事の希望を原弘、山城隆一に手紙で伝える。最終的に当時『アイデア』誌の編集を行っていた大智浩の紹介で彼の希望は実現する。「タイポグラフィにとりくむヘルムート・シュミット」大智浩、アイデア、1966, no. 78, p.4.
（9）ヘルムート・シュミット編、アイデア別冊『タイポグラフィトゥデイ』1980、また『タイポグラフィックス・ティー』1988, no. 98 の特集号も本格的なスイス・タイポグラフィの紹介として重要である。
（10）TM, 1973, 8/9
（11）Helmut Schmid, "Typographie und Schrift-design von Helmut Schmid," *Gebrauchsgraphik*, 1971, no.12, p.31.
（12）筆者との私信による。
（13）ヘルムート・シュミット「ヘルムート・シュミットとタイポ・デザイン」『アイデア』1971、105、六〇頁。
（14）『バーゼルへの道』前掲書。

XI　東欧諸国

《交流年表》

1858・フェレンツ・ホップ、ニューヨーク訪問時に東洋の美術に興味を持つ
1862・ヴォイタ・ナープルステク、プラハの自邸に、東洋美術を中心とする博物館を設立（現ナープルステク東洋博物館）
1867・オーストリア＝ハンガリー帝国成立
1869・クサントゥシュ・ヤーノシュ、東洋探険旅行（-1871）で美術品蒐集
・セレメ・アッティラ、180点の櫛や簪のコレクションを日本で購入
1873・ウィーン万国博覧会へ日本参加
1891・チェコ工業博覧会
1894・ヨセフ・コジェンスキー『日本』を発表
1900・プラハ生まれのドイツ人版画家、エミル・オルリーク日本滞在
1903・ヴァツワフ・シェロシェフスキーが日本を題材としたいくつかの小説を書く。日本で講演（同年か？）。
1904・新渡戸稲造『武士道』がドイツ語からポーランド語に重訳
1905・岡倉天心『日本の覚醒』が英語からポーランド語に重訳
・ヨエ・ホロウハ小説『嵐のなかのサクラ』を発表
1906・実業家カレル・ヤン・ホラ、大阪ガス・ライト会社の社長に就任
・ヨエ・ホロウハ初来日
1907・ガースネル・アウレール、技師として東京勤務（-1912）、美術品蒐集
・ヤン・レツル、横浜のデ・ランデ建築事務所に着任
1909・レツル・アンド・ホラ共同事務所設立
1910・コジェンスキー『日本再訪』を発表
・雙葉高等女学校（ヤン・レツル設計）竣工
1911・ロンドンの日英博覧会出品の日本美術品をブダペストで展示
1914・上智大学校舎（ヤン・レツル設計）竣工
1915・広島県物産陳列館（ヤン・レツル設計）竣工
1917・宮島ホテル（ヤン・レツル設計）竣工
1919・ホップ・フェレンツ東洋美術館創設
・アントニン・レイモンド、フランク・ロイド・ライトとともに来日
1921・アントニン・レイモンド、ヴォ-リズ事務所のアメリカ人建築家スラックと設計事務所開設
1923・アントニン・レイモンド、設計事務所設立
・アントニン・レイモンド自邸を設計
1926・ヨエ・ホロウハ再来日
1937・アントニン・レイモンド離日
1943・ナープルステク博物館、ホロウハ日本美術コレクションを購入
1944・アンジェイ・ワイダ、ヤシェンスキ・コレクションを見る
1947・フェティク・オットー、この年から1953年にかけて三度日本訪問、美術品購入
1948・アントニン・レイモンド再来日
1985・コジェンスキー（鈴木文彦訳）『明治のジャポンスコ・ボヘミアンの日本観察記』
1987・映画監督アンジェイ・ワイダ「京都賞」受賞
1994・ヤシェンスキ・コレクションを核とする「クラクフ日本美術技術センター」創設

50 東欧とのデザイン交流

田中充子

東欧とはどこか

「東欧」という概念は「西欧」という概念にたいしてもちいられてきた。東欧が西欧と明確に区別して論じられたのは一八世紀末以後である。それは、一口にスラブ世界を指していた。一九世紀にはいると、ローマ・ゲルマン文化の西欧にたいしビザンティン・スラブ文化の東欧、というふうに対比された。また、地理的には、東欧をロシアとドイツの中間の地域とする見方もあった。そして現代の日本で東欧というときには、それは第二次世界大戦後に成立したヨーロッパの社会主義国をさす。いわば政治的立場からの見方である。ヨーロッパでも同様のことがある。それに反発して今日のチェコ人などは、自らを「中欧」とよんでいる。このようにいろいろな歴史的背景から、東欧の範囲はかなりあいまいである。

ヨーロッパの地図を広げると、北からポーランド、チェコ、スロヴァキア、オーストリア、ハンガリー、ルーマニア、スロベニア、クロアチア、ユーゴスラビア（セルビアとモンテネグロ）、ボスニア、アルバニア、ブルガリア、そしてギリシャの諸共和国が並んでいる。このなかで、ルーマニア、ブルガリア、ユーゴスラビア、ボスニア、アルバニアなどの国々は一九世紀にはトルコの支配下にあり、日本との近代における交流の歴史は浅い。これに反し、チェコ、スロヴァキア（チェコスロヴァキアは一九一八年～九二年までつづいた共和国）、ハンガリー、そしてポーランドの一部はオーストリアの支配下にあり、オーストリアすなわち西欧を通じて日本との文化交流を盛んにおこなってきた。ここでは主として、この中欧的な東欧の国々について述べることにしたい。

東欧と日本との出会い

東欧と日本の関係が急速に深まるのは、日本が鎖国を解いた明治からである。一八六七年にオーストリア・ハンガリー帝国が成立し、これら東欧諸国は、政治的にも文化的にも帝国の影響を強く受けた。その文化的中心はウィーンであり、東欧の近代を語るときウィーンをぬきにしては語れない。

一八七三年（明治六）ウィーンでは、皇帝フランツ・ヨーゼフ一世の即位二五周年を記念する万国博が開かれた。オーストリア政府から要請をうけた明治政府は、ただちに国家の威信をかけてこれに参加した。徳川幕府は一八六七年のパリ万国博に参加していたが、明治政府としては初めて世界の桧舞台に立つことでもあり、たいへんな力の入れようだった。日本からは総勢八〇人が渡欧し、日本館を建て、その庭園の中に社殿までつくった。まだ胸を張って展示できる工業製品のない日本は、伝統的な織物や陶磁器などの手工業製品六千点以上を展示した。それがかえって東洋の神秘性をヨーロッパに印象づけることになった。庭園の傍の売店では、日本から運んできた工芸品が売られて大人気を博した。そして開会一カ月後には、特命全権大使の岩倉具視（1825–83）を中心とする米欧回覧の使節団が視察し、皇帝に謁見した。[1]

博覧会場には、ポーランド、チェコスロヴァキア、ハンガリーなどの企業家や技術者等が多数訪れた。そして二〇世紀初めには、当時、オーストリア・ハンガリー帝国のなかで工業先進地を誇ったチェコ企業と日本企業の間に通商関係が結ばれることにもなった。

二〇世紀初めには、日本の工芸品の質の高さや美術品の美しさが東洋趣味を巻きおこし、ユーゲントシュティール、すなわち新芸術として世紀末のウィーンの芸術に大きな影響を与えた。東欧の人々はこの博覧会を通じて日本文化を認識し、日本美術の素晴らしさに魅了された。特に、浮世絵版画に興味をもったのは画家たちだが、収集家たちもさまざまな美術品を購入した。それらの多くは、現在、東欧の国々の博物館や美術館に収められている。さらに、日本の美術に魅了された芸術家や旅行家たちのなかからは、日本の美術品を収集するだけでなく、日本の地を踏み、旅行記や小説を書く人物が何人も現われた。

ウィーン万国博以後

ウィーン万国博以後、チェコでもオーストリア帝国にアピールするために一八九一年に工業博覧会が開かれた。そしてそれらに刺激をうけてウィーンやパリに留学する芸術家たちが多数でてきた。たとえば、浮世絵にインスピレーションを触発された南モラヴィア出身のアルフォンス・ムハ（1860–1939）はパリで成功をおさめる。チェコ人のヤン・コチェラ（1871–1923）はウィーンのオットー・ヴァグナー(1841–1918)のもとで建築を学び、チェコの近代建築の基礎をつくる。ポーランドでは、一九〇五年の日露戦争でロシアに勝利した日本に大きな関心が寄せられた。極東の小さな国が大国ロシアを破ったということで、積極的に日本の文化を紹介するようになる。たとえば、一九〇四年には新渡戸稲造（1862–1933）の『武士道』がドイツ語から、また翌年には岡倉天心（1862–1913）の『日本の覚醒』が英語からポーランド語に重訳された。またヴァッワフ・シェロシェフスキー（1858?–1945）は、日本を題材とした多くの小説を書く。[2]

このような東欧の日本研究にたいし、日本の美術家たちの多くは、パリやロンドンなどの西欧文化に釘づけにされていたが、やがて前述のアルフォンス・ムハ（チェコ）の絵画、モホイ・ナジ（1895–1946、ハンガリー）の写真、アンジェイ・ワイダ（1926–、ポーランド）の映画などにみられる新鮮な東欧の息吹に注目するようになる。

（1）『特命全権大使米欧回覧実記』久米邦武編、岩波文庫、一九八二。
（2）一九〇三年から日本に滞在、アイヌ研究をてがけ、「八百屋お七」などを紹介する。

51 東欧の日本美術館

田中充子

一八六七年のパリ万国博を契機に、ヨーロッパでは日本美術への関心が高まり「ジャポニズム」の流行が始まった。この日本ブームによって、旅行家や画家などが数多くの日本美術品を収集した。ときには贋作を見きわめる苦労もあったが、この時代に収集された美術品のなかには、日本ではもう見ることのできない貴重な作品も数多く含まれている。そうして集められた膨大な量の美術品が、現在、チェコ、ハンガリー、ポーランドにある三つの美術館や博物館に大切に保管され、展示されている。

ナープルステク東洋博物館（プラハ）

商人のヴォイタ・ナープルステク（1826-1894）は、一八六二年、プラハの旧市街にある自邸に、東洋美術を中心とする世界の美術品の博物館を設立した。一九三二年に、収蔵品はプラハ国立博物館に組み入れられたが、建物は当時のままベツレヘム広場に建っている。博物館の日本美術品は、ナープルステク夫妻がウィーンやハンブルグの骨董商や旅行者などから購入したものだが、さらにナープルステク夫妻のファンの一人で教育者で、かつ自然科学者のヨセフ・コジェンスキー（1847-1938）が収集した美術品も、収蔵品の大きな部分を占めている。

コジェンスキーは無類の旅好きだった。世界一周旅行にでかけ、二度にわたり日本を訪問した。その時の見聞を『日本』（1894）『日本再訪（*Podruhé v Žaponsku*）』（1910）として発表した。一八九三年五月に横浜に第一歩を印した彼は「夢想だにしなかったような驚くべき情景が眼の前に現われた。それは夢であろうか。それともまことであろうか。絵のような衣服をつけた小さな人間が大きな税関の建物のなかを、舞台の上の生きた人形のように動き回っている」と書き残している。[1] 日本文化に初めて接した驚きの様子が窺われる。彼は、数週間滞在して夫妻のために美術品を購入するが、同時に日本人の生活や風習、伝統文化をするどく観察し、日本を「子どもの楽園」だと評価した。

コジェンスキーの本は、少年だったヨエ・ホロウハ（1881-1957）の目にとまり、日本への憧れを抱かせた。ホロウハは後に、ボヘミアで最も有名な日本美術のコレクターとなる。彼は、チェコにおける日本研究の草分けとされるが、一九〇六年と一九二六年の二度、日本へ渡り、数ヵ月にわたって美術品を収集し、それに関する解説本を書いた。また、外国人男性と日本人女性の悲恋を描いた小説『嵐のなかのサクラ（*Sakura ve vichrici*）』（1905）は、日本に関する知識や魅力が満載されており、ロングベストセラーになった。この本が書かれたのは、驚くべきことに、ホロウハが来日する以前だった。彼は、チェコスロヴァキアにおける日本美術ブームの火つけ役となった。それだけでなく、彼は日本文化や生活を愛するあまりプラハ郊外の自宅に日本建築を建て、日本庭園には太鼓橋や東屋《あずまや》、鳥居などをつくった。また、兄とともに、プラハの中心部に「ヨコハマ」という名前の喫茶店を開き、ウエイトレスに着物を着せたりした。残念ながら、現在は取り壊されて見ることはできない。一九四三年、彼のコレクションはナープルステク東洋博物館に買い上げられた。現在、この博物館が所有している二万点にのぼる日本美術コレクションの三分の一は、ホロウハの収蔵品である。

ホロウハのほかに何人ものコレクターが大量の美術品をこの博物館に寄贈したが、その中の一人に技師カレル・ヤン・ホラ（1880–1970?）がいる。ホラは竹本ふくと結婚し、ヤン・レッツル（原爆ドームの設計者）とともに日本で仕事をした。また一九〇五年ころ、ガス工場建設の技術者のポストのためのコンテストで一位を獲得し、大阪ガス・ライト会社の社長になったこともある。そのかたわら浮世絵版画や上方役者絵を収集した。ヨーロッパの日本コレクションの大半が浮世絵版画で占められるなか、上方役者絵は貴重なコレクションになっている。また新渡部稲造著『武士道』を英語からチェコ語に翻訳した。ベネディクト派の修道士で詩人だったシギスムンド・ボウシュカ（1867–1919）もまた、膨大な浮世絵版画を収集し寄贈した。

プラハにはこのほかに、国立美術館の日本美術コレクションがある。その中で、エミル・オルリーク（1870–1932）のコレクションは貴重なものの一つだ。彼はプラハ生まれのドイツ人画家兼グラフィックデザイナーで、一九〇〇年から一年ばかり日本に滞在し、浮世絵版画の技術を学ぶとともに浮世絵版画の収集をおこなった。残念ながらそれらの美術品は、国立美術館およびナープステク東洋博物館に、数えるほどしか残されていない。

ホップ・フェレンツ東洋美術館（ブダペスト）

ブダペストの大通りであるアンドラーシ通りに、ホップ・フェレンツ東洋美術館という名の小さな美術館がある。名前から分かるように、この建物はもとはホップ・フェレンツ（1833–1919）という企業家にして旅行家の邸宅だった。前庭には黒っぽい石造の塔があり、東洋的な雰囲気を演出している。裏庭へまわってみると、中国をイメージする丸くくりぬいた石の門があり、奥まったところにホップの胸像がおかれている。一階が資料室で二階が展示室になっている。入口の芳名帳にはコレクションの素晴らしさに感激した、という日本人の記載があった。ここには、四千点をこえる美術品が収蔵されており、そのうち一八〇〇点は日本の美術品である。

神父でもあるヴァイ・ペーテル伯爵（1864–1948）は、二〇世紀のはじめ、布教のために度々東洋諸国を訪れ、日本にも長期間滞在した。日本では一一〇〇点の浮世絵版画、三〇〇点の日本画、一七〇〇冊の浮世絵版本、一一体の仏像、七〇〇点をこえる鍔や矢立などを購入した。そのうえ、東洋の美に魅せられて二冊の本を著す。また、ブダペストの国立美術館にたいし現地で絵画や浮世絵などの美術品を収集することを提言した。そして一九〇八年に、ハンガリー初の日本の美術展覧会が開かれた。つぎに、日本美術のコレクターとして傑出したのはホップ・フェレンツである。

ホップ・フェレンツは、チェコ南部のモラヴィアにあるフルネクという小さな町で生まれた。一三歳のときにペストにでて、カルデローニ光学会社に見習いとして働いた。その後、ウィーンやニューヨークでも修業を積んだ。一八五八年のこと、第一回日本使節団がニューヨークを訪れたとき、ホップもまたニューヨークにいた。この時から、彼は東洋の美術に関心をもつようになったといわれる。帰国後、カルデローニとの共同経営をへて、一八六四年に独立し会社をおこす。事業は順調に拡大し、多額の収入を得るようになる。そして人生の後半には、世界旅行に何度もでかける。一八八二年から第一次世界大戦の始まる一九一四年まで、五回もの世界一周旅行をしたのであるが、その間、日本には三回訪れた。最初は、異国のめずらしいお土産、という軽い気持ちで集めていたが、やがて本格

図162　ホップ・フェレンツ

的に日本の骨董品や美術品を購入するようになる。彼は美術の専門家ではないが、すぐれた審美眼の持ち主だった。

ホップは晩年、自ら収集した一八〇〇点にのぼる日本の美術品を基礎に美術館を設立するよう遺言した。このようにして、一九一九年、ホップ・フェレンツ東洋美術館が創設された。創設にあたり、国立美術館や工芸美術館、民俗博物館などからも、絵画や木版画など東洋の美術品が移された。

西洋において当時万国博覧会は東洋美術品を購入する絶好の機会だった。一八七三年のウィーン万国博、一八七八年のパリ博、一八八九年のパリ万国博、一九〇〇年のパリ万国博などでは、たくさんの日本の美術品が購入された。その中には荒木寛畝の「孔雀と大杉の絵」や米原雲海の「小さい木彫」などがある。とくに、一九一一年のロンドン万国博に出品された日本の美術品はブダペストでも展示され、工芸美術館のほかに、個人のコレクターたちに購入された。

ホップ以外のコレクターとして、ホップ・フェレンツ東洋美術館学芸員のチェ・エバは次の人々をあげている。[2] 一八八〇年には、ジャーナリストで旅行家のセメレ・アッティラ（1859–1905）が、一八〇点の櫛や簪のコレクションを日本で購入した。獣医大学を退官したオットー・フェッティク（1871–1954）博士は、一九四七年から一九五三年にかけて三度日本を訪れ、数千点の美術品を購入し、それを国立工芸美術館に寄贈した。とりわけ、この時代に制作された陶磁器には傑出した作品が多い、といわれている。

このほか、民俗博物館には元横浜総領事のアラダール・フレシュのコレクションや、民俗博物館初代館長になったクサーントゥシ

ュ・ヤーノシュが東洋探険旅行（1869-1871）の際に集めた美術品が寄贈された。また、船医のテジュー・ボゾーキ（1871-1957）は、一九〇〇年から一九〇八年にかけて東アジア海域で勤務し、その航海体験を本にした。アウレール・ガースネルも、ジーメンス社の主任技師として一九〇七〜一二年の間東京で勤務し、美術品の収集をおこなった。これらの美術品の大半は、後にホップ・フェレンツ美術館に移された。そして収蔵品を二〇年以上にわたって一人で管理していたのは、後にホップ・フェレンツ美術館の初代館長になったフェルヴィンツィ・〈タカーチ〉・ゾルターン（1880-1964）である。

このようにして、ホップ・フェレンツ東洋美術館には、多くの日本美術愛好家たちが時間と金をかけて集めた浮世絵版画、絵画、漆器類、根付け、刀剣、陶器、茶道具、花瓶など膨大な美術品が収蔵されることとなった。

クラクフ日本美術技術センター（クラクフ）

クラクフ日本美術技術センターは、日本美術を愛する一人の少年の夢から生まれた。ポーランドが生んだ映画監督アンジェイ・ワイダは、一九八七年に、映画制作の業績と作品にたいし「京都賞」を授与された。彼は受賞のときのスピーチの中で、一九歳のときに彼を感動させた日本美術の美術館建設を提案した。そして、京都賞の賞金をなげうって京都クラクフ基金を設立する。映画とポーランドを愛する一三万八千人の人々からの募金があり、日本の文化人や建築家、政府などの協力をえて、一九九四年一一月、王都クラクフに、フェリクス・〈マンガ〉・ヤシェンスキのコレクションを中心とする「クラクフ日本美術技術センター」が誕生した。収蔵品は、約七千点にのぼる。センターは、城とヴィスワ川を隔てて向かいあう、という素晴らしい景観の中に立地した。磯崎新が設計したモダンなデザインの建物が川面に映え、今では新しい観光スポットになっている。

ところで、ポーランドに日本美術がはいってきたのは、一八八〇年代から一八九〇年代のことで、パリやミュンヘン、ウィーンなどを通じて伝わった。そして、二〇世紀初頭から日本美術の紹介書が出版されるようになる。その重要な役割を果たしたのは、フェリクス・ヤシェンスキ（1861-1929）である。

ヤシェンスキは美術評論家だったが、それ以上に能力を発揮したのは、日本美術のコレクターとしてだった。その徹底した収集ぶりから、コレクターになるために生まれてきたような人物、といわれる。収集品の内容はじつに豊富で、五千点の浮世絵、絵本、日本画、漆器、陶器、織物、仏像、刀剣、根付、甲冑等の膨大な日本美術のコレクションを築きあげた。

パリに遊学したヤシェンスキは、自らの審美眼を頼りに全財産を注ぎこんで日本美術を買い漁った。F・クレインは、彼のことを「日本の美術に夢中になってしまった。そして全世界の芸術のまさにメッカであるパリに行き、あちこちの古書店やオークションをかけめぐり、探し、尋ね、見つけ、買漁り……ついにはパリ中を調べあげて、買えるものは買いつくしてしまうと、船に乗り込み、日本へ行き、しばらく滞在してコレクションを充実していった」と書いている。(3)

日本の色は、極端に中間色が多い。たとえば「四十八茶百鼠」といわれるように、微妙な色を識別し使い分ける。このような色の組合せが作り出す独特な日本の美について、ヤシエンスキは「日本人ほど、色の調和の感覚を持っている民族は、世界にない。色のスケール自体は決して広大なものではないが、無数にある微妙な色調によって優美なシンフォニーを構成する能力がある。」と絶賛している。鋭い観察力である。(4)

ではなぜ、ヤシェンスキはこれほどまで日本美術を収集したのか。一九世紀末のポーランドは、それまで一八世紀末から第一次大戦の終わりまで百年以上にわたってロシア、プロイセン、オーストリアという周囲の三つの強国によって分割されていた。そういう時期にあって、ポーランドにとって民族的アイデンティティをつなぎとめるものは、芸術や文化であった。そして当時のポーランドの芸術家たちも、そのことについて考え、ヨーロッパの新しい芸術の動向にも気を配っていた。

図163　フェリクス・ヤシェンスキ
『ポーランドの(NIPPON)展』1990より

ヤシェンスキは、そんな彼らを啓蒙するために日本美術を紹介した。しかし当初、日本の陶器や漆器、浮世絵などは、芸術品というよりは東洋の珍奇なもの、という程度の評価しかされなかった。とくに浮世絵は何枚も版を重ねて量産する、という理由によって通俗的とされた。そしてワルシャワの芸術家たちは「日本の木版画は、モスクワの企業〈ポポフ〉が売る中国茶の包み紙の図より数等醜い。もはや消滅しかかっている人喰い人種の、奇妙で、不器用な労作」と酷評した。(5)

これに憤慨したヤシェンスキは「日本美術など何も知らないわが国の大衆や、そのオピニオン・リーダーたちに、あるいは芸術家たちに、あの日本美術の巨匠たちの版画を見せて、わたしはいったい何を期待したのか、ここに一つの民族が猿真似をせず、自分たちだけの力で作りあげた仕事がある。今度はわれわれも芸術の分野で、ほかの国民とはっきり区別できるような、日本美術と同じように独自の芸術を創造する番だ」(6)といって、クラクフへ移ってしまう。

ヤシェンスキは、日本の美術によってポーランド社会の文化的衰退と後進性から立ち直らせようと、自分のコレクションをすべてポーランドの文化的財産にしたいと思いつづけていた。しかしその寄贈にたいし、市は「ポーランド精神の育成に害はあっても、無価値である物品の寄せ集め」と誹謗した。それでもヤシェンスキは諦めず、足掛け二〇年をかけてポーランドが独立を勝ちえたのちの一九二〇年に、すべてのコレクションを国立美術館に寄贈したのであった。

その後ポーランドは、第二次大戦でロシアの占領下となり、これら収蔵品は長らく満足な管理も展示もされなかった。そのような状況のなかで、一九四四年に、ヤシェンスキのコレクションの一部が展覧された。それを目にしたのが一九歳の画学生アンジェイ・ワイダだったのである。五〇年前、日本美術に心を奪われたポーランドの一人の少年の夢がクラクフに実現した。この日本美術技術センターは、ポーランドと日本の新しい文化交流の始まりとなった。

このセンターには『マンガ』(Manggha) という愛称がつけられている。マンガとは「北斎漫画」からとったもので、ヤシェンスキが好んで使っていた雅号であり、かつミドルネームである。

(1) 『明治のジャポンスコ・ボヘミアンの日本観察記 (Cesta Kolem Světa)』鈴木文彦訳、サイマル出版社、一九八五年。
(2) 「ブタペストにおける日本美術コレクションの歴史と特色」『秘蔵日本美術大観』第十一巻、講談社、一九九四年。
(3) F. Klein: Notatnik, Krakow, 1965.
(4) F. Jasieński: Manggha, Urywek Z rekopisu, nr 9.
(5) Pussari-watan: Uautora 〈Mangghi〉, ”Życie i sztuta” 1901, nr28.
(6) F. Jasienski: Wkwestii drobnego nieporozumienia, ”chimera”, 1901.

〔参考文献〕First Contacts of Czechs and Slovaks with Japanese Culture (Karel FIALA, *Japan Review*, 1992. 3)／ヴィダ・ヤーノシュ「日本と東欧の文化交流に関する基礎的研究―ハンガリー＝日本文化交流の歴史と現状」、ズデンカ・ヴァシリェヴォヴァー「日本と東欧の文化交流に関する基礎的研究―チェコスロヴァキア＝日本文化交流の歴史と現状」、岡崎クリスティナ「日本と東欧の文化交流に関する基礎的研究―ポーランド＝日本文化交流の歴史と現状」、共に『日本と東欧諸国の文化交流に関する基礎的研究』(一九八一年九月「国際シンポジウムの報告集」日本東欧関係研究会)／『チェコスロヴァキアにおける日本美術』(リブシェ・ボハーチコヴァー、国際日本文化センター、一九九三年)／『チェコ共和国の於ける日本美術蒐集とナープルステク博物館の日本美術』(リブシェ・ボハーチコヴァー)／『クラクフ日本美術技術センター』(京都クラクフ基金、一九九四年)／『ポーランドの日本展：守り続けられた日本美術：クラクフ美術館所蔵ヤシェンスキ・コレクションを中心にして』(ポーランドの〈NIPPON〉展開催実行委員会、一九九〇年)

52 ヤン・レッツルと原爆ドーム

田中充子

レッツルはどうして日本へ来たか

一九四五年八月九日、広島で人類史上最初の原子爆弾が投下された。廃墟の中で辛うじて残った「原爆ドーム」は、原爆の悲惨を後世に伝えるべく今日まで大切に保存されてきた。この建物は、もともと「広島県物産陳列館」として一九一五年に建てられたもので、当時、チェコスロヴァキア共和国出身の建築家ヤン・レッツル（1880–1925）が設計した。それが一九九六年一二月にユネスコの世界文化遺産に登録された。そしてレッツルの名前は、原爆ドームの設計者として多くの日本人の知るところとなった。しかし、彼の祖国チェコでは「レッツルは、原爆ドームを建てなかったなら、その名前はチェコから忘れ去られていただろう」といわれるほど存在感がない。じっさい、レッツルは日本で二〇をこえる建物を設計したが、チェコには作品といえるものは、ホテルのインテリアを除くと一つだけである。ではなぜチェコ人のレッツルが極東の日本に関心をもち、広島県物産陳列館を建てたのか。

レッツルは、一八八〇年、プラハ北東にあるポーランドの国境に近いナホトという小さな町で生まれた。彼の父はホテルの経営者で、レッツルは七人兄弟の六番目だった。プラハの美術学校でチェコの近代建築の祖といわれるヤン・コチェラ（1871–1923）の教えを受け、エジプトで勤務したのち、一九〇七（明治四〇）年に横浜のデ・ランデ建築事務所に転職した。当時のチェコはオーストリア・ハンガリー帝国のもとにあったので、彼はチェコ系ドイツ人ということだった。

当時、世紀末のチェコ建築界では歴史主義が主流を占め、古典様式の模倣の時代がつづいていた。そうした状況のなかで、パリやウィーンを通じてアール・ヌーヴォー、あるいはユーゲント・シュティールという新しい潮流が流入した。それらが中国の陶磁器や日本の浮世絵などの東洋美術から大きな影響をうけたことは、よく知られている。建築では、ウィーンのワグナーの教えをうけたヤン・コチェラが帰国し、旧態の建築界に新風を送り込んだ。コチェラはワグナーの建築思想を継承し、ユニークな建築教育を実践した。彼の建築家仲間からはキュビズム建築で有名なヨセフ・ゴチャール（1880–1945）や弟子のオタカル・ノヴォトニー（1880–1959）など次世代に活躍する建築家が多く輩出した。レッツルも優秀な若手建築家として将来を期待されていた。

レッツルの作品のほとんどは日本に建てられたが、来日以前に、チェコでも二つばかり仕事をしている。一九〇四年に学校を卒業したレッツルは、プラハのアール・ヌーヴォーを代表するホテル・アルチヴェーボダ（現在のホテル・エヴロパ）とガルニア（現在のホテル・メラン）という二つのホテルの設計に参加した。ホテルはベドジフ・ベンデルマイエル（1872-1932）とアロイス・ドリヤーク（1872-1932）の設計になるが、正面玄関の扉や階段の手摺り、喫茶室の二階の手摺りなどは、レツルがデザインした。

　チェコにおけるレツルは一九〇四年から五年にかけて独立し、ムシュネーという町に保養所（Lázeňský pavilon ve Mšeném）を設計する。この建物は現在も残されているが、これが祖国において一人で設計した唯一の作品である。一度に百人が食事をとることができるレストランのほかに、図書室、診療室、売店などがある。木造二階建の建物である。玄関、正方形の窓、庇のある柱などあらゆるところに装飾が施されている。正面玄関の柱や壁には鳳凰や水蓮、梅、鴬といった明らかに中国や日本のモチーフと思われるデザインがされている。このような装飾をみると、東洋美術にたいする強い憧れや関心があったことが窺える。しかしこのとき彼は、日本が生涯の仕事場になることなど想像もしていなかっただろう。また床には唐三彩風のタイルが貼られている。レツルは、まだ見たことのない東洋を意識的に取り入れたのであった。このような日本への関心は、レツルが九歳の時、パリ万国博（1889）の日本館のことを聞きおよんでいたからではないか、とする人もいる。

　壁画の隅には、三つの輪の紋とヤン・レツルの名、一九〇五の竣工を示す文字を刻んだプレートがある。玄関には「建物は自らを弁護することはできない。みなさんがこの建物を批判するのは簡単だけれど、優れた作品を創るのはとても難しい」という一文が添えられている。当時の前衛作家の苦渋をみるおもいがする。

レツルの日本での仕事

一九〇七年、レツルは初めて日本（横浜）の地を踏んだ。一〇月

図164　ムシュネーの保養所と内部の装飾

図165　プレート

二六日付の手紙には「やっと日本に着きました。日本は大好きです。ですから、そんなに早く国に帰らないでしょう」と書いた。そして、日本の生活や建築についても詳細に書いている。恩師コチェラにたいしても、日本での生活に満足していること、高収入があること、チェコの建築界のゴタゴタから遠ざかれたことが幸いなことだ、などと書いた。そして文末にはいつも、マーネス造形芸術協会や彫刻家のスハルダさんによろしく、と付け加えた。じっさい彼は、日本をこよなく愛し、日本人の混血女性を養女にしたり、チェコの親戚の女性に着物をプレゼントしたりした。日本では、浮世絵、工芸品、民芸品、陶器、象牙などをたくさん買い込み、シベリア鉄道でコチェラ先生に送った。また故郷の母親には「日本の一三年間はじつに素晴らしかった」と書き送っている。コチェラ宛の手紙類は、現在、プラハの建設技術博物館に保管されている。時代の経過とともに黄色く変色した紙の上に、漢字などもみられる。

図166　ヤン・レツル
Olga Strusková, *Dopisy z Japonska* より

横浜のデ・ラランデ事務所を辞めたレツルは、一九〇九年に同じチェコ人技師のカレル・ヤン・ホラ（1881-1973）とともに、レツル・アンド・ホラという共同事務所を設立し、二年後の一九一二年には東京の銀座に事務所を出す。その後のレツルの活躍ぶりは、目をみはるばかりだ。たとえばカトリック教会関係の建築には、アール・ヌーヴォースタイルの雙葉高等女学校（明治四三・木造）小石川関口台天主教会のルルドのマリア洞窟（明治四四）上智大学校舎（大正三）などがある。また、松島パークホテル（大正二）精養軒の支店（大正六頃）広島県物産陳列館（大正四、広島原爆ドーム）宮島ホテル（大正六）などがあげられる。

最初の仕事のきっかけは、イエズス会の伝道師や精養軒の経営者の依頼や紹介によるものだった。さらに、大日本私立衛生会（明治四四）や外国大使館、長与男爵邸（明治四五頃）ブライアン邸（大正五頃）ウィーンの外交官ボーネル邸（大正四頃）といった住宅も手がけた。ほかに、レツルの設計といわれているものに、下関市の山陽ホテル（大正一三）東京市の暁星中学、小石川関口台天主教会（明治三二）などがある。松島ホテルをはじめとするこれらの建物の多くは、和洋折衷様式で設計された。しかし、関東大震災や第二次世界大戦などによってほとんどが焼失し、現存するのは聖心女学院の正門の一部、横浜外人墓地の門の一部、それに原爆ドームだけである。

広島県物産陳列館

広島物産陳列館は、一九一三年～一五年に建設された。元宮城県

図167　広島県物産陳列館

知事寺田裕之は、一九一三年に広島県知事に転任し、先々代からの継続事業である物産陳列館の建設を引継いだ。寺田は反対派を政治力で懐柔し、強引に建設をすすめた、といわれる。そして、宮城県営の松島パークホテルの設計を実績のあるレツルに委嘱した。

当時、レツルの事務所で助手をしていた市石英三郎の日記によると、一九一三年（大正二）七月、設計の依頼をうけたレツルはわずか一〇日で構想をまとめ、図面を仕上げると二一日には広島へ向かった。寺田知事の承諾を得たレツルは、一〇月には実施設計図面を完成させ、広島県庁に送った。こうして一九一四年一月、物産館の工事が着工された。レツルの事務所は目のまわるような忙しさだった。図面の作成は、八月一五日に松島パークホテルが営業を開始し、九月に上智大学の校舎の工事を着工する、というなかでおこなわれた。そして一九一五年四月、三階建（正面中央階段室は五階建）の広島県物産陳列館が竣工した。構造はレンガ造で、屋根は銅板葺、外壁の仕上げはモルタルと石材である。

レツルは、ヨーロッパで勃発した第一次世界大戦のさなかにも、日本で仕事をつづけていた。一九一八年にチェコが独立し、翌年、彼は駐日チェコスロヴァキア共和国公使館付臨時商務官に任命され、一九二〇年、一三年ぶりに帰国する。しかし建築の仕事はおろか建築界での彼の居場所はなく、一九二二年、チェコの大企業シエコダ社の代表として再来日する。しかし政治的状況は変化し、かつてドイツ人として登録されていたレツルは、以前のようには優遇されなかった。

当時、チェコは優秀な機関銃を製造していた。その機関銃によって日本軍に甚大な犠牲者がでたことで、日本人からはチェコ人にたいしてあまりよい感情をもたなくなった。レツルは、日本人からはスパイと疑われ、祖国からはドイツ人捕虜の使役に協力した裏切者として疎まれたという。翌二三年には関東大震災により、東京丸ビルにあった貿易事務所で被災する。失意のうちにプラハに戻るが病いにかかり、友人や親戚も失い、一九二五年一二月、四五歳の短い人生を孤独の内に終えた。

しかし、彼の日本をおもう心は、原爆という悲惨な経験ののち、今日、世界遺産として永遠に広島に遺されているのである。

〔参考文献〕Olga Struskovâ, *Dopisy z Japonska*, České Osudy, 1996／Zdeněk Lukeš,"Japonsko pocatku stoleti OCIMA J. LĚTZELA", *UM ĚNÍ A ŘEMSLA*, 1987.3／佐藤重夫「広島原爆ドームとヤン・レツル」（『日本建築学会大会学術梗概集』中国、一九六八）／市石英三郎「広島原爆ドームとヤン・レツル」（日本建築学会『建築雑誌』一九六八）／杉本俊多「広島県物産陳列館（原爆ドーム）の設計コンセプトについて」（広島芸術学研究会『芸術研究』二号、一九八九）／『物産陳列館から原爆ドームへ―七五年の歴史』（広島市公文書館、一九九〇）／雨野忍『空間の重層―広島県物産陳列館のデザイン構想』（『広島市公文書館紀要』一六号、一九九三）／『世界遺産原爆ドーム』（広島平和文化センター、一九九七）／オルガ・ストルスコバ著・佐々木昭一郎監訳『レツルの黙示録』（NHK出版、一九九五）

XII　北欧諸国

《交流年表》

1652・スウェーデン人、フレデリック・コイェット、出島の商館長を（オランダ人として）務める(-53)
1807・デンマーク船スサナ号、オランダ国旗を掲げ長崎に入港
1845・スウェーデン工芸協会設立
1867・日本デンマーク修好通商条約締結
1873・岩倉使節団、デンマークとスウェーデンを訪問
1875・フィンランド工芸協会設立
1918・ベルナルド・カールグレーン、イエーテボリ大学極東言語・文化学講座に着任
1920・フィンランド初代駐日公使、G・J・ラムステット着任
1921・オーランド諸島帰属問題で柳田国男、フィンランドを支持
1926・今井兼次、藤島亥治郎、渡欧、北欧訪問
1930・ストックホルム博覧会、村野藤吾視察
・今井兼次、堀口捨己、藤島亥治郎、岸田日出刀編『現代建築大観、第13輯、スカンディナヴィア編』
1954・清田文永『アスプルンド』
1956・カイ・フランク来日
1957・吉田鉄郎『スウェーデンの建築家』
1960・芳武茂介『北欧デザイン紀行』
1961・G・パウルソン、N・パウルソン（鈴木正明訳）『生活とデザイン―物の形と効用』
・コペンハーゲン大学東アジア研究所で日本語教授始まり、日本研究開始
1962・タピオ・ペリアイネン京都大学留学（～1963）
1964・エリック・ザーレ（藤森健次訳）『スカンジナビア・デザイン』
1965・アンティ&ヴォッコ・ヌルメスニエミ来日
1966・オスロ大学に東アジア研究所創設
1968・ボルイェ・ラヤリン、リサ・ヨハンソン＝パッペ来日
1969・武藤章『アルヴァ・アアルト』
1970・石本藤雄（マリメッコ）渡欧
1978・S・E・ラスムッセン（吉田鉄郎訳）『北欧の建築』
1983・「DESIGN: The problem comes first（デンマーク）」展、東京
1984・北欧建築・デザイン協会（SADI）設立
1987・「北欧クラフトの今日」展、有楽町アート・フォーラム
・「北欧デザインの今日」展、西武美術館
1995・「アルヴァー・アールト」展、東京デザインセンター
1997・「ヘルシンキ／森を生きる都市」展、東京
・北欧デザインワークショップ、岩手県産業デザインセンター、盛岡
1998・「アルヴァー・アールト」展、セゾン美術館
1999・リッタ・リ・サラスティエ『生きている伝統か、パンダの檻か―京都の都市保存の分析―』
2000・「日本フィンランドデザイン協会（JFDA）」設立

53

スカンジナヴィアとのデザイン交流

塚田耕一

ある「訳者あとがき」

樋口清はギーディオン著『現代建築の発展』（みすず書房、1961）の「訳者あとがき」で著者ギーディオンの「時代精神の把握」が「人間疎外」に通じることを丹念に指摘したのちに次のように述べている。「とにかく、立体派やデ・スティール派の発展させた抽象的な造形を今日の時代の空間概念であると見るギーディオンにとって、〝何よりもまず人間的でなければならない〟と説くアールトオや〝自然と生活の結びつき〟を重んずるライトの建築が理解されないようだ。」と。さらに、ギーディオンやル・コルビュジエやグロピウスが見落としていた部分にこそわれわれが進むべき方向を探るたすけとなるものがある、として次のように述べる。

「CIAMの建築家や評論家たちがこのように機械時代の建築の美しさについて論じているとき、スカンジナビアの国々では新しい建築や都市を社会生活と生産の段階に即して発展させていたといわれる。北ヨーロッパの新建築運動の幕を切って落としたと見られる一九三〇年のストックホルム博覧会は、アスプルンドの建築のすばらしさはさることながら、むしろ住宅問題を主題とし、建築を芸術表現のための個人的表現であるよりは、人間の住む環境を良くするための市民的な課題であるとした点に注意しなければならない。(1)」

言うまでもなく著者ギーディオンは近代建築運動の理論的指導者としてCIAM（近代建築国際会議）を率いた学者である。その著書の「訳者あとがき」としては異例の文章と言わねばならない。この「あとがき」が書かれたのは今から四〇年前である。バナムやスカーリーやヴェンチューリの著書は未だ無く、ポスト・モダンという言葉も無かった時代である。事実上一九五六年にCIAMは解体し、国際建築運動に翳りが見え出した頃とは言え、ニコラウス・ペヴスナー（1902-1983）やギーディオンによって敷かれたデザイン史観、つまりモリスからバウハウスさらにCIAMへと続く王道は確固としていたはずである。そのような時に、北欧にはもう一つの別の価値観が存在するのだ、と樋口は言っている。同氏は一九九七年に『ライト、アールトへの旅』（建築資料研究社）を著し、二〇〇〇年には『ライト自伝』全二巻（中央公論美術出版）を完結させた。わたしたちは、いまさらのように四〇年前の「訳者あとがき」の文章に込められた信念の強さを知るのである。

さて、前記「あとがき」で樋口は2つのことに言及している。一つは、「人間的で自然と生活が結びついた建築」についてであり、もう一つは、「その建築の背後にある社会と環境」についてである。この二つの視点は、北欧デザイン総体を語る上にもなくてはならぬものである。

モダニズムとユートピア

北欧建築や北欧デザインを語る時にはよく「イズムを超えて」という形容が用いられる。ここで言う「イズム」とは狭義には機能主義を、広義には二〇世紀をおおったモダニズムを指すと言っていいだろう。実に、二〇世紀は「イズム」の世紀でもあった。二〇世紀初頭、モダニズム成立に向け、中央ヨーロッパではさまざまな「イズム」がしのぎを削った。日本にも北欧にも同様に「イズム」の波は押し寄せたはずである。機能主義批判としての北欧受容、あるいは近代社会批判の反証としての北欧認識に、どこかユートピア志向が感じられるのは、彼我のモダニズム受容の仕方と大いに関係があるからだろう。

図168　ラグナル・エストベリ《ストックホルム市庁舎》1912-1923
1902年エストベリ36歳の時、設計競技に1位となる。曲折を経て1912年に工事着手。1923年、57歳の時、竣工。北欧でもっとも美しい建築といわれれる。

樋口清が前記の文章を書いたさらに四〇年近く前、何人もの先達者が北欧を訪れ、その時の感動を記録に残している。代表的な建築家を挙げてみよう。

今井兼次（1926-27、ヘルシンキ、ストックホルム、他）、藤島亥治郎（1926-28、北欧三国、他）、村野藤吾（1930、ヘルシンキ、ストックホルム、コペンハーゲン、他）、吉田鉄郎（1931、ストックホルム、他）。

彼らがどのような思いでラグナル・エストベリ（1866-1945）のストックホルム市庁舎やサーリネンのヘルシンキ駅舎、さらにアスプルンドの作品に接したかはいまでも文献に残っている。例えば村野藤吾は後にこう語っている。「……それはもうたいへんな感激です……エストベリのストックホルム市庁舎はなにもかもたいへんなもので……。私の印象でいえば、世界の名建築はパンテオンとこれだなというくらいです。[2]」

これら北欧に目を向け〝聖地〟ストックホルムを目ざした建築家とは対照的なルートを取った当時の建築家として前川国男や山脇巖がいる。前川はパリのル・コルビュジエのもとへ、山脇はデッサウのバウハウスへと赴いたのである。

戦後、北欧建築や北欧デザインに関する本が次々と出版された。吉田鉄郎著『スウェーデンの建築家』（彰国社、1957）は、彼が病床にありながらも二〇年前の北欧紀行を回想し口述筆記した文字通りの遺書である。彼は同書の中で「スウェーデンの建築を知ってからは、それが自分にぴったりとして、もう他の影響を求めなくなった。それは心の糧として、また心のふるさととして、永い間自分を育ててくれた。[3]」と述べている。また清田文永の『アスプルンド』

（彰国社、1954）は北欧建築に対する信仰告白の書である。対象に没入した者のみが書きうる詩的高揚に満ちており、有名な「森の火葬場」に関するかくも美しく感動を呼ぶ文章を他に知らない。

以上はほんの一端を述べたにすぎないが、「イズム」云々の前に、これらの人々の心中に一つのユートピア〈北方なるもの〉への強い憧憬が脈打っているのを感じざるを得ない。

そしてアルヴァ・アールト（1898-1976）が来る。アールトのアトリエで学んだ武藤章の『アルヴァ・アアルト』（1969、SD選書）は北欧にあこがれる学生たちのバイブルとなった。同氏は、建築だけでなく、家具、照明器具、ガラス器、テキスタイル等のアールトの作品を取り上げ、トータルデザイナーとしてのアールトの力量を示した。

図169　エリエル・サーリネン《ヘルシンキ駅舎》1904-1919
1904年、設計競技で1位となる。以後ファサードデザインが大幅に変更されて現在の形となる。北欧民族的ロマン主義を代表する作品。

図170　アルヴァ・アールト《サユナツサロ（セイナッツサロ）の役場》1950-1952
煉瓦や木といった伝統的な材料を駆使したアールト中期の代表作。中庭を囲い込むように建物が配置される。

北欧デザインの背景と工芸協会

ここで北欧デザインのバックグラウンドについて触れておこう。「北欧」とはスウェーデン、フィンランド、ノルウェー、デンマーク、アイスランドの五か国を指す。北欧諸国は、概して資源に乏しく、生産は長らく農業を中心に行なわれてきた。また、長い冬の間は雪と氷に閉ざされ、外光も乏しく、生活は室内を中心に営まれてきた。このような生活環境の中から必然的に生活用品の自給自足の生産が始まり、やがて、このホーム・クラフトは生計の一部を支えるようになっていった。それらは土地固有の伝統に根ざし、素朴で無駄がなく、人間的なぬくもりを感じさせるものだった。そのような北欧の生活と習慣の中から育まれてきた手工芸が北欧固有の「スロイド、slöjd」（スェーデン語）である。[4] この名を冠した機関、

スウェーデン工芸協会（Svenska slöjdföreningen、現在のSvensk Form）が設立されたのは一八四五年、今から一五〇年以上も前である。同協会は世界で最も古いデザイン組織の一つである。設立者マンデルグレンは、ギルド制の廃止（1846）に伴い、スウェーデンの伝統的手工芸が衰退するであろうことを予測し、また、外国の劣悪な工場製品が流入することを憂えて協会を設立したと言われる。一八四五年といえば、いまだ英国のモリスらのアーツ・アンド・クラフツ運動の起こる以前である。産業主義が流入する以前にこのような伝統的手工芸に対する施策（のちに国家的施策となる）が行なわれたのは特筆すべきである。スウェ

ーデンに続いて他の北欧諸国にも続々と工芸協会が設立され、同様な活動が開始される。工芸協会は生産者、消費者の双方に絶えざる啓蒙と教育を実践して、手工芸の伝統と工業生産のギャップを埋め、生産品の質を高める努力を続けた。これら、不断の活動の結果としての社会的合意の上に北欧デザインは成立しているのである。

日本と北欧デザインのいま

日本では一九八四年に民間団体として北欧建築・デザイン協会（SADI）が結成された。創立趣意書を樋口清が、協会趣意書を武藤章が起草したことでもわかるように在野の北欧研究者・一般の人たちが一つに集った団体である。この団体を母体として伊藤大介ら若手研究者が北欧に旅立っていくことになる。（SADIは現在も工学院大学に事務局を設けて活動を続けている）。また北海道東海大学などをはじめとし、教育機関も積極的に北欧の教育機関やデザイナーとの交流を図っている。岩手県立産業デザインセンターの新しい取り組みは、各論フィンランドの項でタピオ・ペリアネン氏が詳しく述べている。現在、北欧に次々と若い学生・建築家・デザイナーが留学している。その例は枚挙にいとまがないほどである。日本と北欧の人的交流はかつてない盛況を呈している。

いま日本では「北欧デザイン」が一つのブームである。北欧グッズを扱う店は次々とオープンしている。インテリア誌、デザイン誌はもちろん一般誌も参加して毎月のように「北欧デザイン」特集が組まれている。ハンス・ウェグナーの「Yチェア」は若手建築家の新作の定番アイテムである。わたしたちは居ながらにしてヘルシンキのエスプラナディ通りをウィンドショッピングし、アルテックの店でアールトのスツールを、マリメッコの店でプリント布地を買う気分を味わうことができる。それどころか「誌上一日アールトツアー」さえ可能なのだ。この「北欧デザイン」の氾濫は、それだけの需要があるからなのだろう。消費者の求めている何かがそこに存在するからなのだろう。しかし、ブームはいつか去る。いまほど北欧デザインに「個人的な体験」が求められている時はないように思える。二〇世紀初頭シベリア鉄道で北欧をめざした先達者たちは、各人の個人的な体験を語ることでわたしたちを啓蒙してくれた。彼らの中で体験は経験へと転化したはずである。益子義弘は最近の文章の中で次のようなことを言っている。「トゥルクのブリュッグマンのチャペルに身を置いたら、それまで見てきたアールトの建築にあらためて〈デザイン〉を感じた。つまりいくらかの〈作意〉とでもいうものを。」(5)と。勇気ある発言であるがこれが体験というものだろう。「北欧デザイン」のわたしたちへの問いかけは、今こそきびしい。

(1) ギーディオン『現代建築の発展』生田勉・樋口清訳、みすず書房、一九六一年、二三七〜二四一頁。
(2) 佐々木宏編『近代建築の目撃者』新建築社、一九七七年、二三五頁。
(3) 吉田鉄郎『スウェーデンの建築家』彰国社、一九五七年、一頁。
(4) スロイド（slojd）については拙稿「北欧デザインの流れと教育」参照。（『造形美術教育体系7』美術出版社、一九八三年、所収）。
(5) 益子義弘「チャペルという場所から」『住宅建築』一九九七年五月号、二一頁。

54 日本とフィンランドにおける類似点

タピオ・ペリアイネン

はじめに

フィンランド人と日本人の感じ方、考え方、表現の仕方の中には、不思議な類似点が存在する。たくさんの日本人がフィンランドにおいてそれを経験しているし、私を含めたくさんのフィンランド人が日本においてそれを感じている。そして、たくさんのデザイン製品や用品の形態の中に共通の表現や精神を見出すことができる。

家庭用具や道具は、人間が自らの手で作り出してきた最も身近な器具であり、それらは自然と共にこの地球の生存圏に生きる人間の存在を助けてきた。人間の肉体的・生理的構造自体は、自然の法則や理に叶ったものである。従って生活器具は、人間の肉体と精神の構造と密接な関連を持ちつつ、人間工学的に作られてきた。人間の場合、私たち地球上どこでも身体機能的には類似している。しかし自然の場合、南極・北極から赤道に至る緯度に応じて、さまざまに異なった様相を呈している。人間が作り上げた文化とは、このような環境の違いに自らを適合させたことの産物なのである。

二つの共通点

地理的に離れているにもかかわらず、フィンランドと日本の間には、共通した二つの事象が背景として存在する。それらは、両国の文化の発展の歴史や進度が異なっていたとしても、少なくともある程度は我々（フィンランド人と日本人）の精神的密接さとして説明できるだろう。

第一には木である。なぜなら両国において木は、歴史を通じて主要な建造物やデザインの素材だったからだ。伝統的な木の文化は生活文化として、第二次世界大戦まで存続し、その後も生き続けている。最も自然で進歩的な木の文化は、伝統的な農民の農家の中に見出すことができる。森林や樹木が人々の心に与える精神的・物質的影響は驚くべきものがある。樹木に対する神秘的な崇拝や尊敬の念は、地域のすべての生存圏が共通であることを示している。不幸なことに、世界経済の力の原理は、この進化発展の基盤を荒廃させつつある。

第二は、自然に対する関係と態度である。日本とフィンランドはこの点に関し実によく似通っている。自然と調和して生きることは、両国の人々の基本的な感情である。歴史的背景は、フィンランドは異なっている。一一五五年にキリスト教が伝来する以前は、人々は精神的にも物質的にも自然と調和して生活していた。このことは、フィンランドの国民的叙事詩カレワラの中で語られている。その詩の起源はキリスト教伝来以前のものである。たとえもし、新しい西方の宗教が〝異教的〟世界観を受け入れなかったとしても、これら正反対の西洋の強い影響力が、私たちの魂の奥底から私たちの世界観を追い払うことなど決して出来なかったろう。

フィンランドの自然条件

私たちの国が北方に位置し、厳しい気候のもとにあるために、昔も今も自然は人間より強く、この点で温暖なヨーロッパ大陸とは対照的である。最大の問題は、長く寒い冬を乗り切ることであり、短く暖かい夏の間に生活の手段を講じておかねばならないのである。これらの問題は、人口のまばらなこの国では、お互い遠く離れた個人同士や家庭同士、また村落同士で個々に解決されなければならなかった。このことは、工具や家庭用品の最も望ましい形態を探究する能力を高め、また、外国から伝わったアイデアをより自然環境やフィンランド人の好みに適合するものに変える能力をつちかうこととなった。第2次世界大戦後の現代クラフトの美学はその典型を示している。

農民の生活様式の核は、何世紀にも亘る試行錯誤の末に自然の支配する力と協調することによって得られたノウハウにある。そのノウハウは、ある世代から次の世代へと受け継がれてきた。徐々に、日常の生活用品や器具は、自然で時を超えた美しさを持つ機能的でシンプルなものとなった。現代のデザインにおけると同じく、このヴァナキュラーなデザインの進展の結果生み出されたものは、日本の禅宗の伝統工芸の形態と相通づるものがあり、更にまた、近代ヨーロッパのバウハウスの工業デザインの原理に即してもいる。

図171　カイ・フランクのデザインに影響を与えた伝統的で多用途な陶器のボウル
1900年以前のもの。(撮影：アンシ・タルナ)

図172　カイ・フランク《"ギルダ"食器》
1953-1975　アラビア社
現在も"ティーマ"の名称で作られている。(撮影：ラウノ・トラスケリン)

図173　バグボールの登り窯
3室あり、長さ8m。1984年にエリナ・ソライネンとキリ・シームズが築く。(撮影：エリナ・ソライネン)

これに対してヨーロッパでは農民文化は、己の権力と金力を内外に誇示する王侯貴族の文化の影にかくされてしまった。これが西欧キッチュ（悪趣味）の起源であり、輸入品の趨勢とは言え私たちのデザインに適合するものではない。ヨーロッパの人々は自然を支配している。生活圏を支えている自然の原理への理解なしに、自然を人間のニーズに奉仕させている。西欧の世界観では、自然は原料や動物や植物の単なる資源であり、それらを産物や商品としてしか見ないのである。

現代のインダストリアル・デザインや、日本とフィンランドで普及している情報機器について考える時、自然の積極的役割に関する一つの仮説をたてることができる。フィンランドの国土は日本とほぼ等しい。その地表の大部分は深い森と一八万以上の湖沼で占められている。しかし、そこにはたった五百万の人々しか住んでいない。起こりうるあらゆる状況下で迅速に連絡をとらねばならないという日々の生活の中での必要性が増し、急を要するものとなった。もちろん、長く寒い雪に閉ざされた冬の技術的問題を解決してこなければならなかった。多分、それ故にフィンランドは今日最も進んだ国の一つとなったのだろう。日本もまた地理的な特徴や国土の形態やスケールの大きい気候条件が、確かに、国の発展に影響してきたのである。

フィンランドと日本の国際交流

私たちの国は二つとも大陸の端に位置している。だから多分、お互いの大陸の強力な中心から地理的に遠いということが、ある基本的で純粋な人間の様相を心の裡に保ち続けてきたのではないだろうか、そして、ものづくりの仕事の中に相似た基本形を保ってきたのではないだろうか。この精神的密接さを証明する多くの実際の事例と個人的な出会いを挙げることができる。以下にそれを示す。

一九世紀と二〇世紀に、日本の文化をフィンランドに伝えようとして何人かの民族学者や考古学者が調査のために日本を訪れたのは特筆すべきである。独立フィンランドの最初の代理公使であるG・J・ラムステット教授は一九一九～三〇年の間日本に滞在した。彼は東洋に詳しく、流暢な日本語を話した。彼は日本の主要な関係者と共にフィンランド独立を促進し、その結果、二〇世紀初頭の国際連盟によるフィンランド国境承認に日本は重要な役割を果たすことになる。ラムステット教授はまた最初のフィンランド日本協会の設立者でもあった。

カイ・フランク（1911-1989）は多分第二次大戦後日本を訪れた最初のフィンランドのデザイナーであろう（1956）。彼は熱烈な日本の崇拝者となった。例えば家へ宛てた手紙に、七三歳の老陶芸家魯山人は彼の偶像だと書いている。彼はノートに次のように記した。「魯山人の陶器は時に非常にシンプルである。四側面を持つ皿、ポットのような花器、円筒形の浅皿。」フランク自身の表現形式も同じくシンプルである。しかし、純粋かつ強固にフィンランド的である。彼はかつてどんな農家にもある長いテーブルの上に置かれたプリミティブな陶器について次のように語った。「この基本的な容器、田舎の家庭のあらゆる必要性に適したもの、それは私にとって物を機能的にデザインするための一つの理想となった。」日本のクラフトとの精神的類似性をフランクのデザインの中に明らかに見ることができる。しかしまた、彼のデザインはフィンランドデザインの深いアイデンティティーをも表現している。彼はまた生涯のすべてに亘って日本の庭園を賞讃し、その原理を解釈し、自らの庭園デザインに適用した。

ユネスコの主要プロジェクトである東洋と西洋の文化的価値の相互評価に関する「地域文化研究奨学金」が一九六二～六三年にかけて筆者に与えられ、筆者は京都大学において日本と地中海地方の伝統的家屋と庭における自然と人間の関係を研究する機会を得た。このことが、自然環境、人工環境、建築、デザインに関する筆者のその後の理論的研究の基礎となった。二つの意味深い啓発が筆者の世界観を変え理解を拡げてくれた。一つは空（くう）の空間についての現象である。空（くう）は日本においては普遍的で基本的な要素の一つである。しかし、ヨーロッパにおいてはそれはたいてい否定的で非難を込めた意味を持つ。もう一つは、環境の統一性である。日本では家屋も材料も物も、自然と共に調和してふるまっている。ヨーロッパでは、フィンランドは別として、それらは別々のカテゴリーに分離させられてしまっている。いずれにせよ、本当の人間の環境というものは、自然総体、地域計画、都市計画、建築とデザイン、そしてそれらの相互作用によって形成されるのである。

図174　石本藤雄《"Humiseva"(風のささやき)》1995
コットンプリント、幅140cm
メーター売り、マリメッコ社。
(撮影：マリメッコ)

六〇年代に東京にインダストリアル・アート協会が組織された。イッキ・ヌンミ（1925-）は訪れた最初のデザイナーである。彼の後にアンティ（1927-）とヴォッコ（1930-）・ヌルメスニエミが一九六五年に日本を訪れ、ボルイェ・ラヤリンがリサ・ヨハンソン・パッペと共に一九六八年に来日している。全員が国際的に知られたフィンランドのデザイナーである。引き続いて一九六九～七〇年に日本の主催でヘルシンキで二つのセミナーが開催された。それ以来、アンティ・ヌルメスニエミは日本のためにフィンランドとスカンジナヴィアの今日のデザインと工業美術の展覧会をいくつか企画した。一九八四年に富士通は彼を招き新しい電話のデザインを依頼した。その電話器は〝アンティ〟フォンと名付けられた。この製品を含む彼のデザインした作品は西武美術館に永久コレクションとして所蔵されている。彼の妻はテキスタイルと服飾のデザイナーであるヴォッコである。彼女は最初にマリメッコのデザイン・スピリットとコンセプトを作りあげた人である。彼女はこれまで日本で沢山のショーや雑誌やテレビで作品を発表してきた。彼女の国際的によく知られた製品は簡素な農民やヴァナキュラーな衣服の、時代を超えたベーシックな現代版である。彼女は三宅一生の精神に霊感を与えた。かつて三宅は言った。「ヴォッコ、あなたは私のデザインの母だ。」と。

一九七〇年に石本藤雄は東京芸大のグラフィック・デザイン科を卒業してフィンランドに来た。最初、彼はディッセンブレ社で働いたが一九七四年以来マリメッコ（国の誇りの一つ）のテキスタイル・デザイナーである。彼の精神と、色や形の扱い方があまりにフィンランド的なのでフィンランド生まれのデザイナーよりもフィンランド人に近いと言いたくなる。彼のテキスタイルデザインはマリメッコの固有な国際的イメージと名声を支えている。彼の仕事が余りに引っ張りだこなので実際休む暇さえないのである。大げさではなく幅広い層のマリメッコ愛用者が彼のデザインを好んでいる。そして、どのようにしてフィンランドのアイデンティティーを具体化して描けばいいのか、という質問を受けた時、私たちはいつも彼を引きあいに出すのだ。

図175　アンティ・ヌルメスニエミ
《"アンティ" フォン》1985　富士通
日本
（撮影：アンティ・ヌルメスニエミ）

「日本は陶器のメッカであり、そこに行くのはすべての陶芸家の夢である。」とエリナ・ソライネンは言った。一九七八〜八〇年に彼女は東京の多摩美術大学に学び修士号を得た。かつて彼女は東京から沖縄までのすべての登り窯を訪れた。彼女はこう述べた。「私にとって本質的なものは技術や形だけではなく、日本人のフィロソフィーと陶工の生活です—重要なのは手の動きと土への感覚なのです。」日本での研究で理解を深めアイデアを得たのち、彼女は別の高い文化を持ったインド、イラン、メキシコで陶器の伝統についての調査を続けた。こうして得られた知識を自らの作陶に生かすとともに、教師としての立場から学生たちへの教育に適用した。スタジオの庭に彼女は登り窯を日常の利用のために築いた。彼女の夫のカイ・ニエミネンは有名な作家であり、日本の古典や現代の詩や散文や戯曲の翻訳者としても知られている。七〇年代初めから彼は三〇冊の和書をフィンランド語に翻訳している。

SAFA（フィンランド建築家協会）のメンバーである建築家リッタ・リ・サラスティエは一九八四年に京都大学建築学科の西川幸治教授の研究室で彼を紹介された。そして、山鉾の調査プロジェクトに参加することになった。その目的は祇園祭りの原因となった鉾の地域の輪郭を図示することだった。古い京都についての個人的な関心から百軒の伝統的な木造家屋のファサードを実測するという彼女の提案が受け入れられ、そのための援助が与えられた。このようにして彼女は日常家屋の保存に責任を負うこととなり、それは一九九〇～九三年にかけての難しい研究に彼女を向かわせたのだった。この研究は彼女の博士論文のテーマ「生きている伝統か、パンダの檻か―京都の都市保存の分析―」となり、一九九九年に出版された。伝統的な京都の木造の考察に加えて彼女はある部分で調査の焦点を屏風祭りに当て、祇園祭りとの関連の中で屏風の意味を明らかにしたのだった。彼女はまた古典的な生け花や書道を学んでいる。

一九九七年に岩手県立産業デザインセンターは、岩手と類似点の多いフィンランドからデザインのアイデアを導入するプロジェクトを発足させた。一九九九年前後に家具制作のカリ・ビルタネンと家具デザイナーのシモ・ヘイッキラが工業デザイン振興五年計画参加のため盛岡のデザインセンターから招かれた。計画の目的は、穏当なデザイン変更や適切な新味を加えることにより、家具や漆製品や鋳鉄器等々の用具の古い伝統技術と感覚に新しい活力を与えようというものである。この計画は、ニカリ社と岩手の企業間でノウハウを交換しプロのクラフトマンを交流させることから始まったデザインの領域での協力と研修のプロジェクトであり、フィンランドのフィスカース・クラフト村と岩手の大野村の間での協力活動につながっている。この計画に共に集う人々の創り出す形態の一貫性に加えて、考え方感じ方の類似性がこの計画の推進力となっている。

おわりに

精神的にも審美的にも日本人とフィンランド人の感じ方が似ているのは明らかであるが故に、私たちの文化的で実践的な連帯を歴史を通して正しく記録し、それらを更に先の文化調査の資料たらしめることは、興味を越えた何ものかである。

（塚田耕一訳）

55 「スウェディッシュ・グレイス」と「スウェディッシュ・モダン」

塚田耕一

スウェーデンの近代建築、とくにその民族的ロマン主義建築の頂点を極めたと言われるストックホルム市庁舎に対する日本人先達者の憧憬ぶりについては概説で触れた。その後スウェーデンにも機能主義の波が押し寄せる。

「一夜にして北欧の機能主義は確立された」と評され「真昼の花火」とうたわれたのがアスプルンド（1885-1940）によるストックホルム博覧会（1930）である。この博覧会ほど評価の分かれるものはない。ヒッチコックはインターナショナル・スタイル（国際様式）の典型として引用するのに対し、ブルーノ・ゼヴィはその有機的側面を指摘する。さらにモートン・シャンドは同博覧会にスウェーデン的特質を見る。(1)

いずれにせよヴァイセンホーフ・ジードルンク（1927）の強い影響の下に組織されたといわれる同博覧会を一早く日本に紹介し、別の側面を強調したのは今井兼次である。今井兼次は一九二六〜二七年の体験をもとに『アスプルンド』を著し、既にアスプルンドを日本に紹介していた。同博覧会の数ヶ月後に日本で出版されたポートフォリオ版『現代建築大観　スカンディナヴィア篇　其二』（今井兼次・他編、構成社書房、1930）に今井はストックホルム博覧会のみをカラープレートとして別刷りで貼付し次のように解説している。「……外観の色彩美の素晴らしさに就いては色刷版に依って大體を推察してもらい度い。」と。モノクロ写真だけでは誤解を与えかねない同博覧会の一側面を示した貴重な証言と言えるだろう。

スウェーデン・デザインを考える時、ストックホルム博覧会以前を「スウェディッシュ・グレイス」の時代、以降を「スウェディッシュ・モダン」の時代と大別できる。正確には前者は一九二五年のパリの「アール・デコ展」にスウェーデンの産業美術が初めて登場した際に命名された呼称であり、後者は一九三九年のニューヨーク博でのスヴェン・マルケリウス（1889-1972）設計の展示館と展示品につけられた呼称である。一九二五年の「スウェディッシュ・グレイス」がどこか異国趣味的情緒を感じさせるのに対し、一九三九年の「スウェディッシュ・モダン」は、世界のモダン・デザインの一角を占めるに至っていることを示している。

ここで特記しておきたいのは、スウェーデンにおいては、モダン・デザイン運動と並行する形で社会改革運動が進行していた点である。一九三五年には、婦人運動のリーダーだったアルヴァ・ミュールダルと前述の「スウェディッシュ・モダン」の建築家スヴェン・マルケリウスが協同して、最初のコレクティヴハウス（共同生活型住居）が設計された。ここでは、都市生活者の居住モデルが提案さ

図176　アスプルンド《ストックホルム博覧会》カラープレート1930
日本にもっとも早く紹介されたと思われる同博覧会のカラープレート。(『現代建築大観　スカンディナヴィア篇　其二』今井兼次・他編、構成社書房　1930より)

れ、婦人と児童のための施策が講じられている。「揺籠から墓場まで」と呼ばれるスウェーデン特有の福祉社会の到来である。この分野は、近年、小川信子や外山義らの研究によって日本に紹介され、小谷部育子らの活動につながっている。

スウェーデン工芸協会が主導するスウェーデンのデザインは、大戦をはさんで、一九五五年H55ヘルシングボリ・デザイン博に結実する。日本から剣持勇らが参加した同博覧会は、日本のデザイン界にもスウェーデン・モダンデザインの質の高さを示すこととなった。その影響もあって、以後、多くの日本人の若手建築家・デザイナーがスウェーデンをめざす。その中に川上信二・玲子がいる。川上信二は通産省産業工芸試験場を退所し、玲子は前川国男事務所を辞して一九六三年に渡欧、スウェーデン国立美術工芸大学で各々インテリア・デザインとテキスタイル・デザインを学ぶ。両者は現在、往年の「スウェディッシュ・グレイス」の現代的再興をめざしてスウェーデン・デザインの普及に努めている。次いで建築の木下靖子、筒井英雄、今井一夫らが、また、プロダクトの須長壮太郎らがスウェーデンで学ぶ。これらの人々を陰で支えたのが日本のスウェーデン社会研究所（河野道夫）であり、スウェーデン在住の建築家田中久である。スウェーデン建築研究も次世代に引き継がれており、エストベリ研究の宗幸彦、アスプルンド研究の塚田耕一、川島洋一らがいる。

総じてスウェーデンの建築・デザイン界にワン・アンド・オンリーの存在（フィンランドのアールトのような）を見出すことはできない。一時名声をはせたアースキン、ゲゼリウス、ニレーンらも特別に突出しなかった。我が国で有名なデザイナー、ブルーノ・マットソン（1907-）の椅子でさえ「人々はそれとは知らずに無雑作に家庭で使っている」[2]そうである。この現象はきわめてスウェーデン的と言えるだろう。生活の水準が上がれば高級品は特別なものではなくなる。「より良い日用品を」[3]は二〇世紀をつらぬくスウェーデン・デザインのポリシーであり、それは住宅政策にまで反映した。しかし、豊かさは停滞を招く。かつての「スウェディッシュ・グレイス」や「スウェディッシュ・モダン」の再来が期待される所以である。

(1)　これらの「評価」の違いについては拙稿「STOKHOLM　EXHIBITION考」(杉野女子大学『紀要』二八号、一九九一年)。
(2)　今井一夫「日常生活に浸透したグッドデザイン」『SD』一九八五年九月号、四三頁。
(3)　スウェーデン工芸協会が一九一九年に出したモットー。

56 デンマーク家具に学ぶ

塚田耕一

デンマークといえば、まず家具である。北欧のモダン・デザインは一九五〇年代に最盛期を迎える。ハンス・ウェグナー（1914-）の有名な椅子の殆どは一九五〇年前後に完成をみている。（ちなみにアールトの椅子は一九三〇年代にまで遡る）しかし、当時、日本は復興期であり、まだ貧しく、それらを手にすることはもちろん一般の店舗で見かけることすら難しかった。

当時のデザインの窓口は百貨店だった。大手の百貨店には家具部がおかれ、富裕層の顧客の需要に応えるとともに実際のデザインまで手掛けて生活文化の向上に努めていた。（三越の野口壽郎は代表的百貨店デザイナーの一人である。）大手百貨店は、当時、海外の組織と提携して「交換展」を実施していた。外貨制限の問題もあったのだろう、外国の製品と日本の製品を交換して展示会を催すというものだった。ハンス・ウェグナーやアルネ・ヤコブセン（1902-1971）のデザインは、まず、こうした形で日本に紹介された。

ここで問題となったのは、海外製品と日本製品のデザインの質の落差である。メイド・イン・ジャパンは、当時、粗悪品の代名詞だった。デザインを海外に学ばなければならない、という気運が高まり、ＪＥＴＲＯ（日本貿易振興会）は多くの留学生を海外に送り出すことになる。

デンマークをめざしたのは島崎信と坂田種男である。両者は一九五九年にデンマーク王立芸術大学等で建築とインテリアを学んだ。デンマークの家具はハンス・ウェグナーに代表される職人＝クラフツマンの所産と考えられがちであるが、それとは別のアカデミックな流れが存在する。その代表者はコーレ・クリント（1888-1954）である。彼は一九一六年から量産収納家具の研究を始め、紙の寸法や日用品など一般家庭の収納物を測定して標準化・規格化を進め、それに基づいた家具デザインを発表した。コーレ・クリントに続くのが王立アカデミー教授のオーレ・バンシェであり、島崎らは同氏のもとで学んだ。アカデミー派としてはヤコブセンや照明器具で名高いポール・ヘニングセン（1894-1967）らが挙げられる。坂田種男は現在ＳＡＤＩ（北欧建築・デザイン協会）の会長であり、島崎信は同協会の副会長であると共にＪＦＤＡ（日本フィンランドデザイン協会）の日本理事長として、共に若い日の情熱を今に伝えている。

現在、日本でデンマーク・デザインと深いかかわりを持っているのは織田憲嗣と永井敬二である。織田は教育活動・分筆活動を通じてデンマーク・デザインの紹介につとめ一九九六年に『デンマークの椅子』を著した。永井は、デンマークの家具の膨大なコレクター

図177　ハンス・ウェグナー
《ラウンドチェア》1949
PP. モブラー社
　世界でもっとも美しい、と評されるウェグナーの代表作。「ザ・チェア」とも呼ばれる。

として知られ、日本各地でハンス・ウェグナーやポール・ケアホルム（1929–1980）の作品の展示会をプロデュースしてきた。両者は日本でのデンマーク家具大使として「一九九七年度ファニチャー・プライズ」を授与されている。

　デンマークの家具デザインを語る時忘れてならないのは高い技術を持つ工房の存在である。

　PPモブラーはその代表的工房の一つである。同工房で働く職人は一二人、それに見習いが三人程度のこの工房からハンス・ウェグナーやポール・ケアホルムの名作椅子が送り出される。創業者アイナー・ペデルセンは言う。「あくまでもここは工房で、工場のようにはしたくない。本当に納得のいくものを作っていくにはこの位の規模がベストだと思っている。もちろん工場生産にすればもう少し安くできると思うが、品質は絶対に今のように維持することは無理だ。どこがどう違うか口ではうまく言い表せないが、椅子に触れたときに何かをきっと感じるはずだ。[1]」と。岩手県立産業デザインセンターは、一九九七年の「北国デザインワークショップ」に、タピオ・ペリアイネン、永井敬二と共にアイナー・ペデルセンを招き、地場産業振興へのアドバイスを求めた。現場レベルでの草の根的交流は今後ますます活発になると思われる。

　一口に北欧デザインと総称されるが、国によって微細にデザイン傾向の違いを指摘することができる。アールトのスツールはやはりフィンランドのものであるし、マットソンの椅子はやはりスウェーデンのものである。そしてウェグナーの椅子はデンマークならではのものである。どこがどうということよりもこれらの作品はその国独自の固有のアイデンティティーが、バックグラウンドとして感じられる。「カレワラ」を生んだ国とアンデルセンを生んだ国はやはり違うのだ。共通するのは土地に根差しながらも異国趣味的情緒におぼれず、ヨーロッパ中央のデザイン思想を受け入れながら、自国の固有の伝統をリファインさせ、一段高い「質」を獲得している点である。デザインという視覚言語のインプットとアウトプットの問題がここにある。北欧デザインは、この問題についての解答の一つである。

（1）　岩手県立産業デザインセンター「北国デザインワークショップ」資料より、一九九七年。

人名索引（ギリシャ数字大文字は中扉の番号を示す）

あ

アイアマン、エーゴン（Eiermann, Egon 1904-1970） iii,Ⅲ,84,104-109
アウト、J. J. P.（Oud, Jacobus Johannes Pieter 1890-1963） 131,207,212
アウレール、ガースネル（Aurél, Gersnel） XI,254
アーキペンコ、アレクサンダー（Archipenko, Alexander Profirowiz 1887-1964） 212
芥川龍之介（Akutagawa Ryunosuke 1892-1927） 29
浅井忠（Asai Chu 1856-1907） 50,139
朝倉直己（Asakura Naomi） Ⅹ
アースキン、ラルフ（Erskine, Ralph 1914-） 274
アストリュク、ザカリ（Astruc, Zacharie 1833-1907） 150
アスプルンド、エリック・グンナール（Asplund, Erik Gunnar 1885-1940） 264,273
アドラー、ダンクマール（Adler, Dankmar 1844-1900） 56,59
アペル、F.（Appel, F.） 155
アラダー、モリッツ（Aladar, Moritz） Ⅲ,8
アルタリア（Artaria, Paul 1892-1959） Ⅹ,238
アールト、アルヴァ（Aalto, Alvar 1898-1976） 265,276
アルバース、ヨーゼフ／ジョーゼフ（Albers, Josef/Joseph 1888-1976） 83,94
アルマーニ、ジョルジョ（Armani, Giorgio 1934-） 136,143
アンカー、ポール（Hankar, Paul 1859-1901） 188,191
アンジェルマン、ゴドフロワ（Engelmann, Godefroi/Godefroy 1788-1839） 154
アンソール、ジェイムズ（Ensor, James 1860-1949） 156
アンダーソン、ウィリアム（Anderson, William 1842-1900） Ⅰ
安藤忠雄（Ando Tadao 1941-） Ⅴ,136,Ⅵ,176
アンリオ、アレクサンドル（Henriot, Alexandre） 156

い

イエッサー、ヒルダ（Jesser, Hilde 1894-1967） 130
池辺　陽（Ikebe Kiyoshi 1920-1979） 73
石カ谷勝衛門（Ishigadani Katsuemon） Ⅷ
石田憲次（Ishida Kenji） 31
石本喜久治（Ishimoto Kikuji 1894-1963） Ⅲ,81,205,207,211,240
石本藤雄（Ishimoto Fujio） XII
石元泰博（Ishimoto Yasuhiro 1921-） 81
イースト、アルフレッド（East, Alfred 1849-1913） Ⅰ,32
板垣鷹穂（Itagaki Takaho/Takao 1894-1966） Ⅲ,90,Ⅴ,141,142
市石英三郎（Ichiishi Eizaburo） 260
市浦　健（Ichiura Ken 1904-1981） 95
市川数造（Ichikawa Kazuzo） Ⅲ,90
イッテン、ヨハネス（Itten, Johannes 1888-1967） 132,237,238
伊東深水（Ito Shinsui 1898-1972） 162
伊藤為吉（Ito Tamekichi 1864-1943） 137
伊東豊雄（Ito Toyoo 1941-） Ⅵ,176
伊藤博文（Ito Hirobumi 1841-1909） Ⅰ,Ⅲ
伊藤正文（Ito Masafumi 1896-1960） 211
井上　馨（Inoue Kaoru 1835-1915） Ⅰ,85
猪熊弦一郎（Inokuma Gen'ichiro 1902-1993） 179
イベルス、アンリ＝ガブリエル（Ibels, Henri-Gabriel 1867-1936） 151,156
今井一夫（Imai Kazuo） 274
今井兼次（Imai Kenji 1895-1987） Ⅹ,237,XII,264,273
岩倉具視（Iwakura Tomomi 1825-1883） Ⅰ,33,250

う

ヴァイ、ペーテル（Vay, Péter 1864-1948） 252
ヴァグナー、オットー（Wagner, Otto 1841-1918） 40,115,116,129,250,257

ヴァトー、ジャン・アントワーヌ（Watteau, Jean Antoine 1684-1721） 154
ヴァラン、ウジェーヌ（Vallin, Eugène 1956-1925） 151
ヴァランス、エイマー（Vallance, Aymer） 30
ヴァロットン、フェリックス（Vallotton, Félix 1865-1925） 156
ヴァン・ド・ヴェルド、アンリ（Van de Velde, Henry 1863-1957） 78,79,106,Ⅵ,152,Ⅶ,188,189,191-194
ヴァン・レイセルベルヒェ、テオ（Van Rysselberghe, Théo 1862-1926） 192
ヴィエセルティア、ヴァリ（Wieselthier, Vally 1895-1945） 130
ヴィオレ゠ル゠デュック、ウジェーヌ・エマニュエル（Viollet-le-Duc, Eugène Emmanuel 1814-1879） 188
ヴィニョーラ、ジャーコモ（Vignola, Giacomo Barozzi da 1507-1573） Ⅴ
ウィリアムズ、ロザリンド（Williams, Rosalind H. 1944-） 154
ウィルス、ヤン（Wils, Jan 1891-1972） 211,212
ヴィレット、アドルフ・レオン（Willete, Adolphe Léon 1857-1926） 156
ヴィングラー、ハンス（Wingler, Hans M.） 80,81
ヴァンダービルト、H. ウィリアム（Vanderbilt, H. William） 26
ウェイドフェルト、ヘンドリクス・テオドルス（Wijdveld, Hendricus Theodorus 1885-1987） Ⅱ,216
ヴェヴェール、アンリ（Vever, Henri 1854-1924） 152
ヴェヴェール、ポール（Vever, Paul 1851-1915） 152
ウェグナー、ハンス（Wegner, Hans J. 1914-） 266,275,276
上田敏（Ueda Bin 1874-1916） 29
ヴェルハーレン、エミール（Verhaeren, Emile 1858-1916） Ⅶ
ヴェスニン、アレクサンドル・アレクサンドロヴィチ（**Веснин, Александр Александрович** 1883-1959） 230
ヴェスニン、ヴィクトル・アレクサンドロヴィチ（**Веснин, Виктор Александрович** 1882-1950） 230
ヴェスニン、レオニード・アレクサンドロヴィチ（**Веснин, Леонид Александрович** 1880-1933） 230
上野伊三郎（Ueno Isaburo 1892-1972） Ⅳ,118,119,129-132,211,240
上野・リッチ（フェリス）・リックス（Ueno, Felice Rix 1893-1967） Ⅳ,118,119,129-132
ヴェルサーチェ、ジャンニ（Versace, Gianni 1946-1997） 143
ヴェレンドルファー、フリッツ（Waerndorfer, Fritz） 129
ヴェンチューリ、ロバート（Venturi, Robert 1925-） 263
ヴェンティヒ、ハインリッヒ（Waentig, Heinrich 1870-?） Ⅲ,89,90
ヴォーリズ、ウィリアム・メレル（Vories, William Merrell 1880-1964） Ⅱ,51,67-70,Ⅺ
ウォルトン、ジョージ（Walton, George Henry 1867-1933） 39
ウォートルス、トマス（Waters, Thomas 1842-?） Ⅰ,4
歌川豊国（Utagawa Toyokuni 1769-1825） 15
歌川広重（Utagawa Hiroshige 1797-1858） Ⅷ
内田　繁（Uchida Shigeru 1943-） 145
宇野千代（Uno Chiyo 1897-1996） 164
ヴュイヤール、エドゥアール（Vuillard, Edouard 1868-1940） 156

え

エクステル、アレクサンドラ・アレクサンドロブナ（**Экстер, Александра Александровна** 1882-1949） 227
エストベリ、ラグナル（Östberg, Ragnar 1866-1945） 264
エックマン、オットー（Eckmann, Otto 1865-1902） 77,78
エベック、カール（Ebbeke, Karl） 230
エルスカンプ、マックス（Elskamp, Max 1862-1931） Ⅶ,192,193
エルプスト、ルネ（Herbst, René 1891-1982） 179
エンデ、ヘルマン（Ende, Hermann 1829-1907） 4,Ⅲ,77,85-88

遠藤　新（Endo Arata/Shin 1889-1951）　II
遠藤於菟（Endo Oto 1866-1943）　II

お

大熊氏廣（Ookuma Ujihiro 1856-1934）　139
太田　實（Oota Minoru 1923-）　242
太田聴雨（Oota Chouu 1896-1958）　96
大槻憲二（Ootsuki Kenji）　31
尾形亀之助（Ogata Kamenosuke 1900-1942）　222
岡倉覚三／天心（Okakura Kakuzo/Tenshin 1863-1913）　I,17,20,II,50,61,179,244,XI,250
岡村蚊象（Okamura Kasho 1902-1978）→山口文象
岡本太郎（Okamoto Taro 1911-1999）　179
小川信子（Ogawa Nobuko）　274
荻須高徳（Ogisu Takanori 1901-1986）　179
織田憲嗣（Oda Kenji）　275
小野二郎（Ono Jiro 1930-1982）　31
オブリスト、ヘルマン（Obrist, Hermann 1863-1927）　77
オルコック、ラザフォード（Alcock, Rutherford 1809-1897）　I
オルタ、ヴィクトール（Horta, Victor 1861-1947）　37,188,191
オルリーク、エミール（Orlík, Emil 1870-1932）　XI,252

か

ガイヤール、ルシアン（Gaillard, Lucien 1861-1908）　152
カサット、メアリー（Cassatt, Mary 1844-1926）　18
カステンス、ヘルマン（Kastens, Herman）11
カストナー、アルフレッド（Kastner, Alfred）　230
カーソン、レイチェル（Carson, Rachel 1907-1964）　II
カッサンドル、A. M.; ムーロン、アドルフ・ジャン＝マリー（A. M. Cassandre；Mouron, Adolphe Jean-Marie 1901-1968）　157
葛飾北斎（Katsushika Hokusai 1760-1849）　13,VIII,215
カッピエルロ、レオネット（Cappiello, Leonetto 1875-1942）　157
加藤　秋（Kato Aki）　229,230
カバコフ、イリヤ・イオシフォーヴィチ（**Кабаков, Илья Иосифович** 1933-）　234
カパサ、エンニオ（Capasa, Ennio 1960-）　136
カペレッティ、ジョヴァンニ・ヴィンチェンツォ（Cappelletti, Giovanni Vincenzo ?-1887頃）　V,137
ガボ、ナウム（**Габо, Наум** 1890-1977）　224
神原　泰（Kambara Tai 1898-1997）　222
亀井　実（Kamei Minoru）　162
嘉門安雄（Kamon Yasuo 1913-）　III
カリエール、ウジェーヌ（Carrière, Eugène 1849-1906）　156
カルムコフ、ヴィクトル・ペトローヴィチ（**Калмыков, Виктор Петрович** 1908-1981）　227
カルリュ、ジャン（Carlu, Jean 1900-1997）　157
ガレ、エミール（Gallé, Emile 1846-1904）　151
河井寛次郎（Kawai Kanjiro 1890-1966）I,180
川上音二郎（Kawakami Otojiro 1864-1911）　IV
川上貞奴（Kawakami Sadayakko 1871-1946）　IV
川上信二（Kawakami Shinji）　274
川上玲子（Kawakami Reiko）　274
川喜田煉七郎（Kawakita Renshichiro 1902-1975）III,82,83,95,205,210,211,212,IX,229,230,231
河鍋暁斎（Kawanabe Gyousai 1831-1889）　151
川村清雄（Kawamura Kiyoo 1852-1934）139
ガン、アレクセイ・ミハイロヴィチ（**Ган, Алексей Михайлович** 1889-1940）　IX,223,226
カンディンスキー、ヴァシリー・ヴァシーリェヴィチ（**Кандинский, Василий Васильевич** 1866-1944）　81,IX,226

き

キオッソーネ、エドアルド（Chiossone, Edoardo 1832-1898）　V,138,139
菊池　寛（Kikuchi Kan/Hiroshi 1888-1948）

162
岸田日出刀（Kishida Hideto 1899-1966） XII
喜多俊之（Kita Toshiyuki 1942-） 143
喜多川歌麿（Kitagawa Utamaro 1753-1806） 13,215
北野大吉（Kitano Daikichi） 30
北野恒富（Kitano Tsunetomi 1880-1947） 158
北原白秋（Kitahara Hakushu 1885-1942） 162
ギーディオン、ジークフリート（Giedion, Sigfried 1888-1968） 79,83,Ⅴ,240,241,242,263
木下秀一郎（Kinoshita Shuichiro 1896-1991） 222
木下靖子（Kinoshita Yasuko） 274
ギマール、エクトール（Guimard, Hector 1867-1942） 37,Ⅵ,152
ギメ、エミール・エチエンヌ（Guimet, Emile Etienne 1836-1918） Ⅵ,151
キャリエ、ジャン（Carriès, Jean 1855-1894） 151
清田文永（Kiyota Fuminaga） XII,264
清原　玉（Kiyohara Tama, 1861-1939）
→ラグーザ玉
ギル、エリック（Gill, Arthur Eric Rowton 1882-1940） I
キルシュ、カリン（Kirsch, Karin 1940-） iii
ギルバート、ウィリアム（Gilbert,William Schwenck 1836-1911） I,26
ギンズブルグ、モイセイ・ヤーコヴレヴィチ **Гинзбург, Моисей Яковлевич** Ⅺ

く

九鬼周造（Kuki, Shuuzo 1888-1941） 21
クサーントゥシュ、ヤーノシュ（Xántus János 1825-1894） XI,253
クズネツォーフ、パーヴェル・ヴァルフォロメエヴィチ（**Кузнецов, Павел Варфоломеевич** 1878-1968） 221
朽木昌綱（Kutsuki, Masatsuna 1750-1802） 12
國澤新九郎（Kunisawa, Shinkuro 1848-1877） 19
久米桂一郎（Kume, Keiichiro 1839-1931） 20,Ⅵ
蔵田周忠（Kurata Chikatada 1895-1966） Ⅰ,Ⅲ,199,Ⅷ,207,208,212
グラッセ、ウジェーヌ（Grasset, Eugène 1841-1917） 152,155
グラバー、トマス・ブレイク（Glover, Thomas Blake 1838-1911） I,4
倉俣史朗（Kuramata Shiro 1934-1991） 145
厨川白村（Kuriyagawa Hakuson 1880-1923） 29
グリッテル、エミール（Grittel, Emile 1870-1953） 151
クリムト、グスタフ（Klimt, Gustav 1862-1918） Ⅳ,129
クリント、コーレ（Klint, Kaare 1888-1954） 275
クルチコーフ、ゲオルギイ・チホノーヴィチ（**Крутиков, Георгий Тихонович** 1899-1958） 227
グレイ、アイリーン（Gray, Eileen 1878-1976） Ⅵ,165-170
グレイ、H.; ブーランジェ、アンリ（Gray, H.; Boulanger, Henri 1858-1924） 156
クレイン、ウォルター（Crane, Walter 1845-1915） 25,37,38
クレー、パウル（Klee, Paul 1879-1940） 237
黒川紀章（Kurokawa Kisho 1934-） Ⅷ
黒田清輝（Kuroda Seiki 1866-1924） 20,50,Ⅵ,151,157
グロピウス、ヴァルター（Gropius, Walter 1883-1969） iii,Ⅲ,80,81,83,95,131,181,208,210,211,230,263

け

ケアホルム、ポール（Kjærhorm, Poul 1929-1980） 275,276
渓斎英泉（Keisai Eisen 1790-1848） Ⅷ
ゲゼリウス、ジャン（Gezelius, Jan 1923-） 274
ゲッデス、ノーマン・ベル（Geddes, Norman Bel 1893-1958） 230
ケルヴィン、ノーマン（Kelvin, Norman） 31
ゲルストナー、カール（Gerstner, Karl 1930-） Ⅹ,243
剣持　勇（Kenmochi Isamu 1921-1971） Ⅲ

こ

小池新二（Koike Shinji 1901-1981） Ⅲ,141,239,241
河野鷹思（Kouno Takashi 1906-） Ⅹ

河野道夫（Kouno Michio） 274
ゴーガン、ポール（Gauguin, Paul 1848-1903） 191
コジェンスキー、ヨセフ（Kořenský, Josef 1847-1938） XI,251
五姓田義松（Goseda Yoshimatsu 1855-1915） 19,137
コソラーポフ、アレクサンドル・セミョーノヴィチ（**Косолапов, Александор Семенович** 1943-） 233,234
五代才助／友厚（Godai Saisuke/Tomoatsu 1835-1885） 187
ゴチャール、ヨセフ（Gočár, Josef 1880-1945） 257
コチェラ、ヤン（Kotěra, Jan 1871-1923） 250,257,259
ゴドウィン、エドワード・ウィリアム（Godwin, Edward William 1833-1886） 23,24,25,26,33,35,36
後藤福次郎（Goto Fukujiro 1901-1965） III
小谷部育子（Koyabe Ikuko） 274
コラン、ポール（Colin, Paul 1892-1985） 157
コロンナ、エドゥアール（Colonna, Edouard 1862-1948）
コールハース、レム（Koolhaas, Rem 1944-） VIII,207
今和次郎（Kon Wajiro 1888-1973） 160
ゴンクール、エドモン・ルイ・アントワーヌ・ド（Goncourt, Edmond Louis Antoine de 1822-1896） 150
ゴンス、ルイ（Gonse, Louis 1846-1921） VI,150
権田保之助（Gonda Yasunosuke 1887-1951） III,90
ゴンチャローワ、ナターリヤ・セルゲエヴナ（**Гончалова, Наталия Сергеевна** 1881-1962） 221,223
コンドル、ジョサイア（Conder, Josiah 1852-1920） I,5,36

さ

堺利彦（Sakai Toshihiko 1870-1933） 29
坂倉準三（Sakakura Junzo 1901-1969） 52,VI,173,178,179,180,181,238
坂田種男（Sakata Taneo） 275
佐川主馬（Sagawa Shume 1580-1621） 12
桜井小太郎（Sakurai Kotaro 1870-1953） I,36
佐藤敬之輔（Sato Keinosuke） 245
佐藤中陵（Sato Chuuryo 1762-1841/8） 14
佐野常民（Sano Tsunetami 1822-1902） 6,50,120,124,125
佐野利器（Sano Toshikata 1880-1956） 159
サーモン、ニコラス（Salmon, Nicholas） 31
サラスティエ、リッタ・リ（Salastie, Riitta Ri） XII,271
サリヴァン、アーサー（Sullivan, Arthur 1842-1900） I ,26,
サリヴァン、ルイス・ヘンリー（Sullivan, Louis Henry 1856-1924） 55,56,57,59
サーリス、ジョン（Saris, John ?-1646） 12,13
サーリネン、エリエル（Saarinen, Eliel 1873-1950） 264
サン・ジョヴァンニ、アキーレ（San Giovanni, Acchile） 138

し

ジウジアーロ、ジョルジェット（Giugiaro, Giorgetto 1938-） V,143
シェーアバルト、パウル（Scheerbart, Paul 1863-1915） 100
ジェキル、トマス（Jeckyll, Thomas 1827-1881） I,32,35
シェレ、ジュール（Chéret, Jules 1836-1932） 154,155
シェロシェフスキ、ヴァツワフ（Sieroszewski, Wacfaw 1858-1945） XI,250
塩田　眞（Shioda Makoto 1837-1917） 125
志賀直哉（Shiga Naoya 1883-1971） I
シニャック、ポール（Signac, Paul 1863-1935） 191
篠田桃紅（Shinoda Toukou 1913-） 245
司馬江漢（Shiba Koukan 1747-1818） 11,13
渋江　保（Shibue Tamotsu） 28
渋谷　修（Shibuya Osamu 1900-1963） 222
シーボルト、アレキサンダー・フォン（Siebold, Alexander Georg Gustav von 1846-1911） IV,115
シーボルト、ハイリッヒ・フォン（Siebold, Heinrich von 1852-1908） IV,115
シーボルト、フィリップ・フランツ・フォン（Siebold, Philipp Franz von 1796-1846） IV,115,VIII,214
島崎　信（Shimazaki Makoto 1932-） 275

シャガール、マルク・ザハーラヴィチ
(**Шагал, Марк захарович** 1887-1985)
Ⅸ,225
シャンド、モートン (Shand, Morton) 273
ジャンニオ、ピエール＝ジョルジュ (Jeanniot, Pierre-Georges 1848-1934) 151
ジャンヌレ、ピエール (Jeanneret, Pierre 1896-1968) 179,180
シャンフルーリ;ユッソン、ジュール)
(Champfleury; Husson, Jules 1821-1889) 150
シュヴィッタース、クルト (Schwitters, Kurt 1887-1948) 217
寿岳文章 (Jugaku Bunsho 1900-1992)
29,30,31
シュパイデル、マンフレッド
(Speidel, Manfred) 110
シュブラック、アルフレッド
(Choubrac, Alfred 1853-1902) 155
シュブラック、レオン (Choubrac, Léon 1847-1885) 155
シュミット、ヘルムート (Schmid, Helmut 1942-) Ⅹ,243,244,245,246
シュレーダー、アニー (Schröder, Anny 1898-1972) 130
シュワーブ、カルロス (Schwabe, Carlos 1866-1926) 156
ジョーンズ、クリストファー (Jones, Christopher) Ⅰ
白石博三 (Shiraishi Hirozo 1915-) 31
シルスビー、ジョゼフ・ライマン (Silsbee, Joseph Lyman 1848-1913) 50,56
シンドラー、ルドルフ (Schindler, Rudolf Michael 1887-1953) 80
新名種夫 (Shinmyo Taneo) 211
新村　出 (Shinmura Izuru 1876-1967) 29

す

スウィンバーン、アルジャーノン・チャールズ (Swinburne, Algernon Charles 1837-1909) 25
スカーリー、ヴィンセント (Scully, Vincent 1920-) 263
スカルパ、カルロ (Scarpa, Carlo 1906-1978)
Ⅴ,143
菅原精造 (Sugawara Seizo 1884-1937) Ⅵ,166
杉浦康平 (Sugiura Kouhei 1932-) Ⅹ,245
杉浦非水 (Sugiura Hisui 1876-1965) 157
鈴木大拙 (Suzuki Daisetsu 1870-1966) 17
鈴木春信 (Suzuki Harunobu 1725-1770) 11
スタム、マルト (Stam, Mart 1899-1986)
92,96
スタール＝クロップホラー、マーガレット
(Staal-Kropholler, Margaret 1891-1966)
208
スタンラン、テオフィール・アレクサンドル
(Steinlen, Theóphile Alexandre 1859-1923) 156
スチェパーノワ、ワルワーラ・フョードロブナ
(**Степанова, Варвара Федловна** 1894-1958) Ⅸ,223,224,226,227,228
スーチン、ハイム (シャイム) (Soutine, Chaïm 1894-1943) 227
ステンベルグ、ウラジーミル (**Стенберг, Владимир** 1899-1982) 226,227
ステンベルグ、ゲオルギイ (**Стенберг, Георгий** 1900-1933) 226,227
ストリツィヒ、ツデンコ (Strizic, Zdenko)
230
ストルク、ヨーゼフ (Storck, Josef Ritter von 1830-1902) 116,126
須長壮太郎 (Sunaga Soutaro) 274
スーラ、ジョルジュ・ピエール
(Seurat, Georges Pierre 1859-1891) 192
スリュリエ＝ボヴィ、ギュスタヴ
(Serrurier-Bovy, Gustave 1858-1910)
78,191

せ

ゼヴィ、ブルーノ (Zevi, Bruno 1918-) Ⅴ,273
セザンヌ、ポール (Cézanne, Paul 1839-1906)
191
ゼーデルマイヤ、ハンス (Sedlmayr, Hans 1896-1984) Ⅳ
ゼネフェルダー、アロイス (Senefelder, Aloys 1771-1834) 154
セメレ、アッティラ (Szemere, Attila 1859-1905) XI,253

そ

副島種臣 (Soejima Taneomi 1828-1905) 121
ソオニョ、ルイ (Sognot, Louis) 94

ソコフ、レオニード・ペトローヴィチ
(**Соков, Леонид Петрович** 1941-) 233,234
ソットサス、エットーレ (Sottsass, Ettore 1917-) 145
曾禰達蔵 (Sone Tatsuzo 1853-1937) 5
ソライネン、エリナ (Sorainen, Elina) 271
ソロモン、シメオン (Solomon, Simeon 1840-1905) 25

た

ダイアー、ヘンリー (Dyer, Henry 1848-1918) 33
タウト、ブルーノ (Taut, Bruno 1880-1938) 53,Ⅲ,80,98-103,131,240
ダウニング、アンドルー・ジャクソン (Downing, Andrew Jackson 1815-1852) 68
高島北海／得三 (Takashima Hokkai/Tokuzo 1850-1931) Ⅵ,151
高橋由一 (Takahashi Yuichi 1828-1894) 3,19
高松　伸 (Takamatsu Shin 1948-) 176
瀧口修造 (Takiguchi Shuuzo 1903-1979) 83
武井勝雄 (Takei Katsuo) Ⅲ
武田五一 (Takeda Goichi 1872-1938) Ⅰ,5,36-42,Ⅱ,51,Ⅳ,117,118,211
竹友藻風 (Taketomo Soufu) 29
竹久夢二 (Takehisa Yumeji 1884-1934) 162
多田北烏 (Tada Hoku'u 1889-1948) 158
橘　南谿 (Tachibana Nankei 1754-1806) 15
辰野金吾 (Tatsuno Kingo 1854-1919) Ⅰ,135,139
龍村平蔵 (Tatsumura Heizo 1876-1962) 180
タトリン、ウラジーミル・エブグラーファヴィチ (**Татлин, Владимир Евграфович** 1885-1953) Ⅸ,221,223,224,225,226,227,228
田中一光 (Tanaka Ikko 1930-) 245
田中　久 (Tanaka Hisashi) 274
田中康夫 (Tanaka Yasuo 1956-) 144
谷口富美枝 (Taniguchi Fumie 1910-) 96
谷口吉郎 (Taniguchi Yoshiro 1904-1979) 141
谷崎潤一郎 (Tanizaki Jun'ichiro 1886-1965) 162
丹下健三 (Tange Kenzo 1913-) 81,Ⅴ,143,Ⅵ,174,242

ち

チェシュカ、カール・オットー (Czeschka, Carl Otto 1878-1960) 130
チェルニーホフ、ヤーコフ・ゲオルギィエヴィチ (**Чернихов, Яков Георгиевич** 1889-1951) Ⅸ,227
チゼック、フランツ (Čižek, Franz/Cyek, Frang 1865-1946) 118
チヒョルト、ヤン (Tschichold, Jan 1902-1974) Ⅹ,243
中條精一郎 (Chujo Seiichiro 1868-1936) Ⅰ,5
鳥文斎栄之 (Chobunsai Eishi 1756-1829) 15

つ

辻村松華／延太郎 (Tsujimura Shouka/Nobutaro) 166
津田真道 (Tsuda Mamichi 1829-1903) Ⅷ
土浦亀城 (Tsuchiura Kameki 1897-1996) Ⅲ,94,240
土橋長俊 (Tsuchihashi Nagatoshi 1901-1959) 229
筒井英雄 (Tsutsui Hideo) 274
坪内逍遙 (Tsubouchi Shouyo 1859-1935) 29
ツムトー、ペーター (Zumthor, Peter 1941-) 239

て

ディオール、クリスチャン (Dior, Christian 1905-1957) Ⅵ
ディークマン、エーリッヒ (Dieckmann, Erich 1896-1944) 96
ティソ、ジェイムズ (Tissot, James 1836-1902) 18,26
ティツィング、イサク (Titsingh, Isaac 1744-1812) 15,Ⅷ
ティリエ、アンリ (Thiriet, Henri) 156
ティルウィット、ジャクリーヌ (Tyrwhitt, Jaqueline 1905-1983) 242
デヴァロー、ジェイムズ (Devereaux, James) 15
デ・クレルク、ミシェル (De Klerk, Michel 1884-1923) 206,207
デストレ、ジュール (Destrée, Jules 1863-1936) Ⅶ
寺嶋宗則 (Terajima Munenori 1833-1893) 121

テッラーニ、ジョゼッペ
(Terragni, Giuseppe 1904-1943) 141
テーニシェワ、マリーヤ (**Тенишева, Мария** 1867-1929) 223
デュドック、ヴィレム・マリヌス (Dudok, Willem Merinus 1884-1974) 208,209
寺田裕之 (Terada Hiroyuki) 260
デ・ムロン、ピエール (de Meuron, Pierre 1949-) 239
デ・ルッキ、ミケーレ (de Lucchi, Michele 1952-) V,145

と

東畑謙三 (Tohata Kenzo 1902-1998) 211,212
トゥルーズ=ロートレック、アンリ・ド (Toulouse-Lautrec, Henri de 1864-1901) VI,156,191,215
トゥーンベリ、カルル・ペーテル (Thunberg, Carl Peter) 14
徳川昭武 (Tokugawa, Akitake 1853-1910) 26
徳川家治 (Tokugawa Ieharu 1736-1786) 8,III
徳川吉宗 (Tokugawa Yoshimune 1684-1751) 9
ドガ、エドガー (Degas, Edgar 1834-1917) 18
ドニ、モーリス (Denis, Maurice 1870-1943) 156
トーネット、ミヒャエル (Thonet, Michael 1796-1871) 105
ド・フール、ジョルジュ;ヴァン・スリュイテル、ジョルジュ・ジョセフ (de Feure, Georges; Van Sluijters, Georges Joseph 1868-1943) 156
富田淳久 (Tomita Atsuhisa) 122
富田文雄 (Tomita Fumio) 29
富本憲吉 (Tomimoto Kenkichi 1886-1963) I,29
ドーム、アントナン (Daum, Antonin 1864-1930) 151
ドーム、オーギュスト (Daum, Auguste 1853-1909) 151
トムスン、E. P. (Thompson, Edward Palmer 1924-1993) 30
外山　義 (Toyama Tadashi) 274
豊口克平 (Toyoguchi Katsuhei 1905-1990) 71
ドリヤーク、アロイス (Dryák, Alois 1872-1932) 258
ドレッサー、クリストファー(Dresser, Christopher 1834-1904) I,24,25,34
トーロップ、ヤン (Toorop, Jan 1858-1928) VIII,214
外山正一 (Toyama Masakazu 1848-1900) I,20

な

永井荷風 (Nagai Kafu 1879-1959) 21,22,162
永井敬二 (Nagai Keiji) 275,276
中江兆民 (Nakae Choumin 1847-1901) 4,VI
中尾　保 (Nakao Tamotsu) 211
仲田定之助 (Nakada Sadanosuke 1888-1970) III,81
長沼守敬 (Naganuma Moritaka 1857-1942) 139
中橋一夫 (Nakahashi Kazuo) 30,31
中村研一 (Nakamura Ken'ichi 1895-1967) 96
中村順平 (Nakamura Junpei 1887-1977) VI
中村正直 (Nakamura Masanao 1832-1891) I
ナープルステク、ヴォイタ (Náprstek, Vojta 1826-1894) XI,251
並木伊三郎 (Namiki Isaburo) II

に

ニエミネン、カイ (Nieminen, Kaj) 271
ニコライ神父 (Nikolai, Petrovitch Rezanov 1836-1912) IX
西　周 (Nishi Amane 1829-1897) VIII
西光万吉 (Nishimitsu Mankichi 1895-1970) 30
新渡戸稲造 (Nitobe Inazo 1862-1933) XI,250,252
ニューウェンカンプ、ウエイナント・オットー・ヤン (Nieuwenkamp, Wijnand Otto Jan 1874-1950) 215
ニレーン、カール (Nyrén, Carl) 274

ぬ

ヌルメスニエミ、アンティ (Nurmesniemi, Antti 1927-) XII,270
ヌルメスニエミ、ヴォッコ (Nurmesniemi, Vuokko 1930-) XII,270
ヌンミ、イッキ (Nummi, Yki 1925-) 270

の

納富介次郎 (Notomi Kaijiro 1844-1918)

50,Ⅳ,126
野口壽郎（Noguchi Hisao 1909-1980） 275
ノヴォトニー、オタカル（Novotný, Otakr 1880-1959） 257
ノラン、ハリー（Nolan, Harry） 93
野呂英夫（Noro Hideo） 229,230

は

バイエル、オスカー（Beyer, Oskar 1849-1916） 116
バイヤー、ハーバート（Bayer, Herbert 1900-1985） 245
ハウゼル、アロイス（Hauser, Alois 1841-1896） 116
パウル、ブルーノ（Paul, Bruno 1874-1968） 79
パウルソン、G.（Paulsson, Gregor 1889-?） XII
バージェス、ウィリアム（Burges, William 1827-1881） I,24,25,36
橋口五葉（Hashiguchi Goyo 1880-1921） 157
橋口信助（Hashiguchi Shinsuke 1870-1928） II,51,69
橋本雅邦（Hashimoto Gaho 1835-1908） II
蓮池槇郎（Hasuike Makio 1938-） 143
長谷川七郎（Hasegawa Shichiro） II,52
長谷川真治（Hasegawa Shinji） II
パーチャス、サミュエル（Purchas, Samuel 1575?-1626） 12
パッカード、ヴァンス（Packard, Vance） II
濱岡周忠（Hamaoka Chikatada）→蔵田周忠
浜口隆一（Hamaguchi Ryuuichi 1916-1995） 241
浜田庄司（Hamada, Shouji 1894-1978） I
バナム／バンハム、レイナー（Banham, Reyner 1922-1988） I,7,43-46,92,263
パパネック、ヴィクター（Papanek, Victor 1925-） II
林　愛作（Hayashi Aisaku 1873-1951） II
林　忠正（Hayashi Tadamasa 1853-1906） 149
原　弘（Hara Hiromu 1903-1986） X,245
原田直次郎（Harada Naojiro 1863-1899） III
パリー、リンダ（Parry, Linda） 31
パル（パレオローグ、ジャン・ド）（Pal; Paléologue, Jean de 1860-1942） 156
バルビエ（Barbier, Giorge 1882-1932） 162
ハーン、E.（Hahn, Ekhart 1942-） 110
ハーン、ラフカディオ（Hearn, Lafcadio 1850-1904） I,19,28

ひ

ピアーノ、レンゾ（Piano, Renzo 1937-） 145,VI
ビアズリー、オーブリー・ヴィンセント（Beardsley, Aubrey Vincent 1872-1898） 27
ピヴォヴァーロフ、ヴィクトル・ドミートリェヴィチ（**Пивоваров, Виктор Дмитриевич** 1937-） 234
ピカソ、パブロ（Picasso, Pablo 1881-1973） 212
樋口　清（Higuchi Kiyoshi 1918-） 264,266
ビゲロー、ウィリアム・スタージス（Begelow, William Sturgis 1850-1926） II,86
ビゴー、アレクサンドル（Bigot, Alexandre 1862-1927） 151
ビゴー、フェルディナンド・ジョルジュ（Bigot, Ferdinand George 1860-1927） 4,VI,151
久留正道（Hisatome Masamichi 1858-1914） 59
ヒトラー、アドルフ（Hitler, Adolf 1889-1945） 140
ピープス、サミュエル（Pepys, Samuel 1633-1703） 9
ピュヴィス・ド・シャヴァンヌ、ピエール（Puvis de Chavannes, Pierre 1824-1898） 156
ビュルティ、フィリップ（Burty, Philippe 1830-1890） 150
平山英三（Hirayama Eizo 1851-1914） IV,116,117,118,125,126,127,128
ビル、マックス（Bill, Max 1908-1994） 83,237
ビルタネン、カリ（Virtanen, Kari） 272
ヒルベルスアイマー、ルートヴィヒ（Hilberseimer, Ludwig 1885-1967） 107
ビング、ジークフリート／サミュエル（Bing, Siegfried/Samuel 1838-1905） iii,III,77,78,104,VI,150,192,193,VIII,205,214
ビンフォード、エリザベス（Binford, Elizabeth 1876-?） 70

ふ

ファルケ、ヤーコプ・フォン (Falke, Jakob von 1870-1956) 116
ファン・ゴッホ、フィンセント (Van Gogh, Vincent 1853-90) I,34,104,191,VIII,205,214
ファン・ドゥースブルフ、テオ (Van Doesburg, Theo 1883-1931) VIII,209,210,211,212,216,217
ファン・ホイテマ、テオドール (Van Hoytema, Theodoor 1863-1917) VIII,215
ファン・ロイエン、ヴィレム (Van Royen, Willem 1645-1723) 9,VIII
ファンタン=ラトゥール、アンリ・ジャン=テオドール (Fantin-Latour, Henri Jean-Théodore 1836-1904) 150
フィッシャー、テオドール (Fischer, Theodor 1862-1938) 89
フェティク、オットー (Fettik, Otto 1871-1954) XI,253
フェ・ドスティアーニ、アレッサンドロ (Fè d'Ostiani, Alessandro 1825-1905) 137
フェノロサ、アーネスト・フランシスコ (Fenollosa, Ernest Francisco 1853-1908) 19,20,II,50,61,86,87
フェレ、ジャン・フランコ (Ferre, Gian Franco 1944-) 143
フェレッティ、プロスペッロ (Ferretti, Prosperro) 137
フェルヴィンツィ、タカーチ・ゾルターン (Felvinczi, Takács Zoltán 1880-1964) 254
フォード、ヘンリー (Ford, Henry 1863-1947) 105
フォラン、ジャン・ルイ (Forain, Jean Louis 1852-1931) 157
フォンタネージ、アントニオ (Fontanesi, Antonio 1818-1882) 19,V,137
福沢諭吉 (Fukuzawa Yukichi 1835-1901) 221
フーケ、ジョルジュ (Fouquet, Georges 1862-1957) 152
藤島亥治郎 (Fujishima Gaijiro 1899-) XII,264
藤山愛一郎 (Fujiyama Aiichiro 1897-1985) 53
二葉亭四迷 (Futabatei Shimei 1864-1909) 221
プチャーチン、エフィム (Putiatin, Efim Vasil'evich 1804-1883) IX,221
プーニ、イワン・アリベルトーヴィチ (**Пуни, Иван Альвертович** 1894-1956) 225
ブブノワ、ワルワラ・ドミトリエヴィチ (**Бубнова, Варвара Домиториевна** 1886-1983) 222,228
フラゴナール、ジャン・オノレ (Fragonard, Jean Honoré 1732-1806) 154
ブラックモン、フェリックス (Bracquemond, Félix 1833-1904) 3,18,150
ブラートフ、エリク・ウラジーラヴィチ (**Булатов, Эрик Владирович** 1933-) 233
フランカステル、ピエール (Francastel, Pierre 1900-1969) VI
フランク、カイ (Franck, Kaj 1911-1989) XII,269
フランツ・ヨーゼフ一世 (Franz Josef I 1830-1916) 115,249
フリア、チャールズ・ラング (Freer, Charles Lang 1855-1919) II
フリードリヒ大王 (Friedrich II 1712-1786) 8,III
ブリュアン、アリスティド (Bruant, Aristide 1851-1923) 156
プリル=シュレーマン、ティリー (Prill-Schloemann, Tilly) III,179
ブルリューク、ダヴィド・ダヴィーダヴィチ (**Бурлюк, Давид Давидович** 1882-1967) IX,221,222,228
ブリンクマン、ユストゥス (Brinckmann, Justus 1843-1915) III,77
プルーヴェ、ヴィクトール (Prouvé, Victor 1858-1943) 151
プルーヴェ、ジャン (Prouvé, Jean 1901-1984) 179
プレヴォ、アベ (Prévost, Abbé 1697-1763) 12
フレーゲル、マチルデ (Flögl, Mathilde 1893-1950) 130
フロイト、ジグムント (Freud, Sigmund 1856-1939) 129
ブロイヤー、マルセル (Breuer, Marcel 1902-1981) 83,92,94,96,230
ブローク・アレクサンドル・アレクサンド

ロヴィチ（**Блок, Александр Александрович** 1880-1921） 228
フンデルトヴァッサー（Hundertwasser 本名 Stowasser, Friedrich 1928-2000） Ⅳ,119

へ

ベアト、フェリックス（Beato, Felix 1825-1904?） 3
ペアン、ルネ（Péan, René 1875-1940） 154
ヘイッキラ、シモ（Heikkila, Simo 1943-） 272
ヘッガー、M.（Hegger, Manfred） 110,111
ベックマン、ヴィルヘルム（Böckmann, Wilhelm 1832-1902） Ⅲ,77,85-88
ペッシェ、ガエターノ（Pesce, Gaetano 1939-） 145
ベッリーニ、マリオ（Bellini, Mario 1935-） Ⅴ,145
ペデルセン、アイナー（Pedersen, Ejnar） 276
ペッヒェ、ダゴベルト（Peche, Dagobert 1887-1923） 130
ベニート（Benito, Eduard-Gareia 1891-?） 162
ヘニングセン、ポール（Henningsen, Poul 1894-1967） 275
ペヒシュタイン、マックス（Pechstein, Max 1881-1955） 100
ペヴスナー、ニコラウス（Pevsner, Nikolaus 1902-1983） Ⅰ,7,83,263
ペリー、マシュー・カルブレイス（Perry, Matthew Calbraith 1794-1858） 23,Ⅱ
ペリアイネン、タピオ（Periäinen, Tapio 1929-） Ⅻ,266,276
ペリアン、シャルロット（Perriand, Charlotte 1903-1999） 97,Ⅵ,177-183
ヘーリング、フーゴ（Häring, Hugo 1882-1958） 107
ベルツ、エルヴィン・フォン（Bälz, Erwin von 1849-1913） Ⅲ
ヘルツォーク（Herzog, Jaques 1949-） 239
ペルツィヒ、ハンス（Poelzig, Hans 1869-1936） 84,230
ベルトン、ポール（Berthon, Paul 1872-1909） 156
ベルナール、サラ（Bernhardt, Sarah 1844-1923） 156
ベルレプシュ＝ファレンダス（Berlepsch-Valendas, Hans Eduard von 1849-1921） 77
ベーレンス、ペーター（Behrens, Peter 1868-1940） 79,80,98
ヘンダースン、フィリップ（Henderson, Philip） 31
ヘンツェル、ジョルジュ（Hoentschel, Georges 1855-1915） 151
ベンデルマイエル、ベドジフ（Bendelmayer, Bedřich 1872-1932） 258
ヘンリー、ジョージ（Henry, George 1858-1943） Ⅰ,34

ほ

ホイジンハ、ヨーハン（Huizinga, Johan 1872-1945） 187
ボイス、ジョージ・プライス（Boyce, George Price 1826-1897） 25
ホイッスラー、ジェイムズ・アボット・マクニール（Whistler, James Abbot McNeill 1834-1903） Ⅰ,18,20,25,32,33,35
ボウシュカ、シギスムンド（Bouška, Sigismund 1867-1942） 252
ボッタ、マリオ（Botta, Mario 1943-） Ⅴ,239
ホップ、フェレンツ（Hopp, Ferenc 1833-1919） Ⅺ,252,253
ボードレール、シャルル（Baudelaire, Pierre-Charles 1821-1867） 150,200
ボナール、ピエール（Bonnard, Pierre 1867-1947） 156
ホーネル、エドワード（Hornel, Edward Atkinson 1864-1933） Ⅰ,34
ホフマン、ヨーゼフ（Hoffmann, Josef 1870-1956） Ⅳ,116,117,118,119,129,130,131,132
ポポーワ、リュボーフィ・セルゲエーブナ（**Попова, Любовь Сергеевна** 1889-1924） 227,228
ホラ、カレル・ヤン（Hora, Karel Jan 1880-1970?） Ⅺ,252,259
堀江悟郎（Horie Goro 1917-1999） 43-46
堀口捨己（Horiguchi Sutemi 1895-1984） 199,Ⅲ,Ⅷ,205,207,212,Ⅻ
ホルム、チャールズ（Holme, Charles 1848-1923） 32
ホロウハ、ヨエ（Hloucha, Joe 1881-1957） Ⅺ,251,252
ポワレ、ポール（Poiret, Paul 1879-1944） 152
本間久雄（Honma Hisao） 30

ま

マイヤー、ハンネス（Meyer, Hannes 1889-1954） 95,237
マイヤー＝グレーフェ、ユリウス（Meier-Graefe, Julius 1867-1935） Ⅵ,152
前川国男（Maekawa Kunio 1905-1986） 172,173,174,240,241,242,264
前田健二郎（Maeda Kenjiro 1892-1975） 173
槇　文彦（Maki Fumihiko 1928-） Ⅵ,242
マクドナルド、マーガレット（Macdonald Margaret 1864-1933） 34,35
マジョレル、ルイ（Majorelle, Louis 1859-1926） 151
益子義弘（Masuko Yoshihiro） 266
増野正衛（Masuno Masae 1913-1985） 31
町田隆要／信次郎（Machida Ryuuyo/Shinjiro 1871-1955） 158
町田久成（Machida Hisanari 1838-1897） Ⅰ
マッカシー、フィオナ（MacCarthy, Fiona） 31
マッカリ、チェーザレ（Maccari, Cesare 1840-1919） 138
松浦静山（Matsura Seizan 1760-1841） 12,14
松浦隆信（Matsura Takanobu 1590-?） 12
松浦信實（Matsura Nobuzane 1550s-1621） 12
松尾儀助（Matsuo Gisuke 1837-1902） 125
松岡　寿（Matsuoka Hisashi 1862-1944） Ⅴ,137,138,139
マッキントッシュ、チャールズ・レニー（Mackintosh, Charles Rennie 1868-1928） iii,Ⅰ,6,32-35,38,39,41,79,80,130
マッケイル、J. W.（Mackail, John William 1859-1945） 30
松下幸之助（Matsushita Kounosuke 1894-1989） 53
マットソン、ブルーノ（Mathsson, Bruno 1907-） 274,276
松村達雄（Matsumura Tatsuo） 31
マーティン、ウォルター（Martin, Walter 1859-1912） 26
マーティン、エドウィン（Martin, Edwin 1860-1915） 26
マーティン、ロバート・ウォーレス（Martin, Robert Wallace 1843-1923） 26
マネ、エドゥワール（Manet, Edouard 1832-1883） 18
マーモントフ、サーヴァ・イヴァーノヴィチ（**Мамонтов, Савва Иванович** 1841-1918） 223
マヤコフスキイ、ウラジーミル・ウラジーミロヴィチ（**Маяковский, Владимир Владимирович** 1893-1930） 222
マーラー、グスタフ（Mahler, Gustav 1860-1911） 129
マリューチン、セルゲイ・ヴァシーリエヴィチ（**Малютин, Сергей Васильевнч** 1859-1937） 223
マリリエ、ピエール＝クレマン（Marillier, Pierre-Clément） 15
マルケリウス、スヴェン（Markelius, Sven 1889-1972） 273
マルゴールド、エマニュエル・ヨーゼフ（Margold, Emmanuel Josef 1888-1962） 118
マルセル、アレクサンドル（Marcel, Alexandre 1860-1928） 195
円山応挙（Maruyama Oukyo1733-1795） 11
マレーヴィチ、カジミール・セベリーナヴィチ（**Малевич, Казимир Северинович** 1878-1935） Ⅳ,223,224,225,226,227

み

ミキ・イサム（Miki Isamu） 245
御木本隆三（Mikimoto Ryuuzo 1894-1971） 29
ミショット、エドモン（Michotte, Edmond 1831-1914） Ⅶ
ミース・ファン・デア・ローエ、ルートヴィヒ（Mies van der Rohe, Ludwig 1886-1969） 80,84,92,96
水谷武彦（Mizutani Takehiko 1898-1965） Ⅲ,82
宮内順治（Miyauchi Junji） Ⅲ
宮崎謙三（Miyazaki Kenzo） Ⅵ
宮下孝雄（Miyashita Takao 1891-1972） 118
ミューダル、アルヴァ（Myrdal, Alva） 273
ミュシャ、アルフォンス（Mucha, Alphons 1860-1939） Ⅵ,152,156,250
ミューラー＝ブロックマン（Müller-Brockmann, Josef 1914-1996） Ⅹ,243
ミュレール、ウジェーヌ（Murer, Eugène 1845-1906） 156

む

ムーア、アルバート・ジョゼフ（Moore,

Albert Joseph 1841-1893) 25,32
向井周太郎（Mukai Shutaro 1932-） 83
ムッソリーニ、ベニト（Mussolini, Benito 1883-1945） 140,142
ムテジウス、ヘルマン（Muthesius, Hermann 1861-1927） 90
武藤　章（Muto Akira 1931-1985） XII
ムニエ、ジョルジュ（Meunier, Georges 1869-1934） 154
ムハ、アルフォンス（Mucha, Alfons 1860-1939）→ミュシャ、アルフォンス
村野藤吾（Murano Tougo 1891-1984） XII,264
村山知義（Murayama Tomoyoshi 1901-1977） 205,216,217,Ⅳ,228

め

メドネツキイ、コンスタンチン・コンスタチーナヴィチ（**Меднецкий, Константин Констанович** 1899-1936） 226
メーリニコフ、コンスタンチン・スチェパーノヴィチ（**Мельников, Константин Степанович** 1890-1974） 227
メンデルゾーン、エーリッヒ（Mendelsohn, Erich 1887-1953） 42,131
メンペス、モーティマー（Menpes, Mortimer 1860-1938） I,26

も

モーザー、ウェルナー（Moser, Werner Max 1896-1970） 237
モーザー、カール（Moser, Karl 1860-1936） X,237
モーザー、コロマン（Moser, Koloman 1868-1918） Ⅳ,118,129,130
モース、エドワード（Morse, Edward Sylvester 1838-1925） ii,iii,II,49,61
本木良永（Motoki Yoshinaga 1735-1794） 12
本野精吾（Motono Seigo 1882-1944） 211
モネ、クロード（Monet, Claude 1840-1926） 11,18,191
モホイ＝ナジ、ラースロ（Moholy-Nagy, László 1895-1946） 83,250
モリス、ウィリアム（Morris, William 1834-1896） I,6,17,26,28-31,38,104,105,263,265
モリス、ジェーン（Morris, Jane 1839-1914） 31
モリス、メイ（Morris, May 1862-1938） 30
森　有礼（Mori Arinori 1847-1889） I
森　鷗外（Mori Ougai 1862-1922） 20,III
森本厚吉（Morimoto Koukichi 1877-1950） II
モンドリアン、ピエト（Mondriaan, Pieter Cornelis 1872-1944） VIII

や

ヤコブセン、アルネ（Jacobsen, Arne 1902-1971） 275
安田禄造（Yasuda Rokuzo 1874-1942） Ⅳ,117,118,119
ヤシェンスキ、フェリクス（Jasienski, Feliks 1861-1929） XI,254,255,256
柳川重信（Yanagawa Shigenobu 1787-1832） 13
柳　宗理（Yanagi Munemichi 1915-） V,143,180
柳　宗悦（Yanagai Muneyoshi 1889-1961） I,29,180
柳瀬正夢（Yanase Masamu 1900-1945） 228
山口文象（Yamaguchi Bunzo 1902-1978） III,229,238
山越邦彦（Yamagoshi Kunihiko） 95
山下りん（Yamashita Rin 1857-1939） 221
山瀬隆一（Yamase Ryuichi） 245
山田　守（Yamada Mamoru 1894-1966） 118,199
山高離信（Yamadaka Nobutsura 1842-1907） 125
山本拙郎（Yamamoto Setsuo 1890-1944） III
山本耀司（Yamamoto Youji 1943-） 136
山脇　巖（Yamawaki Iwao 1898-1987） III,82,94,141,264
山脇道子（Yamawaki Michiko 1910-2000） III,82

ゆ

湯浅　譲（Yuasa Yuzuru） 95

よ

吉雄耕牛（Yoshio Kougyuu 1724-1800） 8
吉阪隆正（Yoshizaka Takamasa 1917-1980） VI,174,242
吉田悦蔵（Yoshida Etsuzo 1897-1942） 70
吉田享二（Yoshida Kyouji 1887-1951） 96
吉田鉄郎（Yoshida Tetsuro 1894-1956） III,107,X,237,238,XII,264

芳武茂介（Yoshitake Mosuke 1909-1993）XII
ヨハンソン＝パッペ、リサ
(Johanson-Pape, Lisa) XII,270

ら

ライト、フランク・ロイド（Wright, Frank Lloyd 1867-1959）
iii,II,50,51,55-66,80,171,XI,263
ライレッセ、ヘラル・デ（Lairesse, Gérard de 1641-1711） 8
ラヴィノーヴィチ、イサク・モイセーエヴィチ（**Рабинович, Исаак Моисеевич** 1894-1961） 227
ラウエリクス、ヨハネス・ルトヴィクス・マチウス（Lauweriks, Johannes Ludovicus Matheus 1864-1932） 80
ラグーザ、ヴィンチェンツォ（Ragusa, Vincenzo 1841-1927） V,137,138
ラグーザ、玉（Ragusa, Tama 1861-1939）138
ラシネ、アルベール・シャルル・オーギュスト（Racinet, Albert Charles Auguste 1825-1893） VI,150
ラスキン、ジョン（Ruskin, John 1819-1900）
20,29,30,104
ラスムッセン、S. E.（Rusmussen, S. E.） XII
ラッシュ、ハインツ（Rasch, Heinz 1902-） 95
ラッシュ、ボード（Rasch, Bodo 1903-） 95
ラムステット、G. J.（Ramstedt, Gustaf John 1873-1959） XII,269
ラヤリン、ボルイェ（Rajalin, Börje）XII,270
ラリオーノフ、ミハイル・フョードロヴィチ（**Ларионов, Михаил Федорович** 1881-1964） 221,223
ラリック、ジュール＝ルネ（Lalique, Jules-René 1860-1945） VI,152
ランキン、ウィリアム・ジョン・マッコーン（Rankine, William John Macquoron 1820-1872） I,33

り

リカルツ、マリア（Likarz, Maria 1893-1956） 130
リシツキイ、エリ（**Лисицкий Эль** 1890-1941） 217,IX,224,225,226,227,228,234
リーチ、バーナード（Leach, Bernard 1887-1979） I,7,27
リチャーズ、J. M.（Richards, James Maude 1907-） I
リード、アレクサンダー（Reid, Alexander 1853-1928） 34
リード、ハーバート（Read, Herbert 1893-1968） I
リートフェルト、ヘリット・トーマス（Rietveld, Gerrit Thomas 1888-1964）
109,131,VIII,206,209,210,211
リバティ、アーサー・レイゼンビー（Liberty, Arthur Lasenby 1843-1917） I
リーマーシュミット、リヒアルト（Riemerschmid, Richard 1868-1957）
77,79
リュノワ、アレクサンドル（Lunois, Alexandre 1863-1916） 151
リュルサ、アンドレ（Lurcat, André 1894-1970） 96
リルケ、ライナー・マリア（Rilke, Rainer Maria 1875-1926） 77

る

ル・コルビュジエ（Le Corbusier 1887-1965）96,97,VI,165,171-176,177,178,179,180,181,182,207,210,211,229,X,237,238,240,242,263,264
ルソー、フランソワ＝ウジェーヌ（Rousseau, François-Eugène 1827-1891） 151
ルーダー、エミル（Ruder, Emil 1914-1970）
X,243,244,245,246
ルックハルト、ハンス（Luckhardt, Hans 1890-1954） 96
ルックハルト、ヴァシリー（Luckhardt, Wassili 1889-1972） 96
ルドン、オディロン（Redon, Odilon 1840-1916） 191
ルノワール、ピエール＝オーギュスト（Renoir, Pierre-Auguste 1841-1919） 191
ルパプ、ジョルジュ（Lepape, Giorges 1887-1971） 162
ルフェーヴル、ルシアン（Lefévre, Lucien 1850頃-没年不詳） 155
ルペール、オーギュスト＝ルイ（Lepère, Auguste-Louis 1849-1918） 151
ルーポ、シャルル（Loupot, Charles 1892-1962） 157

れ

レイツ、ヒシベルト・クレティエン・ボッス（Reitz, Gisibert Crétien Bosch 1860-1938） Ⅷ,215
レイモンド、アントニン（Raymond, Antonin 1889-1976） II,171,174,175,238,XI
レヴィ、エミール（Levy, Emile） 155
レヴィ、シャルル（Levy, Charles） 155
レオナルド・ダ・ヴィンチ（Leonardo da Vinci 1452-1519） 141
レオポルド二世（Leopold II 1835-1909） Ⅶ,189,195
レガメ、フェリックス（Régamey, Félix 1844-1907） Ⅵ,151
レザノフ、ニコライ（Rezanov, Nikolai 1764-1807） Ⅳ,221
レサビー、ウィリアム・リチャード（Lethaby, William Richard 1857-1931） 6
レジェ、フェルナン（Léger, Fernand 1881-1955） Ⅵ,181,182
レツル、ヤン（Letzel, Jan 1880-1925） XI,252,257-260
レベール、エミール＝オーギュスト（Reiber, Emile-Auguste 1826-1893） Ⅵ,151
レメンス、ジャン（Lemmens, Jean 1945-） 202
レンブラント、ファン・レイン（Rembrandt, Harmensz. van Rijn 1606-1669） 8,Ⅷ

ろ

ローウィー、レイモンド（Loewy, Raymond 1893-1986） II,53
ロジャーズ、リチャード（Rogers, Richard 1933-） Ⅵ
ローゼ、リヒャルト・パウル（Lohse, Richard Paul 1902-1988） Ⅹ,243
ロセッティ、ダンテ・ゲイブリエル（Rossetti, Dante Gabriel 1828-1882） 25,31,32
ロース、アドルフ（Loos, Adolf 1870-1933） 104,129
ロッシ、アルド（Rossi, Aldo 1931-1997） 145
ロート、アルフレッド（Roth, Alfred 1903-1998） Ⅹ,238
ロトチェンコ、アレクサンドル・ミハイロヴィチ（**Родченко, Александр Михаилович** 1891-1956） Ⅸ,223,224,226,227,228
ロラク＝ゲルボー、アンドレ（Lorac-Gerbaud, Andrée） 166
ローレンツ、アントン（Lorenz, Anton） 96

わ

ワイダ、アンジェイ（Wajda, Andrzej 1926-） XI,250,254,256
ワイルド、オスカー（Wilde, Oscar 1854-1900） 23,27
若井兼三郎（Wakai Kenzaburo 1834-1908） Ⅵ,149
ワーグマン、チャールズ（Wirgman, Charles 1832-1891） I,3,19
ワグネル、ゴットフリート（Wagner/Wagener, Gottfried 1831-1892） Ⅲ,115,122,124,125
和田三造（Wada Sanzo 1883-1967） 158
和辻哲郎（Watsuji Tetsuro 1889-1960） 17

A History of Japanese and Western Design: exchange and influence

Edited by *Design History Forum*, Osaka University (Haruhiko Fujita, Chief Editor)

BRITAIN AND JAPAN Since the days of Charles Wirgman (an English cartoonist), Thomas Glover (a Scottish trader), and Thomas Waters (an Irish engineer), cultural interaction between Britain and Japan has been close and diverse. In architecture, for example, not only British architects but also British architectural books played important roles in the development of Western-style architecture in *Meiji* Japan. In decorative arts and design in general, some Japanese specialists and governmental organizations were under the influence of the so-called South Kensington school. The Garden City movement attracted the attention of city planning specialists in Japan in the late 1900s. Since the 1970s when Japanese technology and economy rapidly developed, modern Japanese design has been watched with keen interest in Britain, while the intrinsic value of traditional British culture has been appreciated in Japan particularly since the 1980s when Japanese economic development began to slow down (figs. 1,2,3). (Haruhiko Fujita, Osaka University)

The International Transmission of Paintings and Prints in the *Edo* Period: With Particular Emphasis on Erotica

Timon Screech, University of London, SOAS / SISJAC

Studies into the transmission of pictorial styles and of design have tended to deal with the exchange of motifs. Scholars look for evidence of how a certain form or arrangement, or a certain subject, moved from one culture to another. This can be done in the case of *ukiyo-e* prints, which came to Europe in the late 19th century and were greatly admired. Their influence is to be seen in the draftsmanship and imagery of much European work of the period. This type of art-historical endeavour is useful, but it does not address the way in which specific pictures or other items crossed the world. In this paper I shall take up the example of some specific items that can be shown to have moved: my focus is on material objects, rather than motifs. I have also chosen to concentrate on erotica. There are several reasons for this. Firstly, I have studied that area of art extensively and so hope I have some new discoveries to offer. Secondly and more importantly, erotica was central to the movement of pictures in the early modern period. Transporters of pictures were normal international traders, and they were men who spent long periods of time on ship with no female company. In such a context, it is not surprising that pictures relating to the release of sexual tension should have been desired. I shall look at how Japanese images were brought to Europe (especially to England) and then to the USA, and at how European pictures were brought to Japan. There was a two-way exchange. The import to Japan of European peep-boxes *(nozoki megane)* is relevant here, as often they had semi-pornographic uses. The import of *ukiyo-e* to Europe is also highly germane (figs.4,5,6,7,8).

Japanese Interaction with Britain in Art Theory

Tsunemichi Kambayashi, Osaka University

At the beginning of the acceptance of Western painting, Japanese painters paid all attention to its technique of the so-called "True-to-Life," to imitate objects just in their appearance. Ernest Fenollosa, an American scholar then active in Japan, protested against this and insisted that to express "Idea" is the most important thing for painting, in his theory of "*Bijutsu Shinsetsu.* " This made the *Meiji* government start to promote traditional arts of Japan. Fenollosa and Tenshin Okakura were key figures in this new movement. For Okakura, the most important thing was neither *ukiyo-e* nor Buddhist art, by which Fenollosa was deeply impressed. It was *Kano*-School painting inherited from the *Ashikaga* era. This Japanese return to the medieval tradition might have been modeled after contemporary British art movements such as the Pre-Raphaelite or the Arts and Crafts movement, because this return started after their visit to Britain and Europe in 1886.

Since Okakura, the essence of Japanese culture has been interpreted exclusively related with stoic spiritualism. However, it was pleasure-seeking sensualism of *Edo* on which *ukiyo-e* was based. The aesthetic consciousness of sensualism was opposed to that of spiritualism. These two had to be harmonized. A philosopher treated the former aesthetic consciousness of *Yuri*, the pleasure quarters as an aesthetic theme. It was Shuzo Kuki, well-known for his *Structure of Iki*. In this book, however, this consciousness was unfortunately reduced into the resignation that Buddhism preaches or into stoicism of *Bushi-do*, the way of *samurai*. In considering the original artistry of *ukiyo-e* of *Edo* art, Kafu Nagai protested against these two measures; one was applied from the outside world ignoring Japan's cultural identity, the other being a traditional system that Nagai called "the governmental art of vanity."

Japanese Art: Catalyst of Victorian Decorative Design Lionel Lambourne, The Victoria and Albert Museum

In the middle of the 19th century, in Britain as well as in France, artists were enthusiastic over the novel arts of Japan. In Britain, however, the reaction to the influence of Japanese art was, as opposed to the European countries, to manifest itself in the decorative, rather than fine arts. For instance, "Anglo-Japanese" furniture designed by E. W. Godwin shows a form from the Japanese *Torii*. And Christopher Dresser adopted Japanese motifs such as flowers or birds in his ceramics and metalwork. As a result, many English potters and silversmiths became familiar with the arts of Japan and began to experiment. Like Godwin and Dresser, people who showed their interest in Japanese art in the early 1860s were architects or designers.

While Japanese art influenced painters, it was taken up in the decorative arts and appeared in Victorian daily life. Fashionable people began to decorate their homes with Japanese objects such as tables designed by Godwin, ceramics with Japanese motifs, Japanese fans on the wall, and the like. These men and women were often satirized in operettas. With the rise of the Aesthetic Movement, Japanese art had penetrated into the Victorian life and society (figs.9,10,11,12,13).

The Influence of William Morris in Japan Minoru Tada, Otani University

Since the days of Lafcadio Hearn who started to teach British poetry at Tokyo Imperial University in 1896, William Morris has been known among the intellectuals of Japan. A eulogy of Morris was carried in December 1896 issue of the *Teikoku Bungaku*. Even during Morris' lifetime, there had been a short reference to his poetry in Tamotsu Shibuya's *History of British Literature* published in 1891. Since the late 1980s, Morris has been known to a much larger public in Japan, however, for design rather than for literature in this case. In 1996, we observed the centenary of William Morris' death, and 2000 marked that of John Ruskin. Major Morris exhibitions were held in Kyoto,Tokyo, and Nagoya in 1997, following the centenary exhibition at the Victoria & Albert Museum. The influence of these two key figures in the aesthetic thought of the 19th century was very profound in Japan. And, it is still felt today (figs. 14,15,16).

Japan's Influence on Charles Rennie Mackintosh Hiroaki Kimura, Kobe Design University

Photographs of the drawing room of 120 Mains Street, Glasgow, indicate a relationship between Japan and Charles Rennie Mackintosh. There were a pair of Japanese woodprints and ceramic bowls on its chimneypiece. In the architect's own house, he avoided the traditional Western interior. Instead, he put posts and beams in a style evocative of a Japanese interior. With his wife Margaret, Mackintosh shared a strong interest in Japanese art. For both of them, Japanese art was an important source of inspiration.

In his earlier work, the Glasgow School of Art, as well as some later work, Mackintosh also used Japanese forms and motifs. Unlike his forerunners of the Aesthetic Movement, however, he did not imitate them but abstracted, re-arranged, and integrated them into his design (figs.17,18,19).

A Japanese Interaction with British Architecture: Goichi Takeda and Art Nouveau in Japan
Hiroshi Adachi, Kobe University

Goichi Takeda was one of the first proponents of Art Nouveau or Secession architecture and design in Japan. Though educated as an architect in Japan, Takeda was later ordered by the government to study design general in Europe before being appointed as a professor of design at the newly-founded Higher School of Technology and Design, Kyoto, one of the first governmental schools directly related to design education. Takeda later covered a wide area of design. His far-reaching activities were perhaps based on his observation of the Arts and Crafts movement. While living in London, Takeda visited the Glasgow International Exhibition held in 1901. He made lots of sketches and wrote notes on the works of Glasgow school. His short visit to Vienna seems to have been similarly instructive. Takeda was not a mere proponent of Art Nouveau in Japan. After Fukushima House, he tried to combine the modern Western and traditional Japanese house (figs,20,21,22,23,24,25,26,27,28).

Reyner Banham and Goro Horie Naoki Matsubara, Kyoto Prefectural University

In 1981, Goro Horie, one of the most eminent scholars in the field of environmental control in Japan, published his Japanese translation of *The Architecture of the Well-tempered Environment*, history book written by Reyner Banham, a leading architectural and design historian from Britain. It is worth thinking about the reason why Horie got started on this new project late in his career. Through his career as an

architectural critic and historian, Banham tried to deny the monopolizing power of the visual side of architecture. It was a rare attitude for an architectural and design historian. Horie shared this opinion and deplored the lack of knowledge about environmental control among architectural designers. Horie found *The Architecture of the Well-tempered Environment* one of the best books to improve this situation. As a scientist busily occupied with experiment and mathematical analysis, he chose to translate it instead of writing his own book. In a sense, Horie's strong interest in design was a legacy of Japanese history in which the new field of architectural environment control had evolved from the field of traditional architectural design (figs.29,30).

THE UNITED STATES AND JAPAN Edward S. Morse, Ernest Fenollosa, Frank Lloyd Wright, and Tenshin Okakura were among those who played significant parts in the U.S.-Japan interaction in art and design before World War II. Nevertheless, it is generally believed that design specialists in Japan who had been mostly interested in European design, finally turned their eyes to American design only after the war. Numbers of Japanese specialists, however, has already shown strong interest in American industrial design even before the war. One of the most famous American designers of postwar Japan was Raymond Loewy whose book, *Never Leave Well Enough Alone*, was translated into Japanese by an influential politician in 1953. It was the year when many industrial design offices were established in Tokyo. However, a much greater American influence on Japanese design after the war were the new ways of thinking and various systems such as art director system, CI, DTP, CAD/CAM, or Internet system (figs.31,32). (Haruhiko Fujita, Osaka University)

Frank Lloyd Wright and Japanese Architecture Masami Tanigawa, Nihon University

In the late 19th century American architects typically traveled to Paris to study architecture at the École des Beaux-Arts, bringing their classical training back with them. Although Frank Lloyd Wright had the opportunity to go to France, he was more interested in Japan. He finally made his trip to Japan in 1905, and visited various places including Tokyo, Yokohama, Hakone, Kyoto, Takamatsu, and Nikko. After returning to Oak Park, Wright was commissioned to design the Unity Temple, where he adapted the "double core plan" of Japanese architecture perhaps from some shrines he had seen in Nikko. However, it was actually in 1893 when Wright had first witnessed the "double core plan." The *Ho-o-den* built in Jackson Park of Chicago on the occasion of the World's Columbian Exposition had a "double core plan." This is just one example. Affinity between Wright's buildings and traditional Japanese architecture could be found in various features such as the corner window, open and flowing plan, built-in furniture, or variety of ceilings. Throughout his life he denied the influence of Japanese architecture on his work, except as "confirmation" of his own ideals. However, the concept of organic architecture that he espoused is rooted in Japanese culture (figs.33,34,35).

Frank Lloyd Wright and Japanese Art Seishi Namiki, Kyoto Institute of Technology

Frank Lloyd Wright adopted Japanese arts and crafts in his daily life. For example, he used a lacquered box as a pencil case and Buddhist sculpture as an interior ornament. However, his use of folding screen was different. In some cases, the sizes of walls were designed on the assumption that screens were to be inlaid. In contrast to a wall on which framed paintings may be hung, those walls were arranged particularly for screens. Some existing photographs show that different screens were displayed on the same wall. Although it is unknown how deeply Wright was versed in the significance of the Japanese folding screen, such as their auspicious, seasonal and edifying character, it is at least possible to note that he recognized their ornamental value.

In this paper, I focus on Japanese folding screens, which constitute an important part of Wright's collection. After observing many examples, I analyze their use. Consequently, the following two points can be made. First, the use of the folding screens is not merely a manifestation of his "Japanophilism," but is rather an important compositional element. Second, there is a possibility that he understood their original uses. Through these two points, this research allows us to profile Frank Lloyd Wright, as an architect who was interested in Japanese art (figs.36,37,38,39,40,41,42,43).

William Merrell Vories and his View of the House Masaaki Yamagata, Osaka University of Arts

In 1905, another American, William Merrell Vories, came to Japan. Unlike Frank Lloyd Wright, he stayed and built many houses and buildings. After having taught English at a school of commerce, Vories established Omi Mission in Shiga prefecture, and started to design buildings in Kyoto, and finally established his own architectural office in Omi-Hachiman in 1920. Though not educated as an architect, Vories was successful in his architectural practice. Kwansei Gakuin (Nishinomiya), Daimaru department store (Osaka), and Yamanoue Hotel (Tokyo) are among major buildings he designed. Vories designed and built almost 200 Western-style houses in Japan. A small cottage he built in Karuizawa became a model of the so-called "Karuizawa-type cottage." Though not so internationally famous as Wright, Vories exerted a far-reaching influence on residential life styles in modern Japan (figs.44,45).

A Model for a New Dwelling Style in Postwar Japan Hirozo Sano, Kobe Design University

Before World War II, the *Seikatsukaizen* (reformation of the mode of living) movement led by the government had played some role in the improvement of living conditions in Japan. In postwar Japan, influence from the U.S. was significant in this regard. There were two periodicals which actively took part in this issue. The *Kogei News* edited by the Industrial Arts Research Institute was an organ that spread information concerning the American way of life among Japan's industrial circles. The institute belonged to the Ministry of Commerce and Industry, later Ministry of International Trade and Industry. It was also in charge of design and production of the so-called DH furniture for the Dependent Houses for families of the U.S. forces in postwar Japan. In 1951, *Modern Living* was started. It was a pioneering magazine of house design for general readers. It was partly based on an American magazine, *Arts & Architecture*. While the *Kogei News* played an enlightening role for Japan's postwar industrial world, *Modern Living* played a similar role for the general public (figs.46,47,48).

GERMANY AND JAPAN The term of "Japonisme" is sometimes misleading, because it makes some people believe that it was a solely French phenomenon. It also existed in Britain and the U.S. (Japanism), Germany (Japanismus), and many other European countries. Though Germany might have lagged behind France, Britain, and the U.S. in this respect, the rise of Japonisme in Germany had a special significance in the history of modern design. In Germany or northern Europe in general, traditional Japanese art seems to have worked as a catalyst for transformation of decorative arts to modern design. This transformation was led by such pioneers as Otto Eckmann, Henry Van de Velde, Peter Behrens, Bruno Taut, or Walter Gropius. This phenomenon could be called Space Japonisme, being distinguished from general Japonisme which is mostly concerned with decorative aspects of art (figs.49,50,51). (Rikiya Koseki, Takaoka National College)

In Japan, influence from Germany was very strong in the prewar years. Especially, the design idea of the Bauhaus exerted a great effect on Japan. Understanding of the Bauhaus in Japan considerably changed from the prewar to the postwar periods. In prewar days, most Japanese specialists regarded the Bauhaus as a symbol of absolute modernism, but the postwar generation came to see the Bauhaus as a complex of various design concepts. In contemporary architecture and design in Japan, influence from Germany seems to have decreased. However, in some specific fields such as ecological design, Germany has had considerable influence on Japan (figs.52,53). (Hiromitsu Umemiya, Kobe University)

European and Japanese Styles in the Architecture of Ende & Böckmann

Masaaki Horiuchi, Showa Women's University

In 1886-87, Ende & Böckmann, a Berlin-based architectural firm, made a city plan of Tokyo and designed several government buildings in central Tokyo. Hermann Ende tried to incorporate Japanese features into his design for those buildings. His general approach was to combine Western and local elements in the places for which he designed his buildings. In 1898, another firm, Zaal & Vahl won the design competition for the new buildings of Berlin Zoo. The buildings completed in 1899 were of Japanese style with many East Asian features. In the 1870s, Berlin Zoo constructed numbers of buildings for various animals. The firm commissioned to design these buildings was Ende & Böckmann. Their design reflected architectural styles of particular places from where particular animals came to Berlin. For example, an elephant house was designed in an Indian style. A Japanesque aviary was later built by another firm for *Grus Japonensis*. Wilhelm Böckmann purchased numbers of craftworks, photographs, and Buddhist statues during his stay

in Japan. This statue was presented to the aviary in Berlin Zoo. He was a jury for the 1898 design competition, and its winner, Zaal had worked for Ende & Böckmann. Thus, Ende & Böckmann played an important part in cultural interaction in art and architecture between Germany and Japan in the last quarter of the 19th century (figs.54,55,56,57,58).

The Influence of the Early "Deutsche Werkbund" on Japan Toru Yabu, Osaka University of Arts

In 1909 Heinrich Waentig, a German economist and sociologist, came to Japan. He stayed till 1913 and gave lectures on economics and public finance at the Tokyo Imperial University. He was an active member of the "Werkbund" from 1908. He published a book entitled *Wirtschaft und Kunst* in 1909, that treated history and theory of modern industrial arts movement and discussed cultural issues in the "Werkbund". This book stimulated a group of Japanese economists and sociologists, including Kazuzo Ichikawa and Yasunosuke Gonda, to pursue their studies of industrial arts. In the early 1930s, a group of progressive art critics, led by Takaho Inagaki, began to take interest in the "Werkbund" movement and consider the relationship between new art and industrial civilization. The ideas of the early "Werkbund" might have exerted a far-reaching influence on art and design movement of modern Japan (figs.59,60).

The Tubular Steel Chair made in Japan in the 1930s: Echoes of the Bauhaus and its Historical Context Hiromitsu Umemiya, Kobe University

It was in July 1928 when the tubular steel chairs designed by Mart Stam, Mies van der Rohe, and Marcel Breuer appeared in a Japanese architectural magazine for the first time. It was one year after the Werkbund exhibition "die Wohnung" opened in Stuttgart's Weißenhof estate on July 1927. Some tubular steel chairs had been displayed there. Some young architects and designers of Japan sensitive to new trends of European design knew the tubular steel chairs through some magazines. At the beginning of the 1930s, some Japanese avant-garde architects designed their original tubular steel chairs and installed them in the houses they designed. They considered that the tubular steel chairs embodied the idea of modernist design in their pure forms. At the same time, some Japanese manufacturers started mass production of various tubular steel chairs simulated European chairs like those of Thonet. There was almost no custom of using chairs in a common life in Japan at this time. The tubular steel chairs were put in the parlors of department stores or some ballrooms. The common people saw these chairs as a symbol of ultra modern city manner. (figs.61,62,63,64,65).

"Proportion" for Bruno Taut and Japanese Culture Rikiya Koseki, Takaoka National College

In 1933, on a train of trans-Siberian railway, Bruno Taut wrote that he had once tried to disclose secrets kept in traditional Japanese art and design that might help reform traditional European styles in the new industrial age. In 1934, Taut published *Nippon in* which he described purity, serenity, and simplicity of Japanese beauty. It was followed by his second book in Japan, *A Private View of Japanese Culture*. However, in 1935 when he was writing *Houses and People of Japan*, Taut felt that he should understand the essence of Japanese aesthetics, and before that he was unable to write any more about Japanese beauty. He returned to the issue of "Proportion" dealt in his *Natur und Baukunst* written in 1904. A half-year between July 1935 and January 1936 was a period of agony for him. A salvation came from Kant's philosophy in which Taut discovered a meaning of "Proportion" beyond nature as well as architecture. Taut seems to have found something similar to what we call "*Ma*" in Japanese. In his case, however, his concept of "Proportion" embraced "Soziale Gedanke" as well. In this meaning, Taut wrote that architecture is the art of "Proportion" (figs.66,67,68,69,70).

Egon Eiermann: A Japanese House in Germany Karin Kirsch, Stuttgart Technical University

For Egon Eiermann, the book by Tetsuro Yoshida, written in 1935 on the advice of German architects Hugo Häring and Ludwig Hilberseimer, was of considerable importance. Again and again, his students tell us, he mentioned *The Japanese House* in his lectures. Eiermann and Japan go together: firstly because his clean and principled solutions, his obsession with detail are exemplary, and secondly because despite his eye for the tiniest, most inconspicuous element he never lost sight of the overall context. Eiermann's inclination towards Japan, which can be sensed quite clearly in his work, has developed and become more profound over decades. Eiermann did not build a house for himself and his family until very late. When he built, however, it became a Japanese house in Germany, in Baden-Baden, on a slope in the Black Forest. It is painted dark grey inside and out, the structure of the masonry is visible. Jun'ichiro Tanizaki, who sings

the praise of shade in Japanese houses, seems omnipresent. There is a short path in the garden, actually more a symbolic path, just as the path to the tea-house in Japan is artificially long and paved with stones intended, it is said, to imitate falling autumn leaves or spring blossom. Putting some distance between oneself and the world - that is the deeper meaning, even if the distance is only imaginary. Eiermann knew Japan only from books. He never went to Japan in his life. He never saw a real Japanese house and never walked in a real Japanese garden. Only in his imagination, and he has that in common with all the architects presented in my book: *The New Homes and Old Japan (Die Neue Wohnung und das Alte Japan)* (figs.71,72,73,74).

Ecological Design in Germany and Japan

Masakazu Moriyama, Kobe University

There are two technical terms on ecological design in German. One is the "Baubiologie" corresponding to "Kenko Kenchiku" (healthy architecture) in Japanese, the other being "Oekologisches Bauen" which is "Kankyo-kyosei Kenchiku" (environment-friendly architecture). Some examples of ecological design in Berlin and Stuttgart are described in Japanese texts in this volume. One typical example is located in a suburban area. It is a kind of low-tech type. The other is located near a central urban area, and it is a high tech type. Climate in Germany is characterized in much longer winter period than Japanese one. Climate in Japan is characterized in very hot, humid, and unpleasant summer. Modern science and sophisticated technology are utilized in ecological architecture in Germany. In the case of Japanese houses, however, their today's situation is rather confused, because they were originally ecological existence (figs.75,76).

AUSTRIA AND JAPAN The 1873 World Exhibition of Vienna (Weltausstellung 1873 Wien) was the first international exposition in which Japan as the *Meiji* government officially participated. It was mainly through the advise from Gottfried Wagner, a German chemist then working in Tokyo, that *Meiji* Japan succeeded in her first participation. After the exhibition, Eizo Hirayama, an official interpreter who came to Vienna for the exhibition studied at the School of Art and Craft (Kunstgewerbeschule). Hirayama became the first government student sent abroad for the study of design. Some Austrian specialists were watching Japanese art with keen interest. The Vienna Secession (Wiener Sezession) held then-largest exhibition of Japanese art in 1900. Not only the Secession but also the Vienna Workshop (Wiener Werkstätte) was also well known in Japan. The Vienna school still keeps good relationship with Japan, particularly with the Kyoto school (figs.77,78,79,80). (Kohji Ogata, Shukugawa Gakuin College)

Program of the World Exhibition held in Vienna in 1873 and the Japanese Word "*Bijutsu*"

Yoshinori Amagai, Akita Municipal College of Arts and Crafts

In 1872, the Japanese word *Bijutsu* was coined to make a proclamation of the Japanese government's decision to participate in the World Exhibition that was to be held in Vienna in 1873. Through the participation, the new concept of "fine art applied to industry" was introduced into Japan. At first, this new concept was translated with using the word *Bijutsu*. After the Exhibition, the word *Koujutsu* took the place of *Bijutsu* in the Japanese official report No.21 of the Exhibition published in 1875. The change of the word from *Bijutsu* to *Koujutsu* reflected the Japanese government's growing concern with the new concept.

The 1873 Vienna Exhibition and History of Modern Design in Japan

Kohji Ogata, Shukugawa Gakuin College

At the rise of Japonisme, *Meiji* Japan succeeded in the first participation in a world exhibition. The same approach was taken in 1876 when Japan participated in the Centennial Exposition held in Philadelphia. Then, the *Meiji* government held the first National Exhibition for Industrial Promotion in Tokyo in 1877. It was perhaps in 1878 when the English word "design" was first used in Japan. It was given as a *kana* alongside Chinese characters in a report of the national exhibiton. The *Ryuchikai* that aimed at the promotion of traditional art, craft, and design played a significant role in this period. Eizo Hirayama who studied design in Vienna came back to Japan in 1879. He started to work for the division of product design in the Bureau for the Promotion of Commerce. It was a department belonged to the Ministry of Home Affairs. He designed export goods in his office. In 1888, Hirayama shifted to the newly founded Patents Bureau, then to the newly opened department of industrial design at the Tokyo School of Technology (*Tokyo Kogyo Gakko*). Hirayama was a pioneer of design, design judgment, and design education in Japan (figs.81,82,83).

Isaburo Ueno and Felice Rix-Ueno Yoshiko Suzuki, Kyoto Women's University

Isaburo Ueno, the eldest son of a traditional Kyoto carpenter went to Berlin in 1922 to study architectural structure, then moved to Vienna to pursue further study and worked in the office of Josef Hoffmann. In Vienna, Ueno married Felice Rix who was then working at the Wiener Werkstätte from 1917. She had studied at the Kunstgewerbeschule under Strnad, von Stark, and Hoffmann. Isaburo Ueno and Felice Rix went to Japan in 1926 and established their architectural office in Kyoto. In 1927, Ueno together with several interested architects established the International Architectural Association of Japan, and two years later published their magazine, *International Architecture*. Felice came back to Vienna every two years, and continued her work at the Wiener Werkstätte. After World War II, Isaburo and Felice taught design at the Kyoto City College of Art, today's City University of Arts. After retirement from the college, they established the International Institute of Design, and continued their Viennese education in Kyoto (Figs.84, 85,86,87).

ITALY AND JAPAN Tsunetami Sano, vice-president of Japanese Exhibition Office for Weltausstellung 1873 Wien, was also dispatched by the Japanese government in 1873 as minister to Italy and Austria. In 1870, Count Alessandro Fè had become the Italian minister to Japan. Through his effort, a number of Italian artists were later invited by Japanese government to teach at the first but short-lived art school, *Kobu Bijutsu Gakko*. Though numbers of Japanese artists sometimes went over to Italy, whose influence on art and art education in Japan was very much weakened after the closing of the school. It was only after the 1930s when another rise of cultural exchange started. In those years, the governments of both countries assumed fascist tendencies. Since 1945, cultural exchange between two countries has been much widened mostly on non-governmental bases, particularly in various design fields (figs.88,89). (Koh Suenaga, Hiroshima Jogakuin University)

***Kobu Bijutsu Gakko* and Japanese Students in Italy in the *Meiji* Era**

Koh Suenaga, Hiroshima Jogakuin University

In 1876, *Kobu Bijutsu Gakko* was established in Tokyo. Though it literally means "Technical Fine Arts School," it was the first official academy of fine arts in Japan. Invited to teach at the school were all Italians; Antonio Fontanesi for painting, Vincenzo Ragusa for sculpture, Giovanni Vincenzo Cappelletti for architecture. Fontanesi's students included Chu Asai, Hisashi Matsuoka. Both of them later played important parts in the early history of design education in Japan. In 1902, Asai was appointed professor at the *Kyoto Koto Kogei Gakko* (Higher School of Technology and Design), the first governmental design-oriented technical school in Japan. After studying in Italy, Matsuoka taught art and design at the *Tokyo Koto Kogyo Gakko* (Higher School of Technology). After two decades, he was appointed the first principal of the *Tokyo Koto Kogei Gakko* founded in 1921. Japanese artists studied in Italy before and after Matsuoka included Kiyo'o Kawamura, Moritaka Naganuma, and Ujihiro Ookuma (figs.90,91).

Modernism and Fascism Koh Suenaga, Hiroshima Jogakuin University

Close cultural relationship between Italy and Japan, reinforced by political one, followed the conclusion of the Anti-Comintern Pact of 1937 and the Tripartite Pact of 1940. Next year, the Italian Cultural Center of Japan was constructed in Tokyo. In 1942, an exhibition entitled "Leonardo da Vinci for Asian Restoration" was held in Tokyo. Junzo Sakakura, a leader of modern architecture in Japan, designed its exhibition layout. Art critics also acted in line with the national policy of the day. For example, Takaho Itagaki, a specialist in Italian Renaissance art and architecture, became interested in Modernism in the mid-1920s, then turned into art and design as the instruments of national policy (figs.92,93).

Milan-Tokyo Connection Koh Suenaga, Hiroshima Jogakuin University

Foreign fair, a feature of Japanese department stores, began with an Italian fair at Takashimaya department store in 1956, in cooperation with the Rinascente of Milan. While numbers of Japanese designers began to work in Milan in the 1960s, Italian designers such as Giorgetto Giugiaro started designing for various Japanese companies. Thus, postwar cultural exchange between Italy and Japan was started with mostly on non-governmental, industrial and commercial bases.

Italian architects and designers who are doing many designs for Japan can be called a new generation of the *oyatoi gaikokujin* which literally means "hired foreigners." The former *yatoi* or *oyatoi gaikokujin* in the *Meiji* period provided expertise in various fields in which it was felt that the West excelled. Italian teachers

at the *Kobu Bijutsu Gakko* were among them. The new generation is active not for the nation but mainly for companies or consumers. However, they are still contributing many things to Japan's cityscape as well as to interior landscape (figs.94,95).

FRANCE AND JAPAN Japan participated in a series of Universal Exposition (Exposition Universelle) held in Paris in the late 19th century, first as the *Tokugawa* shogunate and two clans, *Satsuma* as well as *Hizen-Saga,* in 1867, thereafter as the united *Meiji* government in 1878, 1889, and 1900. Japanese exhibits were generally well accepted and established an image of Japan among French citizens. Many French collectors and art critics contributed their knowledge, efforts, and business to the rise of Japonisme in France. Several specialists who came to Paris from neighboring countries also played important parts in this movement. In 1871, German-born Siegfried Bing moved to France and opened his shop in Paris. In 1880-81, he traveled to Japan and put together an extensive collection of Japanese art. He published a beautifully illustrated magazine, *Le Japon Artistique* in 1888-91. Being published in three major languages, French, English, and German, it marked the final stage of Japonisme in Europe. In 1895, he opened a new gallery in Paris called La Maison de l'Art Nouveau Bing. Along with La Maison Moderne of Rumanian-born Julius Meier-Graefe, it became a center of a new art movement in Paris. Hokkai Takashima contributed to the Nancy school. Having been touched by Takashima's profound knowledge and art, Emile Gallé shifted from traditional European work to a new glass art (figs.96,97,98). (Miki Imai, Suntory Museum, Osaka)

French Poster Art and Japan

Miki Imai, Suntory Museum, Osaka

From the *Edo* into early *Meiji* period, store posters and emblems were created by obscure *ukiyo-e* wood block artists. Around 1900, however, these posters were replaced with Western-style posters using lithograph techniques. In the beginning, advertising was written directly on the picture in early *bijin-ga* posters. During the 1900s and 1910s, these primitive posters partly influenced by French Art Nouveau attracted both the public and some other artists, who entered poster contests. More professional designers started a new development in the 1920s. While many of them sympathized with Art Déco, some others were interested in more avant-garde principles (figs.99,100,101).

French Fashion Plates and Western Mode in Japan in the late *Taisho* and early *Showa* eras

Mika Nishimura, Kinki University

Western style clothing was introduced into Japan through several phases. In the first phase, the early *Meiji* era, it was only adopted to limited numbers of men and women of the upper classes, or to a certain groups of people as their uniforms. Except for their work places, average Japanese citizen started to wear Western style clothing after the turn of the century, or even much later than that. In the early *Showa* era, between the late 1920s and early 30s, the first wave of fashionable "Modern Girls" and "Modern Boys" called "MoGa" and "MoBo" emerged among young Japanese in a few major cities. They modeled themselves after the modes of actresses and actors in Western movies or fashion magazines that were not easily obtainable as they are today. Around this time, several magazines similar to those Western, especially French, fashion magazines were published in Tokyo and Osaka. However, these magazines copied the beautiful fashion illustrations rather than the clothing itself from those French magazines. At the beginning, this kind of Western style clothing was not immediately taken in as something to wear in Japan. Rather, there was a certain period of time when it was something just to look at and enjoy as a picture, for average Japanese citizen, or even for the so-called "MoGa" and "MoBo" (figs.102,103,104,105).

Eileen Gray and Japanese Lacquered Screen: The Expansion from Screen into Architecture

Hinako Kawakami, Shukugawa Gakuin College

Eileen Gray, an Irish by birth, is known as a furniture designer and architect who had responded keenly to the times. At the beginning of her career, she produced lacquered screens and interiors with the collaboration of a Japanese lacquer artist, Seizo Sugawara. He taught lacquer art to Gray and consistently protected the traditional technique of Japanese lacquer art in Paris. After 1925, Gray produced quite radical architectural work as a house E.1027. So the influence of Japanese art seen in her later works has been regarded as less relevant. However, although Gray changed the materials she used, she continued to producc various screens throughout her life. She was greatly interested in the manipulation of the screen itself. With the completion of E.1027, Gray applied the characteristics of a screen to mirror, table, and then expanded them into architectural elements such as window, floor, or staircase. She regarded the folding

screen not only as a mere decorative art but also as an important architectural element (Figs.106,107,108,109,110,111).

Le Corbusier and Modern Architecture in Japan Teiji Matsumasa, Kyoto Tachibana Women's University

Le Corbusier (Charles-Edouard Jeanneret), a Swiss-born artist and architect, exerted tremendous influence on Japanese architecture in prewar and postwar periods. Six Japanese architects worked at Le Corbusier's atelier in Paris. Major Japanese disciples of him were Kunio Maekawa, Junzo Sakakura, and Takamasa Yoshizaka. In addition to architectural work, they translated Le Corbusier's major writings into Japanese (*L'Art decoratif d'aujourd'hui* by Maekawa, and *Vers une architecture* by Yoshizaka). Even more or younger architects of Japan seem to have also followed in the footsteps of Le Corbusier. Tadao Ando (*Sumiyoshi no Nagaya*) is perhaps one of them, not to speak of Kenzo Tange (Tokyo Cathedral), Fumihiko Maki (Nagoya University Toyota Hall), and Kunio Kato (Sekisui Kagaku Kyoto Technical Center) (figs. 112,113,114,115,116,117).

Charlotte Perriand and Japan Yukiko Hata, Daiwa House Research Institute of Living

In 1940, Charlotte Perriand was invited by the Japanese Ministry of Commerce as an "adviser of industrial arts." In Japan, Perriand found that traditional Japanese houses are built on the same module as are the case of modernist works of Le Corbusier. At the end of her first visit to Japan, she organized an exposition entitled "Selection, Tradition, and Creation" in 1941. Once again in 1955, being authorized by the Japanese government, she did another exhibition, "Synthesis of the Arts." In the 1950s, she designed interiors of Air France agencies in Tokyo and Osaka. More recently, in 1998, she organized an exhibition "Charlotte Perriand, a Pioneer of the 20th Century" in Tokyo (figs.118,119,120,121,122).

BELGIUM AND JAPAN One of the oldest cultural properties showing an interaction between Japan and today's Belgian area is a group of 16-17 century tapestries with "B.B." weave-mark. It signified "Brussels, Brabant" or "Brabant Bruxelles/Brussel." A tapestry hung on *Koiyama*, a float of the *Gion* festival of Kyoto, is one of them. Some Christian icons made in Japan in the 16-17 century were based on images printed in Antwerp. The well-known image of S. Francis Xavier, now in the Kobe Municipal Museum, is one of them. In the summer of 1865, some clansmen of *Satsuma* visited Brussels to prepare a commercial treaty between the *Satsuma* clan and Belgium. The treaty did not become effective. If successful, however, Brussels and/or Antwerp might have become the first center of Japonisme in Europe, in addition to that of later Art Nouveau. It was during the *Meiji* era when sheet glasses were introduced into Japan in large quantities. Majority of them were imported from Belgium. Belgian sheet glasses drastically changed houses, buildings, streets, and man-made landscape of *Meiji* Japan as a whole (figs.123,124,125,126,127). (Haruhiko Fujita, Osaka University)

Henry Van de Velde and Japan Yoko Takagi, Bunka Women's University

Japanese design exerted influence on Belgian architects and designers such as Victor Horta, Paul Hankar, or Gustave Serrurier-Bovy. Henry Van de Velde was also much affected by Japanese art. Van de Velde must have seen some prints of *Hiroshige* and *Utamaro* in Antwerp in the years 1892-93. He also saw Siegfried Bing's collection of *ukiyo-e* in Paris when he was preparing designs for Bing's new gallery, L'Art Nouveau in 1895. Van de Velde also had his own collection of Japanese prints. It probably was Japanese *Katagami*, stencil papers for dying, which inspired him for his characteristic lines. In Europe, a clear and definite hierarchy existed in arts. Craftsmanship and decorative or applied art were not properly appreciated in high-art circles. In Japan, however, no clear distinction was made between fine and applied arts until the end of the 19th century. Applied art was more than mere aesthetics; it was a means to embellish the everyday life. The artisan products had more than just usefulness. Art always had to be interwoven with daily life. This intimate relationship between art and life in Japan won the sympathy of Van de Velde, an Art Nouveau designer and pioneer of modern movement (figs.128,129,130).

Japanese Tower in Brussels Peter Tijskens, Architect, Brussels

The Japanese Tower built in the early 1900s at the northern edge of the Royal Park of Laken in Brussels by order of the King Leopold II, was closed to the public for several decades. Thorough restoration was needed and was carried out in the 1980s. In 1989 the Japanese Tower was ready in all its former splendour for "Europalia Japan." Since then, it is open to the public and hosts temporary exhibitions of Japanese arts or crafts. The entrance hall, the gallery and the ground floor of the tower itself are open to visitors. The Japanese Tower, actually a reconstruction of a pavilion at the 1900 Paris World Expositon built by a French

architect, Alexandre Marcel is not the mirror of authentic Japanese architecture it pretended to be. Nevertheless, it is a splendid example of Japonisme, so popular at the beginning of the 20th century. It is a rare mixture of Japanese themes and techniques, Art Nouveau and Western technological developments (figs. 131,132).

Japanese Chairs at the Liège International Exposition in 1930 Kohji Ogata, Shukugawa Gakuin College

In the *Meiji* era, Japan attempted to adopt Western culture and life style. Introduction of chair into daily life was one of major trials for this Westernization. Although this trial was acceptable in offices, it was unsuccessful in private houses. At any international expositions in the 19th century, most furniture exhibited by Japan consisted of traditional chests, shelves, screens, etc. Chairs were basically excluded. For the 1930 Liège International Exposition, Japanese government asked the *Teikoku-kougei-kai* (Imperial Association of Technological Art) to organize woodwork section including furniture division. Seven furniture makers were appointed as exhibitors. They designed furniture including chairs. One of them developed a chair with a new Japanese detail known as *tatami-zuri* (*tatami* sled). This was a new device to introduce chairs without damaging the soft surface of *tatami* by them. A national background for this kind of invention was the foundation of *Seikatsu-kaizen-doumei* (Organization for the improvement of living conditions / reformation of the mode of living). In the 1920s, it announced five propositions, the first one being full introduction of chair into Japanese house. The needs for chairs increased but this proposition also gave rise to a conflict with traditional Japanese life style. The above-mentioned chair with *tatami-zuri* can be regarded as one of the possible solutions for this dual situation (figs.133,134).

Contemporary Belgian Design and Japan Bernard Catrysse, Belgium Flanders Exchange Center

In the second half of the 19th century, European artists had an increasing interest in everything Oriental. From Japan fans, cloth, prints and many more things were eagerly imported. In the beginning of the 20th century, the influence of Japanese art waned a little but it was still very much present. From the 1970s onward a new interest arose. From then on also *Zen* woke the interest of many artists. Especially the meditative aspect was much appreciated. Of course the external elements of Japanese art, those elements you see when you look at it, were the first to come to the attention of the Western artist. But when they became more acquainted with the underlying philosophies, those also began to stick in the minds of people. From the middle of the 19th century, basic elements that mark the Japanese art were appreciated by European artists and those same elements are still integrated in the works of contemporary artists. Regularly they use bright colors, large geometric forms and shapes, and mostly nature and simplicity have a leading role. This trend is also very obvious with some contemporary Belgian artists (figs.135,136,137).

THE NETHERLANDS AND JAPAN Before the period of national seclusion, numbers of missionaries came to Japan from the south of the Netherlands (Nederlanden), that is today's Belgian area. The *Tokugawa* shogunate, however, gradually strengthened its strictures against Catholic missionaries, and the Dutch gained new opportunities in Japan. During the period of national seclusion, the Dutch, the Chinese, and the Korean were the only foreigners allowed into the country. The Dutch conducted trade from *Dejima*, the small outpost in Nagasaki, until 1860. Japanese products such as *Arita* ware, also known as *Imari* ware after its shipping port, were extensively exported to Europe by the Dutch East India Company. Some Delft and *Imari* wares have much in common. But, it is just a similarity in external appearances. Vincent van Gogh's interest in Japanese *ukiyo-e* was by no means exceptional in the late 19th century. Some Japanese architects' interest in modern Dutch architecture in the 1920s was not extraordinary either. Unlike van Gogh who never visited Japan, numbers of Japanese architects came to Europe, and some of them visited the Netherlands to observe Dutch architecture. Nevertheless, the significance of their direct observation was not very clear. Serious study of the Netherlands-Japan interaction in modern architecture and design seems to have just started (fig.138). (Tsukasa Kodera, Osaka University)

Dutch Modern Architecture and Japan Kaya Oku, Osaka University of Arts

From the *Taisho* era to the early *Showa* years, the young Japanese architects leading its architectural community, had expressed a little interest in contemporary Dutch architecture. Following the new trends in Europe, their main interest shifted from German Expressionism to Le Corbusier and the Bauhaus. Sutemi Horiguchi who visited Holland in 1923 highly evaluated some new trends in Dutch architecture such as De Stijl or the Amsterdam school. His book *Contemporary Architecture in Holland* (1924) had a great

influence on his fellows and followers in Japan. Horiguchi himself executed his maiden architectural work inspired by the "non-urbanism" which he found in Dutch suburban buildings.

In the 1930s, Chikatada Kurata, Renshichirou Kawakita, and Kenzo Tohata found their own ways toward Functionalism or Rationalism in the concept of "Composition" through Theo van Doesburg's idea as well as the compositional design of De Stijl. On the other hand, the International Architectural Association of Japan founded in 1927 had direct, political connection with De Stijl and some Dutch architects. While they released their declaration to the tenth anniversary issue of *De Stijl* (1927), their bulletin listed the name of G. Th. Rietveld, Jan Wils, J. J. P. Oud among eight foreign members. However, there existed a certain gap between their ideal architecture and that of De Stijl. What these Japanese architects found in modern Dutch architecture seems to be different each other. But it gave them a "knotting point" to get over individualism and open up their own modern architecture in Japan (figs.139,140,141,142,143,144).

Dutch Graphic Design and Japan Kaya Oku, Osaka University of Arts

The Netherlands had played the leading role in bringing Japanese art objects into Europe before Japan opened trade with some other Western countries. In the early 19th century, Europe was preparing Japonisme through the Netherlands that already had many related items and knowledge such as *ukiyo-e* woodcut-print collection by Philipp Franz von Siebold who had stayed in Japan or his encyclopedic work, *Nippon* (1832-58). In the late 19th century, some Dutch graphic artists such as Jan Toorop or Theodoor van Hoytema, showed tendency to look at Japanese prints for their inspiration. However, this kind of trend came from Japonisme started in Paris in the mid-19th century. In the early 20th century, as was seen in a Dutch magazine *Wendingen*, Japanese art was usually treated together with arts of China and Indonesia, and seen in the same frame of the Orient. In this way, their interest in Japanese art mostly came out by way of other countries.

While Dutch artists' interest in Japanese art kept tracing the indirect processes, an avant-garde Japanese artist, Tomoyoshi Murayama came to Europe and meet with Theo van Doesburg in Düsseldorf in 1922. Then he got to be one of the first Japanese artists who had direct contact with De Stijl. Since then, Murayama showed sympathy with the idea of Van Doesburg, Dadaism and Constructivism in his discourses and works. However, he gradually replaced the "simultaneous relationship of contrast" of Neo-Dadaist Van Doesburg with the "chronological relationship of contrast." All of these indirectness or discrepancy of sense reveal the reality of cultural exchange between two nations (figs.145,146,147).

RUSSIA, UKRAINE AND JAPAN Japan has developed long and complicated international relationship with Russia. Japan had regarded Russia as a threat or a backward country, and sometime was at war with it. In culture, however, Japan has been keeping good and meaningful interaction with Russia. At the beginning of the 20th century, some Russian artists began to absorb technique and design of traditional Japanese art. They found new ideas in the Japanese art in order to rebirth Russian art. On the other hand, Japan had learned much from Russian avant-garde art in the 1920s. Futurism and Constructivism had affected Japanese art and helped on Japanese modern art movement. Although since World War II their interaction seemed to have been rather cold, Perestroika would be getting to improve Japan's relationship with Russia, Ukraine, and some other former Soviet Union countries. (Yasushi Nagata, Osaka University)

Russian Constructivism and its Japanese Counterpart Yasushi Nagata, Osaka University

Constructivism rooted in Russian traditional culture, folk art, religion, or some cosmological view, and of course New Soviet industrial recognition, represented future of society and people in the Soviet Union. They insisted to destroy traditional art and attempted to intertwine new art and daily life. The idea was sometimes based on just philosophical or ideal principle, so the artists were in face of difficulty to realize the ideas. In general, however, Constructivist design was spread over daily life and products in the Soviet Union, and those products had an effect on modern design in the Western world and on Japanese design as well. In Japan, Constructivism was much more intensively introduced to art and theatre. Japanese modernists positively received Constructivism and made it catalyst for their own development (fig.148).

The International Competition for the Ukrainian Theater in 1930 and its Japanese Applicants

Hiromitsu Umemiya, Kobe University

Among more than 100 entries for the international competition for the Ukrainian theater closed in December 1930, 44 were from outside the Soviet Union, and there were 4 from Japan. For these Japanese

avant-garde architects, the entry for this kind of international competitions was a reaction against conventional competitions held in Japan in those days. In the Ukrainian competition, the emphasis of design was placed on the functional planning of architecture. In most Japanese competitions, in contrast with it, the focal point of design was the styling of architecture like Japanese taste or Western eclecticism. All winners of the Ukrainian competition oriented modernism, and one of Japanese applicants, Renshichiro Kawakita won the 4th prize over the globally famous leading architects and designers such as Walter Gropius (8th prize) or Norman Bel Geddes (11th prize). The result of this competition showed a global synchronism of the modernism in architecture. But, the global crisis in world politics of that time shut down the development of modernism, at least in Germany, Japan and Russia (figs.149,150,151,152).

After Perestroika Yasushi Nagata, Osaka University

It seems that after Perestroika Russian commercial or industrial design itself has been mingled with European and American designs, and gradually lost its Russian national originality. However, after Perestroika many designers worked in art scene as well, and it seems that their works indicate hybrid form between legitimate art and commercial design, and at the same time include some ideological concepts. They intended to caricature Soviet life style and its mentality, or to touch a much more deep solitude of human beings. In contemporary Russia, commercial design builds up a frame of art (figs.153).

SWITZERLAND AND JAPAN A number of Swiss architects, including Hannes Meyer and Le Corbusier, have given no small influence on modern Japanese architecture and design, although most of them are known through the activities mainly in Germany and France. On the other hand, the documents by some Japanese architects who visited Switzerland in the 1920s-30s, the exhibition records of the Museum für Gestaltung in Zürich, and the architectural books published in Switzerland in the 1930s-40s, suggest that Swiss people have also been constantly interested in Japanese design, traditional as well as modern. Graphic design is also one of the most important fields where Japan and Switzerland have mutually given influences. Since the 1990s, Swiss architecture especially that of German-speaking area has attracted attention of many Japanese architects (figs.154,155). (Takeo Kawakita, Kobe Design University)

Exchanges through Siegfried Giedion, the secretary general of the CIAM

Takeo Kawakita, Kobe Design University

In the gta-archiv at the ETH Zürich, a lot of documents concerning the Congrès Internationaux d'Architecture Moderne, including private letters to Siegfried Giedion are preserved. Among the documents before World War II, there are letters from Kunio Maekawa who attended the 2nd CIAM in Frankfurt, Bruno Taut in Kyoto, and Shinji Koike who was concerned with Japanese architectural magazines. Among the documents after World War II, there are letters from Minoru Ota who translated *Space, Time and Architecture* by Giedion into Japanese, Kenzo Tange who attended the 8th CIAM in Hoddesdon, and Walter Gropius in Hiroshima. These documents of individual exchanges through Giedion clearly reflects the history of the development of modern architecture in Japan (figs.156,157,158).

Swiss Typography and Japan Hisayasu Ihara, Kyushu Institute of Design

Swiss typography has become known in Japan as one of the most rationalistic design movements derived from European countries in the early 1960s, mainly through international journals such as *Neue Graphik*. However, more interesting fact is that Emil Ruder, one of the most important leaders of this movement, had a tendency of looking at Eastern culture. For instance, he was familiar with Kakuzo Okakura's *The Book of Tea* or Lao-Tse's philosophy. In a 1952 article concerning a series of debates on the actuality of Swiss typography with a few traditionalists, he tried to defend the value of asymmetric typography by mentioning the aesthetics of *Sukiya* from Okakura's book.

The tendency of Ruder also had a strong influence on Helmut Schmid, one of his students, through his teaching at Allgemeinen Gewerbeschule Basel. In 1966, Schmid came to Japan and stayed from this time onwards except 1971-76. Until now he has regularly done many retail designs for some clients such as Otsuka Pharmaceutical, or Shiseido Cosmetics. Besides these works, especially his typeface design for Japanese character "Katakana-Eru" (named after Emil Ruder) in 1967-70 is noteworthy as his earliest trial to harmonize Swiss typography with Japanese one. He still keeps this attitude that might be called "Swiss typography in Japan" even today. This aspect is also clear in his book *Road to Basel* published in 1997 (figs,159,160,161).

EASTERN EUROPE AND JAPAN Japan's interaction with Eastern Europe started with the Austria-Hungary empire established in 1867. Japan participated in the 1873 World Exhibition held in Vienna. Affected by this kind of global movement, numbers of artists went to Vienna or Paris to study art and architecture. Inspired by *ukiyo-e*, Alfons Mucha from southern Moravia was successful in Paris. Jan Kotêra who studied architecture under Otto Wagner laid the foundation of modern architecture in Čzěch. Mostly fascinated with art of Western Europe, Japanese specialists were gradually attracted also to posters of Mucha, photographs of Lászlő Moholy-Nagy, and more recently films of Andrzej Wajda. Some collections of Japanese art in Eastern Europe, including the Japanese Art and Technology Center of Krakow founded by Wajda's initiative, can compare with those of Western Europe in their quality. (Atsuko Tanaka, Kyoto Seika University)

Some Museums of Japanese Art and Culture in Eastern Europe Atsuko Tanaka, Kyoto Seika University

Náprstek Museum of the Orient was founded in Prague house of Vojta Náprstek in 1862. Since 1932, Náprstek collections have been included in the National Museum of Prague, but his house still stands in Bethlehem Square as it was. Mr and Mrs Náprstek purchased Japanese art objects from antique dealers of Vienna and Hamburg or some travelers back from Japan. A collection of Josef Kořenský was added to Náprstek collections. Kořenský was a natural scientist who visited Japan twice and wrote at least two books on Japan. From Kořenský's books, Joe Hloucha had a longing for Japan. Hloucha later became the most famous collector of Japanese art in Bohemia and a pioneer of Japanese studies in Čzěch.

Hopp Ferenc Museum of Oriental Art was founded in Budapest in 1919. Hopp Ferenc was in New York City when the first Japanese mission was visiting there in 1858. After succeeded in his business, he made world tours. Ferenc visited Japan three times and made splendid collection of Japanese art. He bequeathed 1,800 pieces of Japanese art to a future museum based on them. Other than Ferenc's, collections of Szemere Attila and Xántus János are noteworthy.

In Poland, Feliks Jasienski played an important part in this movement. Though an art critic, Jasienski was more active as a collector, ardently purchasing Japanese art in Paris. Since 1920, Jasienski collection has been included in the Krakow National Museum collections. In 1944, a part of Jasienski collection was exhibited. An art student and future film director Andrzej Waida was fascinated with it. Later being awarded a prize from Kyoto, he donated it to create Kyoto-Krakow foundation aiming at the creation of an exchange center and museum. Japanese Art and Technology Center of Krakow was thus born and is housed in a modern building designed by Arata Isozaki (figs,162,163).

Jan Letzel and the Atomic Bomb Dome of Hiroshima Atsuko Tanaka, Kyoto Seika University

On 9 August 1945, the world's first atomic bomb was dropped on Hiroshima, ultimately killing approximately 200,000 people. Near the hypocenter of the blast, the ruins of the Industry Promotion Hall of Hiroshima Prefecture have been preserved as the Atomic Bomb Dome. The Industry Promotion Hall was designed by Jan Letzel, a young architect from Čzěch. Born near the border of Poland and Čzěch, then a region of the Austria-Hungary empire, studied in Prague, Letzel came to Japan in 1907. His major works were built in various places of Japan, although most of them have long disappeared. Matsushima Park Hotel (1913) and Jochi (Sophia) University (1914) were among his major buildings. The Industry Promotion Hall of Hiroshima was built in 1914-15 when World War I broke out in Europe. Letzel came back to Czechoslovakia, a nation formed after the war. Having found no place for him in the new nation, he went back to Japan. However, there was not a place for him in postwar Japan either. Being registered as a citizen of hostile Germany, he was not welcome this time. Japanese feeling toward Čzěch was also hostile, because many Japanese soldiers were killed by superior Čzěch machine guns. Letzel finally came back to Prague, where he spent the early evening of his life in obscurity. He died in 1925 at the age of 45. In 1996, the Atomic Bomb Dome was registered as a World Heritage, a very rare one designated by its destruction rather than construction. It remains as an unforgettable peace monument of not only unfortunate hostilities between the U.S. and Japan but also the once hopeful, later tragic life of a young man and a tragedy of Eastern Europe (figs,164,165,166,167).

SCANDINAVIA AND JAPAN W hen we talk about Scandinavian architecture and design, we often say "beyond ism." The 20th century was in fact a century of "ism" or "isms." The "ism" means Modernism or in a sense Functionalism. There was "ism" in Scandinavia as well. But, unlike a few Japanese who went to the Bauhaus or the atelier of Le Corbusier, Japanese architects who visited Scandinavian countries in the

late 1920s and early 1930s seem to have been in search of not anti-Modernism but something "beyond ism." In postwar Japan, numbers of books on Scandinavian design have been published. While some of them are written confessions of faith in Scandinavian design, some others are books of aspiration to the North (figs, 168,169,170). (Koichi Tsukada, Sugino Women's University)

Parallels between Japan and Finland Tapio Periäinen, Architect, Helsinki

Some mystical similarities exist in the way Finns and Japanese feel, think and express themselves. There are two background phenomena, which are common to Finland and Japan. One is wood, because in both countries wood has been historically the main building and design material. The other is the relationship with and the attitudes towards the nature, which are quite similar in both cultures. Both countries are situated in the far corners of our Continents. It might be that these geographical distances from other powerful centers have conserved some basic and pure human elements in our minds, and similar basic forms in our creative work. In the 19th and early 20th centuries, several ethnologists and archaeologists visited Japan, and made the Japanese culture known in Finland. Kaj Frank was probably the first Finnish designer who visited Japan after World War II. He became enthusiastic of Japan and considered as his idol the 73-year old ceramist Rosanjin. In 1997, Iwate Prefecture Industrial Design Center started the project to introduce the idea for design from Finland that has many similarities with Iwate. More recently, two furniture specialists of Finland were invited by Design Center of Morioka to join the five year project of industrial design promotion. Its goal is to revitalize the old traditional skills and feelings of furniture, lacquerware, cast iron and other utensils, by tender redesign or applied innovation. Because of the obvious spiritual and aesthetic similarity of the Japanese and Finnish minds, it should be more than interesting to chart properly our cultural and practical connections through history, and document them for further cultural research (figs,171,172,173,174,175).

Swedish Grace, Swedish Modern, and 20th century Design in Japan

Koichi Tsukada, Sugino Women's University

It was largely the 1930 Stockholm Exhibition in which E. G. Asplund was responsible for its general arrangement that brought Swedish products before a world market. It divides Swedish Modern from the so-called Swedish Grace, a name given in 1925 when graceful Swedish design first attracted world's attention. Asplund's restaurant had an exceptional lightness and transparency. Kenji Imai also observed the significance of colors in the exhibition. It is also noteworthy that in Sweden the modern movement in design kept pace with the social reform movement. In 1955, some Japanese designers such as Isamu Kenmochi participated in the "H55" Helsinborg Design Exhibition that impressed visitors with the further development of Swedish Modern. Since then, a number of Japanese designers went to Sweden to study and afterward introduced Swedish design into Japan. For example, Shinji and Reiko Kawakami who studied at the National University of Arts and Crafts are active in design practice as well as in contemporary revival of Swedish Grace in Japan (figs,176).

Danish Furniture and Japan Koichi Tsukada, Sugino Women's University

Japanese department stores played important roles in design exchange between Denmark and Japan. In postwar Japan, they were major gateways through which foreign furniture came in. They held "exchange exhibitions" of furniture. Because of restriction on foreign currency in postwar years, they really exchanged foreign products and Japanese ones. Furniture of Hans Wegner or Arne Jacobsen was thus introduced into Japan. But, there was a problem. At that time, most Japanese products including furniture were rather notorious for their low quality. Japan External Trade Organization sent many students to Western countries to improve this situation. Makoto Shimazaki and Taneo Sakata went to Denmark and studied at the Royal College of Art. Since coming back to Japan, they have been active as designers as well as leaders of cultural exchange between Denmark and Japan. In addition to good designers, there are excellent workshops with high technique in Denmark. Some local governments and organizations of Japan are active in holding conferences and seminars where Japanese designers and local industrialists can learn from their co-operation (figs,177).

松政貞治（Matsumasa Teiji）
京都橘女子大学文化政策学部助教授。1955年生。京都大学博士（工学）。仏国第三課程博士、仏政府公認建築家。著書に『都市の環境構成と意味の沈殿・蘇生に関する研究』など。

畑　由起子（Hata Yukiko）
大和ハウス工業㈱生活研究所勤務、一級建築士。1958年生。京都工芸繊維大学工芸学部卒。論文に「日本におけるペリアンの足跡」「ペリアンの日本における業績に関する考察」など。

高木陽子（Takagi Yoko）
文化女子大学助教授、考古学芸術学博士。お茶の水女子大学卒、ブリュッセル自由大学文学部博士課程修了。著書に *Japonisme in Fin de Siècle Art in Belgium*（近刊予定）。

ペーテル・タイスケンス（Peter Tijskens）
建築家、スミッツ・エンジニアリング（ブリュッセル）。1959年生。ルーヴェン・カトリック大学卒。ベルギー、ドイツ、ルーマニアなどヨーロッパ各地に産業関連建築作品多数。

ベルナルド・カトリッセ（Bernard Catrysse）
大阪ベルギー・フランドル交流センター所長、ベルギー・フランドル博物館館長。ルーヴェン・カトリック大学卒。*Art Culture* 編集長。

圀府寺　司（Kodera Tsukasa）
大阪大学大学院文学研究科助教授。文学博士。1957年生。大阪大学文学部卒、アムステルダム大学美術史研究所大学院修了。著書に *Vincent van Gogh: Christianity versus Nature,* Amsterdam-Philadelphia など。

奥　佳弥（Oku Kaya）
大阪芸術大学専任講師、博士（学術）。1962年生。奈良女子大学卒、京都工芸繊維大学大学院修了。1990-92年オランダ留学。共著に『デ・ステイル 1917-1932』『ヨーロッパ建築史』など。

永田　靖（Nagata Yasushi）
大阪大学大学院文学研究科助教授。1957年生。上智大学外国語学部卒、明治大学大学院演劇学専攻修了。共著に『ヨーロッパ演劇の変貌』『演劇論の現在』など。

川北健雄（Kawakita Takeo）
神戸芸術工科大学助教授、工学博士。1959年生。京都工芸繊維大学卒、コロンビア大学大学院および大阪大学大学院修了。論文に「独立住宅における外部空間の限定形式に関する研究」など。

伊原久裕（Ihara Hisayasu）
九州芸術工科大学助教授。1958年生。京都工芸繊維大学卒。論文に「『ユーザー中心』のグラフィック・デザイン論」「オットー・ノイラートの活動におけるアイソタイプの意味」など。

田中充子（Tanaka Atsuko）
京都精華大学芸術学部デザイン学科助教授（建築学）。著書に『プラハのアール・ヌーヴォー』『プラハ・建築の森』、共著に『五重塔はなぜ倒れないか』（上田篤編）など。

塚田耕一（Tsukada Koichi）
杉野女子大学教授。1946年生。京都工芸繊維大学工芸学部卒。筑波大学大学院芸術学研究科修了。共著に『建築大辞典』『教科教育百年史』など。共訳に『グラフィック・デザイン全史』など。

タピオ・ペリアイネン（Tapio Periäinen）
建築家。1929年生。ヘルシンキ工科大学建築学科卒、博士（ヘルシンキ大学社会科学部）。1962-63年京都大学工学部建築学科留学。1975-95年、デザイン・フォーラム・フィンランド事務局長。

佐野浩三（Sano Hirozo）
神戸芸術工科大学助教授。1960年生。京都工芸繊維大学大学院工芸学研究科修了。論文に「地球環境問題とデザイン—大量消費社会の周辺—」「〈コトのデザイン〉生活行為単位の研究」など。

小関利紀也（Koseki Rikiya）
国立高岡短期大学名誉教授。1933年生。東京芸術大学美術学部芸術学科卒。論文に「ヨーロッパの工房運動」「グラスハウスの意義」「空間のジャポニスム」「工芸村史論」など。

梅宮弘光（Umemiya Hiromitsu）
神戸大学助教授、学術博士。1958年生。神戸大学大学院自然科学研究科博士課程修了。論文に「川喜田煉七郎：ユートピア—アヴァンギャルドの往還」、共著書に『近代建築史』など。

堀内正昭（Horiuchi Masaaki）
昭和女子大学短期大学部助教授、工学博士。1954年生。東京都立大学大学院修了、1981-83年ベルリン工科大学留学。専攻：日独建築交渉史、ドイツ建築史、日本近代建築史。

藪　亨（Yabu Toru）
大阪芸術大学教授。1943年生。京都工芸繊維大学大学院修士課程修了。論文に「個人主義の反乱—ドイツ工作連盟の芸術家たち」「ラファエル前派運動と装飾芸術」など。

森山正和（Moriyama Masakazu）
神戸大学教授、工学博士。1947年生。早稲田大学大学院修士課程修了。専門は建築・都市環境工学、設備システム。著書に、『新建築学大系 8 自然環境』(第4章)、『都市環境のクリマアトラス』など。

カリン・キルシュ（Karin Kirsch）
シュトゥットガルト工科大学教授。1940年生。シュトゥットガルト造形芸術アカデミー卒業。著書に *Weissenhofsiedlung*、*Die Neue Wohnung und das Alte Japan* など。

緒方康二（Ogata Kohji）
夙川学院短期大学教授、色彩文化研究所所長。1937年生。京都工芸繊維大学卒。論文に「明治とデザイン—ウィーン万国博覧会から金沢区工業学校の創設まで」「平山英三と意匠審査」など。

天貝義教（Amagai Yoshinori）
秋田公立美術工芸短期大学助教授。1958年生。筑波大学大学院芸術学研究科中退。訳書に『〈美術〉を越えて』(共訳) など。

鈴木佳子（Suzuki Yoshiko）
京都女子大学教授。1936年生。京都市立美術大学工芸科卒。ウィーン国立美術工芸大学マイスタークラス留学。論文に「ヤン・チヒョルトとモダンタイポグラフィ」など。

末永　航（Suenaga Koh）
広島女学院大学助教授。1955年生。学習院大学文学部卒。共著に『カラー版西洋建築様式史』『ビジュアル版西洋建築史』『西洋美術館』など。

今井美樹（Imai Miki）
サントリーミュージアム〔天保山〕学芸員。1965年生。京都工芸繊維大学大学院修了。企画した展覧会に「美女100年—ポスターに咲いた時代の華たち—」「プッシュピンと4人のデザイナー」など。

西村美香（Nishimura Mika）
近畿大学、京都精華大学非常勤講師。1960年生。京都工芸繊維大学大学院修了。共著に『復刻版「プレスアルト」』『モダニズム出版社の光芒・プラトン社の1920年代』など。

川上比奈子（Kawakami Hinako）
夙川学院短期大学専任講師、一級建築士。1963年生。京都工芸繊維大学大学院修了。論文に「グレイのヒンジ的なるもの」「菅原精造の活動について」など。

執筆者一覧（2001年5月現在、執筆順、翻訳者を含む）

藤田治彦（Fujita Haruhiko）
大阪大学大学院文学研究科助教授、学術博士。1951年生。京都工芸繊維大学卒、大阪市立大学大学院修了。著書に『ナショナル・トラストの国』『ウィリアム・モリス』『現代デザイン論』『ターナー』など。

タイモン・スクリーチ（Timon Screech）
ロンドン大学アジア・アフリカ研究学院助教授、1961年生。オックスフォード大学卒。著書に『大江戸視覚革命』『大江戸異人往来』『春画』*The Shogun's Painted Culture* など。

金　悠美（Kim Yumi）
近畿大学、大阪工業大学非常勤講師。1964年生。大阪大学大学院文学研究科修士課程修了。

神林恒道（Kambayashi Tsunemichi）
大阪大学大学院文学研究科教授、文学博士。1938年生。京都大学文学部卒。美学会会長。著書に『シェリングとその時代』、編著に『日本の芸術論』『日本の美のかたち』など。

ライオネル・ランボーン（Lionel Lambourne）
前ヴィクトリア・アンド・アルバート美術館学芸員。著書に *Utopian Craftsmen*（邦訳『ユートピアン・クラフツマン』), *Victorian Painting, The Aesthetic Movement* など。

北村仁美（Kitamura Hitomi）
東京国立近代美術館研究員。1973年生。大阪大学大学院文学研究科修士課程修了。

多田　稔（Tada Minoru）
大谷大学文学部教授、人文学博士（米国）。1931年生。京都大学文学部卒。著書に『仏教東漸』、訳書に『イギリス美術史』『ウィリアム・モリス』『ウィリアム・モリスのテキスタイル』など。

木村博昭（Kimura Hiroaki）
神戸芸術工科大学環境デザイン学科教授、学術博士（グラスゴー大学）。1952年生。グラスゴー大学美術学部、マッキントッシュ・スクール・オヴ・アーキテクチャー卒。著書に『C.R.マッキントッシュ』など。

足立裕司（Adachi Hiroshi）
神戸大学工学部教授、工学博士。1949年生。神戸大学工学部卒。編著に『武田五一・人と作品』『日本の眼と空間—もうひとつのモダンデザイン』など。

松原斎樹（Matsubara Naoki）
京都府立大学教授、工学博士。1955年生。京都大学建築学科卒。共著書に『快適環境の科学』『人間環境学』『絵とき 自然と住まいの環境』など。

谷川正己（Tanigawa Masami）
元日本大学工学部教授、工学博士（東京大学）。1930年生。大阪工業大学建築学科卒。谷川正己フランク・ロイド・ライト研究室主宰。著書に『ライトと日本』『図面で見るF.L.ライト』など。

並木誠士（Namiki Seishi）
京都工芸繊維大学助教授。1955年生。京都大学文学部卒。共著書に『日本美術史』『現代美術館学』『芸術学を学ぶ人のために』など。

山形政昭（Yamagata Masaaki）
大阪芸術大学教授、工学博士（東京大学）。1949年生。京都工芸繊維大学建築学科卒。著書に『ヴォーリズの住宅』『ヴォーリズの建築』『モダン・シティ・京都』など。

国際《こくさい》デザイン史―日本《にほん》の意匠《いしょう》と東西交流《とうざいこうりゅう》―

2001年5月1日初版発行
2014年4月20日　5刷

定価：本体2,900円(税別)

編　者　デザイン史フォーラム
発行者　田　中　大

発行所　株式会社思文閣出版
京都市東山区元町355
電話　075—751—1781(代表)

印刷・製本　株式会社図書印刷同朋舎

ISBN4-7842-1079-2 C1013
ISBN978-4-7842-1079-4

既刊書案内

アーツ・アンド・クラフツと日本

デザイン史フォーラム編（藤田治彦責任編集）

「生活」のための工芸運動であったアーツ・アンド・クラフツ運動と日本との関わりを多角的に論じる。〔執筆者〕藤田治彦／川端康雄／西村美香／藪亨／竹中均／小谷二郎／三村京子／樋田豊次郎／鈴木禎宏／濱田琢司／水沢勉／神野由紀／山形政昭／中見真理／ペギー・グロワーキー／橋本優子／森仁史／植野比佐見／塚田耕一／猪谷聡

●A5判・304頁／本体 2,900円 ISBN4-7842-1207-8

近代工芸運動とデザイン史

デザイン史フォーラム編（藤田治彦責任編集）

「近代工芸運動」という視点を導入することにより、各国における芸術分野での歴史・重要な動向を解き明かす。［執筆者］藤田治彦／川端康雄／鶴岡真弓／要真理子／高木陽子／西村美香／今井美樹／川上比奈子／末永航／川北健雄／池田祐子／針貝綾／田所辰之助／天貝義教／井口壽乃／塚田耕一／前崎信也／猪谷聡／竹中均／林承緯／上羽陽子

●A5判・336頁／本体 2,900円 ISBN978-4-7842-1438-9

ジャポニスム入門

ジャポニスム学会編

ジャポニスムとは何か（高階秀爾）日本美術の海外流出（小林利延）フランス・1890年以前（三浦　篤）フランス・1890年以降（宮崎克己）イギリス（渡辺俊夫）アメリカ（岡部昌幸）オランダ（圀府寺司）ベルギー（高木陽子）ドイツ（桑原節子）オーストリア（馬渕明子）イタリア（近藤映子）北欧（荒屋鋪透）中央ヨーロッパとロシア（遠藤望）建築（鈴木博之）音楽（鶴園紫磯子）写真（横江文憲）モード（深井晃子）

●A5判・288頁／本体 2,800円 ISBN4-7842-1053-9

壁紙のジャポニスム

松村恵理著

欧米に渡った日本の装飾紙の調査や、後に大きな影響を与えたシェノーの日本美術論も踏まえ、19世紀後半から20世紀前半にわたる壁紙のジャポニスムを豊富な具体例にそってさぐる。

●A5判・244頁／本体 3,200円 ISBN4-7842-1098-9

ドイツにおける＜日本＝像＞ ユーゲントシュティールからバウハウスまで

クラウディア・デランク著／水藤龍彦・池田祐子訳

ドイツの美術・デザイン・建築における日本美術ひいては横断的な日本＝像の変遷をたどる。裾野の広い日本＝像の提示を可能にした彩色写真に関する考察や、ヨハネス・イッテンにおける南画、グロピウスにおける正倉院など日本美術の影響についての考察は貴重なものである。

●A5判・314頁／本体 3,800円 ISBN4-7842-1194-2

（表示価格は税別）

既刊書案内

応用美術思想導入の歴史

天貝義教著

ウィーン博参同より意匠条例制定まで

「博覧」「伝習」「勧業」を目的としたウィーン万国博覧会への日本初参加から二度の内国勧業博覧会を経て、「デザインの法」である意匠条例が制定されるまで、応用美術思想がいかに学習され、明治期の美術・工芸界において指導的役割を果たしていったかを明かす。 ●A5判・400頁／本体 7,500円 ISBN978-4-7842-1505-8

バーナード・リーチ再考 スタジオ・ポタリーと陶芸の現代

エドモンド・ドゥ・ヴァール著

金子賢治解説・監訳・対談／鈴木禎宏解説／北村仁美・外舘和子訳

著者は、1964年生まれの現代英国を代表する気鋭の陶芸家・批評家。日英の資料を駆使して書かれた論考には、陶芸家としてのリーチへの真摯な愛情と批評家としての鋭い批判的論評が含まれる。第一線の専門家による解説を付し、本書全体を通じて現代陶芸論を試みる。 ●A5判・298頁／本体 4,800円 ISBN978-4-7842-1359-7

ダーティントン国際工芸家会議報告書 陶芸と染織：1952年

ダーティントン・ホール・トラスト＆ピーター・コックス編／藤田治彦監訳

1952年、イギリス南西部にあるエルムハースト夫妻主宰のダーティントン・ホールにおいて、バーナード・リーチを中心に17か国122名が参加する国際工芸家会議が開催された。日本からは柳宗悦と濱田庄司が参加し、スタジオ・クラフトや小さな工房のありかたをめぐって熱心な討議がなされた。本文篇で翻訳を、資料篇で原典および関連資料を掲載。 ●A5判・590頁／本体 8,500円 ISBN4-7842-1141-1

船簞笥の研究

小泉和子著

近世海運において船乗り達が船内に持ち込んで使っていた収納家具、船簞笥。本書はその成立から終息までを歴史的に考察し、デザインの形成を検証の上、その本質を明らかにする。様式史としてではなく、船簞笥自体を歴史を語る史料として試みた意欲的な一書。 ●A5判・400頁／本体 6,000円 ISBN978-4-7842-1503-4

京都 伝統工芸の近代

並木誠士・清水愛子・青木美保子・山田由希代編

京都における「近代」にあって、美術・工芸がいかに変容をとげたか。様々なトピックスや人物にまつわるエピソードを取り上げ、視覚的にもわかりやすく概観。

●A5判・300頁／本体 2,500円 ISBN978-4-7842-1641-3

(表示価格は税別)